QIANQIU
FANCHANG

千秋繁昌

时代出版传媒股份有限公司
安徽文艺出版社

沈大龙 ◎ 著

QIANQIU FANCHANG

千秋繁昌

沈大龙 ◎ 著

时代出版传媒股份有限公司
安徽文艺出版社

图书在版编目（CIP）数据

千秋繁昌 / 沈大龙著. -- 合肥：安徽文艺出版社,2024.12
ISBN 978-7-5396-8055-2

Ⅰ．①千… Ⅱ．①沈… Ⅲ．①芜湖－地方史 Ⅳ.①K295.43

中国国家版本馆CIP数据核字(2024)第062739号

出 版 人：姚 巍　　　　统　筹：何 健
责任编辑：卢嘉洋　　　　装帧设计：孙 晖　张诚鑫

....

出版发行：安徽文艺出版社　　www.awpub.com
地　　址：合肥市翡翠路1118号　邮政编码：230071
营 销 部：(0551)63533889
印　　制：安徽新华印刷股份有限公司　　(0551)65859551

....

开本：710×1010　1/16　印张：25.5　字数：455千字
版次：2024年12月第1版
印次：2024年12月第1次印刷
定价：108.00元

....

（如发现印装质量问题，影响阅读，请与出版社联系调换）

版权所有，侵权必究

目　录

序
　　最是家园忆春秋　钱念孙 ·· 1
　　江南佳丽地　千秋说繁昌　吴黎明 ··· 3

壹　区位沿革　山水江南 ··· 1
　一、区位形势　皖南门户 ··· 1
　二、历史沿革　文化特征 ··· 7
　　（一）历史沿革 ··· 7
　　（二）文化特征 ··· 21
　三、江南胜地　山水如画 ··· 23
　　（一）自然化育 ··· 23
　　（二）山水风情 ··· 24

贰　天地造化　开启史册 ··· 50
　一、远古遗址　人类起源 ··· 50
　　（一）人字洞遗址的发现 ·· 50
　　（二）人字洞遗址的发掘 ·· 54
　　（三）人字洞人工制品 ··· 59
　　（四）人字洞哺乳动物化石 ··· 62
　　（五）人字洞地质成因和时代 ·· 66
　二、史前神韵　文明初现 ··· 70
　　（一）峨溪河畔　缪墩先民 ··· 70
　　（二）月堰遗址　续写篇章 ··· 72

三、厚重青铜　吴楚流韵 …………………………………………… 76
　　(一)土墩遗存　吴越风物 ………………………………………… 76
　　(二)铜冶炉火　映照春秋 ………………………………………… 97

叁　春谷肇始　繁昌长歌 ……………………………………………… 101

一、西汉置县　春谷故城 ……………………………………………… 101
　　(一)秦初地属九江郡 ……………………………………………… 101
　　(二)西汉出现春谷县 ……………………………………………… 102
　　(三)东汉四位春谷长 ……………………………………………… 108
　　(四)汉代春谷城遗址 ……………………………………………… 111

二、汉魏禅让　新置繁昌 ……………………………………………… 113
　　(一)曹丕继位谋划代汉 …………………………………………… 113
　　(二)繁阳筑坛汉魏禅让 …………………………………………… 115
　　(三)曹魏新朝置县繁昌 …………………………………………… 116

三、东晋南渡　侨置繁昌 ……………………………………………… 121
　　(一)东晋初年侨置繁昌 …………………………………………… 121
　　(二)晋初有位繁昌公主 …………………………………………… 133

四、隋唐变迁　南唐复兴 ……………………………………………… 135
　　(一)南唐建国复置繁昌 …………………………………………… 135
　　(二)繁昌窑烧制青白瓷 …………………………………………… 140

五、宋元气象　繁昌向荣 ……………………………………………… 176
　　(一)北宋时期繁昌城 ……………………………………………… 176
　　(二)元代窖藏瓷器 ………………………………………………… 180

六、明清跌宕　长江要冲 ……………………………………………… 188
　　(一)繁昌烧造南京城墙砖 ………………………………………… 188
　　(二)繁昌县治迁址 ………………………………………………… 194
　　(三)繁昌学官源流 ………………………………………………… 197
　　(四)崇祯年间筑城 ………………………………………………… 201
　　(五)黄得功荻港抗清 ……………………………………………… 203

七、民国风云　峥嵘岁月 ………………………………………………… 206
　（一）百年桃冲铁矿 …………………………………………………… 206
　（二）刘子青和他的同和祥锅坊 ……………………………………… 231
　（三）繁昌保卫战 ……………………………………………………… 238
　（四）先遣渡江侦察 …………………………………………………… 259
　（五）百万雄师渡江第一船 …………………………………………… 275

肆　人文华彩　胜迹遍境 ……………………………………………… 284

一、人杰遗踪　丹青留名 ………………………………………………… 284
　（一）何琦：孝子美名传千古 ………………………………………… 285
　（二）桓温：筑城褚圻晋权臣 ………………………………………… 286
　（三）杯渡：卓锡五华名高僧 ………………………………………… 288
　（四）王维：千里寄情覆釜山 ………………………………………… 289
　（五）王翃霄：结庐讲学唐高士 ……………………………………… 292
　（六）陈商：先隐马仁后入仕 ………………………………………… 292
　（七）李晕：恬隐马仁终不仕 ………………………………………… 293
　（八）陈翥：马仁山麓著《桐谱》 …………………………………… 293
　（九）昙颖：临危受命修寺宇 ………………………………………… 294
　（十）梅尧臣：诗作多咏隐静山 ……………………………………… 295
　（十一）怀贤：继任修建御书阁 ……………………………………… 298
　（十二）徐遘、徐迪：进士兄弟诗文美 ……………………………… 299
　（十三）焦蹈：惜人性命宋状元 ……………………………………… 300
　（十四）杨万里：履迹繁昌留诗篇 …………………………………… 301
　（十五）赵孟坚：繁昌知县留法帖 …………………………………… 304
　（十六）萨都剌：澭港和诗留佳话 …………………………………… 305
　（十七）严升：严明尽职死而已 ……………………………………… 307
　（十八）吴琛：总督两广安岭南 ……………………………………… 308
　（十九）汪宗礼：廉俭自持品行高 …………………………………… 310
　（二十）汪宗器：治事公勤显廉威 …………………………………… 310
　（二十一）徐杰：挂官归隐马仁山 …………………………………… 311

(二十二)徐贡元:为官多地一身清 ……………………… 312
(二十三)李万化:为政为文两从容 ……………………… 313
(二十四)陈一简:行事果敢有胆识 ……………………… 313
(二十五)李一公:为政治史终其生 ……………………… 314
(二十六)李虎岑:公车上书皖首领 ……………………… 315
(二十七)张世英:一生只为办女学 ……………………… 315
(二十八)胡振球:碧血丹心铸忠魂 ……………………… 317
(二十九)葛召棠:主审战犯伸正义 ……………………… 322
(三十)邓晶瑜:舞台美术谱新篇 ………………………… 326

二、梵钟刹影　佛教圣境 328

(一)隐静寺 …………………………………………………… 329
(二)马仁寺 …………………………………………………… 332
(三)铜山寺 …………………………………………………… 334
(四)圆炤寺 …………………………………………………… 335
(五)佛光寺 …………………………………………………… 335
(六)林云禅寺 ………………………………………………… 337
(七)云居寺 …………………………………………………… 338
(八)宝莲寺 …………………………………………………… 339
(九)泰平禅寺 ………………………………………………… 339
(十)玉筒禅寺 ………………………………………………… 340
(十一)三华寺 ………………………………………………… 341
(十二)萝庵 …………………………………………………… 342

三、非遗传承　地方奇葩 344

(一)繁昌石雕 ………………………………………………… 346
(二)繁昌民歌 ………………………………………………… 348
(三)群龙朝神山 ……………………………………………… 353
(四)滚龙灯 …………………………………………………… 355
(五)板龙灯 …………………………………………………… 355
(六)平铺马灯 ………………………………………………… 358

（七）黄浒旱地行舟 ……………………………………………… 359

（八）九连麒麟灯会 ……………………………………………… 360

（九）荻港香菜 …………………………………………………… 362

（十）新港茶干 …………………………………………………… 363

（十一）横山回民牛脯 …………………………………………… 365

（十二）繁昌蜜枣 ………………………………………………… 365

（十三）中分村徐姓祭祖习俗 …………………………………… 366

四、小镇风情　古韵新颜 …………………………………………… 370

（一）繁阳镇 ……………………………………………………… 370

（二）荻港镇 ……………………………………………………… 373

（三）孙村镇 ……………………………………………………… 376

（四）平铺镇 ……………………………………………………… 380

（五）新港镇 ……………………………………………………… 383

（六）峨山镇 ……………………………………………………… 386

后记 …………………………………………………………………… 390

最是家园忆春秋

钱念孙

繁昌，一方古老而神奇的热土。这里不仅有距今220万年前欧亚大陆最早的古人类活动遗址——繁昌人字洞遗址，而且早在汉武帝元狩二年(公元前121年)前就设置春谷县，三国曹魏黄初元年(公元220年)定名繁昌县，取人们向往"人神并和，繁荣昌盛"的美意。

繁昌位于安徽中东部、长江南岸，区位优势明显，水路交通便捷。明清以来，它既是"长江巨埠，皖之中坚"芜湖市的西大门，又是通往徽州及皖南山区乃至江西景德镇的重要通道；既有45公里的长江黄金水道，又有"五里一亭，十里一铺"的古驿道景观。如今，繁昌作为国家级皖江城市带承接产业转移示范区的核心区域，不仅京福高铁、沪铜铁路、宁安城际铁路、沪渝高速、滁黄高速等在此交会，它还以众多名闻遐迩考古遗址和风景名胜，成为皖南国际文化旅游示范区的重要组成部分。

作为历史悠久、人文荟萃的一方宝地，繁昌千百年来曾涌现不少俊杰贤达，也让众多文人墨客流连忘返，留下宝贵文艺佳篇。三国东吴名将黄盖、周瑜、周泰曾任春谷长，可谓繁昌较早的地方官。北宋以才学闻名的繁昌人焦蹈，以乡试解元第一、会试会元第一、皇帝钦定进士第一的成绩连中三元，而他"功名事小，性命事大"的嘉德懿行一直为民众津津乐道。宋代繁昌人徐遘、徐迪同胞兄弟，先后于宋神宗熙宁九年(1076年)和宋哲宗绍圣三年(1096年)考中进士，互为师友，以诗赋闻名，《全宋诗》中收有其多首诗作。还有明代繁昌人汪宗礼、汪宗器同胞兄弟，分别于明成化十四年(1478年)和成化二十年(1484年)高中进士，后来都做到监察御史的高位，为官清廉，刚正不阿，受到上至朝廷下至百姓的普遍赞誉。历代学术大家和文坛巨匠如谢朓、庾肩吾、李白、王维、杜牧、钱起、梅尧臣、陆游、杨万里、赵孟坚、文天祥、萨都剌、解缙、王阳明、汤显祖、萧云从、刘大櫆、袁枚等等，皆钟情繁昌的山山水水，创作出脍炙人口的不朽佳作。

沈大龙先生出生于繁昌，一直在繁昌宣传部门工作，多年担任县广电局、县文化广电新闻出版局和县（区）委宣传部的领导职务。繁忙公务之余，他潜心搜集资料，钻研乡邦文献，耙梳和研究源远流长的繁昌历史文化，为传承历史文脉，资政育人，孜孜不倦，勤勉劳作。摆在大家面前的这本《千秋繁昌》，就是他近年辛勤耕耘的硕果。

《千秋繁昌》全书分四大部分：一是介绍繁昌区位特点、历史沿革、文化特征和自然风貌；二是叙说繁昌天地造化、远古遗址、史前文明及吴楚风韵；三是梳理从西汉置县直至新中国成立的漫长历史，对其中重大事件和重要人物均钩玄提要，侃侃而谈；四是描绘繁昌人文华彩，从俊彦人杰到佳作名篇，从梵钟寺影到佛教圣境，从非遗传承到地方物产，从小镇风情到古韵新颜等，均如数家珍，娓娓道来。繁昌的地理人文、历史掌故、风土人情及风景名胜等，可谓一册在手，尽知其由来和概貌也。

从这本书的字里行间，我们可以深切感受到作者对生于斯长于斯一方厚土的热爱和倾心，感受到他对宣传和弘扬家乡历史文化的强烈愿望和责任感。相信此书的出版，对于提高繁昌的美誉度，推动繁昌的旅游发展，加深读者朋友对繁昌历史文化的了解，都将发挥积极的作用。

在书稿即将付梓之际，大龙先生托朋友嘱序。我自幼在芜湖长大，亦有亲戚生活在繁昌小洲，对繁昌茶干和香菜，至今想起仍口齿生香。拜读书稿，既对繁昌有了更多了解，也引起少年在小洲高大芦苇中穿梭的美好回忆。略叙数语，言不尽意，仅为读后感想，岂敢充序。

2024 年 8 月 13 日于合肥书香苑

江南佳丽地　千秋说繁昌

吴黎明

旧历年前,大龙送来《千秋繁昌》的书稿,让我看看,且嘱我做一则写在前面的话。在文联讨生活的时候,因公因私,被硬赶着上树,确实说了不少此类"前面的话";然而,生而不敏,后学不足,所识也浅,这于我来说,实在是所有说话里面感到比较困难的活计;每每面屏终日,却是一个字也敲不出来。

原本想,退休罢,当休于一隅,任落日渐散,任光风吹过,任枝叶凋零。却终究不能超然。这一回,面对大龙至炽的诚意和至殷的嘱托,让我依然深觉却之不恭。多半年过去了。沉甸甸的《千秋繁昌》,一直置于我的案头或枕边或行囊。总算读完了,心里也烙下了深深浅浅的印记。

一

《千秋繁昌》是一部县域文化研究著作。

县域文化的形成,与县制的确立关系极大。县制的出现很早。今人周振鹤先生在《县制起源三阶段说》一文里说:"对于郡县制的起源,由于文献有阙,现在还不能说得很清楚。但学术界的共同看法是起于春秋,形成于战国,而全面推行于秦始皇统一天下,这是没有疑问的。"

几近三千年的县制,使县域在历史地理上得以长期保持相对稳定。这种稳定,常常呈现为一个相对固定的地理空间、久远的历史积淀和较强的群体认同。较强的群体认同,从根本上来说,是文化的认同。

县域文化属于区域文化,是中华文化的重要组成部分。中华文化,煌煌巨构,县域文化应是最基础、最基本的构成单位。比县域更小的区域,因为地域的狭小和治辖的频变,尚不足以形成独立品格的区域文化;比县域更大的区域,又往往因为地域的复杂多样,而呈现出文化诸元共生;县域恰宜,既不会因为地域狭小而局促,又不会因为地域广袤而成分驳杂。甚至可以说,没有县域文化的个性和活性,就没有中华文化的丰富多彩和强韧强大。

县域文化具有民间性和世俗性,根植于社会最基层的人群之中,往往以口传心授的方式世代相传。这就使县域文化在历史的演进中,容易流逝。尤其是在当下,社会总体上由农耕文明实现向城市文明的转变。文明的转型,无疑是历史的必然和进步;然而,农耕文明的远隐,对根植于农耕文明的县域文化冲击至巨。随着城市迁徙的潮流,聚居百年千年的人群一旦分散,相沿一代又一代的成俗也将日渐消逝。

在这样的语境之下,研究县域文化,就具有守护文化根苗的别样意义。也正是在这样的语境之下,《千秋繁昌》的用意便值得称许了。

二

《千秋繁昌》是一部全景式描绘繁昌历史人文的著作。

繁昌北临长江,地属皖南,素称"皖南门户"。西承东连、北望南依的区位形势,千水流荡、万山耸峙的地理风貌,养成了繁昌兼容并包的襟怀,造成了繁昌悠远丰厚的人文。

以文化观诸繁昌,既是长江文化的重要区域,又是皖南文化不可分割的一部分。早至先秦时期,繁昌地域处于吴楚相交之地而属吴国,越灭吴后属越国,楚灭越后属楚国。因此,繁昌区域文化,既有吴越文化的色彩,又烙着楚文化的印记。

以历史观诸繁昌,早在距今220-256万年前,繁昌境内即有古人类活动。旧石器文化遗址、新石器文化遗址、商周时期文化遗址,境内均有所发现。自秦汉而至近现代,除却唐代不长的一段时期,历朝都在繁昌置治,文明发展的脉络班班可考。

以人风观诸繁昌,人民醇厚善良,思维灵动活跃。历史上数次的北人南迁,既是人群的大融合,又是八方文化的大融汇;汉民族的信仰、企望、好恶、禁忌和嬉乐,在繁昌都可以找到依据;繁昌民歌、中分徐姓祀祖习俗、卧龙墩古狮、群龙朝神山、荻港香菜制作,是汉民族的风所浸淫,更具有江南繁昌人的原创意味。

如此浩漫的繁昌,其间一个的"点",展开来,别有情境,往往就是一部丰厚的大书。《千秋繁昌》却选择在不算长的篇幅里,从总体上把握、全方位地完成繁昌历史人文的描绘。这是一项相当艰难的工作。立意不高,匠心不具,详略不当,阐述不清,就会流于记流水账,人云亦云,令人乏味的翻炒冷饭。

读完《千秋繁昌》稿本,掩卷细思,笔者欣喜地发现,这是一部别有生面的著作,文字之间自有作者的用心、思考、取舍和创获。

三

《千秋繁昌》是一部值得一读的著作。

昔贤云,开卷有得,便欣然忘食。窃以为,开卷有得就不失为好书,至于读而忘记珍馐美馔,因为书好,更因为读书人的一种境界了。一部"有得"的书,不同的阅读者,会有不同的所取和观感;但是,著文以谨,教人以知,启人以悟,当是必要的。

《千秋繁昌》是一部别有新意的著作。

一部著作有新意,选择全新的材料固然重要;但面对同样的材料,因为著者眼界、角度、取舍的不同,照样会呈现出全新的面貌。对于著者来说,自出机杼,老树新葩,挑战或许更大,困难或许更多。即如繁昌,关于文化方面的著述,已经十分繁夥。比如,历代所修的方志,今人所编的文史资料、文化丛书、各种集成,等等;但这类既成的著作,或过于庞杂,或过于久远,或过于专业,或过于单一,让人读来总有些意犹未尽,对繁昌依然存在着知障。《千秋繁昌》所涉的材料,或许并不新鲜,但著者却能于熟悉的境地独辟蹊径,完成自己的别样建构。这就是著作出新意来了。

从著者意图来说,虽然是从总体上把握、全方位地描绘繁昌的历史人文;但却并不是面面俱到、事无巨细,而是详略得当,详者纤毫毕现,略者一掠而过。读完本书,对繁昌的历史人文,既有一个比较全面的观照,又对其精彩的细节有着深刻的体味。

从本著的结构来说,构成新颖独到,逻辑清晰合理。结构自然是为了完成意图而在。《千秋繁昌》共置四个篇章,第一篇章"区位沿革 山水江南",主要讲述繁昌的地理区位、如画山水、历史沿革和文化特征。第四篇章"人文华彩 胜迹遍境",主要讲述历代名人事迹、独具地域风情的民间习俗、佛教圣境以及邑辖各个镇的风土人情。第二篇章"天地造化 开启史册"和第三篇章"春谷肇始 繁昌长歌",则以繁昌文明史为脉络,从旧石器时代,直至现代,将文明演进史中繁昌的桩桩件件,如珠玉般串联在一起,既有历史的纵深,又有事件的精彩。

《千秋繁昌》是一部严谨不苟的著作。

严谨不苟,其实是一种良好的治学精神。《千秋繁昌》的著者,长期从事行政工作,一旦转而治学,固然面临着学术修养和技术准备等诸多的困难;但窃以为,至要的在于,著述者对待学术问题持正认真的态度。书中所涉,巨至重大、重要的事件,微至一个人物或一个用词,常常都是在反复求证之后而述。比如,春谷县的设置,《汉书》载,汉武帝元封二年(前109)置丹扬郡,下辖春谷县;但著者根据今人的有关考证,认为"元封"应为"元狩"之误,即《汉书》所载始置丹扬郡的时间,应为元狩二年(前121)。比如,民国闻人刘子青在繁昌旧县兴办实业,其名称到底是锅坊还是锅厂,即使一字之差,也不疏失,经过充分论证,终于得以明了。

治学上,《千秋繁昌》足堪赞赏者,约有三端:其一,不盲从已成的著述。比如,清道光六年(1826年)版《繁昌县志》,是一部极为重要的一邑史书,但因为种种条件的制约,书中难免有舛误之处。著者在采用是书所述时,总是经过自己的证实和证伪,正者信之,谬者匡之。其二,虚心向术业有专攻者请教。比如,关于人字洞遗址发现发掘的讲述,即反复请教人字洞研究的首席科学家金昌柱博士,且请金博士审读文本的相关部分,最终形成定稿。其三,不辞辛劳实地考察。比如,为考实民国实业家霍守华领办桃冲铁矿的情状,著者数至上海、南京、合肥等地,查阅了大量的历史档案。比如,为厘清东晋侨立繁昌县的治地"移风乡普照院",著者亲临芜湖市湾沚区陶辛镇境内的普照院遗址,进行实地踏勘走访。

《千秋繁昌》是一部知识性较强的著作。

通观《千秋繁昌》,历史人文的信息量至大。择其要者,本著在知识性方面,呈现着两个特点:一是,关于繁昌历史人文的重要事件,述之不辞其繁,条分缕析,让一些如雾里看花似的问题有了相当清楚的阐释。比如,繁昌县名的来源和江南侨设乃至实置,是一个十分复杂的话题,著者在大量阅读和求证的基础上,心有所得,其所述让我们大抵清楚了其来龙去脉。比如,隐静寺御书阁,前此的方志等史籍,只道其大略,不明其备细,著者通过自己的考证,将御书阁的前前后后,道得明明白白。二是,对于一些历史文化知识,述之颇赅,无疑具有文化知识普及的意义。比如,侨置制度和侨置郡县的"土断"成实问题,著者之述,让我们不但知其然,而且知其所以然了。比如,明初繁昌地烧造南京城墙砖和繁昌县治迁置,我们通过著者的娓娓道来,可以一窥其间的究竟。

总而言之,《千秋繁昌》既是一部关于一邑历史人文的著作,又是一部可以获取相关历史文化知识的读物。此外,《千秋繁昌》还是一部不可多得的乡土教材。其间的乡土知识,其间透发的爱国爱乡情感,让人在获取相关知识的同时,情不自禁地激发出浓浓的乡情。

当然,从内容的选择,到结构、节奏的把控,复到语言的运用,等等,《千秋繁昌》尚有许多值得商榷和提高的地方。然而,无论如何,这都是一部值得向人们推荐的著作。兹不一一赘述。

四

行文至此,本该打住我的絮语了。但似乎意犹未尽,还有一些与本书不算完全无关的话题,即大龙的乡土情结和文化情怀。

大龙是有至深的乡土情结和至浓的文化情怀的。没有这种情节和这份情怀,要想构成《千秋繁昌》,是完全不可想象的。

认识大龙很有些年头了。二十余年前,他在宣传部暨县属报社工作,我在县政协办公室讨生活,共一个大院进出,低头不见抬头见,见面点点头,算是点头之熟吧。

约略十余年前。我到县文联叨陪日月。文联对外是一个单位,对内并不独立,是宣传部代管的一个机构。到文联来,我也就算是宣传部的一分子罢。大龙其时做着副部长兼报社总编,应是我的领导了。因为同在一个单位,我们开始熟识起来。后来,大龙去县广播电视局主事。再后来,在县文化部门主政。其间,我依然在县文联冬寒夏热春温秋凉着;其间,他时常约我去他那儿说话,话题多涉本邑文化;其间,在他倡导之下,《画里江南——繁昌画家画繁昌》画册得以编成出版,我相与其事,深知如果没有大龙的倾力襄助,画册是否能辑成出版,尚在未知之数。

我与大龙的说话,都道繁昌历史久远,文化蕴藏丰厚。或许是因为宣传得不够,时人却多不识繁昌的久远和丰厚,甚至在相当一部分人看来,繁昌粗陋贫瘠,一无文化蕴涵。因为,繁昌既没有养成震古烁今的著名人物,又没有徽州那样的桃花园里人家。大龙以为,繁昌丰厚如斯,却没有一部全面宣传介绍的著作。其言之切切,我深以为然,却颇不以为意;因为,我深知真要操作起来,那工作量是怎样的巨大,做得不好反而吃力不讨好。

最终,大龙又转回宣传部,继续做他的副部长。工作上的关系,我们时常能够碰面;共同趣好的关系,我们常常聚在一处说话,话题至多的依然是繁昌历史人文。我终于知道,十来年的发心,至此进入实际操作历程了。他先是阅读相关的资料,做着单个的课题,进行着相应的准备。这期间,他先后承担了芜湖市历史文化研究会的3个课题,即霍守华与桃冲铁矿、五次繁昌保卫战、繁昌县名的由来及县治的变迁。这些课题的完成,既锻炼了他做学问的能力,又提高了他学术的修养,复为他的著作打下了坚实的基础。

我无法晓得他著书的个中苦滋味。但他日渐增多的白发,他原本颀长挺拔的身板瘦削了几许,我自然能推想到他该是如何的刻苦和努力了。那该是怎样的日夕辛劳呢?那又该是怎样的穷思竭虑啊!

或云,十年磨一剑,一朝剑成,其锋照彻。所幸的是,《千秋繁昌》已经著成。其构自在,阅者也自有会心。付梓在即,爰赘语如之,以应大龙至殷之嘱。

时维公元二〇二四年仲秋,繁阳懒悟沐手恭制。

壹 区位沿革 山水江南

一、区位形势 皖南门户

芜湖市繁昌区位于皖南北部、长江南岸,是芜湖市主城区的西大门。它南依皖南山脉,黄山、九华山余脉在这里与沿江平原交汇,是承东启西、连南接北的重要通道。繁昌东北与弋江区芜湖三山经济开发区相连,东南与南陵县接壤,西南与铜陵市毗邻,西北与无为市隔江相望(图一)。

图一 繁昌区在芜湖市的位置

2020年7月,繁昌撤县设区,成为芜湖市副中心城区[①]。繁昌区辖繁阳、荻港、孙村、平铺、新港、峨山6个镇72个村(社区)和1个省级经济开发区(图二)。全区总面积590平方公里,常住人口约28万。

繁昌地势西南高东北低,地貌类型多样,山、圩、洲、滩兼有,江、河、湖、溪融汇。境内山川钟灵,秀丽清纯,风光宜人。繁昌多山,东有隐玉山(又名浮邱山)、铜山,东南有千军岭、八峰山,南有隐静山(又名五华山)、金峨山,西南有马仁山(图三)、麟山,西有红花山、龙华山,西北有库山、凤凰山,北有覆釜山(又名寨山)、大磕山、赭圻岭等名山。繁昌城就处在群山环抱之中。浩浩长江从繁昌西北奔腾而过,黄浒河、漳河分别从西北、东南汇入长江。峨溪河自西向东从城区缓缓流过,给这座城增添了几分灵秀。早年,这些河流是水路交通的重要通道,给人们带来舟楫之利。繁昌的北部、东部及西部分布有圩区平原、河谷平原,这里土壤肥沃,粮食丰足。峨溪河畔的平原孕育了皖南最早的农业文明。繁昌东北部沿江一带是沙洲

图二 繁昌区地图

[①] 2006年2月,繁昌县三山镇、峨桥镇划入芜湖市,成立芜湖市三山区。2020年7月,三山区与弋江区合并成立新的弋江区。2020年9月,原三山区管辖范围全部委托给安徽省芜湖市三山经济开发区管辖。

地,这里是花生、棉花等经济作物的主产区。西村湖、黑子湖、岱湖、中塘湖、虬湖、龙窝湖、官庄湖、骊山湖、白荡湖等湖泊散布境内。山林沼泽、平原沃土、河流湖泊、村落民居天然地组合起来,形成适宜人类繁衍生息的理想之地。

繁昌山川形胜,吸引着历代名人骚客,他们访胜、流寓或居官至此,题咏山水,传诸后世。南宋诗人陆游乘舟西上,途经繁昌,便被这里的景色所流连,他在《入蜀记》中赞美道:"风日清美,波平如席,白云青嶂,相远映带,终日如行图画,殊忘道途之劳也。"杨万里也有相同的感受,他行至峨桥,便被清丽婉约的水乡景色所陶醉,欣然写下《宿峨桥化城寺》:"一溪秋水一横桥,近路人家却作遥。柳绕溪桥荷绕屋,何须更著酒旗招。"明代哲学家王阳明途经繁昌,公余之暇,览山水之美,不禁吟咏:"归船不遇打头风,行脚何缘到此中?幽谷余寒春雪在,虚帘斜日暮江空。林间古塔无僧住,花外仙源有路通。随处看山随处乐,莫将踪迹叹萍蓬。"

图三　马仁山

优越的区位,独特的地貌,山水的化育,使繁昌富有悠久的历史。这里名人荟萃、胜迹遍境。文化遗存在山水中积淀,成为皖南历史文化遗产富存之所。

其一，这里有欧亚大陆最早的古人类驻足地——繁昌人字洞遗址，皖南最早的新石器时代文化遗存——缪墩遗址。

繁昌孙村地处山陵、丘陵地带，草木茂盛，利于生存。境内癞痢山发育出的溶洞，成为古人类栖息场所。中国科学院古脊椎动物与古人类研究所的专家在孙村癞痢山溶洞——后来被称为人字洞遗址，发掘出土人工石制品、骨制品及大量哺乳动物化石，揭示出人字洞遗址是距今220万年至256万年前欧亚大陆最早的古人类活动遗存，从而将亚洲人类起源的历史提前了30万年。繁昌人字洞开启了欧亚大陆古人类史的崭新篇章。

峨溪河是繁昌城区金峨山与大信山南北两大山系拥抱的河流，是山陵与平原延展开合的纽带（图四），她哺育了皖南最早的古文明。峨溪河畔发现的缪墩遗址，是迄今皖南地区发现得最早的新石器遗址。我们的先人在这里繁衍生息，构筑了美丽的缪墩家园。

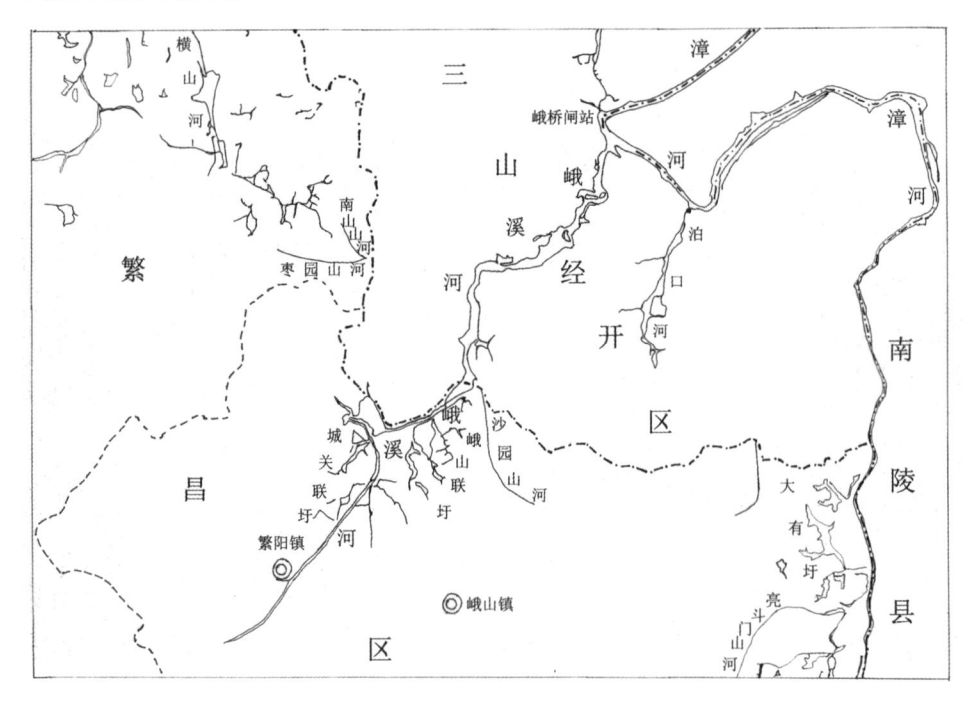

图四　峨溪河水系图

其二，繁昌所处长江地段独特。繁昌位于皖江向北的突出部，长江在荻港段收窄，兀立荻港江滨的板子矶，地势险要，具有重要的战略地位。正如清代江南按察司副使周体观的诗所云:"板子当天险,长江复北来。断山还石垒,绝壁更烽台。"早在春秋时期,著名的吴楚鹊岸之战就发生在这一带。清道光《繁昌县志》记载,三国至清代著名戎事"十之有八"发生在这里,板子矶故有"吴楚关锁"之称。1949年4月20日夜,中国人民解放军百万雄师发起渡江战役,率先于繁昌突破长江天险,踏上江南的土地。

其三,繁昌地域较早就得到开发和治理。西汉时,繁昌这块土地上就置春谷县。东汉末年,东吴名将黄盖、周瑜、周泰都曾担任春谷长。除现在的繁昌城外,今繁昌境内还有三座古城遗址:荻港镇杨湾村汉春谷城遗址、荻港镇笔架村隋唐时期南陵县治赭圻城遗址和新港镇南唐至明英宗时期的繁昌城遗址。

其四,繁昌区位优越,交通便捷。繁昌地处长三角腹地,位于国家级皖江城市带承接产业转移示范区核心区、皖南国际文化旅游示范区、京福高铁、沪铜铁路、宁安城际铁路、沪渝高速、滁黄高速等在此交会,拥有长江黄金水道22公里。

繁昌素有"皖南门户"之称。明清时期,繁昌境内有多条古道往来皖南,是通往徽州的重要通道。明清时期,县境设有5铺:平沟铺、新林铺、陶冲铺、蔡家铺、石硊铺。每铺有铺司1名,铺兵3名。石硊铺下行至芜湖县阳塘铺;平沟铺上行至宁国府南陵县箭塘铺[①],延伸至泾县、徽州。这条古驿道是从南京经当涂(太平府治所在地)、芜湖、繁昌、南陵,至江西景德镇的官道。明朝时期,歙县秀才凌炯进京赶考,途经繁昌新林铺,曾投宿新林铺杨察庙的旅店,后考取进士,官至御史。

今出繁昌城西南,经铁门村、凉亭头、中分村、蒋泊、乌龟墩、板石岭、麻桥、南陵,也是一条往返皖南的古道。

从无为过江,至繁昌荻港,经黄浒七里亭、黄浒古镇、赤沙滩,至南陵,再至泾县,是一条江北通往皖南的古道。

清道光《繁昌县志》记载,由荻港至三山,有荻港河口渡、旧县镇渡、官厅渡、教化渡等渡口,可往返江北。

1938年底,新四军三支队进驻铜(陵)繁(昌)抗日前线,取得了著名的五次"繁昌保卫战"的胜利,粉碎了日军从长江经由繁昌进攻驻皖南泾县云岭中共中央东南局、新四军军部、驻屯溪国民党第三战区司令长官部及我徽屯后方基地的企图。繁昌也是皖南新四军军部联系江北新四军部队的主要通道。1939年4月26

[①] 清道光《繁昌县志》,合肥:黄山书社,2010年版,第248页。

日,新四军军长叶挺及军政治部副主任邓子恢、军部参谋处处长赖传珠、第一支队副司令员罗炳辉等率两个连的武装部队和地方干部、民运工作人员共200多人,经繁昌孙村、马坝、泥埠桥,至保定,从油坊嘴过江,去江北无为地区视察工作,赴庐江县组建新四军江北指挥部。皖南事变后,从泾县突围先后辗转来到繁昌的700多名新四军指战员,在党组织和群众的帮助下,大部分从保定油坊嘴、团洲、窑头一带安全渡江到达江北,繁昌成为新四军突围人员的"生命通道"。

改革开放总设计师邓小平同志视察黄山也曾经过繁昌。1979年7月11日,邓小平同志的专列驶进繁昌北站,他走下专列改乘汽车前往黄山。7月16日上午,邓小平同志视察黄山返回,也是从繁昌北站登上专列踏上返程之路。

20世纪80年代前,芜湖通往南陵、青阳、泾县、屯溪的公路都经过繁昌。

二、历史沿革　文化特征

(一)历史沿革

[先秦时期]

繁昌地域是长江中下游地区开发较早的地区之一。200多万年前这里就有古人类劳作、生息,是欧亚大陆最早的古人类驻足地之一。

优越的自然环境和独特的地理区位孕育了繁昌较为发达的新石器文化和商周文化,留下了缪墩、落花墩、中滩、月堰等几十处新石器时代聚落遗存和阮墩、四顾墩、万牛墩、汤家山等近百处商周文化遗存。

商末周初,周太王古公亶父的两个儿子太伯、仲雍奔荆蛮,"断发文身"创建吴国,繁昌地域属吴国。繁昌城东汤家山发现的西周时期吴国高等级贵族墓葬,表明繁昌地区或许已有城邑性质的政权中心存在。

春秋时期,繁昌地域属吴国。

战国时期,繁昌先后改属越国和楚国。

[秦朝]

秦始皇二十六年(前221年),秦灭六国,一统天下,分天下为三十六郡,繁昌地域属九江郡。后来,秦郡增加了庐江郡,繁昌地域属庐江郡。

[西汉]

楚汉之交属英布的九江王国(都六,今六安市北)庐江郡(郡治仍在番阳)。汉高祖四年(前203年)七月,属英布淮南国(仍都六)庐江郡。高祖十一年(前196年)十月,属刘长的淮南国(都寿春,今寿县寿春镇)庐江郡。汉文帝七年(前173年),属汉廷庐江郡。文帝十二年(前168年),属刘喜的淮南国(仍都寿春)庐江郡。文帝十六年(前164年)四月,改属刘赐的庐江王国庐江郡(治番阳)。景帝四年(前153年),属汉廷庐江郡。武帝元狩二年(前121年),将庐江郡东部春谷、宣城、陵阳、泾四县与鄣郡合并,加上之前别属会稽郡的四个王子侯国,设置一个新郡,为丹阳郡(治宛陵,今宣州市区),春谷县属丹阳郡(同"丹扬郡")。这是现有史籍中最早出现春谷县。今繁昌地域属春谷县。武帝元封五年(前106年)四月,丹阳郡属扬州刺史部(监察区)。

[东汉]

春谷县属扬州(先后治襄安、历阳、寿春)丹阳郡(治宛陵。汉末,改治建业,今南京市)。汉献帝兴平元年(194年),春谷县入孙吴,仍属扬州丹阳郡。

[三国·吴国]

春谷县属吴国扬州(治建业,今南京市)丹阳郡(初治芜湖,后改治建业,今南京市。嘉禾间,丹阳郡改治宛陵,今宣州市区)。

[西晋]

晋咸宁六年(280年)三月,春谷县入晋,仍属扬州(治建业。晋末,避晋愍帝司马邺讳,改建业为建康)丹阳郡(治宛陵)。太康二年(281年),改属扬州宣城郡(治宛陵)。

[东晋]

春谷县仍属扬州宣城郡。元帝时(318~323年在位),在春谷县境内侨置襄城郡及襄城县、繁昌县,属豫州。苏峻、祖约之乱(327~329年),淮南民流入江左,咸和四年(329年)后,于春谷县境侨置庐江郡,春谷县改属之,旋复旧。孝武帝宁康二年(374年),罢襄城郡、襄城县,并入繁昌县,改属侨置的扬州淮南郡。太元十九年(394年),改春谷为阳谷县,仍属扬州宣城郡。安帝义熙九年(413年),权臣刘裕实行"土断",繁昌县由侨县成为实土县。同年,撤销阳谷县,并入芜湖县,不久又撤销芜湖县,并入襄垣县。

[南朝·宋]

晋恭帝元熙二年(420年)六月,刘宋取代东晋,繁昌县入刘宋,属扬州淮南郡。宋孝武帝大明五年(461年),淮南郡改属南豫州。明帝泰始三年(467年),淮南郡复属扬州。泰始五年(469年)二月,淮南郡改属南豫州;六月,改属扬州。顺帝昇明二年(478年)九月,改属南豫州。

[南朝·齐]

宋顺帝昇明三年(479年)四月,繁昌县入南齐,仍属南豫州淮南郡。齐高帝建元二年(480年),淮南郡改属扬州。齐武帝永明二年(484年),复属南豫州。

[南朝·梁]

齐和帝中兴二年(502年)四月,繁昌县入萧梁,仍属南豫州淮南郡。梁武帝普通六年(525年)(一说天监四年),在东晋时的南陵戍(今池州市西南6公里)置南陵郡、南陵县,属南豫州。

[南朝·陈]

梁敬帝太平二年(557年)二月,繁昌县入陈朝,仍属南豫州淮南郡;在南陵郡、南陵县治置北江州。陈宣帝太建五年(573年),置宣州(治宛陵),淮南郡改属宣州。

[隋朝]

隋文帝开皇九年(589年)平陈,改南豫州为宣州,废淮南郡,并繁昌、于湖、襄垣、西乡(也作西安)4县,更置当涂县,属宣州;废北江州及南陵郡,并其所辖石城、临城、定陵、故治、南陵5个县,重建南陵县,治所由池州(今池州市贵池区)改为原春谷县赭圻城,属宣州(治宣城县,今宣州市区)。今繁昌地域为南陵县部分地区。炀帝大业三年(607年)四月,改宣州为宣城郡,属扬州刺史部监察区,南陵县仍属之。

[唐朝]

唐高祖武德四年(621年),南陵县(仍治赭圻城)改属池州。太宗贞观元年(627年),复属宣州。宣州属江南道。周武则天长安四年(704年),南陵县迁治青阳城(今南陵县籍山镇),赭圻城废为南陵乡镇。今繁昌县境属南陵县北部地区。玄宗开元二十一年(733年),南陵县属江南西道宣州。玄宗天宝元年(742年),宣州改为宣城郡。肃宗至德二年(757年)十二月,宣城郡复名宣州。肃宗乾元元年(758年)十二月,宣州改属浙西道节度使辖。德宗贞元三年(787年),宣州改属宣歙道(治宣州,今宣城市区)。德宗贞元十二年(796年)十二月,改属宣歙池都团练观察使(驻宣州)辖。昭宗大顺二年(891年),改属宁国军节度使(治宣州)。昭宗天复三年(903年),废宁国军节度使,改为都团练观察使(仍驻宣州)。

[五代十国·吴国]

唐哀帝天祐四年(907年),唐亡。在此之前的905年,吴王杨行密的长子杨渥继吴王位,繁昌地域入五代十国中的吴国。吴恢复宁国军节度使,仍治宣州,南陵县仍属宁国军节度使。

[五代十国·南唐]

吴天祚三年(937年)十月,繁昌地域入南唐,仍属宁国军节度使(治宣州),南陵县属宣州。南唐升元年间(937~943年),析南陵县北部5个乡复置繁昌县(治延载乡,今新港镇),改属西都江宁府(治今南京市)。

[北宋]

宋太祖开宝八年(975年),平南唐。五月,改南唐的雄远军(治当涂县)为平南军(仅领当涂1县)。太宗太平兴国二年(977年),升平南军为太平州(取太平兴国年号前两字为州名),将已属建康军的芜湖、繁昌2个县改属太平州(治当涂县,今同)。太平州在北宋初年,属江南东路。太宗至道三年(997年),属江南路。真宗天禧二年(1018年),复属江南东路。

[南宋]

繁昌县仍属太平州。太平州初属江南东路建康府。高宗建炎四年(1130年),太平州改属江南路建康府。高宗绍兴初,复属江南东路建康府。恭帝德祐元年(1275年)二月,太平州降元。

[元朝]

元世祖至元十四年(1277年),升太平州为太平路(仍治当涂县,今同),繁昌县属太平路,太平路属江淮行省。至元二十八年(1291年),太平路改属江浙行省江南诸道行御史台江东建康道。惠宗至正十五年(1355年)六月,朱元璋渡江,拔采石,取太平,改太平路为太平府(历清末不变)。翌年七月,太平府改属龙凤政权的江南行中书省(治应天府,今南京市)。龙凤六年(1360年)闰五月,陈友谅陷太平府,很快为吴军(朱元璋时称吴王)收复。

[明朝]

吴二年(1368年)正月,朱元璋建立明朝,改元洪武,繁昌县仍属江南行省太平府。洪武元年(1368年)八月,罢江南行省,太平府改属中书省。洪武十三年(1380年)正月,太平府属直隶六部。永乐元年(1403年),太平府改隶南京,后又称南直隶。天顺元年(1457年),繁昌县治由延载乡迁至金峨上乡(今繁阳镇)。

[附 南明]

崇祯十七年三月十九日(1644年4月25日)明亡,繁昌初为明宗室福王控制区,后为南明弘光政权所辖,仍沿明旧制。

[清朝]

清顺治二年(1645年)五月,靖国公黄得功在保护弘光帝逃遁中,与清兵鏖战于今繁昌荻港镇板子矶,战死于战舟中,地入清。五月十六日,清军定江南,仍沿明旧制,繁昌县仍属南直隶太平府。闰六月乙巳(1645年8月19日),太平府改属江南省(治江宁,今南京市)池太道(治芜湖县,今为芜湖市老城区)。康熙元年十二月甲子(1663年2月2日),改为安池太道(改治池州,今为池州市区)。康熙六年七月甲寅(1667年8月30日),太平府属两江总督①管辖下的安徽省(治安庆府,今为安庆市区)安池太道(治芜湖县)。康熙二十一年十月乙亥(1682年10月31日),裁安池太道,太平府改属江安十府粮储道(专业道,治徽州府,今歙县徽城镇)。雍正十一年十二月癸亥(1734年1月20日),太平府改属安徽宁池太广道(治安庆府)。雍正十二年十月庚戌(1734年11月3日),安徽宁池太广道迁治芜湖县(今芜湖市区)。咸丰五年十月十三日(1855年11月22日),安徽宁池太广道改名徽宁池太广道(迁治宁国府,府治宣城;后道治迁祁门县,今祁门县城祁山镇),改由浙江巡抚代管。

同治三年(1864年),太平天国运动失败后,太平府复属安徽省徽宁池太广道。同治四年六月甲午(1865年7月23日),正式定道为省以下区划,太平府仍属安徽省徽宁池太广道(迁治芜湖县,今芜湖市区)。光绪三十四年五月甲午(1908年6月8日),撤销徽宁池太广道,改设皖南道(治芜湖县),太平府属之。

[附 太平天国运动]

太平天国运动期间,繁昌县为太平军驻守重地。咸丰三年(1853年)十二月,太平军进驻旧县镇。当月十九日,占领繁昌县城。太平军创建安徽省(省府驻安庆郡,今为安庆市区),改太平府为宁江郡(改治芜湖县),因避韦昌辉讳,改繁昌县为繁玱县。

[中华民国·北京政府]

民国元年(1912年)1月,废道、府,繁昌县直属安徽省。民国三年6月2日,改属安徽省芜湖道(治芜湖县)。

[中华民国·南京政府]

民国十六年4月18日,南京国民政府成立,宣布按孙中山先生建国大纲规定废道。8月,安徽省政府成立,繁昌县属安徽省。次年8月,正式废芜湖道。二十一年4月2日,繁昌县改属安徽省第二区,首县为芜湖县。同年10月10日,改属第二专区(驻芜湖县)。二十七年4月15日,改属皖南行署(驻屯溪镇)第二专区。同年7月,撤销第二专区,改属第九专区(驻泾县)。同年,日本侵略军占领三山、横

---

① 两江总督为清十大总督之一,初名江南江西河南三省总督,后名江南总督,再易名两江总督,至清末不变。

山、荻港、桃冲、库山、旧县、峨桥等地。次年,在繁昌县网罗汉奸筹建"繁昌县自治委员会"。国民党繁昌县政府迁往本县八分村。二十九年6月20日,日军攻陷繁昌城,很快被收复。二十九年8月6日,繁昌县改属皖南行署第六专区(专区先后驻宣城县、泾县。抗战胜利后,迁驻芜湖县)。三十一年上半年,汪伪"繁昌县政府"成立,驻荻港镇。三十三年5月初,国民党繁昌县政府流亡于泾县章家渡。三十四年9月2日,国民党繁昌县政府从章家渡迁回繁昌县城。同年11月,撤销皖南行署,繁昌县属安徽省第六专区(驻芜湖县,今芜湖市区)。三十七年12月4日,繁昌县改属安徽省皖南行署(先后驻宣城县、屯溪镇)第六专区(驻芜湖县)。

[中国共产党建政]

与此同时,中国共产党自民国三十年3月在县境建政。同年7月,在今鸠江区白茆洲创建铜繁行政办事处。三十二年5月,铜繁行政办事处改为临江行政办事处;秋,临江行政办事处设繁昌县行政督导处。三十三年5月,在赤沙设南繁芜行政办事处。三十四年4月,在赤沙成立繁昌县抗日民主政府,属年初建立的皖南行政专员公署领导,直至三十六年2月撤销繁昌县抗日民主政府。1949年4月21日,繁昌县全境解放;5月5日,繁昌县人民政府正式成立;13日,改属皖南人民行政公署芜当专区。

[中华人民共和国]

1949年10月1日,中华人民共和国成立,繁昌县仍属皖南人民行署芜当专区。

1950年5月25日,繁昌县改属皖南人民行署池州专区。

1952年3月28日,繁昌县改属皖南人民行署芜湖专区。

1968年6月19日,繁昌县革命委员会成立。

1980年1月29日,繁昌县改属宣城地区行政公署。

1981年12月17日至22日的县第八届人大一次会议决定,将繁昌县革命委员会改称繁昌县人民政府。

1983年6月7日,繁昌县改属芜湖市。

2020年7月6日,撤销繁昌县,设立芜湖市繁昌区。

繁昌地域建置沿革表

朝代	年代	县名	隶属	县治今位置	备注
春秋战国	约前12世纪~前473年		吴国		商末周初，相传周太王两个儿子太伯、仲雍南奔荆蛮至江南，建立句吴古国。周元王三年（前473年），越灭吴，繁昌地始属越。后楚灭越，繁昌地入楚。
	前473年~前333年		越国		
	前333年~前223年		楚国		
秦朝	前223年~前221年		九江郡		秦王政二十四年（前223年），秦灭楚，设九江郡，繁昌地属九江郡。
	前221年~前219年		九江郡		秦始皇二十六年（前221年），秦统一天下，分天下为三十六郡，繁昌地属九江郡。
	前219年~前206年		庐江郡		后来秦郡增加庐江郡，繁昌地属庐江郡。
	前206年~前202年		英布九江国庐江郡		楚汉之交属英布九江王国。
	前203年~前196年		英布淮南国庐江郡		属英布淮南国庐江郡。高祖十一年（前196年），属刘长淮南国庐江郡。
	前196年~前173年		刘长淮南国庐江郡		汉高祖四年（前203年），属英布淮南国庐江郡。
	前173年~前168年		庐江郡		汉文帝七年（前173年），属汉廷庐江郡。
汉朝	前168年~前164年		刘喜淮南国庐江郡		文帝十二年（前168年），属刘喜淮南国庐江郡。
	前164年~前153年		刘赐庐江国庐江郡		文帝十六年（前164年），属刘赐庐江国庐江郡。
	前153年~前121年		汉廷庐江郡		景帝四年（前153年），属汉廷庐江郡。
	前121年~前106年	春谷县	丹阳郡	今荻港镇杨湾村	武帝元狩二年（前121年），将庐江郡东部春谷、宣城、陵阳、泾四县与鄣郡合并，加上之前属会稽郡的四个王子侯国，新设置丹阳郡，春谷县属丹阳郡。
	前106年~220年	春谷县	扬州丹阳郡	今荻港镇杨湾村	武帝元封五年（前106年），丹阳郡属扬州刺史部（监察区）。

续表

朝代	年代	县名	隶属	县治今位置	备注
三国吴国	221年~280年	春谷县	扬州丹阳郡	今荻港镇杨湾村	扬州治建业，今南京市。丹阳郡初治芜湖，后改治建业。嘉禾间，丹阳郡改治宛陵，今宣州市区。
西晋	280年	春谷县	扬州丹阳郡	今荻港镇杨湾村	扬州治建业，晋末，因避晋愍帝司马邺讳，改建业为建康。
	281年	春谷县	扬州宣城郡	今荻港镇杨湾村	
	元帝时（318年~323年）	春谷县	扬州宣城郡	今荻港镇杨湾村	晋元帝时（318年~323年），在春谷县境内侨置襄城郡及襄城县、繁昌县，属豫州。
	329年	繁昌县	豫州襄城郡	今湾沚区陶辛镇白沙村	咸和四年（329年），在春谷县境内侨置庐江郡，春谷县改属之，旋复旧。
		春谷县	扬州庐江郡	今荻港镇杨湾村	
东晋	374年	繁昌县	豫州襄城郡	今湾沚区陶辛镇白沙村	晋孝武帝宁康二年（374年），罢襄城郡，并入繁昌县，改属新的淮南郡。太元十九年（394年），改春谷县为阳谷县，仍属扬州宣城郡。安帝义熙九年（413年），东晋权臣刘裕实行"土断"，繁昌县由侨改为实土县。同年，撤销阳谷县，并入芜湖县，旋又撤销芜湖县，并入襄垣县。
		春谷县	扬州宣城郡	今荻港镇杨湾村	
		繁昌县	扬州淮南郡	今湾沚区陶辛镇白沙村	
	394年	阳谷县	扬州宣城郡	今荻港镇杨湾村	
		繁昌县	扬州淮南郡	今湾沚区陶辛镇白沙村	
	413年	繁昌县	扬州淮南郡	今湾沚区陶辛镇白沙村	

续表

朝代	年代	县名	隶属	县治今位置	备注
南朝·宋	420年	繁昌县	扬州淮南郡	今湾沚区陶辛镇白沙村	晋恭帝元熙二年（420年）六月，刘宋取代东晋，繁昌县人刘宋，属扬州淮南郡。宋孝武帝大明五年（461年），淮南郡改属南豫州。
	461年	繁昌县	南豫州淮南郡	今湾沚区陶辛镇白沙村	
	467年	繁昌县	扬州淮南郡	今湾沚区陶辛镇白沙村	宋明帝泰始三年（467年），淮南郡复属扬州。
	469年	繁昌县	南豫州淮南郡	今湾沚区陶辛镇白沙村	泰始五年（469年），淮南郡改属南豫州。
南朝·齐	479年	繁昌县	南豫州淮南郡	今湾沚区陶辛镇白沙村	宋顺帝昇明三年（479年），繁昌县人南齐，仍属南豫州淮南郡。齐高帝建元二年（480年）淮南郡改属扬州。齐武帝永明二年（484年）复属南豫州。
	480年	繁昌县	扬州淮南郡	今湾沚区陶辛镇白沙村	
	484年	繁昌县	南豫州淮南郡	今湾沚区陶辛镇白沙村	
南朝·梁	502年	繁昌县	南豫州淮南郡	今湾沚区陶辛镇白沙村	齐和帝中兴二年（502年）四月，繁昌县人萧梁，仍属南豫州淮南郡。梁武帝普通六年（525年）（一说天监四年）在南陵戍（今池州市西南6公里）置南陵县，南陵郡，属南豫州。
南朝·陈	557年	繁昌县	南豫州淮南郡	今湾沚区陶辛镇白沙村	梁敬帝太平二年（557年），繁昌县人陈朝，仍属南豫州淮南郡。在南陵郡、南陵县治北江州。太建五年（573年），置宣州江北淮南郡改属宣州。
	573年	繁昌县	宣州淮南郡	今湾沚区陶辛镇白沙村	宣州。太建末，迁江北江州治赭圻城。

续表

朝代	年代	县名	隶属	县治今位置	备注
隋朝	589年	南陵县	宣州	今繁昌县荻港镇楮圩村	隋文帝开皇九年（589年）平陈，并繁昌县入当涂县。废北江州，南陵郡及所辖石城、临城、定陵，故治，南陵5个县，重建南陵郡，治南陵县，属宣城郡。
	607年	南陵县	扬州宣城郡	今繁昌县荻港镇楮圩村	炀帝大业三年（607年）四月，改宣城郡为宣城郡，属扬州刺史部，南陵县属之。
唐朝	621年	南陵县	池州	今繁昌县荻港镇楮圩村	唐高祖武德四年（621年），南陵县改属池州。
	627年	南陵县	江南道宣州	今南陵县籍山镇	太宗贞观元年（627年），改属江南道宣州。
	704年	南陵县	江南西道宣州	今南陵县籍山镇	周武则天长安四年（704年），南陵县治青阳城（今南陵县籍山镇）。
	733年	南陵县	江南西道宣州	今南陵县籍山镇	玄宗开元二十一年（733年），南陵县属江南西道宣州。
	742年	南陵县	江南西道宣城郡	今南陵县籍山镇	玄宗天宝元年（742年），宣州改为宣城郡。
	757年	南陵县	江南西道宣州	今南陵县籍山镇	肃宗至德二年（757年），宣州改属浙西道。
	758年	南陵县	浙西道节度使宣州	今南陵县籍山镇	肃宗乾元元年（758年），复名宣州。
	787年	南陵县	宣歙道宣州	今南陵县籍山镇	德宗贞元三年（787年），宣州改属宣歙道。
	796年	南陵县	宣歙池都团观察使宣州	今南陵县籍山镇	德宗贞元十二年（796年），改属宣歙池都团练观察使辖。
	891年	南陵县	宁国军宣州	今南陵县籍山镇	昭宗大顺二年（891年），改为宁国军节度使。
	903年	南陵县	都团练观察使宣州	今南陵县籍山镇	昭宗天复三年（903年），废宁国军节度使，改为都团练观察使。

续表

朝代	年代	县名	隶属	县治今位置	备注
五代十国·吴国	907年	南陵县	宁国军宣州	今南陵县籍山镇	唐哀帝天祐四年(907年),唐亡,繁昌地域入十国中的吴国。
五代十国·南唐	937年	南陵县	宁国军宣州	今南陵县籍山镇	吴天祚三年(937年),繁昌地域人南唐。南唐升元年间(937年~943年),析南陵县北部5个乡复置繁昌县。
	937年~943年	繁昌县	江宁府	今繁昌区新港镇	
宋朝	975年	繁昌县	建康军	今繁昌区新港镇	宋太祖开宝八年(975年),平南唐,繁昌县属建康军。太宗太平兴国二年(977年),升平南军为太平州,繁昌县属江南东路太平州。真宗天禧二年(1018年),复属江南路太平州。高宗建炎元年(1127年),属江南东路建康府太平州。建炎四年(1130年),属江南路建康府太平州。高宗绍兴初(1131年后),复属江南东路建康府太平州。
	977年~1018年	繁昌县	江南东路太平州、江南路太平州	今繁昌区新港镇	
	1127年~1131年	繁昌县	江南东路建康府太平州、江南路建康府太平州	今繁昌区新港镇	
元朝	1277年	繁昌县	江淮行省太平路	今繁昌区新港镇	元世祖至元十四年(1277年),升太平州为太平路,繁昌属属江淮行省太平路。至元二十八年(1291年),属江浙行省江东诸道行御史台建康道太平路。惠宗至正十五年(1355年),属江浙行省江东诸道行御史台建康道太平府。至正十六年(1356年),属江南行中书省太平府。
	1291年	繁昌县	江浙行省江东诸道行御史台建康道太平路	今繁昌区新港镇	
	1355年	繁昌县	江浙行省江东诸道行御史台建康道太平府	今繁昌区新港镇	
	1356年	繁昌县	江南行中书省太平府	今繁昌区新港镇	

续表

朝代	年代	县名	隶属	县治今位置	备注
明朝	1368年	繁昌县	江南行中书省太平府、中书省太平府	今繁昌区新港镇	吴二年（1368年）正月，朱元璋建立明朝，改元洪武，繁昌县仍属江南行省太平府。洪武元年（1368年）八月，属六部太平府。永乐元年（1403年），属南京（后又称南直隶）太平府。天顺元年（1457年），繁昌县治由延载乡迁至金峨上乡（今繁阳镇）。
	1380年	繁昌县	六部太平府	今繁昌区新港镇	
	1403年	繁昌县	南京（南直隶）太平府	今繁昌区新港镇	
	1457年	繁昌县	南直隶太平府	今繁昌区繁阳镇	
清朝	1645年7月	繁昌县	南直隶太平府	今繁昌区繁阳镇	清顺治二年（1645年）五月，清军定江南，繁昌县仍属南直隶太平府。闰六月，改属江南省太平府。康熙元年（1663年）十二月，属安池太道太平府。康熙六年（1667年），属两江总督辖下的安徽省安池太道。此后，繁昌县一直属安徽省太平府，只是太平府所属的宁道经常变动。
	1645年8月	繁昌县	江南省池太道太平府	今繁昌区繁阳镇	
	1663年	繁昌县	江南省安池太道太平府	今繁昌区繁阳镇	
	1667年	繁昌县	安徽省安池太道太平府	今繁昌区繁阳镇	
	1682年	繁昌县	安徽省江安十府储粮道太平府	今繁昌区繁阳镇	
	1734年	繁昌县	安徽省宁池太广道太平府	今繁昌区繁阳镇	
	1855年	繁昌县	安徽省徽宁池太广道太平府	今繁昌区繁阳镇	
	1908年	繁昌县	安徽省皖南道太平府	今繁昌区繁阳镇	

续表

朝代	年代	县名	隶属	县治今位置	备注
中华民国北京政府	1912年	繁昌县	安徽省	今繁昌区繁阳镇	民国元年(1912年),废道、府,繁昌县直属安徽省。
	1914年	繁昌县	安徽省芜湖道	今繁昌区繁阳镇	民国三年(1914年),繁昌县属安徽省芜湖道。
中华民国南京政府	1927年	繁昌县	安徽省	今繁昌区繁阳镇	民国十六年(1927年)4月,南京国民政府成立,宣布按孙中山先生建国大纲规定废道,直属安徽省,后又分别属安徽省第二专区、皖南行署第二专区、第九专区。1938年,日本侵略军占领繁昌三山、横山、荻港、桃冲、旧县、峨桥等地,国民党繁昌县政府迁往本县人分村,后又流亡泾县草家渡,抗战胜利后,迁回繁昌县城。
	1932年	繁昌县	安徽省第二区、第二专区	今繁昌区繁阳镇	
	1938年	繁昌县	安徽省皖南行署第二专区、第九专区	今繁昌区繁阳镇、孙村镇八分村	
	1940年	繁昌县	安徽省皖南行署第六专区	今繁昌区孙村镇八分村	
	1944年	繁昌县	安徽省皖南行署第六专区	今泾县草家渡	
	1945年	繁昌县	安徽省第六区	今繁昌区繁阳镇	
	1948年	繁昌县	安徽省皖南行署第六专区	今繁昌区繁阳镇	

续表

朝代	年代	县名	隶属	县治今位置	备注
中华民国南京政府（中共建政）	1941年	铜繁行政办事处		今鸠江区白茆洲	中国共产党自民国三十年3月在县境建政。7月在今鸠江区白茆洲创建铜繁行政督导员，繁昌两县各设行政办事处。三十二年5月，铜陵、繁昌行政办事处改为临江行政办事处。三十三年5月，设繁昌县行政督导员。三十四年4月，在今孙村镇赤沙设南繁芜行政办事处。三十六年2月撤销繁昌县抗日民主政府，直至三十六年2月撤销繁昌县全境解放。5月5日，繁昌县人民政府正式成立，改属皖南人民行政公署芜当专区。
	1943年	临江办事处繁昌行政督导处		原繁昌县境内	
	1944年	南繁芜行政办事处		今繁昌区孙村镇赤沙	
	1945年~1947年	繁昌县抗日民主政府		今繁昌区孙村镇赤沙	
中华人民共和国	1949年	繁昌县人民政府	皖南行政专员公署芜当专区	今繁昌区繁阳镇	
	1949年	繁昌县	皖南人民行政公署芜当专区	今繁昌区繁阳镇	
	1950年	繁昌县	皖南人民行政公署池州专区	今繁昌区繁阳镇	
	1952年	繁昌县	皖南人民行政公署芜湖专区	今繁昌区繁阳镇	
	1980年	繁昌县	宣城地区	今繁昌区繁阳镇	
	1983年	繁昌县	芜湖市	今繁昌区繁阳镇	
	2020年~目前	繁昌区	芜湖市	今繁昌区繁阳镇	

(二)文化特征

繁昌乃历史文化大区,历史遗存丰厚,文化名人众多,历代留下的遗址遗迹有数百处。繁昌位于皖南北部、长江南岸,典型的江南丘陵平原地带,发达的河流水系,孕育了灿烂多彩的新石器文化、商周文化和地方特色文化。这些文化积淀在繁昌的山水人文之中,散发出夺目光彩,且具有江南地域特征。

其一,繁昌境内漳河、峨溪河、黄浒河及沿江一带,较集中分布有新石器文化遗存。漳河两条支流峨溪河、泊口河沿岸是繁昌境内新石器文化遗存最为丰富的区域。峨溪河是繁昌的母亲河,其中游有从距今7000多年、文化面貌相当于马家浜文化早期的缪墩遗址,到中后期的落花墩、中滩、鹭鸶墩、高墩、油榨墩遗址;泊口河上游有崧泽文化时期的月堰遗址和良渚文化时期的官塘神墩遗址。缪墩遗址文化特征接近于河姆渡及马家浜文化,是目前皖南地区发现时代最早的新石器时代文化遗存。月堰遗址文化特征从崧泽文化早期延续至良渚文化晚期。除缪墩和月堰遗址外,其余新石器文化遗存多为良渚文化特征。总体来看,繁昌地区新石器文化遗存的文化特征主要受河姆渡、马家浜、崧泽、良渚文化影响,同时与南京北阴阳营、安徽潜山薛家岗等周边新石器文化有一定交流,并兼有一定的地方特色。

其二,繁昌地区发现近百处商周时期的文化遗存,包括聚落遗址、矿冶遗址和土墩墓,以夹砂陶鬲、有段石锛、小件青铜工具、大量印纹硬陶为代表的文化遗物,以及较为典型的吴式青铜器等,都与宁(南京)镇(镇江)地区非常接近,同属一个文化圈。商周文化遗存绝大部分应属于周文化,此时吴国已日益强大,繁昌的周代文化遗存属吴文化圈。

其三,春秋后期,楚风东渐,繁昌一带先后为吴楚、楚越争夺区,后为楚有。原繁昌县三山镇发现两处战国晚期墓葬,出土器物具有战国时期楚国风格。爰金为战国时期楚国常见的金币,三山出土的爰金、陶质"郢爰"及其他器物组合都具有典型的战国时期楚国风格。繁昌博物馆收藏的蚁鼻钱范,也是楚国的典型器物。战国时期,繁昌地域属楚国,此时繁昌地域已具某些楚文化特征。

其四,中原文化与皖南文化在这里融汇。东晋初年中原襄城郡繁昌县人口大量南迁,于江南侨置繁昌县。后来繁昌县由侨县成为实土县,这些北来人口,不仅弥补了江南劳动力的不足,还带来了北方的先进生产技术和生活方式,促进了南北文化融合。南朝时期,佛教由中原地区传入江南,杯渡在繁昌创建隐静寺,佛教文化与本地的儒学相结合,形成了本地的佛教文化。宋太宗、真宗、仁宗三位皇帝把他们的御书(书法作品)120轴,赏赐给隐静寺收藏,使中原统治中心的文化传播到繁昌的深山寺院。

其五,繁昌地域文化具有多样性。繁昌历史上多有外地族姓迁入定居,随之而来的是不同地域的民风民俗在繁昌传承下来。南宋初年,唐代当涂县令李阳冰十三世孙李儒从当涂迁居繁昌东岛,李氏耕读持家的家风相沿成俗,其后代李继、李万化、李一公、李一献、李其醇考取进士。中分徐氏其先祖为严州淳安县梓桐乡虞坑里(今属浙江)人,南宋绍兴年间迁至繁昌汪桥。元末明初,其七世孙又迁至中分村。中分徐姓始终不忘祖先,逐渐形成了独具特色的扫墓祭祖习俗,流传至今。中分村徐姓祭祖习俗已列入安徽省非物质文化遗产名录。明朝末年徽州婺源俞姓先人迁徙到繁昌九连卧龙墩,将俞氏传统的麒麟灯会传入孙村九连。九连麒麟灯会也已列入安徽省非物质文化遗产名录。平铺镇的炭篓灯、十样锦等民俗文化活动源自湖北。平铺一带的民歌有繁昌山歌的高亢,又带有湖北花鼓调韵味。太平天国运动后,湖北随州、应山、孝感、黄石等地大量移民举家迁入平铺一带,移民也将家乡的民俗文化带入平铺,一代又一代地流传下来。此外,孙村孙氏,三山姚氏,保大圩杨氏、潘氏,龟山鲁氏,前村章氏等,都是从外地迁入繁昌,带来了外地民风民俗。

其六,繁昌的语言文化具有皖南宣州吴语特征。繁昌境内的方言,是以城关话为代表的通行各个圩区的繁昌话。由于这种话还保存着古全浊声母的浊音特征,所以繁昌话应是皖南宣州吴语的一个分支。繁昌皖南宣州吴语的特点在繁昌民歌耘田歌流行地圩区保存较好,尤其保大圩区形成被其他外来方言包围的相对封闭的"方言"岛,当地话被称为"此地话""圩巴佬话"。明代繁昌知县宋棠的诗句"九月将临衣未授,千家砧杵动吴歌",即当时繁昌民歌作吴歌的例证。

三、江南胜地　山水如画

(一)自然化育

繁昌属亚热带湿润气候区,全年气候温和,四季分明。其地处长江与漳河、黄浒河交汇之处,西部、南部、东南部多山,地貌多样,山水兼得,物产丰饶。得天独厚的自然条件,使繁昌这片热土宜耕宜商、宜居宜游,是一处美丽富饶的山水江南胜地。

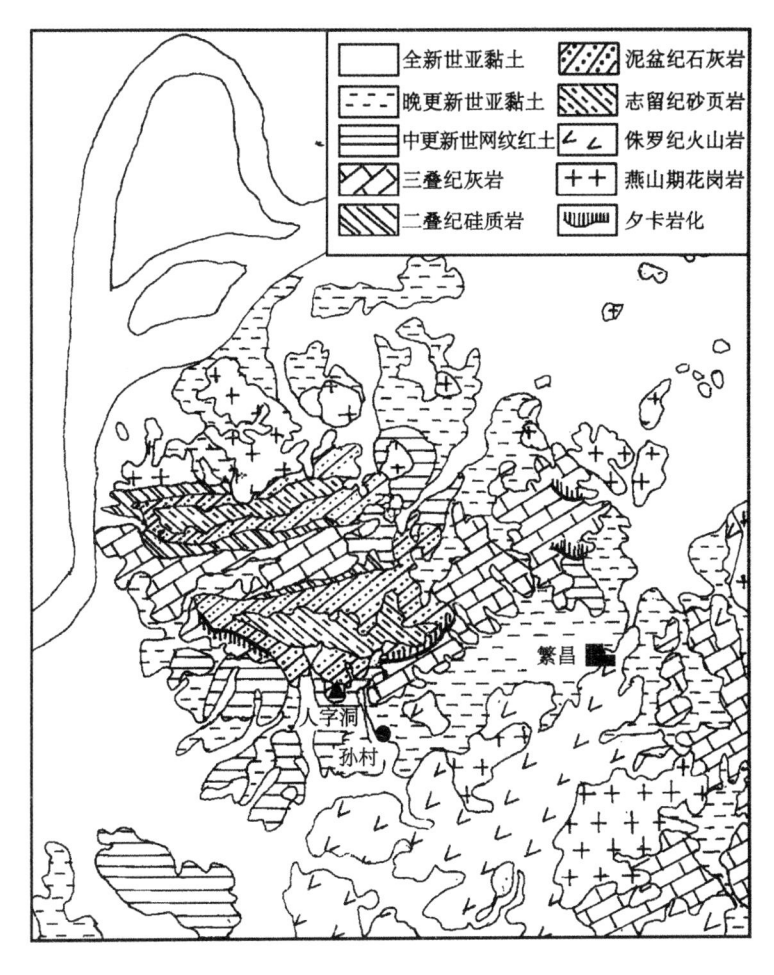

图五　繁昌地区地质略图

从自然地理的角度来说，繁昌的历史可以上溯至几亿年前的远古时期，自然化育使之形成并逐渐呈现出现在的地貌。从地质年代看，繁昌境内北部、东部、南部为志留纪—三叠纪地层出露区，中部及东南部为晚侏罗世—早白垩世火山岩地层区，东南角分布白垩纪地层，西部等地带为第四系覆盖。

距今约 2 亿年前的晚三叠纪前后，经历频繁的地质运动，数次造山运动，几度海陆升降，不断风化侵蚀，形成了繁昌现在的地貌（图五）。

距今 220 多万年前，长江下游南岸的人字洞，已有古人类打制、使用石器和骨器的证据。繁昌人字洞遗址位于孙村镇癞痢山的南坡，北距长江约 10 公里，洞顶海拔约 142 米，是一处发育在三叠纪岩层中经水溶蚀形成的洞穴，是早期人类较为理想的生息之所。人字洞遗址是迄今已知的欧亚大陆最古老的旧石器文化遗址之一，于 2006 年 5 月经国务院核定并公布为第六批全国重点文物保护单位。人字洞遗址的重要考古发现，被认为是我国百万年人类史最重要的实证地之一。

长江、黄浒河、漳河为繁昌地域的主要河流，长江自西南向北东斜贯繁昌西、北部边界；漳河源于南陵县绿岭荷花塘和戴家汇的水涟洞，流经繁昌平铺镇肇埠后，环绕区境东部，于鲁港入长江；峨溪河是漳河的支流，源于繁阳镇范冲，流经城区，汇入漳河；黄浒河系西南与铜陵市义安区毗邻的界河，源于南陵县韭菜崖和铜陵市义安区之水龙山，经赤沙滩，沿黄浒、荻港西注入长江。自人字洞早期人类时起，这几条生命之源就承担着繁昌先民的点点滴滴，世世代代直至今日，书写了波澜壮阔的历史篇章。

（二）山水风情

繁昌历史悠久，山川形胜，风景名胜众多。境域雄峙江边，地势险要，有"吴楚关锁"之称的板子矶，有南朝刘宋时期高僧杯渡驻锡营建、北宋三位皇帝赏赐御书的隐静寺，有奇峰、怪石、绝壁，王翀霄、陈商、李晕、陈焘、徐杰结庐讲学，著书立说的马仁山，有涧水潺潺，"登高一览，众山皆小"，落霞映照山峰呈现"红花晚照"景色的红花山等。从城南金峨山下流过，与人们朝夕相处的峨溪河，是繁昌人民的母亲河。今日峨溪河沿岸，风景秀丽，面貌日新月异，处处洋溢着现代气息。

明代选景之风渐起，清康熙年间编纂的《繁昌县志》载有"繁昌十景"。明末清初姑孰画派创始人萧云从绘有明清时期太平府三县山水画作 43 幅，其中涉及繁昌县的有 13 幅，其刊刻画本流传至今。

1. 明清时期"繁昌十景"

明清时期繁昌有"十景"之说,清康熙年间繁昌知县梁延年有咏《繁昌十景》10首。现用梁延年诗与刘西霖的《繁昌十景简介》[①]一文中关于十景的描述作综合介绍。

(1)峨溪匹练。峨溪即今流经城区的峨溪河。在月白风轻之夜,或烟雨迷蒙之际,登上峨山,俯瞰峨溪,清清溪流,漾漾绿波,两岸烟林,一线匹练,景色优美,引人入胜。梁延年咏峨溪匹练:"横江孤鹤下沧洲,雨艇烟蓑向晚收。月白千村砧杵动,谁家练影入溪流。"(图六)

图六 峨溪匹练

(2)覆釜晴岚。覆釜山位于新港、荻港两镇交界处,其山顶如掌面,像倒扣的釜,为繁昌境内最高的山峰。明代蓝玉之子在山中扎寨,故覆釜山又名寨山。覆釜山与赭圻岭相邻,古时候文人常登临游览。唐代诗人钱起、王维均有游覆釜山诗篇流传。覆釜山山高谷深,晨登极顶,朝阳初升,群谷氤氲蒸腾,蔚为大观,晴岚之名,

---

① 刘西霖:《繁昌十景简介》,《繁昌文史集粹》,政协繁昌县文史资料委员会,1993年2月。

由此而得。梁延年咏覆釜晴岚:"霭霭晴光晓渐分,西山爽气倍氤氲。赭圻风月今何在,留得朝来一片云。"(图七)

图七　覆釜晴岚

(3)红花晚照。红花山位于孙村镇,四周青峰列峙,宛若莲花,又名荷花尖。山顶原建有元帝观,后为红兴寺,今为佛光寺。因比周边群山高,每当夕阳西下,落霞映照,红光盈岭,形成一幅天然图画,故有"红花晚照"之誉。梁延年咏红花晚照:"空山壁立对斜晖,影落寒江鸟乱飞。此处白云岩岫好,采樵人唱夕阳归。"(图八)

(4)浮邱丹井。浮邱山即浮山,又名隐玉山,位于今三山经济开发区峨桥镇。山上"草木蒙茏,岩壑窈冥",相传仙人浮邱公在山中隐居。山顶有资圣院,旧名浮邱院。浮邱院不远处有古井,终年泉水不断,传说为浮邱公炼丹取水的丹井。梁延年咏浮邱丹井绝句:"杖锡飞来不记年,空遗丹井洌清泉。道人一滴能消渴,方信浮山即洞天。"(图九)

壹　区位沿革　山水江南　　　　　　　　　27

图八　红花晚照

图九　浮邱丹井

（5）马仁石壁。繁昌城西南 25 里有马仁山，海拔 300 多米，形如人马，旧名马人山。相传唐德宗时，石马妖鸣，遂断其首，更名为马仁山。马仁山怪石嶙峋，峥嵘矗立，岿然如簇玉；参差嵯峨，巉岩翘首，似刀劈斧削；陡峭奇俊，悬崖削劈，如列屏，似城堞；奇峰竞秀，千姿百态。山上有仙人摆渡、石屋、燕子笼等众多景点及王翀霄的洗砚池遗迹。梁延年咏马仁石壁："峰回九子凿天工，巘壑争奇斗碧空。记得马人鸣吼夜，旌旗喇喇动秋风。"（图一〇）

图一〇　马仁石壁

(6)龙华丹桂。孙村有一龙华山,山下有龙华寺,寺有石窦,乳泉滴沥,相传泉脉通江。石罅生丹桂一株,近千年物,枝繁叶茂,花开香浓,馥郁醉人,成为独特景观。梁延年咏龙华丹桂:"天香一种自西来,移向龙华石上栽。长伴松筠闲岁月,不教金谷斗花开。"(图一一)

图一一 龙华丹桂

(7)隐静禅林。平铺镇五华山,旧名隐静山,又名五峰山。峰下有隐静寺,为高僧杯渡道场。峰五,为:碧霄、桂月、鸣磬、紫气、行道。泉二,为:金鱼、喷云。桂月峰下有卓锡寺。五华山景幽寺古,为历代文人游览胜地。李白有咏隐静寺诗传世。梁延年咏隐静禅林:"频伽青鸟宿孤峰,洞口猿啼午夜钟。杯渡千年人去远,至今犹说六朝松。"(图一二)

图一二　隐静禅林

（8）三山秋月。繁昌县北在大小洲城圩之前,江流从上江坝流经三山矶头山下(旧名浮鸠山),每值秋夜,江月相映,水波不能混,天成奇观。梁延年咏三山秋月:"三峰拥出月华新,江阁清光冷白苹。处处楼台欣人望,空明不照汉时人。"(图一三)

（9）荻浦归帆。荻港,位于黄浒河入江处,是一天然泊船良港。庆大圩成圩之前,江岸蒹葭苍苍,芦荻数里。每当夕阳西下,群舟归港,白帆翩翩,景色独特。梁延年咏荻浦归帆:"风雨澄江旅梦清,樯帆到此罢孤征。无边芦荻催行晚,肠断天南雁数声。"(图一四)

图一三　三山秋月

图一四　荻浦归帆

（10）鹊屿江光。鹊屿即板子矶，屹立于荻港镇下三里长江南侧之江中，孤阜临江，地势险要，自古为兵家必争之地。矶上幽篁曲径，古树参天，有江塔、古寺、黄公阁等古建筑。梁延年咏鹊屿江光："反循矶畔草萋萋，乱石横江水欲西。极目烟波图画里，孤帆一片白云低。"（图一五）

图一五　鹊屿江光

2.《太平山水诗画》之繁昌诗画

明末清初著名画家、姑孰（今安徽当涂）画派创始人萧云从的画集《太平山水诗画》，绘有明清时期太平府所属当涂、芜湖、繁昌三县山水画作44幅，其中涉及繁昌的画作13幅。

萧云从（1596～1673年），字尺木，号默思，又号无闷道人、于湖渔人、石人、钟山梅下、钟山老人、梅石道人、江梅、谦翁、小字咬脐、东海萧生、梦履、梅主人等等，姑孰籍人，后迁居芜湖。① 萧云从的绘画艺术在清代曾经产生过巨大的影响，其中

---

① 陈传席：《萧云从和"姑孰画派"》，《荣宝斋》，2020年第6期。

影响最大的是他的《太平山水诗画》。

萧云从幼而好学。据他自己所著《〈易〉存》序中所说,"八九岁从师讲《孟子》六律五音","亦自解诂章句",十五岁便开始临摹唐寅作品,"笃志绘事,寒暑不废"。然而,萧云从少年科举不利,直到崇祯十二年(1639年)43岁时才考中乡试副榜。后于47岁时又只中乡试副榜,然这种副榜没有实际意义,只是考试中的一种附加榜示,因此他的心情十分忧郁。萧云从"既久困场屋不得志,遂决意不出,无心仕进,退而在姑孰大江之湄,种老梅数株建屋舍数间"[1],名曰"梅花堂"。

萧云从历经明朝万历、泰昌、天启、崇祯数代。当时朝廷统治腐朽,阉党祸国殃民,一批正直的知识分子结成东林党,他们"讽议朝政,裁量人物",与以魏忠贤为首的阉党作斗争。崇祯二年(1629年),一批东林党人的后代和与东林党有关的地方上的知识分子,组成了一个文学团体——复社,以太仓人张溥为首。复社实际上也是一个政治团体,他们关心国家大事,与东林党人相呼应,抨击邪恶势力。萧云从和他的弟弟萧云倩在崇祯十一年(1638年)加入复社。[2]

不久明朝灭亡,清军进入芜湖,萧云从离家避居高淳。当时高淳是一个抗清的据点。抗清失败后,萧云从从高淳回到芜湖。他写了很多诗文,表达了他这位明代遗民的反清情绪。从此,他拒绝与清统治者合作,也不承认清政权。尔后,他一直过着隐居生活,专意于书画的研究和创作。[3]

萧云从不承认清政权,因而在入清后,他从不在自己作品中署上清朝的年号。现存云从众多作品皆可证实,《太平山水诗画》一册中亦可见其一斑,如《北园载酒图》一幅下署"戊子四月四日记 萧云从",并未在戊子前加"顺治"二字。只有在图画后面"跋"文末署"顺治戊子岁夏五",乃诗画中唯一署清朝的年号。可以肯定,这"顺治"二字是张万选在付印前加上的。在《双桂峰图》钤印"忍辱金刚",《凤凰山图》钤印"仆本恨人",显示出萧云从的气节。

康熙十二年(1673年),萧云从度完他悲愤、困苦、忧郁不得志的一生。他死后,他的弟子张秀壁、朱长芝等人把他的诗文汇编成集,曰《梅花堂遗稿》,但未

---

[1] 《明史资料丛刊》(第二辑),南京:江苏人民出版社,1982年。
[2] 陈传席:《萧云从画谱》,合肥:安徽美术出版社,1995年9月,第7页。
[3] 陈传席:《萧云从画谱》,合肥:安徽美术出版社,1995年9月,第8页。

刊行。他的《〈易〉存》却在《四库全书》中有存目。① 萧云从的墓在芜湖西严家山。②

萧云从的画初学倪云林、黄公望，晚年放笔，遂成"清疏韶华、笔墨爽利"而独树一帜的姑孰画派。

萧云从的画镂版传世的有以人物为主的《离骚图》64幅，和以山水为主的《太平山水诗画》44幅。《太平山水诗画》是他的杰出作品，又是姑孰画派的代表作之一。清乾隆时期编纂的《四库全书》收录了《太平山水诗画》。

太平是地名，位于安徽东南部，宋设太平州，元为太平路，明清为太平府，辖当涂、芜湖、繁昌3县，府治在姑孰（今当涂县姑孰镇）。

现参考陈传席老师的《萧云从画谱》和李艳红老师的《安徽博物院藏萧云从〈太平山水图〉赏析》一文，对《太平山水诗画》进行综合介绍。

《太平山水诗画》作于清顺治戊子年（1648年），是萧云从应太平府推官张万选的邀请为其选编的《太平三书》而创作的插图③。明清易祚，云从自高淳回到了芜湖，动手创作《太平山水诗画》。张万选，字举之，济南人。在该画集《图画小序》中，他自述"理姑四载"，向往汉朝隐士向子平"遍游五岳"以及南朝刘宋宗炳那样"图五岳名山于斋壁"以"卧游"之。在姑孰为官的四年间遍游太平府的山山水水，将要离任时，担心"岁月驱驰，佳游不再，于是属于湖（今当涂县）萧子尺木为撮太平江山之尤胜者绘图"，以寄其相思。《太平山水诗画》完成之后，张万选"虑其播之不广，传之不远，而寿事于剞劂（雕版印刷）"，请徽州知名刻工刘荣、汤尚、汤义3人精心镌凿，制成细腻详尽的刻板。《太平山水诗画》中有"刘荣镌刻""旌德刘荣刻""旌邑汤尚刊""汤尚""汤义"等印章，应为镌刻者所加。这些刻板充分展现了萧云从原画稿的笔画神韵，"能将作者的笔触所至，线条或刚劲尖利若钢锋，或软嫩和润若流水，全部不失毫厘地传刻出来"，印刷刊行，才使得《太平山水诗画》得以流布至今，广传天下，享誉中外。④

《太平山水诗画》共有44幅，采用图文并茂的形式，每幅均用正、草、隶、篆等各

---

① 《四库全书总目提要》卷9。
② 陈传席：《萧云从画谱》，合肥：安徽美术出版社，1995年9月，第8页。
③ 关于推官的职责，《明会典》卷132有记载："凡各府推官，职专理狱、通署刑名文字，不预余事。"（《景印文渊阁四库全书》），台北：台湾商务印书馆，1986年影印本，第6178册，第343页。
④ 李艳红：《安徽博物院藏萧云从〈太平山水图〉赏析》，《文物鉴定与鉴赏》，2015年第6期。

种书法题与所绘风景相关的古代名家诗一首,并标明仿著名画家如王维、关仝、郭熙、范宽、郭忠恕、夏珪、马远、刘松年、米友仁、王蒙、唐寅、沈周等36家的笔墨、技法和构图。这本画集以诗配画,故名《太平山水诗画》。这44幅作品,风格各异,各有千秋,堪称杰作。张万选对萧云从创作的《太平山水诗画》深感满意,赞扬"萧子绘事妙天下","余思间一展卷,如见鸟啼,如闻花落,如高山流水环绕映带,如池榭亭台渗缋满眼"。①

《太平山水诗画》首幅为《太平山水全图》,是根据当时太平府所辖3县山水名胜而作的鸟瞰图。画中峰峦林立,草木蓊郁,溪环水绕,阡陌纵横,一派江南水乡风光。画面左上角题南宋诗人杨万里的诗:"圩田岁岁正逢秋,圩户家家不识愁。夹道垂杨一千里,风流国是太平州。"下识:"宋杨万里诗,祖梁萧贲《五岳四渎图》,踵事而增华也。萧云从。"钤印"默思"。右下有"刘荣镌刻"4字。杨万里,字廷秀,吉州吉水(今江西省吉水县)人,与陆游、范成大、尤袤号称南宋中兴四大诗人。萧贲,字文奂,南朝梁著名画家,河东太守。萧云从与其同宗,萧后面钤印自谓萧梁后裔,所以,第一幅画自称法祖梁萧贲,是有它自己的意义的。诗人将太平府誉为"风流国",画家将其美丽风景和居民的惬意生活绘于画中,对乡土的挚爱之情亦蕴含其中。②

全图后面是《太平山水分注》,图中除篆书所标的郡县城池暨水陆驿道外,其余所标之地皆是后面所画的山水名胜在太平府地的位置。正中张万选所希望的"异时布袜芒鞋,涉迹五岳,当循是图为嚆矢"③。

《太平山水诗画》的42幅图为太平府所辖当涂、芜湖、繁昌3县的山水名胜,其中当涂15幅、芜湖14幅、繁昌13幅。其或描绘山川胜景、山村水郭,或刻画山间的春雨秋云、晨曦暮霭,或实写当地居民的生活场景,展示了历史上太平府3县优美的自然风光。

从第32幅至第44幅,所绘皆繁昌山水名胜。

第32幅:《双桂峰图》(图一六)

双桂峰在马仁山。图左上草书题:"佛道通仙灵,姮娥亦皈向。手持双桂枝,低回下云障。金花映腮颊,香风正飘荡。嫦娥上天去,双桂屹成嶂。如何植物性,则

---

① 李艳红:《安徽博物院藏萧云从〈太平山水图〉赏析》,《文物鉴定与鉴赏》,2015年第6期。
② 李艳红:《安徽博物院藏萧云从〈太平山水图〉赏析》,《文物鉴定与鉴赏》,2015年第6期。
③ 陈传席:《萧云从画谱》,合肥:安徽美术出版社,1995年9月,第11页。

应慈仁相。坐守菩提根,泉泡蟠桃饷。婆娑清夜影,依约半乾象。"下识:"右徐杰诗,学关仝之法。尺木从。"钤印"忍辱金刚"。

徐杰,繁昌人,明成化二十年(1484年)进士。已入选史馆,一日过史馆,指其门曰:"空翰林也!"由此获罪。后出任淄川县令,不久辞官回乡。以诗歌自娱,结庐马仁山。① 关仝一名关同,五代初山水画家,师法荆浩而有出蓝之誉,当时人称"关家景",与李成、范宽并称为"山水三大家"。②

图一六 双桂峰图

---

① 清道光《繁昌县志》,合肥:黄山书社,2010年10月,第289,381～382页。
② 陈传席:《萧云从画谱》,合肥:安徽美术出版社,1995年9月,第19页。

第 33 幅:《洗砚池图》(图一七)

图一七　洗砚池图

洗砚池位于马仁山马仁寺西侧。据传马仁山隐士王翀霄经常在池中清洗笔砚,池水遂渐呈墨色,至今不变。图右上题:"翀霄姓王氏,云是羲之儿。性洁爱山水,好书复临池。波间洗破砚,墨浪飞玄鱼。羲之写黄庭,名声千载垂。翀霄书涅槃,字画与并驰。二子已仙去,遗迹人间奇。春风翰墨香,秋雨蛟龙悲。飞鸟不敢过,何必高藩篱。"下识:"右宋徐杰诗,其山松瘦石奇似马远笔法,故取配焉。梅石道人画。"钤印"云从"。[①]

马远,南宋四大山水画家之一。

第 34 幅:《五峰之图》(图一八)

[①] 陈传席:《萧云从画谱》,合肥:安徽美术出版社,1995 年 9 月,第 19 页。

图一八　五峰之图

碧霄、桂月、鸣磬、紫气、行道五峰,指五华山的五座山峰。图左上题:"右五峰俱在隐静山,气致苍飀,似李咸熙匡庐东折笔意,而青莲诗云:'我闻隐静寺,山水多奇踪。岩种朗公橘,门深杯度松。道人制猛虎,振锡还孤峰。他日南陵下,相思谷口逢。'又藏画者不尽之情矣。默思。"钤印一,不可辨。

青莲即李白,号青莲居士,唐代著名浪漫主义诗人。此处所题诗为李白的《送通禅师还南陵隐静寺》。隐静寺,在今繁昌区平铺镇。李咸熙即五代末最著名的山水画家李成,字咸熙,山水画三大家之首,北宋的山水画几乎都是他的流衍。[1]

第35幅:《隐玉山图》(图一九)

隐玉山即浮山,今属芜湖三山经济开发区。图左上草书题:"浮丘峰高三十六,三十六峰如削玉。浮丘仙去三千年,山中独遗丹井泉。井泉寒洌深更流,鬼神呵护到于今。山下幽人时极目,尚有丹光穿树林。"下识:"严允谐浮丘丹井诗。写以高房山之法。云从。"钤印"萧夫子裔"。

---

[1]　陈传席:《萧云从画谱》,合肥:安徽美术出版社,1995年9月,第19～20页。

严允谐,明代繁昌教谕①。高房山即元代画家高克恭,字彦敬,号房山道人。画学米芾、米友仁,晚年兼取董源、巨然。

图一九　隐玉山图

"萧夫子裔"的"夫"字,应为"太",夫、太二字篆书近似略有别,当为刻工所误。萧太子即萧统,字德施,南朝梁武帝萧衍的长子,天监元年(502年)即被立为太子,然其志在文学,尝编选《文选》,对后世影响极大。死后谥昭明,后人称昭明太子。萧云从因与之同宗,故称"萧太子裔"。②

第36幅:《凤凰山图》(图二〇)

凤凰山位于荻港长江边。图右上题:"蓼岸藤湾隔尽人,大江小汊绕成轮。围蔬放荻不争地,种柳坚堤非买春。匏瓠故教俱上屋,渔樵相倚尽成邻。夜来更下西风雪,荞麦梢头万树春。"下识:"右杨万里诗,见刻繁易署中,用徐熙法画之。萧云从。"钤印"仆本恨人"。

---

① 清道光《繁昌县志》,合肥:黄山书社,2010年10月,第564页。
② 陈传席:《萧云从画谱》,合肥:安徽美术出版社,1995年9月,第20页。

徐熙是五代时南唐著名花鸟画家,作花鸟画用水墨为之,殊草草,略施丹粉而已。与黄荃齐名,人称"黄家富贵,徐熙野逸"。[①] 清初,徐熙画早已不存于世。

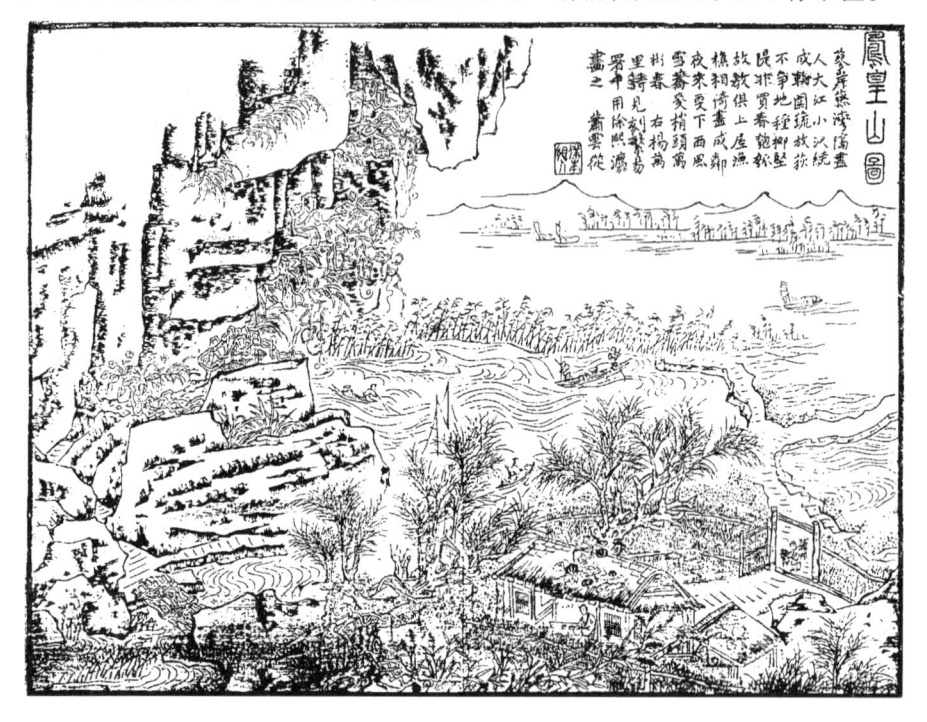

图二〇　凤凰山图

此图左下有"旌德刘荣刻"5字,乃刻者所加。

第37幅:《覆釜山图》(图二一)

覆釜山即寨山,位于新港、荻港两镇交界处。图右上题:"女娲煮石补天漏,五色补天天补就。至今天釜从地覆,乾象穹际压坤度。天光散作翠岚浮,为雨为云润岩窦。朝来拄笏看爽气,方寸静归仁者寿。"下识:"右严允谐诗,以黄一峰法图之。尺木。"钤印"云从"。

---

① 陈传席:《萧云从画谱》,合肥:安徽美术出版社,1995年9月,第20页。

图二一　覆釜山图

黄一峰即"元四家"之一黄公望,字子久,号大痴道人、一峰道人,对元末和明清山水画影响较大。

第38幅:《灵山图》(图二二)

灵山位于荻港长江边。图左上题:"西岩一径不通樵,八十持杯未觉遥。龙在石潭闻夜雨,雁移沙渚见秋潮。经面雾湿文多暗,香印风吹字半消。应笑南来又东去,越山无路水迢迢。"下识:"杜牧之咏灵山诗,效李唐武夷精舍画法。萧云从。"钤印"王砚山人"。

图二二　灵山图

杜牧，唐代著名诗人，字牧之。李唐，字晞古，北宋宣和画院画家，后入南宋绍兴画院。早年画以师古为主，南宋期间，他独创大斧劈皴，对以前皴法大胆地简化。又创局部取景构图，改变了过去"上留天，下留地，当中立意布景"的全局式构图，成为"院体画"创始人，"南宋四大家"之首。南宋绘画全出于他一系。存世作品有《万壑松风》《采薇》《清溪渔隐》等。①

右下角有"汤义"二字，系刻者所加。

第39幅：《三山图》（图二三）

"三山秋月"是繁昌古十景之一，今属芜湖三山经济开发区。图右上题："三峰崒滃郁葱葱，神工削去真芙蓉。桂影飞上瀛海东，须臾宝鉴悬长空。老猿弄影挂树呼，乌鹊亦有树堪栖。山翁鹤目扬明晖，把酒对月重赋诗。"下识："严允谐题三山秋月诗，月难为画，聊以巨师笔为之，道人得无以泥捂如月僧我耶寒壁。"钤印"云从"。

---

① 陈传席：《萧云从画谱》，合肥：安徽美术出版社，1995年9月，第20～21页。

巨师即巨然,五代宋初画家,开元寺僧。山水师法董源,在长披麻皴方面更有发展,胜过董源,作山顶多矾头。存世作品有《秋山问道》《层崖丛树》等。①

图二三　三山图

第40幅:《板子矶图》(图二四)

板子矶位于荻港长江边。图左上题:"石上红花低照水,山头翠篠细含烟。天生一本徐熙画,只欠鹧鸪相对眠。"下识:"子明画此,复见之,因张舜民之诗也。江梅。"钤印"萧生"。

---

① 陈传席:《萧云从画谱》,合肥:安徽美术出版社,1995年9月,第21页。

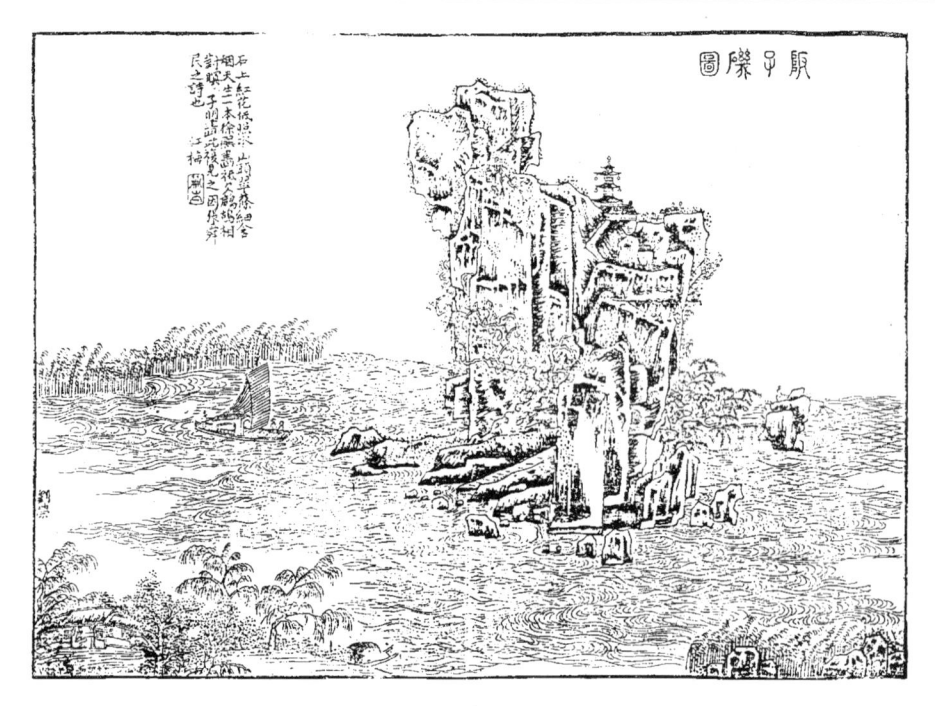

图二四　板子矶图

徐熙,见前文。张舜民,宋代繁昌县人。①

此图左侧有"刘荣"两字,系刻者所加。

第41幅:《繁浦图》(图二五)

繁浦即泥浦,在原高安乡,今属芜湖三山经济开发区。图右上题:"夕游繁昌浦,暮烟生远渚。归鸟赴前洲,隔山闻戍鼓。"下识:"晋刘孝绰诗,写之以黄筌之法。尺木。"钤印"云从"。

刘孝绰并非晋人,乃南朝梁人,官至司徒右长史等职,世重其诗文。黄筌,五代时西蜀著名花鸟画家。作画以布彩为主,精工细腻,对北宋花鸟画影响最大。存世有《写生珍禽图》。②

---

① 清道光《繁昌县志》,合肥:黄山书社,2010年10月,第575页。
② 陈传席:《萧云从画谱》,合肥:安徽美术出版社,1995年9月,第21页。

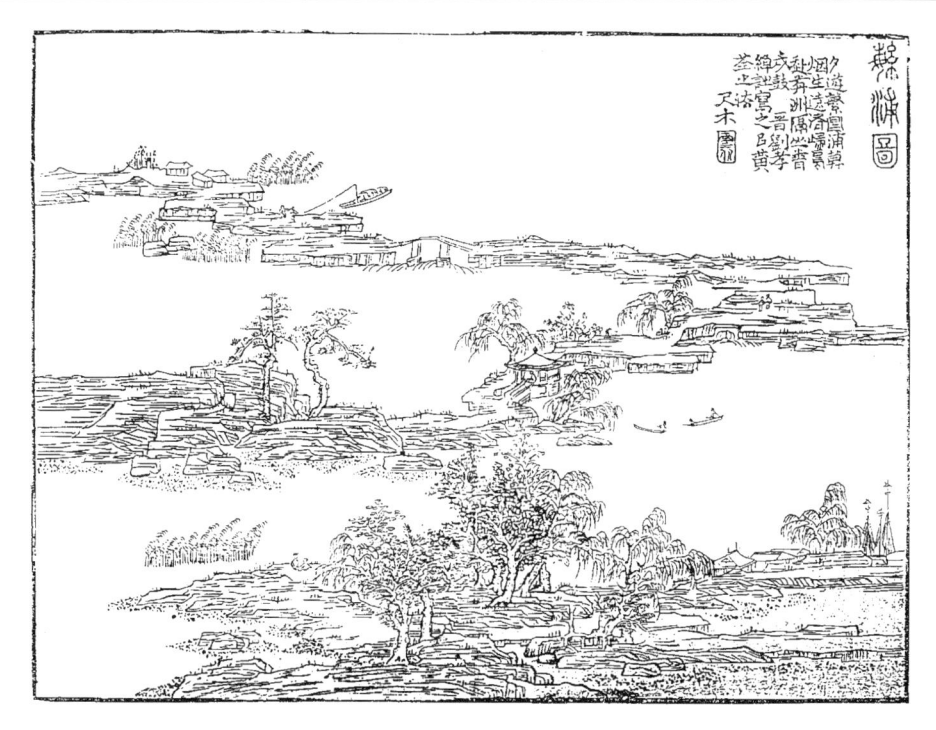

图二五　繁浦图

第 42 幅:《峨桥雪霁之图》(图二六)

峨桥镇今属芜湖三山经济开发区。图右上题:"玉龙战罢鳞甲摧,玉妃无数下九垓。溪桥高下银成堆,金乌飞上扶桑枚。顿令万物生光辉,客骑驴背去复回。忍寒渡桥君试猜,不是寻诗定访梅。"下识:"严允谐诗,写以倪元镇法,元镇不长人物,尝假手为之,如帘上酒字,又本刘松年矣。萧云从。"

图二六　峨桥雪霁之图

倪元镇即倪瓒,字元镇,号云林子,"元四家"之一。其画简中寓繁,似嫩实苍,对后世影响极大。作品有《容膝斋图》《渔庄秋霁图》等。①

第 43 幅:《荻浦归帆图》(图二七)

"荻浦归帆"是繁昌古十景之一。图右上题:"西江水阔清可掬,江上归帆归兴速。达从天外忽飞来,波心影落玻璃窟。翩翩疑是雁翱翔,悠悠恍若云驰逐。夕阳西下竟何之,乘风远过海门曲。"下识:"严允谐诗,学周昉画,以昉长于水草,短于风涛,一浪不生而有汪洋千里之势,故师法之。萧云从。"钤印"尺木"。

周昉,字景玄,唐代中后期人物画家,作画题材以贵族妇女为主,初学张萱,后独创"水月观音",仿效者甚多,世称"周家样"。周昉并不专画山水,至少说,此图和周昉画绝无相干之处。②

---

① 陈传席:《萧云从画谱》,合肥:安徽美术出版社,1995 年 9 月,第 21 页。
② 同上,第 22 页。

壹　区位沿革　山水江南

图二七　荻浦归帆图

第 44 幅:《北园载酒图》(图二八)

图二八　北园载酒图

宋英宗治平四年(1067年),蔡确任繁昌知县,他将县署后面荒山筑成园,名曰北园。图右上题:"檐影荫游鱼,江声颤崖竹。云帆天外去,龙刹空中矗。霞明晚渡红,草暖晴沙绿。澄波见归鸟,纷霭迷飞鹜。有时雪浪吹,玉马争追逐。青霄皓月满,琉璃莹颠目。谢傅昔出宰,天葩动惊俗。一读梁间诗,清风感佳木。"下识:"宋徐迪诗,初经营此图,意甚惨澹,乃梦唐六如解元授以本稿,故亭榭竹树多出兰之义云。戊子四月四日记,萧云从。"钤印"梅主人"。

徐迪,繁昌人,宋绍圣元年(1094年)进士。"唐六如解元"即明代画家唐寅,字伯虎,一字子畏。尝考中乡(省)试第一名,故人称唐解元。晚年思想趋于空幻,参破人生,遂皈依佛教,喜读《金刚经》,谓:"一切有为法,如梦幻泡影,如露亦如电,应作如是观。"因自号六如居士。山水、人物、花鸟无一不精,后人评其为"明四家"之一。[①]

萧云从在描绘繁昌美景的同时,亦不忘刻画当地居民渔、樵、耕、读等日常生活。我们看《凤凰山图》,画家寥寥几笔勾画远山如黛,草木萧疏,清风微拂,简洁明快。中景是大片留白的江面,几只小船挂帆前行,驶向远方。近处江边芦苇丛生,高峰峻拔,森然壁垒,植物藤蔓缠绕,缘山而生。几艘渔船隐约可见,渔人们正在支网捕鱼,为生计而忙碌。草木掩映下,一座小院坐落其中,悠然伫立。一樵夫担着柴沿着小径正进院门,屋里他的妻子正在桌前准备晚餐,迎接伐薪归来的丈夫。一幅江南水乡农家生活的优美和谐之景映入眼帘,正如图中杨万里之诗所言:"匏瓠故教俱上屋,渔樵相倚尽成邻。"

《太平山水诗画》中丘壑布置千变万化,层叠不穷,使人观之不厌;林木岩石深厚坚实,穿插有致,苍劲秀润;点景人物,位置得当,自然生动。作品中诗、书、画三者有机结合,诗中有画,画中有诗,配上俊逸潇洒、散朗秀健的书法,达到诗、书、画三者和谐统一的境界。

《太平山水诗画》在中国美术史上具有崇高的地位。清代书画名家、《桐阴论画》的作者秦祖永对萧云从的《太平山水诗画》颇为推重:"所绘《太平山水图》,追摹往哲,工雅绝伦,极为艺林珍重。"郑振铎先生对徽派版画颇有研究,得到《太平山水诗画》之后,激动不已,说"此版画绝作,遂归于余,十载相思,得遂初愿,喜慰何已"。对于《太平山水图》,他更是给予极高评价:"图凡四十三幅,无一不见深远

[①] 陈传席:《萧云从画谱》,合肥:安徽美术出版社,1995年9月,第22页。

之趣,或萧疏如云林;或谨严如小李将军;或繁花怒发,大道骋驰;或浪卷云舒,烟笼渺渺;或田园历历如毡纹,山峰耸迭似岛屿;或从危岩惊险之势;或写乡野恬静之态。大抵诸家山水画作风,无不毕于斯,可谓集大成之作矣!"①

---

① 李艳红:《安徽博物院藏萧云从〈太平山水图〉赏析》,《文物鉴定与鉴赏》,2015年第6期。

贰　天地造化　开启史册

繁昌地处长江下游,傍江近海,历史悠久。远古洪荒,在这片神奇的土地上,森林植被繁茂,动物种类繁多,在生生不息的生命繁衍中,人类出现了。

一、远古遗址　人类起源

20世纪90年代,在繁昌县孙村镇癞痢山发现了一处距今200多万年的古人类活动遗址,这一发现打破了我国在国际古人类学领域长达半个多世纪的沉寂,使世界的目光再次转向中国。

200多万年前,人类族群最早的一支,曾在这里驻足,谱写了"人猿揖别"的时代华章。

（一）人字洞遗址的发现

1. 人字洞遗址发现的背景

关于人类起源,在近代科学出现以前,神创论在欧洲一统天下,东亚地区民间传说盛行,中国史学家在书写上古史时,均以"神话时代"简要概括。

人类起源,是人类认识自我历史中一个永恒的命题。为探索人类起源,遵循科学的轨迹寻找人类祖先活动的证据,世界各国科学家在理论探索、野外调查、多学科研究等方面不断跋涉,取得了令人瞩目的成绩。20世纪中叶,人类起源与进化的轮廓已初步确立。在人类进化过程中,直立行走和制造工具是两个标志性的重要环节。一般认为,距今约五六千万年的第三纪前期,发生在全球范围内的造山运动,如喜马拉雅山、安第斯山、阿尔卑斯山、落基山等山系的形成,导致了气候和自然环境的变化,部分区域山脉隆起导致森林退缩,草原扩大,迫使古猿由树上下到地上生活,演化成人。①

人类的起源和进化轨迹是:从人类的直系猿类祖先到正在形成中的人,再到真正意义上的人。人类的进化大致可分为地猿、南方古猿、能人、直立人、智人五个阶段。除体质形态及脑容量等方面的变化,简单说来,地猿、南方古猿可以直立行走,但只能使用天然工具;能人已能制造简单的工具;直立人会打制不同用途的石器,并学会了用火;智人则已经学会了人工取火,并会制造精细的石器和骨器,能用骨针缝制兽皮衣物,可用标枪和长矛进行狩猎、捕鱼。

1959年,英国著名古人类学家玛利·利基在东非坦桑尼亚中部的奥杜威峡谷发现了第一个年代超过100万年的近乎完整的南方古猿的头骨,由此大批古人类学家和相关学科的专家来到非洲。1960年乔纳森(玛利·利基之子)又在奥杜威峡谷"东非人"头骨不远处,发现了190万年前的一个"能人"小孩头骨;1972年理查德·利基(玛利·利基之子)领导的考察队在肯尼亚又发现了"能人"成人头骨——著名的"1470"号人;1974～1975年美国科学家约翰逊和法国学者泰伊白为首的联合考察队,在埃塞俄比亚阿瓦什地区找到了距今330～280万年的"露西"的骨架;1976年玛利·利基再次在奥杜威峡谷发现一些类似现代人的脚印和化石,年代距今360万年。随着新材料的陆续发现,人类起源的上限不断被改写,人类起源"非洲说"渐渐成为学术界的主流。

与非洲的"喧嚣"相比,亚洲显得相当"沉闷"。20世纪二三十年代中国周口店"北京人"的发现曾让全球的科学家为之一震。中国直立人化石之丰富在世界上也是颇为知名的。但是更早期的人类化石和古猿化石发现不多。然而,根据喜马拉雅山脉隆起对山北气候的影响,青藏高原阶段性隆升的历史使中国这块陆地经历了剧烈的地形和气候的变化,为古猿演变为人类提供了有利的环境背景。况且,中国大陆800万年以来的陆相地层十分发育,其中可能不乏含有古猿或早期人类化石的地层。正是在这样的背景下,20世纪90年代末,国家"九五"攀登专项启动,该专项由科技部、国家自然科学基金委员会和中国科学院共同发起。② 专项名

---

① 汪发志:《繁昌人字洞——翻开欧亚大陆更新世的最初篇章》,芜湖市文化研究与弘扬工作领导组编,《芜湖市文化研究论文汇编(第二辑)》,芜湖:安徽师范大学出版社,2020年3月,第2页。

② 攀登计划是为了加强基础性研究而制订的一项国家基础性研究重大项目计划。为了加强对基础性研究工作的领导,根据中国经济建设的需要和科学发展的趋势,具有全局性和带动性的重要项目由国家组织,开展研究工作。

称为"早期人类起源及环境背景的研究",目标是在中国境内寻找200万年以前早期人类活动证据,考察的重点是距今800至200万年间气候比较暖湿的山地与平原的衔接地段。

国家"九五"攀登专项由中国科学院古脊椎动物与古人类研究所承担,中国科学院院士、中国科学院古脊椎动物与古人类研究所邱占祥先生担任首席科学家。专项下设4个课题组,分别为河北(泥河湾)、云南(元谋)、湖北(鄂西郧县)、安徽(淮南大居山)。安徽课题组由时任中国科学院古脊椎动物与古人类研究所北京周口店国际古人类研究中心主任金昌柱博士任组长,国家"九五"攀登专项首席科学家邱占祥院士,著名古人类学家吴新智院士,德高望重的国家文物局专家组成员、旧石器考古学家张森水研究员,著名古生物学家徐钦琦研究员等为顾问成员,中国科学院古脊椎动物与古人类研究所、安徽省文物考古研究所、安徽省博物馆抽调专业人员参与课题组野外调查、发掘和研究工作。

安徽课题组成立不久,工作重点就由淮南转到繁昌,与人字洞遗址结下了不解之缘。

2. 癞痢山发现古生物化石

位于长江下游安徽段皖南繁昌区孙村镇,距长江约10公里,有一座不起眼的小山——癞痢山。癞痢山海拔142米,北纬31°5′23″,东经118°5′46″。该山北靠长垅山,南临黄浒河,地势开阔。癞痢山呈馒头形,山上植被稀疏,满山隐约可见出露的基岩,这在植被茂密的江南并不多见,因而被当地人形象地叫作"癞痢山"。

癞痢山属繁昌区孙村镇长垅村。20世纪80年代初,我国乡镇企业异军突起,当时的孙村乡在癞痢山旁兴办水泥厂,征收了癞痢山开采石料生产水泥。开采塘口在癞痢山西南坡,在一号塘口开采下来的石料和黄土中,工人们偶尔发现夹杂着一些既像骨头又像石头的东西,有些易于辨识,像是大型动物的臼齿、门齿。1984年7月,一个叫盛宏江的青年采石工人意识到这些东西不一般,觉得可能是化石,具有科研价值。因放炮采石,原本成排牙齿大都被炸得零散,大的一颗臼齿有成熟的柿子大,他小心地收集了几颗,带回家中。在邻村一个青年同事家的一本杂志上,盛宏江看到一篇介绍古生物的文章,作者单位是中国科学院古脊椎动物与古人类研究所。于是他给该研究所写信,并做了一个小木盒,挑了几颗捡来的牙齿装到盒里,连同信一起寄到了北京。一个月后,他收到了北京的回信,信是中国科学院古脊椎动物与古人类研究所黄万波研究员写的,信上感谢小盛寄来化石,赞扬他关心国家考古事业,说寄来的是远古时期犀牛牙齿化石,已嘱托安徽省博物馆郑龙亭对这些化石出土地点进行调查。

1987年,安徽省博物馆郑龙亭和同事李治益来到孙村癞痢山化石出土点进行调查,发现一些零星的哺乳动物化石,经鉴定为库班猪、铲齿象等,其地质年代可能为中新世中期。1995年,安徽省考古所韩立刚研究员对全省进行地质古生物调查,也来到癞痢山,获得了更多线索。1995年5月,繁昌孙村水泥厂癞痢山采石场一号塘口(即后来命名的人字洞地点)出土大量古生物化石,时任采石车间主任俞乃平很有心,认为在山上缝隙中出现大量骨头肯定不同寻常,遂将流散在工人手中的化石收集到办公室集中保管,并及时向镇政府汇报。县文物管理所接到电话后,徐繁、黄柏挺、谢军等同志到现场进行调查,将俞乃平集中保管的几袋化石带回县博物馆收藏,并向省文物局和省文物考古研究所汇报。一星期后,安徽省考古研究所房迎三研究员来现场进行调查,为日后地质和古生物调查打下了良好的基础。

3. 古生物学家发现人字洞遗址

1997年底,国家"九五"攀登专项安徽课题组正式组队。1998年4月,安徽课题组出队开展野外调查工作。根据计划,考古队首先来到淮南大居山进行考古发掘。历时1个多月,考古队在大居山发现了许多种类丰富多彩的新生代晚期的哺乳动物化石,却未发现古人类化石及其活动的遗存。鉴于此,结合以往的有关信息,课题组组长金昌柱博士决定将野外调查工作转移到长江以南。5月4日,金昌柱带领郑龙亭跨过长江,来到繁昌,拜访繁昌县文管所徐繁所长。翌日,在徐繁所长陪同下,金昌柱和郑龙亭来到孙村水泥厂癞痢山一号采石塘口,进行地层古生物调查。两位专家攀爬到陡峭的洞穴堆积物上部,仔细寻找古生物化石。他们惊喜地发现,堆积中埋藏有丰富的化石,于是在重点密集区域采集脊椎动物化石,在夹杂不规则角砾的棕红色黏土层采集到高等灵长类原黄狒、剑齿虎、山原貘等哺乳动物化石,时代特征明显,初步判断为早更新世。

意识到这一发现意义重大,金昌柱博士怀着激动的心情向邱占祥院士汇报了安徽繁昌发现的情况。邱院士第二天便疾速赶到孙村癞痢山遗址现场。凭着丰富的野外发掘经验,邱院士观察了洞穴的堆积特征和出土的化石标本,充分肯定了这些发现的重要性,他认为,该遗址动物化石比较丰富,动物群的组合特征和性质表明该遗址的地质时代较早,至少有200万年的历史,要求课题组将人字洞作为下一步工作的重点,进行正式发掘。因该洞穴堆积剖面大致呈人字形,寄于对找到人类

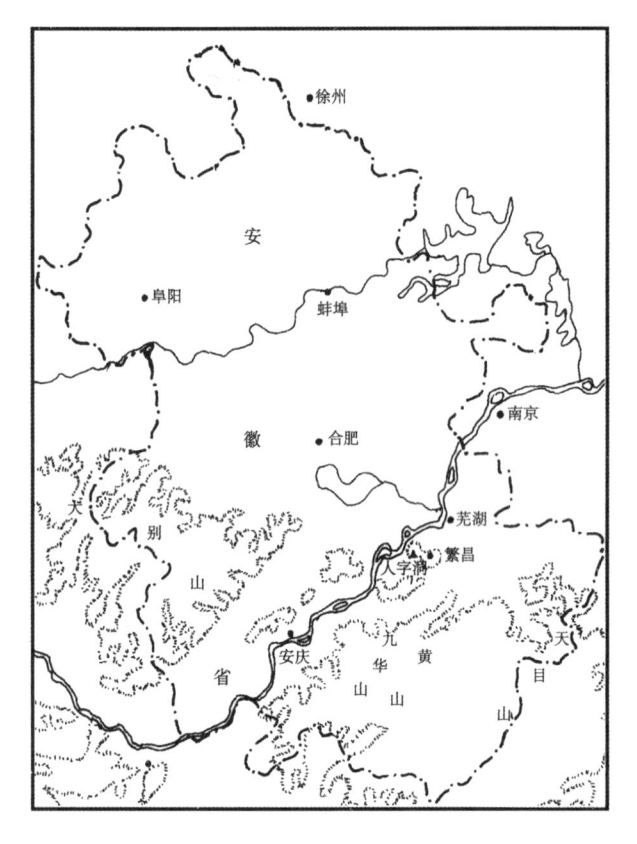

图二九　繁昌人字洞遗址位置图

化石的期望，金昌柱博士将该化石地点命名为"人字洞遗址"（图二九）。

（二）人字洞遗址的发掘

近代考古学的两大理论基础之一是地层学，地层学在实践当中需要根据土质、土色和遗物变化来划分地层，按由晚及早的顺序逐层揭露。人字洞遗址属于时代久远、以古生物化石为主的洞穴裂隙堆积，鉴于此，遗址的发掘仍然采用了国内古生物化石遗址常用的发掘方式，即采用水平深度控制地层，以50厘米为一个水平层逐层揭露。

发掘自1998年5月开始，到2001年攀登专项结束，人字洞遗址前后共经历七次发掘[1]。在这之后至 2023 年 11 月,又进行了五次发掘。经过十多次发掘,共发现 200 多件打击痕迹清晰的人工石制品、骨制品,发现包括高等灵长类原黄狒和江南中华乳齿象在内的 70 多个属种的脊椎动物化石标本 8000 多件。

第一次发掘是试掘,时间是从 1998 年 5 月 5 日开始,试掘取得了丰硕的成果。采集到灵长类上颌骨 4 件,下颌骨 5 件,下颌联合 1 件,牙齿 45 颗,及 20 多种其他哺乳动物化石标本 600 多件。主要种类有:原黄狒、小种大熊猫、锯齿虎、桑氏硕鬣狗、中华乳齿象、三门马、黄昏爪兽、山原貘、最后祖鹿、矮鹿、狍后鹿、低冠竹鼠、模鼠等。6 月初,试掘过程中,金昌柱博士采集到了原料为灰褐色含铁质的矽卡岩、石英片麻岩和硅质灰岩的 5 件疑似人工石制品。其中 2 件为石英片麻岩。此外,在动物肢骨碎片中,他还挑选出若干件有疑似人工砍砸痕迹的管状骨头,决定带回北京,请我国著名旧石器考古学家、古脊椎所的张森水研究员先看看。张先生经过仔细观察与研究,首次确认了这些石制品的人工属性。虽说石制品的数量很少,但意义重大,为进一步寻找古人类活动遗迹提供了最直接的线索,堪称 1998 年春季发掘工作中的最重大发现。

第二次发掘是 1998 年 10 月至 11 月。国家"九五"攀登专项专家组对人字洞石制品的发现十分重视,要求安徽课题组重点发掘人字洞遗址,进一步寻找早期人类化石及其文化遗物。1998 年秋季的发掘是首次正式发掘。人工石制品的发现表明人字洞代表着一个早期人类的活动遗址,为此专家组要求野外工作组严格按照野外田园考古的发掘规程来进行。野外工作组采取和借鉴了北京周口店猿人遗址的发掘方式和方法,并在精度上作了进一步规定。发掘自上而下逐层揭露。首先清理表面灌木,然后对大块岩石进行了必要的爆破。清表结束后,露出面积约 40 平方米的工作面,进行布方,探方规格为 1 米×2 米,主探方 5 个。发掘以 50 厘米为一个水平层,每次以 10 厘米的进度逐层揭露。发掘历时 45 天,发掘深度 2.5 米,收获颇丰。发现石制品 60 多件,骨制品 10 余件,另发现啮齿类等 20 多种小哺乳动物化石。发掘期间,张森水研究员来到发掘现场,进行调查、研究。

第三次发掘是 1999 年 5 月至 6 月。这次发掘首次发现貂鼬和巨颏虎。发掘期间,还对位于人字洞东侧的小型裂隙(称东裂隙)进行了试掘,发现原黄狒、食蟹

---

[1] 刘金毅、金昌柱、韩立刚、郑龙亭、徐繁:《人字洞遗址的发掘工作》,金昌柱、刘金毅主编《安徽繁昌人字洞——早期人类活动遗址》,北京:科学出版社,2009 年 3 月,第 11~21 页。

獏、真马及啮齿类等 10 多种哺乳动物化石。这次发掘有一个重大发现是发现了真马化石,为确定人字洞动物群在古生物界的时代、位置找到了具有标志性的哺乳动物种类。

为进一步确认人字洞石制品的人工性质,第三次发掘期间,课题组邀请著名旧石器考古学家张森水先生再次来到发掘现场,对遗址周边环境进行了细致考察,对人字洞石制品原料来源进行深入研究,并进行了石制品打制模拟实验(图三〇)。中国科学院古脊椎动物与古人类研究所的黄慰文研究员与韩国的成贤庆先生也一起来到遗址,进行学术考察、探讨和交流。

图三〇　张森水研究员(左)在人字洞遗址观察石器,右为徐钦琦研究员

1999 年 7 月 6 日,国家"九五"攀登专项首席科学家邱占祥院士委托中科院古脊椎所邱铸鼎所长组织古人类研究室和高等古哺乳动物研究室有关专家,召开安徽人字洞出土的人工石制品和骨制品鉴定会。鉴定会由副所长叶捷主持,与会专家有吴新智、邱占祥、邱铸鼎、张森水、徐钦琦、黄慰文、李延宣、卫奇、李超龙、侯亚梅、赵凌霞等,专家们对人字洞发现的一批疑似人工制品仔细观察和讨论研究,大家基本上取得共识,人字洞材料具有人工打击的性质和特点得到充分肯定和确认。

第四次发掘是 1999 年 10 月至 11 月。此次发掘采集到 4 具比较完整的动物骨架,分别为中华乳齿象(图三一)、锯齿虎和山原獏。由于化石密集,为收集更多

贰　天地造化　开启史册

的化石埋藏信息,课题组将发掘进度放缓,并做好整体翻模和搬运的准备。此次发掘深度仅半米,采集到400余件化石和20余件石制品标本。

图三一　中华乳齿象较完整的骨架

为纪念北京猿人第一个头盖骨发现70周年,1999年10月初,中科院古脊椎动物与古人类研究所在北京举办国际古人类学术研讨会,金昌柱代表安徽课题组向国内外学者介绍了繁昌人字洞的新发现,引起与会中外学者的强烈关注和兴趣。10月19日至20日,国内外一些著名旧石器考古学家如美国科学院外籍院士、哈佛大学的奥佛·巴·约瑟夫教授,美国艾奥瓦州立大学的石汉教授,以色列魏茨曼科学研究所的韦纳教授和德国的堤埃姆博士等20多名学者来繁昌参观了人字洞遗址发掘现场,与中方研究人员进行了多方面的学术讨论和交流,他们对人字洞遗址的发掘工作给予了很高的评价,并提出了不少宝贵意见和建议(图三二)。

发掘期间,课题组邀请了北京大学陈铁梅教授(国家"九五"攀登专项专家组成员)和同济大学郑洪波博士来遗址考察,开展遗址地质年代学和古环境的综合研究。

第五次发掘是2000年5月至6月。发掘期间,课题组邀请中国科学院地质与地球物理研究所袁宝印研究员和郭正堂研究员等6位专家对人字洞遗址及其周边

图三二　金昌柱研究员（右一）与中外学者在人字洞遗址

地区开展地质地貌调查和古地磁样品的采集工作，重点探讨人字洞和附近地区的地质地貌发育历史，分析洞穴、裂隙堆积的成因和形成过程，采集古地磁年代测定样品，进行人字洞磁性地层年代学的研究。

第六次发掘是 2000 年 10 月至 11 月。此次又发现一个成年个体锯齿虎的部分骨架和两具较为完整的丽牛骨架。采集其他化石标本 400 余件，石、骨制品 10 余件。发掘期间，吴新智院士来到现场考察，并开展相关研究工作。

第七次发掘是 2001 年 9 月至 10 月，又发现一具较为完整的中华乳齿象骨架，并发现比较完整的桑氏硕鬣狗下颌骨和部分上颌骨，为分析人字洞动物群地质年代获得了又一个极为重要的证据。

第八次发掘是 2005 年 11 月。这是"九五"攀登专项课题前期系统发掘结束后人字洞遗址开展的一次补充性发掘，发掘时间较短，目的是适应新的旧石器考古理论方法的需要，就人字洞石制品工业模式与法国专家开展合作研究。中科院古脊椎动物与古人类研究所侯亚梅研究员陪同法国的三位考古学家和一位法国记者来到人字洞考察。此次发掘又发现了一批具有人工打击性质的旧石器标本，另发现动物化石标本若干，并采用筛洗法采集数量较多的小哺乳动物化石。

发掘期间，中国科学院地质与地球物理研究所朱日祥院士等来到现场，在地层露头剖面的西南方和东南方打了两口井，西南井的深度为 8.2 米，达到了基岩，最终完成了古地磁的系统采样工作。

从此之后至 2023 年 11 月，人字洞遗址又进行了 4 次发掘，发现石制品和哺乳动物化石若干件。

（三）人字洞人工制品

人字洞遗址年代久远，其石制品的发现和确认，是认定该遗址具有人类活动性质的最重要依据。因此，自人字洞发现之初，课题组对古人类遗存的发现、整理和研究均采取非常审慎的态度，其间，尽管有过争论和质疑，但绝大多数专家学者都持支持和肯定的态度，这也是很多重大发现所必然要经历的过程。

1998 年 6 月，金昌柱博士将第一次试掘期间发现的 5 件疑似人工石制品送至张森水、黄慰文、贾兰坡（"北京人"头盖骨主要发现者之一）三位专家鉴定，三位专家肯定其中的 2 件人工痕迹清楚，其余的有待进一步研究。1998 年 11 月，张森水研究员来到发掘现场观察标本，初步认定了部分石制品、骨制品，尤其对一件由犀牛下颌骨加工而成的砍砸器给予充分肯定。1999 年春，张森水先生参加现场发掘，了解石制品出土情况，并就遗址出土的石制品原料来源对周边进行调查，开展模拟打制实验[1]。2000 年 10 月，正在美国留学的高星博士来到人字洞遗址，参加发掘并进行了石制品打制模拟实验。2024 年 5 月，中国古脊椎所旧石器考古专家侯亚梅研究员再次来到人字洞遗址考察，肯定了该新发现的人工石制品。

1. 石制品

经系统整理和研究，人字洞遗址共出土石质标本 1000 余件，其中可确定为人工石制品的约 171 件，根据加工状况和形态特征可分为石核（加工石器时坯料的残留部分，少数可再加工为石器）、石片（加工石器时从坯料上打下的部分，少数可再加工为石器）、石器（指毛坯经再加工而制成可用的刃口者）三类。

石核。原料以硅质泥岩居多，其次是含铁质的矽卡岩，其余原料仅发现 1～2 件。依台面多寡，可分为单台面、双台面和多台面。

石片。依保存情况可分为残片、半边石片和完整石片。原料以硅质泥岩为主，其中完整石片的主要原料为铁矿石，其余标本涉及原料 6～7 种，但比例极小。

---

[1] 张森水、高星、韩立刚、张乐：《文化遗物研究》，金昌柱、刘金毅主编《安徽繁昌人字洞——早期人类活动遗址》，北京：科学出版社，2009 年 3 月，第 26 页。

石器。按常规分类可分为宽刃类的刮削器,尖刃类的尖刃器、雕刻器和钻器。当然,繁多的式样并不意味着确有如此多的功能分化(图三三)。

图三三　人字洞石制品

刮削器是石器中最多的一类,原料涉及 7 类,以含铁质的矽卡岩最多。依其形态又可分为单边直刃刮削器,单边凸刃刮削器,单边凹刃刮削器,单端直刃刮削器,单端凸刃刮削器,单端凹刃刮削器,两边刃刮削器,端、侧两刃刮削器。尖刃器是指一侧长边修理得较好,另一侧仅在尖端处稍有加工痕迹,两侧刃相交成锐尖,具有原始尖状器特点。雕刻器是仅就加工方法和所产生的凿子形刃口而言,并没有雕刻功能上的含义,其具体功能目前还在探索之中。钻器近似石锥,从形态上为了便于和其他器类区别,但其功能不可能用于钻孔。

总体上看,人字洞石制品以小型为主,占 85.71%,其原料主要是含铁质的矽卡岩、石英片麻岩、石英砂岩和硅质泥岩等 9 种,有些石料来源在距离遗址数公里以外;打片主要采用锤击法,依石核和石片背面片疤分析,当时人类打片采用转向打法;石片、石核形态不稳定,多数呈不规则几何形,少数形态稍规则,呈三角形、梯形,甚至有个别的似石叶,揣测是偶然而成的;石器类型较多,但并不意味着古人从不同用途考虑加工而成,而是技术的原始造成的不稳定是主要因素;石器加工方式多样,以背面加工为主,其次为复向加工,还有少数为向破裂面和错向加工;石器加工多简单粗糙,深度很浅,各种特征表明加工过程中未能有意识控制所希望的刃口钝锐度;大部分被使用的石片应未加修理。[①]

2. 骨制品

人字洞遗址出土骨制品共12件,多数是难以确定解剖部位的哺乳动物肢骨碎片,其中1件是犀牛下颌骨制成的。这12件标本,其中骨器6件,骨制品6件。骨制品的加工情况比较复杂,1件是有砸痕的标本,1件尖端有特殊打击痕迹,4件在裂面上可见再打击痕迹,因未见系统修理,称其为骨制品。另外的6件,可称为骨器,包括尖刃器3件、边刃器2件和双端刃器1件(图三四)。

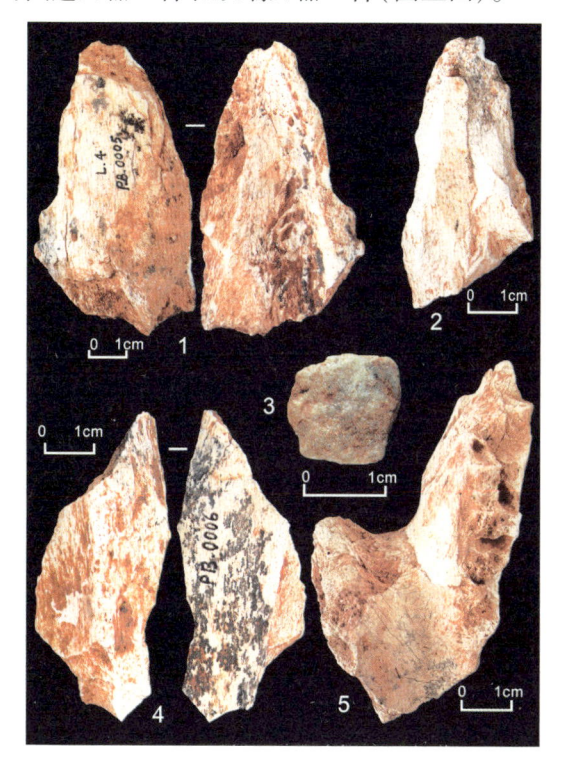

图三四　人字洞骨器、骨制品

---

① 张森水、高星、韩立刚、张乐:《文化遗物研究》,金昌柱、刘金毅主编《安徽繁昌人字洞——早期人类活动遗址》,北京:科学出版社,2009年3月,第57～58页。

3. 象牙制品

人字洞遗址出土象牙制品共 5 件，有象牙片、核和工具三类。大小差异悬殊，共同点是表面光洁，未经风化。在 200 多万年前的早期人类活动遗址中，象牙制品在人字洞首次发现。

在人字洞已发现石制品、骨制品（含打击骨器）和象牙制品，反映了当时人类已能制造工具，工具制造不仅能增强古人类为生存而斗争的能力，并且在生产过程中，可能已形成初步的策划能力，从而促进人类体质的发展，增强脑、手功能分化，发展和提高自身的心智。骨器和象牙器有尖类发达而石器中边刃类众多，或许说明工具在用途上有所分工，前两者力臂长，适于挖掘，后者力臂短，宜做割切肉类或植物块茎之用。从古人类经济活动一般规律推测，当时人类应以植物性食物为主，或可说采集是其主要经济形态，在早期人类中，狩猎所占的比重并不大。

（四）人字洞哺乳动物化石

人字洞遗址在 10 多次系统发掘中，在堆积剖面第 1 至第 16 层不同层位中均发现属种丰富的脊椎动物化石，标本总计 8000 多件。除爬行类的龟鳖类、蛇类、蜥蜴类和鸟类外，哺乳动物计有食虫类、灵长类、食肉类、奇蹄类和偶蹄类等 9 个目，分属 28 科 60 属 70 余种（包括一些未定种），属种丰富，保存完好。尤其是堆积剖面的第 6 层发现了一些原地埋藏、保存完整的食肉类、奇蹄类、长鼻类等头骨和骨骼化石，这对研究埋藏学、古生态学具有十分重要的意义。[①]

1. 食虫类（目）

食虫目大多为小型哺乳动物，主要包括鼩鼱类、鼹类和刺猬类。

人字洞发现的食虫目化石较多，涉及鼩鼱和鼹鼠两大科。鼩鼱科包括麝鼩、鼩鼱、匈牙利皮氏鼩、皖南短尾鼩鼱（新种）、繁昌长尾鼩鼱（新种）、先缺齿鼩鼱、上长尾鼩鼱、微尾鼩、门列门得鼩鼱。鼹鼠科包括邱氏长吻鼩鼹（新种）、甘肃鼹、鼩鼹、江南鼩鼹（新种）。

从发现的情况来看，新材料较多，动物生态习性多样，部分标本如邱氏长吻鼩鼹、繁昌长尾鼩鼱等为我国乃至世界首次发现，大型食虫类门列门得鼩鼱在欧洲第

[①] 金昌柱、邱占祥、郑家坚：《人字洞哺乳动物群的性质和动物地理区系划分的意义》，金昌柱、刘金毅主编《安徽繁昌人字洞——早期人类活动遗址》，北京：科学出版社，2009 年 3 月，第 336 页。

四纪冰期常见,在我国其分布极其有限,对研究该类古生物种群的系统演化,探讨古气候环境的变迁具有重要意义。

2. 翼手类(目)

翼手目动物的最大特点是在四肢和尾之间覆盖着薄而坚韧的皮质膜,可以像鸟一样鼓翼飞行,这一点是其他任何哺乳动物所不具备的。

蝙蝠是对翼手目动物的总称。人字洞发现的翼手目化石种类较为丰富,包括菊头蝠、蹄蝠、蝙蝠、长翼蝠4科14种,部分为新种。具体为:杨氏菊头蝠(新种)、繁昌菊头蝠(新种)、小菊头蝠、中菊头蝠、更新蹄蝠(新种)、前中蹄蝠(新种)、先沼鼠耳蝠(新种)、大鼠耳蝠、科氏棕蝠、伏翼、李氏南蝠(新种)、孙村帕拉长耳蝠(新种)、长翼蝠、管鼻蝠。

人字洞发现的翼手目大部分为相似种、未定种和新种,新材料丰富,对研究翼手目在世界范围内的分布与演化具有十分重要的意义。

3. 灵长类(目)

灵长目是目前动物界最高等的类群,分原猴亚目和猿猴亚目,后者是人类的近亲。

人字洞发现的灵长类化石分别属于猕猴属和原狒属,属于猕猴属的标本与安氏猕猴最接近,但部分特征仍有差异,故定为安氏猕猴(相似种)。属于原狒属的化石标本比较丰富,但都比较零散,总体特征与维氏原狒比较接近,但差别也比较明显,故定为维氏原狒(相似种)。

需要说明的是,维氏原狒的属性与狒狒相距较远,而与猕猴更接近。因此,根据灵长类的分类,人字洞发现的灵长类均属猿猴亚目。

4. 兔形类(目)

兔形动物是从古代真兽类祖先分化出来的、适应草原地带生活的一个类群,分布于亚洲、欧洲、非洲、北美洲和南美洲的广大地区。兔形动物是典型的食草动物,以草本植物及树木的嫩枝、嫩叶为食,后分化为鼠兔类和兔类。

人字洞发现的正型标本是一件残破的左下颌骨及其他较零散的材料若干。根据头骨、下颌骨、牙齿等基本特征,应属于兔科次兔属,但与该属已知种在某些特征上有较大区别,代表次兔属的一个新的种类,定名为繁昌次兔。

5. 啮齿类(目)

啮齿目主要包括各种鼠类,因个体小,进化十分成功,是哺乳动物中种数最多的一个目类,占整个哺乳动物群体的 40%～50%,分布范围遍及除南极和少数海岛以外的世界各地,个体数目远远超过其他全部类群数目的总和。

人字洞发现的啮齿类标本极多,共 8 科 26 种,具体包括松鼠(科)、鼯鼠科、仓鼠(科)、䶄科、豪猪(科)、刺山鼠(科)、竹鼠(科)、鼠(科)。松鼠科包括花松鼠、丽松鼠、达维岩松鼠、长吻松鼠;鼯鼠科包括飞鼠、偏皮氏毛耳飞鼠、底冠飞鼠、鼯鼠;仓鼠科包括伯氏异仓鼠、德氏异仓鼠、变异仓鼠、科氏仓鼠;䶄科有甘肃模鼠、繁昌维蓝尼鼠、黑腹绒鼠;豪猪科见硕豪猪一种;刺山鼠科见猪尾鼠一种,命名为安徽猪尾鼠;竹鼠科见繁昌竹鼠一种;鼠科包括张洼沟姬鼠、祖姬鼠、戴氏巢鼠、狨鼠、先社鼠、白腹鼠、始家鼠(新种)、家鼠、赛多鼠、安徽长尾巨鼠(新种)、芜湖硕鼠(新种)、长毛鼠等。其中,繁昌维蓝尼鼠、安徽猪尾鼠、繁昌竹鼠、始家鼠、安徽长尾巨鼠、芜湖硕鼠等是人字洞发现的新种,在研究该类种群演化与地理分布方面同样具有十分重要的意义。

6. 食肉类(目)

顾名思义,食肉类以肉类为主要食物来源,大多体型矫健,生活方式为掠食性。食肉动物牙齿尖锐而有力,具食肉齿(裂齿),上裂齿两个大齿尖和下裂齿外侧的第 2 大齿尖在咬合时好似铡刀,可将韧带、软骨切断。犬齿异常粗大,长而尖,颇锋利,起穿刺作用。

人字洞发现的食肉类动物化石种类较为丰富,主要包括犬科、鼬科、熊科、大熊猫科、灵猫科、鬣狗科、猫科 7 科,相应种类 24 种。犬科材料有中华貉、貉两种;鼬科有变异貂鼬(新种)、安氏貂、貂、粗壮貂、阿尔泰鼬、贾氏獾几种;熊科有原始西藏黑熊(新亚种);大熊猫科有大熊猫小种;灵猫科有裴氏大灵猫、食蟹獴两种;鬣狗科有桑氏短吻硕鬣狗;猫科有钝齿锯齿虎(图三五)、巨颏虎、小野猫、猞猁,还有属种未定的鼬、猫等化石若干。

7. 长鼻类(目)

长鼻类动物因上唇和鼻延长形成灵活的象鼻而得名,现生物种仅存一科——象科。长鼻动物在史前曾特别繁盛,包括著名的始祖象(最早的长鼻动物)、猛犸象、乳齿象、恐象、铲齿象、板齿象、剑齿象、嵌齿象等,多在冰川期灭绝。

人字洞遗址中陆续发现了非常丰富的中华乳齿象化石材料,标本中不乏完整的骨架,还有较多零散的头骨、下颌骨、臼齿列及头后骨骼和肢骨化石。最引人注目的是人字洞中华乳齿象,形态特征显然比扬子中华乳齿象原始,代表中华乳齿象

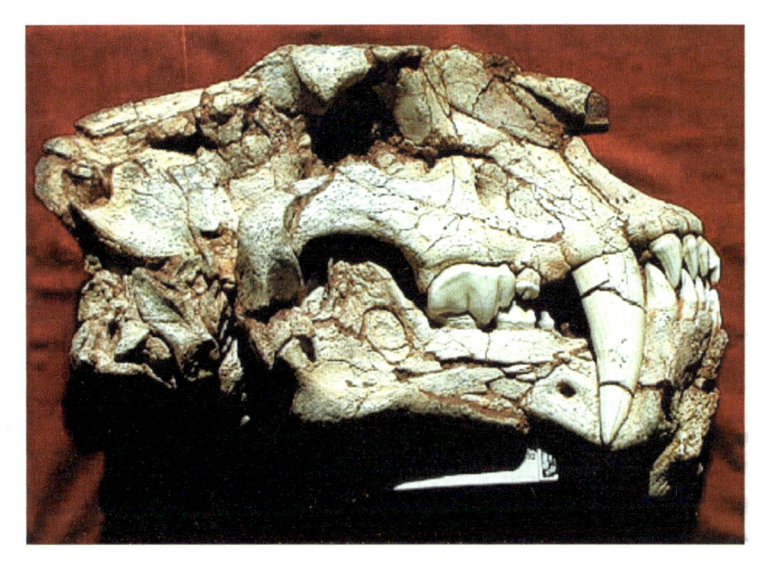

图三五　人字洞锯齿虎头骨侧面

新的分类单元,因此创建新种,定名为江南中华乳齿象,这对探讨中华乳齿象在第四纪的演化、扩散及相关的环境背景的研究具有重要意义。

8. 奇蹄类(目)

人字洞发现的奇蹄类化石材料主要有:三门马、爪兽、貘、犀四类。

三门马。体形大,其牙齿原尖指数显然比普氏野马小,形态特征较原始。

爪兽。到目前为止,我国发现的第四纪高冠爪兽类化石并不多,与已知材料均有明显差异,故定为新种,命名为淮河黄昏爪兽。

貘。人字洞发现的貘化石材料极为丰富,特征为典型的山原貘。人字洞丰富的山原貘化石可作为我国早更新世貘类研究的对比标准,为进一步明确我国更新世早期貘类的分类命名及系统关系问题提供许多宝贵信息。

犀。各种对比特征与梅氏犀差异明显,而与中国犀相似,故归入中国犀。

9. 偶蹄类(目)

偶蹄目一般是指大、中型的草食性陆生有蹄类哺乳动物,趾数多为偶数。依动物的消化方式和胃的结构,可分为不反刍亚目(如猪、河马等)和反刍亚目(如骆驼、羊、鹿、长颈鹿、牛、羚羊、驼羊等)。

人字洞发现的偶蹄目化石材料有猪、鹿、牛三科。

猪科有裴氏猪和猪两种。

鹿科有矮麂、娇后麂、凤岐祖鹿、布氏真枝角鹿四种。其中，矮麂是一种比较原始的麂，在人字洞的发现，表明这类动物一直延续到早更新世。娇后麂与矮麂所处时代相近，人字洞发现的这两种动物材料差异性大于共性，暂作两个不同种处理。祖鹿是全掌骨型，在鹿类的系统演化上占有很重要的地位，在生态上与现生梅花鹿相似，适应范围广，中新世中晚期是其繁盛期，更新世只有凤岐祖鹿一种。布氏真枝角鹿，人字洞材料度量和形态上与泥河湾布氏真枝角鹿非常接近，因材料仅见一枚牙齿（第二白齿 M2），归为布氏相似种。

牛科仅有粗壮丽牛一种。丽牛在中国的发现全部坐落于早更新世范围内，根据世界其他地区发现的情况，丽牛在欧洲的首次出现层位低于在中国首次出现的层位，说明丽牛可能首先在欧洲分化，然后扩散到东亚。

（五）人字洞地质成因和时代

1. 地质成因

地球的形成距今约 46 亿年。在漫长的地质历史年代，地球上经历了一系列地质事件，包括强烈的构造运动、岩浆活动、海陆变迁及生物的大规模兴盛与灭绝等等，形成了现在的海陆格局及生物世界，而地质变化仍在继续。

构造运动是地壳的机械运动，其动力来自地球内部，在造成地壳演变过程中起重大作用。从地球形成之日起，构造运动一直在进行中，有时缓慢，有时剧烈。构造运动在地貌上常会形成褶皱和断层。在我国境内大量的地质断裂中，有一条北东向的主干断裂带，位于我国东部，延伸 2400 多公里。由于这条断裂带的主体位于山东郯城和江西庐山之间，故称为郯庐断裂带。其实，郯庐断裂带的实际延伸距离远超上述两地之外，规模宏伟，结构复杂。

研究表明，长江下游九江至南京段即受郯庐断裂带影响，河道呈顺直的北东流向，地貌分区属长江下游湖积冲积平原。繁昌处于该区中部，全区以低山丘陵为主要地貌特征，在大地构造分区上属南华活动带下扬子地块的一部分，褶皱发育。繁昌西北部山区由两个背斜组成，背斜轴大致呈东西走向。背斜轴两侧分别出露泥盆纪、二叠纪和三叠纪古老岩层。癞痢山由三叠纪扁担山组灰岩组成，人字洞即其中发育的岩洞之一。

人字洞宽约 8 米，深约 30 米，原为一个垂直溶洞。洞中堆积物从上到下可分为两套迥然不同的沉积单元。上部主要由大块灰岩角砾、红褐色的砂质黏土及砂质土构成;而下部主要由灰黄色粗砂、灰绿色细砂、粉砂及褐色砾石交互成层。依岩性特征堆积物又可以细分为八层,动物化石及人工制品主要出自上部堆积的第三至第七层,下部堆积化石相对较少。专家推测,在更早的上新世时期,山前的河水在洪水期可以进入洞穴,带来泥沙,形成洞底部砂层。随着地面缓慢抬升,河流下切,洪水不能再进入溶洞,山坡侵蚀下来的物质进入洞穴堆积下来,形成人字洞上部堆积(图三六)。

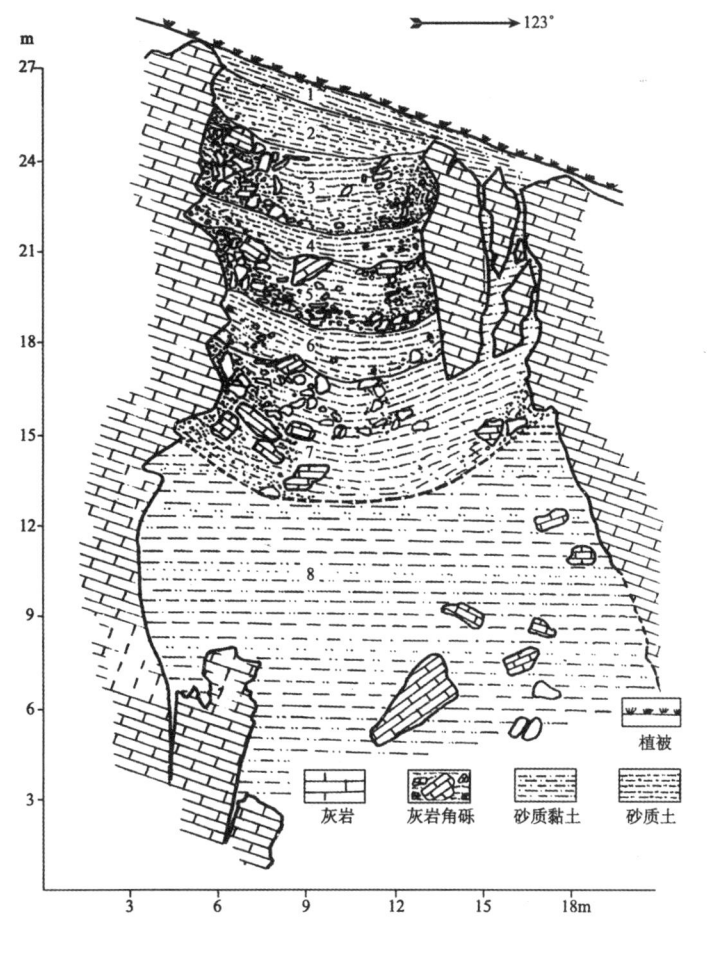

图三六 人字洞地质剖面图①

---

① 刘金毅、金昌柱、韩立刚、郑龙亭、徐繁:《人字洞遗址的发掘工作》,金昌柱、刘金毅主编:《安徽繁昌人字洞——早期人类活动遗址》,北京:科学出版社,2009年3月,第10页。

人字洞洞穴堆积中丰富的动物化石和人工石、骨制品,是伴随其他自然遗物一起侵入洞穴,还是当时的古人类活动携带进入,抑或是狩猎的食物在洞穴中埋藏的,还需要做动物埋藏学方面的进一步研究。

2. 地质年代

在漫长的地质年代中,与人类进化密切相关的地质年代是第四纪。第四纪又分为更新世和全新世,其中更新世一般划分为早、中、晚三期,早期为距今260万年至100万年。国家"九五"攀登专项目标年代范围为距今800~200万年,即第三纪上新世至第四纪更新世早期。人字洞遗址的年代主要依据哺乳动物群确定,动物群的年代一般采用生物地层学的方法。在过去的670万年内,世界上曾发生过11次生物事件,分别为距今670万年、480万年、425万年、370万年、320万年、260万年、187万年、100万年、50万年、12.7万年和1.1万年。对于前10次事件,称为事件1~事件10。对于距今1.1万年所发生的那次事件,称为"更新世绝灭"事件,全新世开始。

在事件1~事件10之中,事件6(距今260万年)是新近纪和第四纪之间的界线或上新世和更新世之间的界线。因此它属于"纪年"或"世年"级的生物事件。在古生物学界,事件6常被称为"象马事件",因为亚欧大陆上的真象从此传入北美,而北美的真马则从此而传入亚欧大陆。事件7(距今187万年)是亚欧大陆动物群的又一次重要的变动。如草原上最常见的动物狼,便是从事件7开始广布世界的,故科学家常称事件7为"狼事件"。

人字洞动物群包括75种哺乳动物和许多爬行、两栖动物。根据生物地层学的原理,专家们在1998年5月至6月的第三次发掘中已发现了真马,但人字洞尚未发现狼,所以人字洞动物群的地质年代应晚于事件6而早于事件7,为距今187万年至260万年,属于第四纪或早更新世的早期。专家们还认为,人字洞动物群是这一阶段的中国最有代表性、最丰富多彩的动物群[1]。

2018年10月,人字洞遗址发现20周年国际学术研讨会在繁昌举行,中国科学院地质与地球物理研究所研究员邓成龙在会上发表人字洞遗址古地磁测年成果:人字洞遗址古地磁测年为220~256万年。结合生物地层学分析,课题组认为,繁

---

[1] 徐钦琦、郑龙亭、魏光飚、韩立刚:《人字洞动物群的环境和它在进化事件中的地位》,金昌柱、刘金毅主编《安徽繁昌人字洞——早期人类活动遗址》,北京:科学出版社,2009年3月,第357~358页。

昌人字洞遗址地质年代为早更新世早期,距今约 220～256 万年。

人字洞遗址在旧石器考古学和第四纪地质学、古生物学上的重要意义越来越引起学术界的重视,备受社会公众广泛关注。2006 年 5 月,人字洞遗址被国务院公布为第六批全国重点文物保护单位;2018 年人字洞考古遗址公园项目启动;2020～2021 年度,人字洞遗址考古发掘获安徽省十大考古新发现;2022 年 9 月人字洞考古遗址公园入选"中国华侨国际文化交流基地"。

二、史前神韵　文明初现

约10000年至4000年前,人类进入新石器时代。新石器时代是人类从野蛮走向文明的时代。

新石器时代出现陶器、磨制石器、玉器等,出现房屋建筑、原始村落、公共墓地,出现原始农业和原始畜牧业。距今7000年前后的繁昌缪墩遗址是目前皖南地区发现最早的新石器时代遗址,其文化与河姆渡遗址文化接近,又具有鲜明的地域特色;距今6000至4500年的月堰、洞山、中滩、鹭鸶墩等新石器时代遗址,文化面貌接近于崧泽文化与良渚文化,反映了繁昌地区与太湖流域的文化交流。

(一)峨溪河畔　缪墩先民

缪墩遗址位于繁昌城区东郊峨溪河南岸,属峨山镇沈弄村。

峨溪河沿岸遗址众多。在原始自然状态下,峨溪河流域面积远大于现在的流域面积。从自然地形看,峨溪河西南上游河段水面较窄,流经城区往东北向进入峨山镇地界,流域面积明显增大,具有良好的自然生态条件。

缪墩遗址所在的峨溪河中段,南北依山,在史前时期这里河面宽阔,水系发达,自然条件十分优越,宜于早期先民从事农业及渔猎等活动。除缪墩遗址外,这一水系的马厂湖附近还有鹭鸶墩、马厂、沙园等遗址,是距今7000至5000年前繁昌先民的聚居地。

缪墩遗址发现于1988年冬。当地村民兴修水利,在峨溪河河床取土筑堤时,挖出大量动物骨骼及陶片,县文物管理所人员闻讯赶到现场,采集了部分陶片、石器及动物骨骼标本,并进行了整理。

遗址遗物主要发现于原属缪墩村民组的峨溪河河床上,除数量丰富的陶片、兽骨和石器之外,河床上还有排列有序的木桩,推测其为杆栏式建筑遗存。根据缪墩遗存杆栏式建筑、陶片及石器风格,专家判断其与浙江余姚河姆渡遗址文化内涵及年代接近。

2010年,北京大学考古文博学院和安徽省文物考古研究所联合对缪墩遗址陶片标本采用^{14}C法进行测年。测年样品为部分陶片炊器底部残留的碳样,测定结果基本证实了原先的判断,为距今7000年左右的新石器时代中期遗址。

2015年，中国科学技术大学科技史与科技考古系受托对缪墩遗址煮食器类标本进行了残留物研究，发现缪墩先民食物种类比较丰富，有水稻、芡实、菱角等7类植物，表明缪墩先民植物性食物资源的获取方式包括农业种植和采集两种，已有较大规模的水稻种植，长江下游沿江地区的早期人类对自然环境已具有良好的适应性。

河姆渡、马家浜、崧泽及良渚文化遗址是长江下游地区新石器中、晚期代表性遗址，年代距今7000至5000年。除崧泽遗址之外，其余均位于浙江省，地理位置属于太湖以东。在其文化发达时，向太湖西部及皖南地区辐射与传播。

缪墩遗址采集的完整陶器甚少，以夹砂陶为主，因其属于长江下游最早的阶段，除白陶外，其他陶器制作工艺总体上并不先进。器形主要有釜、罐形器、双耳罐、钵、豆等。陶器质地较粗糙，没有采用轮制修整。器物上以牛鼻形耳（图三七）、腰檐釜及其他附耳装饰最具特色。陶器中最具艺术特色的是一些刻划纹陶片，大多饰于器物肩部及腰部；部分刻划纹陶片表面饰有白色陶衣；其中一块陶片白色陶衣颜色较白，主要采用戳印手法，纹饰似杆栏式建筑，又似垂帐（图三八）。石器见有石锛（图三九）、有肩石器、石凿、打砸器、刮刀、砺石等[1]，以黑色墨玉石为主要石材。石锛较厚重，精致程度不如后期做工扁薄的石锛。此外，在遗址上还采集到一些兽骨（图四〇）。

| 图三七 缪墩遗址饰牛鼻形耳陶片 | 图三八 缪墩遗址刻划纹白色陶衣陶片 |

---

[1] 徐繁：《繁昌县缪墩遗址调查简报》，《文物研究》（第七辑），合肥：黄山书社，1991年12月。

图三九　缪墩遗址采集的石锛　　　　　图四〇　缪墩遗址采集的兽骨

在长江中下游年代最为接近的河姆渡和马家浜文化遗址中，缪墩遗址文化内涵及年代更加接近于河姆渡。其刻划纹白陶在浙江罗家角遗址亦有发现。

根据目前的发现，关于戳印纹或刻划纹白衣陶片，最早属于湖南高庙文化（遗址位于湖南沅江附近）。该遗址年代距今约7800年，曾发达一时。在其文化发达时期，曾向东部地区传播，安徽繁昌缪墩白陶、浙江罗家角白陶都是例证。繁昌缪墩白陶片的戳印手法与其极为接近。从文化发展视角看，繁昌地处皖南沿江，自古便是文化交流的重要通道，以缪墩白陶为代表的文化遗物是这一现象的重要例证。

由此可见，缪墩文化根植于皖南本土，其主体受到浙江河姆渡文化影响，吸收了来自长江中游的湖南高庙文化元素，是至今皖南地区发现年代最早的新石器时代文化遗存，具有丰富的文化内涵和重要的研究价值。

（二）月堰遗址　续写篇章

月堰遗址位于原繁昌县浮山乡响水涧村（今属芜湖三山经济开发区峨桥镇响水涧村）泊口河畔，泊口河为漳河支流。遗址所在区域北连长江沿岸平原，东、西、南三面环山，为一敞开式盆地，盆地内分布着新石器时代晚期、西周、春秋、汉代以及唐宋至明清时期的遗址、墓葬群10多处，该地区自新石器时代晚期以来一直是当地农民重要的栖居地。

月堰遗址面积约2.35万平方米，相对高度为1～2米，属河湖边相对较高的台地。为配合芜湖市响水涧抽水蓄能电站建设，2007年3月至2008年1月，安徽省文物考古研究所对抽水蓄能电站下库区范围内的月堰遗址的中心和重点区域进行了抢救性发掘,发掘面积6000平方米,发现房基、灰坑、窖穴、沟、墓葬等近300处,出土了较丰富的陶器(图四一)、石器(图四二)和少量的玉器等。①

　　24座新石器时代墓葬分布于遗址中部相对较高位置的东西两片小型墓地上,其中东侧墓地墓葬15座,分布集中、排列有序;西侧墓地墓葬9座,分布较为零散。24座墓葬均为小型长方形竖穴土坑墓,基本呈东西向,骨架、葬具均已完全腐烂,从随葬器物看,墓主头多向东或东偏南。随葬器物主要为陶器和石器,另有少量的玉器和骨器。陶器包括鼎、豆、壶、罐、碗、杯、鬶、匜、纺轮等,石器有钺、锛、凿、石刀、斧、铲等,随葬品组合及摆放均有一定的规律。陶壶和石锛分别是陶器和石器中数量最多的器物。月堰遗址小型墓地是繁昌地区目前发现为数不多的史前墓地之一。②

　　地层和灰坑等遗迹出土的遗物多为陶器,主要器类有鼎、豆、壶、罐、缸、碗等,鼎、缸多为夹砂红褐、灰褐陶,其他器类多为泥质红褐陶、灰陶和黑皮陶,多素面,鼎足多饰竖向刻槽和粗细刻划纹,陶缸多饰附加堆纹,豆把多有圆形、三角形镂孔,牛鼻式罐耳亦多有两个圆形镂孔,以鱼鳍形、T形鼎足,镂孔豆把最为丰富。

1　　　　　　　　　　　2

---

① 安徽省文物考古研究所:《安徽芜湖月堰遗址新石器时代墓葬发掘简报》,《文物》,2009年,第8期。
② 安徽省文物考古研究所:《安徽芜湖月堰遗址新石器时代墓葬发掘简报》,《文物》,2009年,第8期。

图四一 月堰遗址出土的陶器(1为陶壶-1,2为陶壶-2,3为陶罐,4为陶鬶,5为陶鼎,6为陶豆,7为陶盘,8为陶杯)

月堰遗址是继繁昌地区缪墩遗址之后延续时间最长、文化序列最清晰完整的一处遗址,从遗址出土的牛鼻式耳罐来看,其时间大致可早至马家浜文化的末期。陶器中的鼎,从鼎足看,其鱼鳍形鼎足从其初始形态一直延续发展,经历了鱼鳍形——钉形——T形(横断面呈T形)三个阶段,基本与宁镇及太湖地区的崧泽、良渚文化相始终,因此推断其遗址时代大致可从马家浜文化末期一直延续至良渚文化晚期,存续时间距今约6000至4500年。

图四二　月堰遗址出土的石器(左1为双孔石钺,左2至左6为石锛)

从文化性质看,月堰遗址的陶器、石器总体形态特征与崧泽文化、良渚文化较为接近,同时与南京北阴阳营、潜山县薛家岗、含山县凌家滩诸文化也有较多相似之处。

三、厚重青铜　吴楚流韵

青铜时代是人类社会发展的第二个时代,青铜时代是以使用青铜器为标志的人类物质文化的发展阶段。青铜时代是奴隶制国家产生、发展、衰亡的时代,青铜时代出现了国家、城市、青铜器和系统文字。

公元前21世纪至公元前5世纪前后的夏、商、西周、春秋是我国的青铜时代。西周至春秋时期的繁昌地域属吴国,战国时期先后属越国和楚国。两周时期,繁昌重要的吴越文化遗存有万牛墩土墩墓群、汤家山西周墓和铜山、峨山、犁山一带的矿冶遗址群;楚文化遗存有原三山镇战国墓等。

(一)土墩遗存　吴越风物

土墩遗存,指流行于江南地区的以封土成墩为主要特征的古墓遗存。

繁昌平铺镇丘陵岗地上分布着大量圆丘状土墩,早先人们并不知道它们是古代人工堆积的,因其分布广,数量多,故而当地民间称之为"万牛墩"。20世纪80年代,县文物管理所在进行文物普查时发现并确定其为土墩墓,因土墩墓是成群分布的,故称为万牛墩土墩墓群,1989年被公布为安徽省重点文物保护单位。

在地理分布上,繁昌万牛墩土墩墓群与相邻的南陵县千峰山土墩墓群连成一片,繁昌、南陵两县遂将两处土墩墓群合在一起,以"皖南土墩墓群"名称共同申报全国重点文物保护单位。2001年6月"皖南土墩墓群"由国务院公布为全国重点文物保护单位。

2009年底至2010年初,繁昌文物局以第三次全国文物普查为契机,对平铺万牛墩土墩墓群进行了专项调查,摸清了土墩墓群的基本状况。

此外,在往年的调查中,县文物部门还发现了多处规格较高的单个土墩墓和规模较小的土墩墓群。

1. 土墩遗存分布规律

平铺镇[①]东南濒临漳河,属漳河流域,地势由西南向东北倾斜。万牛墩土墩墓群主要分布在镇西南部。镇西南部主要山脉有寨山、五华山、尖山及其余脉,向东

[①]　平铺镇原为平铺乡,2000年3月撤平铺乡设立平铺镇,2003年12月与新林乡合并成立新的平铺镇。

南延伸逐渐分开渐至平行分布的丘垄岗脊,大的岗脊绵延五六公里。两山岗之间为山冲圩田,形成山岗田冲相间的地形。数以千计的土墩墓主要分布于这些绵延的山岗上,山岗平均海拔30～40米。此次调查共登记土墩墓1328座,分布于茶冲、五华、寒塘、新牌、平铺5个行政村。[①]

因千百年来雨水侵蚀,历年基建破坏损毁,加之调查时可能尚有少量土墩墓未能发现等,万牛墩土墩墓群实际包括的土墩墓数量应该超过此次调查登记的数量,估计有2000多座。按自然地形,这些土墩墓大致可以分为三大相对集中的分布带,由北向南依次为:以寨山、箬帽顶余脉为中心的茶冲林场西北一带;以五华山余脉为中心的上马石、原马塘小学一带及五华村部东南五华经果林一带;以尖山余脉为中心,寒平公路至新牌村部、原繁东经果林基地及新牌林场一带。

土墩墓的分布状况与地形密切相关。从远处看,一条条山垄岗脊之上均匀地隆起一个个的土包都是土墩墓(图四三)。这些土墩墓逐次排列,间距10～30米,大小规格也非常接近。每条主山岗的两侧再分出数条岗脊支脉,这些岗脊支脉上同样有规律地分布着土墩墓。几条大的主山岗及其支脉酷似匍匐在旷野中的巨龙,而"龙脊"就是土墩墓的首选之地,山脊越规则,其上的土墩墓分布则越有规律。主、支岗脉的斜坡上也分布有土墩墓,但相对而言,山坡上的土墩墓体量较小,分布似乎没有什么规律。

图四三　平铺镇茶冲村部对面山岗上的土包都是土墩墓

[①] 汪发志、彭可市、谢军、黄柏挺、徐繁:《繁昌地区土墩墓综合调查报告》,《文物研究》(第18辑),北京:科学出版社,2011年8月。

从五华村的一段山脉可看出土墩墓的保存及分布情况。从五华水库到新庄村民组是一条长约3公里的主山岗,从早年修建的机耕路到近年的村村通工程,山岗上相当一部分的土墩墓遭到破坏。其中从五华村村部到新庄村民组长约1500米、标高从40.4米到50.2米的一段主山岗,因这一地段的道路修在主山岗的西侧,道路东侧的这段主山岗脊上及其次山脊上的大量土墩墓得以保存(图四四)。这一地段共登记土墩墓96座,其中中间一段共26座土墩墓依山脊走向一字排开,排列紧密。主岗脊东向有4条次山脊,这4条次山脊上也都有规律地分布着土墩墓。在道路的西侧,有一处面积约5000平方米的山坡,无规律地分布着10座土墩墓,这10座墓葬最大的高约2米,底径约15米,最小的有3座,高仅1米,底径约6米。

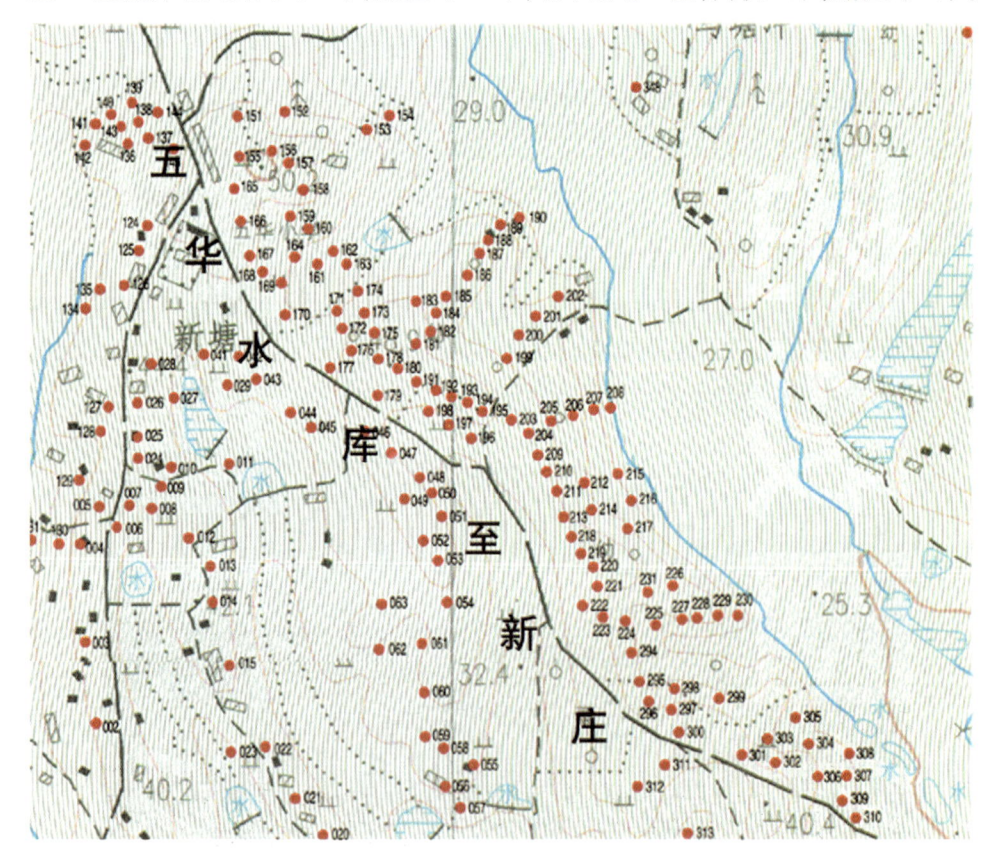

图四四　平铺镇五华水库至新庄村民组道路两侧分布的土墩墓

土墩墓分布的另一显著特点是:越是地势高的地方,越是隆起的山脊或山包,土墩墓的体量越大,地点的选择也越讲究。土墩墓的体量大小与地形的主次大致相对应。此次调查登记底径 30 米以上且中心高度超过 3 米的土墩墓共 50 座(图四五),其中相当一部分分布在地势相对突出的五华村上马石村民组至马塘小学一带。其余较大土墩墓基本上都零散分布于各山岗地点相对突出的位置。

图四五　典型较大的土墩墓

还有一种有趣的现象,在局部地区一连串的土墩墓中,往往有一座或几座体量较大,由此其地位显得较为突出,而其他较小的土墩墓则顺次排列在它的上、下方。如:五华村燕塘冲北部一处人字形山岗上分布着 18 座土墩墓,其中有 4 座显得较为突出;上马石自然村南面在长约 500 米的山岗上有规律地分布着 18 座土墩墓,其中也有 4 座显得较为突出;还有马塘冲西北一处人字形山岗地段,有规律地分布着 19 座土墩墓,其中有 5 座显得较为突出。[1]

2. 土墩墓的埋葬和营建

此次调查登记的土墩墓平均海拔高度约 35 米,体量大小按底径平均约 17 米。海拔位置最高的是位于寒塘村长丰村民组西南的一座土墩墓,海拔 68 米;海拔位置最低的是位于新牌村部附近的一座土墩墓,海拔仅 10 米。体量最大的土墩墓,底径约 50 米,墓高 5 米;体量最小的底径约 5 米,墓高仅 1 米左右。

土墩墓所在的山岗地表沉积着厚厚的粉沙性棕红色或赤红色土壤(当地人称作黄土),这种土壤质地松软、细腻,与土墩墓封土一致。也有少数土墩墓封土含细小碎石或颗粒较大的沙砾,仔细观察土墩墓周围的地表,也为同样的土质。由此可

---

[1] 汪发志、彭可市、谢军、黄柏挺、徐繁:《繁昌地区土墩墓综合调查报告》,《文物研究》(第 18 辑),北京:科学出版社,2011 年 8 月。

以判定,土墩墓封土应为就地取土。当然,有些土墩墓,特别是体量较大的土墩墓,封土特别纯净,堆土特别紧实,不排除封土经过筛选、建墓时经过夯筑的可能。

在万牛墩土墩墓群分布范围内,两山岗之间的山冲里分布着大量的水塘,且这一带很多的村名都因水塘而得名,如寒塘、马塘、新塘、毛塘、炎塘、插花塘、荷花塘、大塘、井塘、燕塘、石板塘、刘坤大塘等。加上一些面积不大、不知名的中小型水塘,水塘总数有上百个。水塘的存在,一般与农业灌溉有关,但数量如此众多的水塘,好像不仅仅用于灌溉。这些水塘可能是当时营建土墩墓时大量取土所形成的。

1985年11月,安徽省文物考古研究所杨鸠霞等在平铺窑厂发掘一座土墩墓,出土了3件陶罐和1件陶纺轮,这些随葬品放置在一个长约8米、宽约6米的平面范围内,发掘者将该墓的时代定为西周时期。[①] 结合1985年5月在南陵千峰山发掘的土墩墓,杨鸠霞等认为,这些土墩墓营建时只对地面稍加平整,不挖墓坑,平地起封,无夯堆筑,无葬具,墓底也没有经过特殊处理,基本为一墩一墓。[②] 这是土墩墓葬形制的典型特征。在这次专项调查中,发现一些土墩墓因基建施工遭到破坏,从暴露出的剖面看,墓葬封土较松软,没有明显的夯筑迹象。从体量看,也不大可能有一墩多墓的情况。这与杨鸠霞等所得结论基本一致。当然,少数大型土墩墓仍然存在一墩多墓和人工特别夯筑的可能。[③]

3. 土墩遗存出土器物

万牛墩土墩墓群自发现以来,除1985年11月发掘的一座土墩墓中出土的4件陶器外,县文物部门还陆续在平铺镇征集到数10件器物,其可以确定为出自万牛墩土墩墓群的器物有陶器和原始瓷。另外,万牛墩土墩墓群所在的平铺镇村民在耕作和修建房屋时曾发现陶器、原始瓷和青铜器。

(1)陶器。共20件,器形有罐、豆、盂、坛、纺轮,质地可分为印纹硬陶、泥质红陶、泥质灰陶、黑皮陶、釉陶。

①罐,分A、B两型。

A型为双系罐,共5件,按器形又可分为三式(图四六)。

---

① 杨鸠霞:《安徽繁昌县平铺土墩墓》,《考古》,1990年第2期。
② 杨鸠霞、杨德标:《安徽南陵千峰山土墩墓》,《考古》,1989年第3期。
③ 汪发志、彭可市、谢军、黄柏挺、徐繁:《繁昌土墩墓综合调查报告》,《文物研究》(第18辑),科学出版社,2011年8月。

贰　天地造化　开启史册

1

2

3

4

图四六　A型双系罐(1为A型Ⅰ式罐,2为A型Ⅱ式罐-1,3为A型Ⅱ式罐-2,4为A型Ⅲ式罐)

Ⅰ式,2件。侈口,圆唇,束颈,溜肩,斜腹内收,平底。肩部对称置半环形双耳一对,肩及腹部饰席纹。前者深灰色胎,后者胎色偏黄。Ⅰ式双系罐的特点是最大径在肩腹交界处。

Ⅱ式,2件。敞口,直颈较短,圆肩,鼓腹,平底。肩上对称置半环耳一对。Ⅱ式双系罐的特点是最大径在耳下方、腹上部。

Ⅲ式,1件。敛口,无颈,圆肩,弧腹,平底。深灰色胎,肩上对称置半环耳一对,口沿下方饰斜向弦纹,肩腹部饰变体雷纹,因重叠交错不甚清晰。

B型,1件,敛口,圆肩,斜弧腹,平底。深灰色胎,腹部以上饰双线水波纹,腹部饰席纹不及底(图四七)。

②豆,共7件,依器形变化可分三式。

Ⅰ式(图四八),3件。盘口,壁直,下部折收;豆柄近直,较粗,柄足外撇,整体近似喇叭形。泥质胎呈暗红色,外施黑衣,素面。

Ⅱ式,2件。浅盘口,下部折收;豆柄近直,柄足外撇,整体近似喇叭形。泥质红陶,素面。

图四七　B型罐

图四八　Ⅰ式豆

图四九　Ⅲ式豆

Ⅲ式(图四九),2件。豆盘敞口,壁微内弧,盘底内凹。豆柄较短,近似圈足,与豆盘底近直角。硬灰胎,外壁下部饰弦纹,内底外圈饰细弦纹数周。

③盂,共2件,分二式。

Ⅰ式(图五〇),1件。侈口,束颈,斜曲腹内收,小平底,微内凹。赤红胎,施黑衣。

Ⅱ式(图五一),1件。泥质红陶。侈口,束颈,斜肩,折腹斜收,平底。

贰 天地造化 开启史册

图五〇 Ⅰ式盂 　　　　　　　图五一 Ⅱ式盂

④坛，1件。敞口，口沿外撇，短直颈，圆肩微耸，斜弧腹，平底（图五二）。硬陶质，暗红色胎，颈部以下饰云雷纹，不及底。

⑤纺轮，4件。4件纺轮均为算珠形，最大的不同是高度不同。其中1件为泥质灰陶，其余3件均为泥质红陶。

（2）原始瓷。共7件，器形有罐、鼎、盅、豆。

①罐，1件。短直口，斜平沿，耸肩，斜腹微弧，大平底（图五三）。灰胎，通体施绿釉不及底。口沿以下饰米筛纹，器形规整，纹饰清晰。

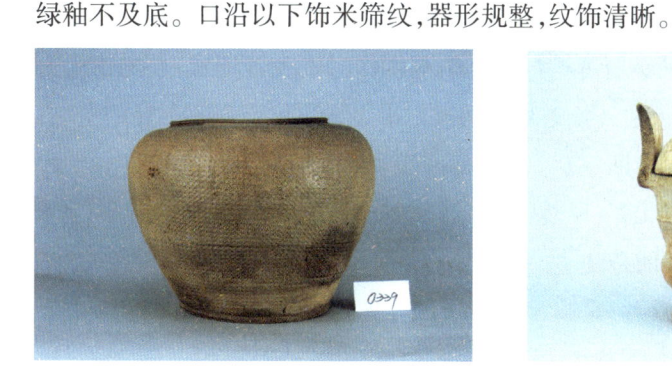

图五二 坛

图五三 原始瓷罐 　　　　　　图五四 原始瓷鼎

②鼎,1件。鼎连盖整体呈球形,盖上有三只兽形钮,可倒置(图五四)。鼎两侧有一对宽大附耳,身下有三只矮粗的蹄形足。灰黄胎,施绿釉,鼎身釉脱落。

③盅(有的命名为盅式碗),2件,分二式。

Ⅰ式,直口,尖圆唇,腹壁直,近底部折收,饼形足(图五五)。通体施青绿釉,釉色稍偏黄。内壁及底有轮制留下的弦纹痕迹。

Ⅱ式,直口,斜平沿,腹壁直,下部弧收,平底内凹。灰黑胎,通体施青绿釉,内壁饰凸弦纹五周,内底有数道弦纹。

④豆,3件,分二式。

Ⅰ式,1件。敞口,直腹壁微内弧,喇叭形圈足。灰黑胎,通体施青绿釉,内底外圈有细弦纹数周。

Ⅱ式,2件。敞口,壁内凹,矮柄足,呈喇叭形(图五六)。灰胎,通体施青釉。①

图五五　原始瓷Ⅰ式盅　　　　　图五六　原始瓷Ⅱ式豆

(3)青铜器

2013年11月5日,平铺镇新牌村村民在山地耕作时发现青铜器,县文物局人员赶往现场,对出土地点及周边环境进行了调查。出土地点位于丘陵山脊的末端,山脊略显低矮。从现场情况推断,应为一处土墩墓,因现场已遭破坏,加之长年水土流失、村民耕作等,封土已无存,原貌已改变。此次出土青铜器3件:鼎1件、匜1件、铃1件,另有部分印纹硬陶残片。

鼎:斜折沿,方唇,对称立耳,垂腹,下设三蹄足,器足横截面呈三角形。腹部饰四道弦纹,将纹饰分成上、中、下三组(图五七)。

---

① 汪发志、彭可市、谢军、黄柏挺、徐繁:《繁昌地区土墩墓综合调查报告》,《文物研究》(第18辑),北京:科学出版社,2011年8月。

匜：瓢形，折沿，深弧腹，腹底承三蹄足（图五八）。前端流槽较长，微上翘，流底呈弧形上仰，下有一短锥形凸起。尾设环形平錾，顶面呈扇形平面与口沿平齐，饰变形云雷纹。口沿下饰四组卷尾凤鸟纹，间隔加饰变形云纹。

图五七　平铺镇新牌村出土的青铜鼎

图五八　平铺镇新牌村出土的青铜匜

铃：形如钮钟，铃体硕大，较轻薄，顶有半环形纽（图五九）。横截面呈合瓦形，铃体两侧略显开张，口呈月牙形内凹，腔内无舌。正、背两面以阳浅纹划分四字形界格，两侧饰复线回纹，鼓间正中、两面均有不规则竖条形穿孔。①

2018年12月22日，平铺镇五华村村民在修建自家房屋时发现青铜尊1件，另有原始瓷豆3件。青铜尊口圆体方，深腹微鼓、高圈足、底残，通体有4道透雕扉棱出戟（图六〇）。尊体以雷纹为底，颈饰蕉叶形兽面纹，下饰一周夔纹。腹部有凤鸟4只，伏卧状，圆目高凸，曲喙向天，齿状大花冠，尾翼下折。圈足饰凤鸟4只，尾翼上翘，下饰一周窃曲纹。工艺精美，造型雄奇。著名考古学家李伯谦先生来繁昌考察时，认为该青铜尊的时代属于西周时期，与著名的西周"何尊"非常相似，应为

图五九　平铺镇新牌村出土的青铜铃

---

① 谢军：《安徽繁昌新出土的三件铜器》，《江汉考古》，2015年第6期。

高等级贵族所有。

图六〇　平铺镇五华村土墩墓出土的青铜尊

4. 繁昌地区其他土墩墓及土墩墓群

（1）繁昌历年发现的单个土墩墓

①繁阳镇义合村伍墩土墩墓

义合村,今属芜湖三山经济开发区,伍墩为自然村。1985年调查时发现,当时农民在墩前水田中取土建房时出土了1件小圆鼎、1件甬钟、5件小铜铃,还有一些陶鼎等器物遭破坏。①

②孙村笠帽顶土墩墓

20世纪80年代调查时发现,属于原黄浒乡大冲村蒋墩头,在海拔30米高的山岗脊上突出一个形似笠帽顶的高冢,直径50米,高4米,经考古勘探为人为堆积。②该墓东北为山岗地,西南为黄浒河河岸平原,周围有螺丝墩、鸡头、前村等重要商周时期遗址,加之这一带经常出土春秋时期青铜器,这一高冢为土墩墓的可能性极大。

---

① 繁昌县第二次文物普查工作组:《繁昌文物资料》。
② 繁昌县第二次文物普查工作组:《繁昌文物资料》。

③孙村犁山土墩墓

1974年发现,当年孙村犁山窑厂取土时出土2件青铜鼎、1件青铜匜,后经安徽省考古研究所专业人员现场调查,青铜器出土于土墩墓,随后又清理出8件印纹陶罐和2件石铲(以上出土器物现藏于安徽省博物院),根据器物特征将其时代定为春秋时期。后又在这一带征集到铜剑2支,铜矛2支,铜戈和铜镞各1支,这里可能不止一座土墩墓。[①] 犁山春秋墓所在地北依黑松岭、南临犁山河,附近有犁山矿冶遗址、窑村等商周时期遗址。

④孙村张塘窑厂土墩墓

1997年县文物管理所在对窑厂例行检查时发现,该墓葬因窑场施工已遭破坏,在厂部办公室看到3件西周、春秋时期青铜器,1件龙柄盉、1件龙首流盉和1件绳耳弦纹鼎。该出土地点位于孙村镇张塘村(原赤沙乡张塘村)的张塘窑厂,西南紧邻黄浒河支流赤沙河,北靠陡山南麓的山岗坡地,附近有龙江村、小山咀等遗址。

⑤繁阳镇汤家山土墩墓

1978年,当地村民在繁昌城郊汤家山山顶取土制砖时挖出了几件青铜器。省文物工作队的考古专家赶到繁昌现场清理,又发现一些青铜器,共计出土青铜器17件,分别为直耳盖鼎1件(图六一)、小方鼎2件、小圆鼎3件、龙纽盖盉1件(图六二)、鱼龙纹盘1件(图六三)、蟠螭纹簠1件、瓿1件、甬钟1件、鸠杖首2件(图六四)、牌饰4件。

汤家山位于繁昌县城东郊,山顶东西宽约20米,南北长约70米,高出地面约60米。1982年,安徽省文物工作队对青铜器出土地点进行了简略的考察,并推断汤家山青铜器的国属为吴。[②] 2006年,安徽大学、安徽省文物考古所编辑出版了《皖南商周青铜器》,第一次用精美的照片、拓片和线图全面展示了汤家山青铜器的面貌,为墓葬的国属和等级的进一步研究提供了相对完整的资料。[③]

根据对长方形土坑的推测,汤家山应为墓葬。繁昌在西周—春秋时期属吴,汤家山应为吴国贵族墓葬。根据出土青铜器的时代特征和青铜器的器类、数量和组

---

① 繁昌县第二次文物普查工作组:《繁昌文物资料》。
② 张敬国:《安徽繁昌出土一批春秋青铜器》,《文物》,1982年第12期。
③ 安徽大学、安徽省文物考古研究所:《皖南商周青铜器》,北京:文物出版社,2006年9月。

合,汤家山应为西周中期偏晚或西周晚期偏早的特大型吴国贵族墓葬①。

吴国贵族墓葬多集中于江苏丹徒的大港至谏壁一带沿江山脉,背山面江,自东向西有烟墩山、磨盘墩、荞麦山、北山顶、青龙山、王家山和粮山墓等。通过对墓葬的位置、等级规模和随葬器物的器类数量的比较,西周时期列为吴国一等贵族墓葬的有烟墩山西周墓和荞麦山西周墓,春秋时期列为吴国一等贵族墓葬的有北山顶春秋墓和青龙山春秋墓。

烟墩山西周墓出土了"宜侯夨簋",墓主身份为"侯",根据夨簋铭文推测,墓主可能为吴国的国君周章②;荞麦山西周墓出土了"伯簋",墓主身份为"伯",根据墓葬年代和吴国贵族墓地的排葬规律,荞麦山西周墓可能为周章之子熊遂之墓③。根据墓葬规模和出土青铜器铭文推测,北山顶春秋墓的墓主可能为吴王余眛④;而根据墓葬的等级规模和吴国贵族墓地的排葬规律,青龙山春秋墓可能为吴王僚之墓⑤。

图六一 直耳盖鼎　　　　　　　图六二 龙纽盖盉

---

① 张敏:《鸠兹新证——兼论西周春秋时期吴国都城的性质》,《东南文化》,2014年第5期。
② 唐兰:《宜侯夨簋考释》,《考古学报》,1956年第2期。李学勤:《宜侯夨簋与吴国》,《文物》,1985年第7期。
③ 张敏:《鸠兹新证——兼论西周春秋时期吴国都城的性质》,《东南文化》,2014年第5期。
④ 张敏:《关于吴文化的几个问题》,《南京博物院集刊(9)》,1986年。张敏:《吴王余眛墓的发现及其意义》,《东南文化》,1988年第3、4合期。
⑤ 张敏:《江苏出土的商周青铜器》,《南京博物院珍藏系列:青铜器》,上海:上海古籍出版社,1998年。

图六三　鱼龙纹盘　　　　　　　　图六四　鸠杖首

根据墓葬所处的地理位置和墓葬的海拔高度,汤家山西周墓同样为吴国一等贵族墓葬;汤家山西周墓随葬青铜器的器类和数量与烟墩山、荞麦山西周墓相当,同样属吴国一等墓葬,而磨盘山西周墓则为吴国二等贵族墓葬;汤家山西周墓的年代为西周中、晚期,即汤家山西周墓所处的年代正是丹徒大港至谏壁沿江一带的吴国贵族墓地中不见一等贵族墓葬的时代,而汤家山西周墓同样出土了象征王权的"鸠杖",因此汤家山西周墓的墓主应为西周晚期的一代吴王。[1] 汤家山西周墓为皖南土墩墓群中规模最大、等级最高的墓葬。

另外,在汤家山一带还经常征集到青铜农具、兵器、石器和原始瓷器,表明这里文化遗物丰富,墓葬数量可能不止一座。汤家山东临峨溪河,东北400米为平顶山遗址。[2]

(2)繁昌历年调查发现的土墩墓群

①高安草山土墩墓群

位于原高安乡草山村(今属芜湖三山经济开发区),西南为坡地,北为平坦地,西北有洋泥河(高安河)。该地可见有一定数量的封土包,墓冢很大。外形与平铺的西周土墩墓相同[3]。附近洋泥河两岸有数量较多的商周时期遗址,较近的有草

---

[1] 张小帆:《繁昌汤家山西周墓的再认识》,《南方文物》,2014年第1期。
[2] 汪发志、彭可市、谢军、黄柏挺、徐繁:《繁昌地区土墩墓综合调查报告》,《文物研究》(第18辑),北京:科学出版社,2011年8月。
[3] 繁昌县第二次文物普查工作组:《繁昌文物资料》。

山神墩、大神墩、龙潭桥神墩遗址等。

②黄浒桃园土墩墓群

位于原黄浒乡汪洋村桃园生产队,墓群所在地形为青山脚下一条垄岗地,西北距长江约5公里,西南紧邻黄浒河及其支流。坡地上可见墓冢数十个,从外形判断应为西周春秋时期土墩墓①。墓群西南一带有窑墩、舒墩、汪洋成墩、土墩、和尚墩等众多商周时期遗址。

③繁阳阳冲土墩墓群

位于城西郊柳墩和阳冲之间老坝冲自然村一带,五里亭公路北面的丘陵坡地。丘陵地西北是阴山,东南是平坦地。山坡上有许多典型的封土包,数量有近百座。20世纪80年代建50万伏变电站时被破坏很多,在被推掉的封土中,发现一些印纹陶片。这些封土包应为春秋时期土墩墓②。1994年,安徽省文物考古研究所清理了一座土墩墓,没有发现完整的随葬品,只在位于墓主头部的位置,清理出一块陶罐残片,这块残片经修整呈方形,大小与人的面部相当,可能用于覆盖墓主的脸部。③

④新林官塘大冲土墩墓群

位于原新林乡(今属平铺镇)官塘村东南约2公里的大冲自然村一带,这一带的坡地岗脊上分布着20多座土墩墓,直径10～20米,平均高度约1米,较一般的土墩墓要小。此地建窑厂时发现印纹陶罐和小型石斧,形质与附近商周时期遗址出土的遗物相同,土墩外形与平铺、新林其他地区土墩墓相同④。该墓群所在地东距陈村湖、西村湖仅1公里,这一带有陈家墩、从鲁墩等遗址。

⑤新林大山尖土墩墓群

位于原新林乡郭仁村后汪、方冲、王村一带的山坡地上,分布着20多座土墩墓,直径15～40米,高2～4米。1982年村民建房时挖开一座,清理出红陶豆6件、陶纺轮2件、釉陶罐1件,与平铺其他地方土墩墓一致⑤。该墓群所在位置东距

---

① 繁昌县第二次文物普查工作组:《繁昌文物资料》。
② 繁昌县第二次文物普查工作组:《繁昌文物资料》。
③ 徐繁:《繁昌阳冲土墩墓》,待刊稿。
④ 繁昌县第二次文物普查工作组:《繁昌文物资料》。
⑤ 繁昌县第二次文物普查工作组:《繁昌文物资料》。

黑蟹湖仅1公里,这一带有周墓墩、神墩头、新路村等遗址,其时代可到西周时期[①]。

5. 土墩遗存的发展阶段与年代

土墩遗存广泛分布于长江下游的苏南、皖南和浙江等地区。从自然地理上,可将江南地区的土墩遗存分为三个文化分布区域:宁(南京)镇(镇江)区(西部地区)、太湖—杭州湾区(东部地区)、黄山—天台山以南区(南部地区)。各区又分为若干小区。宁镇区西北面向长江,东临太湖地区,南至黄山一带,地形以丘陵、岗地为主。在商周考古学文化属性上,繁昌属宁镇区范畴。在各区土墩遗存的出土遗物中,陶器占了绝大多数,其次是青铜器等其他质地的器物。

从出土器物看,各区的典型器物不尽相同,但都包括印纹硬陶坛、瓿、瓮或罐及原始瓷豆、盅式碗,表明各区土墩遗存之间有着许多相同或相似的文化因素,其器形与纹饰的演变序列在各区也是基本一致。

据此,我们可以进一步从总体上把江南地区土墩遗存的发展过程分为八期,即夏商之际、商代后期、西周前期、西周中期、西周后期—春秋前期、春秋中期、春秋后期、战国前期。这八期又可概括为四个大的发展阶段,一、二期为第一阶段,三、四期为第二阶段,五、六期为第三阶段,七、八期为第四阶段。通过对各阶段土墩遗存的典型陶器并结合青铜器等方面的考察,可以看出江南地区土墩遗存的发展变化趋势。如从典型陶器组合看,第一阶段典型陶器的器类不全、形式单一,第二阶段则出现了多种新器形,第三阶段各类典型陶器俱全,第四阶段有些器形基本消失。从中可以清楚地看出这四个发展阶段基本上反映和代表了江南地区土墩墓发生、发展、繁盛及衰落的变化过程。[②]

江南地区土墩遗存发展的八期四阶段,展现了江南地区土墩遗存的演变序列。将江南地区三大区域土墩遗存中与中原等地年代较为明确的商周文化遗存相同或相似的遗物对比作为断代的依据或参照系,同时参考有关 ^{14}C 测年数据,就可以推断出江南三大区域土墩遗存的年代。第一期中有印纹硬陶与中原二里头文化前期偏晚阶段墓葬出土的陶器造型基本相同,再结合其他陶器与中原地区陶器对比,可推断第一期年代相当于夏商之际。同样通过对比可推断出第二期相当于商代晚

---

① 汪发志、彭可市、谢军、黄柏挺、徐繁:《繁昌地区土墩墓综合调查报告》,《文物研究》(第18辑),北京:科学出版社,2011年8月。

② 杨楠:《江南土墩遗存研究》,北京:民族出版社,1998年7月,第57~79页。

期,第三期相当于西周前期,第四期相当于西周中期,第五期相当于西周后期至春秋前期,第六期相当于春秋中期,第七期相当于春秋后期,第八期相当于战国前期。

我们找出江南地区三大区域土墩遗存的年代分期对应关系,便可清楚地看到这样一个事实:土墩遗存最早出现在黄山—天台山以南区,其年代相当于夏商之际至春秋后期;其次出现在太湖—杭州湾区,其年代相当于商代后期至战国前期;最后出现在宁镇区,其年代相当于中原西周前期至春秋后期。也就是说,土墩遗存源自江南地区黄山—天台山以南区,再向北扩展到太湖—杭州湾区,再由太湖—杭州湾区向西扩展到宁镇区。繁昌地区在商周考古学文化上属宁镇区,繁昌万牛墩土墩遗存及其他土墩遗存的年代也相当于西周前期至春秋后期,也就是从第三期至第七期,共经历了5个时期。

6. 土墩遗存的源流、族属与去向

江南地区早于土墩遗存的古文化以良渚文化为代表,而与早期土墩遗存年代大致相当的古文化主要有马桥文化和湖熟文化。

良渚文化是分布于环太湖地区的新石器时代末期的考古学文化,分布区域大致与春秋时期吴、越两国的地盘相当。繁昌地区属良渚文化范畴。那么,土墩遗存文化是不是承袭了良渚文化呢?通过对江南地区早期土墩墓与晚期良渚文化墓葬的研究,可以看出二者在随葬器物(陶器)上的明显差别。从器形及器物的组合看,前者盛行凹底、圆底风格,以高颈折肩或折腹的瓮与罐、带把罐、垂腹罐、深腹盆等为代表;后者则常见圈足器、三足器,典型器有T形足鼎、扁腹双鼻壶、竹节形把豆、宽把带流杯、尊、簋等。从陶器制作风格看,前者以泥条盘筑为主,常见各种拍印纹饰,硬陶、灰陶较多,黑陶较少;后者以轮制为主,素面黑陶居多。可见土墩墓的出现与良渚文化的关系不大[1],土墩遗存文化不是由良渚文化传承而来。

马桥文化因上海闵行区马桥遗址第四层为代表的一类文化遗存的发现而得名。"高祭台类型"因浙江淳安县进贤高祭台遗址的发掘而得名,主要指的是浙江地区青铜器时代的文化遗存,其年代处于良渚文化以后到春秋战国之际。浙江北部地区的"高祭台类型"早期遗存与马桥文化特征是一致的,而浙江南部地区的"高祭台类型"早期遗存则是与浙江北部"高祭台类型"特征相近的另一个类型。这样我们可以统一采用马桥文化的概念。考虑到文化面貌上存在着一定的差异,

---

[1] 杨楠:《江南土墩遗存研究》,北京:民族出版社,1998年7月,第114~116页。

可以将马桥文化划分为两个类型,即马桥类型和肩头弄类型。马桥类型以上海马桥遗址第四层为代表,主要分布于太湖以东及以南的杭嘉湖—宁绍地区,北至长江,南达富春江流域,东抵大海,西邻茅山山脉;肩头弄类型以浙江江山肩头弄遗存为代表,主要分布于浙江西南,北临宁绍地区,南抵闽北,东到大海,西界不明。通过对马桥、肩头弄两个类型文化的泥质黑陶、印纹硬陶在胎泥、器形和装饰特征等方面的对比研究可知,马桥类型来源于肩头弄类型。马桥类型的年代相当于商代前期,而以第一期土墩墓为代表的肩头弄类型年代上限相当于夏商之际。由上可知,土墩墓萌生于马桥文化,是马桥文化的重要文化特征之一。黄山—天台山以南区第二期土墩墓和太湖—杭州湾区第一期土墩墓在一定程度上反映和代表了马桥文化的去向[1],即承袭了马桥文化。

湖熟文化因南京附近湖熟街道老鼠墩等遗址的发现而得名。该文化是宁镇地区青铜文化的主要代表。湖熟文化的年代相当于商代。从湖熟文化出土的陶器形制、质地和纹饰特征看,湖熟文化早期阶段受到了商文化的强烈影响,但到晚期阶段,除了个别陶器如簋、粗把长方形镂孔豆等与商末周初同类器物有些相似之外,中原文化的影响已明显减弱。总的来看,湖熟文化的大部分器物形制与商文化的同类器物是有很大区别的,说明湖熟文化并不属于商文化的范畴,而应该"是同商文化平行发展、又受到商文化影响的一种文化共同体"[2]。

宁镇区土墩墓的随葬陶器包括夹砂红陶、泥质黑陶或灰陶、印纹硬陶和原始瓷,这些陶器在江南三大区土墩墓中都很常见,只不过在其他两大区中不同陶器的比例相差明显,而在宁镇区这些陶器比例大致相当。宁镇区土墩墓还有一些陶器如素面夹砂红陶的鬲、鼎及一些泥质陶器更为常见,它们都带有很深厚的地域色彩,应该是湖熟文化的一种延续。而宁镇区有太湖—杭州湾区地域色彩的印纹硬陶和原始瓷的大量出现,显然与太湖—杭州湾区文化的传播与渗透有直接的关系。再如青铜器。繁昌汤家山土墩墓出土的立耳半球形腹蹄足鼎,腹饰重环纹,其形制和纹饰与河南上村岭春秋前期墓所出土同类器物的风格是一致的[3],说明其早期受到了中原文化的影响。而同是繁昌汤家山土墩墓所出的龙首盖钮盉,其流部和盖上局部所饰菱形云雷纹及折线纹风格显然来源于当地印纹陶器上的拍印纹饰。

---

[1] 杨楠:《江南土墩遗存研究》,北京:民族出版社,1998年7月,第117~127页。
[2] 北京大学历史系考古教研室商周组:《商周考古》,北京:文物出版社,1979年。
[3] 中国科学院考古研究所:《中国田野考古报告集·上村岭虢国墓地》,北京:科学出版社,1959年。

由上可知，宁镇区的土墩墓是在当地土著文化即湖熟文化的基础上，吸收了来自东南方向的文化因素之后而产生的一类新遗存[①]。因此，可以把宁镇区的土墩墓视为江南地区土墩墓的一个地域类型，其来源于湖熟文化。

在已知的吴、越国的范围内，都分布有土墩遗存，但它们只是代表了该遗存本身发展的一个阶段。事实上，土墩遗存的范围要比吴、越国的范围更大一些。作为一种葬俗，它是一定区域内的人们长期以来的一种约定俗成，它的出现和存在与国别的出现或存在可能有着密切的关系，并成为该国的重要文化特征，但二者在范围上不一定完全吻合。作为一种特殊的考古学文化现象，土墩遗存的分布实际上已经超出了吴、越国的范围。我们可以在考古学文化分区及其分期的基础上追溯吴、越文化的来源：夏商时期江南地区即黄山—天台山以南区与太湖—杭州湾区的土墩遗存应是越文化的来源之一，而周代江南地区的土墩遗存则可归属于吴、越文化。

西周中期，皖南漳河流域土墩墓随葬品组合中常见的曲柄瓢形陶盉，在江南其他地区较罕见，而是江淮地区周代遗存中比较典型的遗物[②]。江淮地区的周代族群，一般认为应属淮夷。故西周中期皖南漳河土墩墓也即繁昌土墩墓的族属可能是一支与淮夷群体关系较为密切的越人[③]。西周晚期至春秋时期，吴国势力渐强，向皖南地区和太湖地区进行扩张。《越绝书·军气》中有"吴故治西江"，有学者认为西江当指水阳江或青弋江[④]，有一定道理。皖南沿江丘陵地区富集的铜矿资源应当是吸引吴国西进的主要原因，据学者研究，南陵牯牛山城址很可能是一处西周时期吴国经营本地铜矿开采和冶炼的管理中心[⑤]。西周晚期至春秋时期，繁昌土墩墓属吴人、吴国。所以，繁昌地区的土墩遗存应属吴、越文化遗存。就葬俗而言，充分体现了我国商周时期的族葬制度，是以血缘关系为纽带聚族而葬的"公共墓地"制的延续。[⑥]

---

① 杨楠：《夏商周时期浙江地区的土墩墓与土墩石室墓的考古学研究》。
② 安徽省文物考古研究所：《霍邱堰台——淮河流域周代聚落发掘报告》，北京：科学出版社，2010年，第285～288页。
③ 付琳：《江南地区周代墓葬的分期分区及相关问题》，《考古学报》，2019年第3期。
④ 张敏、韩明芳：《虞舜南巡狩与勾吴的发端》，《南京大学学报》（哲学·人文科学·社会科学），1999年第3期。张敏：《宁镇地区青铜文化研究》，《长江流域青铜文化研究》，北京：科学出版社，2002年。
⑤ 毛颖、张敏：《长江下游的徐舒与吴越》，武汉：湖北教育出版社，2005年，第134页。
⑥ 张之恒：《中国考古学通论》，南京：南京大学出版社，1991年。

江南地区土墩遗存自春秋晚期以后逐渐进入衰落时期，其表现主要反映在两个方面：一是葬制发生了普遍的变化，以往以平地或仅挖浅坑掩埋方式为主流的墓葬基本上被长方形竖穴土坑墓全面取代；二是随葬遗物所体现的文化面貌发生了明显的变异，器类及其组合特征、器形及其纹饰风格与以往相比，都显示出极大的时代性差异。

　　江南地区土墩墓的衰落，是与楚国的不断向东扩张以及随之而来的楚文化的强烈影响直接相关的。由于楚灭越，原先盛极一时的越地印纹陶业便走向衰败，这在墓葬中得到了深刻的反映，具体标志就是随葬楚文化特色的青铜器与陶器的竖穴土坑木椁墓，开始逐渐取代随葬印纹硬陶和原始瓷为主的江南地区土墩墓。它从一个侧面展现了楚越文化的融合以及楚文化逐渐占据了主导地位的历史态势。[①]

　　1999年、2004年，繁昌发现两处战国时期的墓葬，从墓葬形制和出土器物看，是楚国墓葬。

　　1999年11月，在位于原三山镇新庄村奶牛场基建工地，发现两座战国晚期墓葬，墓葬形制受到一些破坏，初步确定为异穴合葬、竖穴土坑墓。一号墓出土器物有陶钫、盒、豆、鼎、爰金（陶质，当作冥币）、铜镜、砝码、玉璧等；二号墓出土器物有陶鼎、罐、杯、盒、豆等。（图六五）出土器物组合具有明显战国时期的楚国风格，其中爰金又称"印子金"，是战国时期流行于楚国上层社会的货币[②]。

1　　　　　　　　　　2

---

① 杨楠：《江南土墩遗存研究》，北京：民族出版社，1998年，第138～140页。
② 汪发志：《繁昌地区先秦文化遗存综述》，《文物研究》（第20辑），北京：科学出版社，2013年。

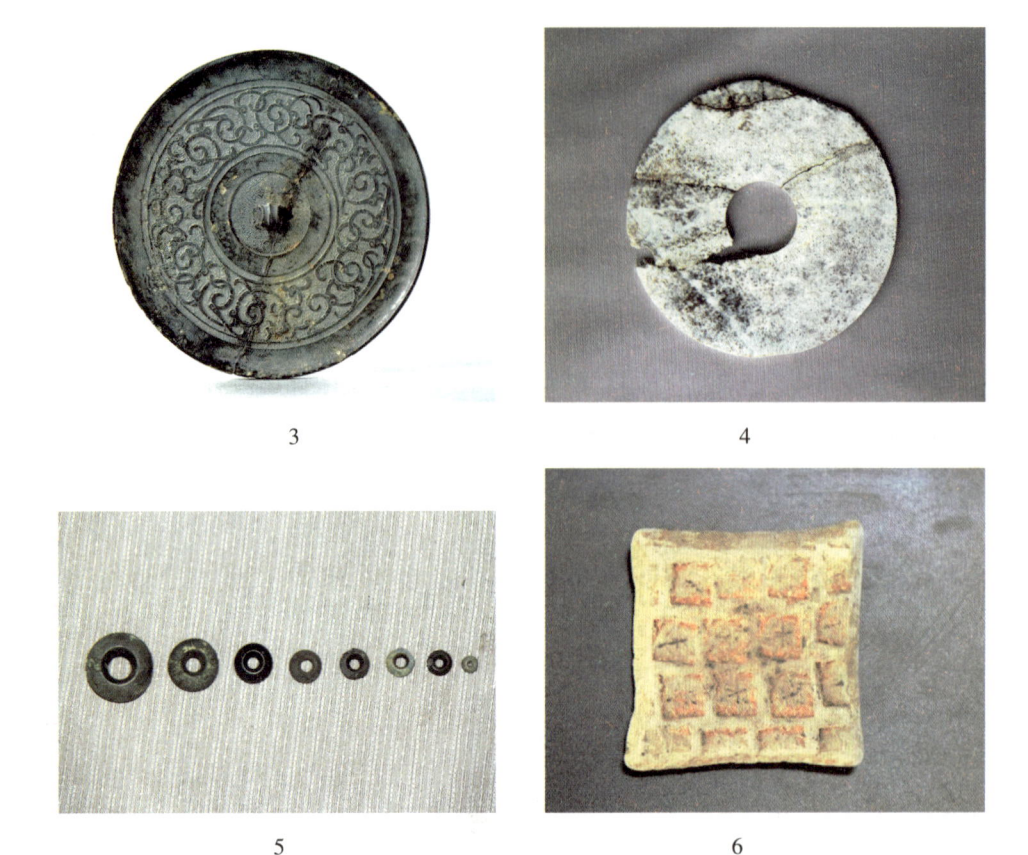

图六五　原三山镇新庄村战国墓出土的部分器物

(1为陶鼎,2为盒,3为铜镜,4为玉璧,5为铜权,6为陶郢爰)

2004年在原三山镇红星村基建工程取土时发现一处战国墓,同穴合葬,竖穴土坑。一号墓出土器物有陶鼎、豆、罐、盒、杯、钫、碗、匜等,二号墓出土鼎、豆、钫、盒、杯、勺、匜、罐、玉璧等。出土器物除玉璧外均为陶质。器物组合具有典型战国时期楚国墓葬随葬品特点。[1]

由上述两处墓葬可以看出,到战国时期,繁昌地区墓葬形制、出土器物都不同于之前的土墩墓,具有楚文化特征,为楚国墓葬。由此推测,繁昌土墩墓可能消亡于春秋末期或战国早期。

---

[1] 汪发志:《繁昌地区先秦文化遗存综述》,《文物研究》(第20辑),北京:科学出版社,2013年。

（二）铜冶炉火　映照春秋

铜矿资源是商周时期最重要的经济和战略资源,铜矿开采、冶炼和青铜器铸造是商周时期最重要的核心技术。

繁昌孙村镇犁山、峨山镇峨山和横山社区铜山等与南陵大工山、铜陵凤凰山同属皖南沿江铜矿带,被誉为"中国三大青铜之都"之一。商周两朝都非常重视对铜矿资源的控制和占有,因而很早就关注到南方的铜矿资源,并在这里大规模开采冶炼。从繁昌发现的几处古代矿冶遗存看,最迟在春秋战国时期,繁昌一带的铜矿资源已被大规模开采冶炼。而在这一时期,南方的吴、楚两国已经崛起,繁昌地区开采冶炼铜矿的主人已不是衰落的周王朝,而应为先后称霸中原的吴、楚两国,这可从本地发现的大量具有鲜明地方特色的青铜器遗物得到证实。

1. 铜山矿冶遗址

铜山矿冶遗址位于繁阳镇横山社区（原横山镇）东约4公里的铜山村,距长江约2公里。铜山是原横山镇与原三山镇（今属芜湖市三山经济开发区）界山,此地出产铜、铁,宋人王象之《舆地纪胜》卷十八云："铜山在繁昌（指原繁昌县治,今新港镇）东南五十里,出好铜,古所谓丹阳铜也。"

据当地村民反映,山上以前有很多古代矿坑。20世纪80年代县文物部门在文物调查时,在原铜山寺后面的山坳中发现一处古冶铜遗址,炼渣顺坡而下,结成板块,足见当时冶炼规模之大。现遗有一横向矿坑,矿坑口径80厘米,残长约8米,人可屈身而进。矿坑内壁

图六六　在原横山乡征集的战国时期楚国蚁鼻钱范

右侧有6个壁龛,呈等距离分布,疑为放置灯具照明而置。在坑口附近采集到一个重达9公斤的大铁锤,为战国时期的遗物,表明铜山矿冶遗址主要开采时代迟至战国时期。古代开采矿藏,早期一般只能露天开采,挖坑道进行井下开采是采矿技术的一大进步,铜山横向采矿坑道的发现,对研究我国古代采矿技术的发展具有重要意义。

图六七　繁昌博物馆藏战国时期楚国蚁鼻钱

1982年,县文物部门在当时的横山乡征集到2件蚁鼻钱范,钱范为铜质,每件正面有4行排列整齐的贝形槽,每列16枚贝形槽(图六六),其中一件在中间两行贝形槽前端多置一枚贝形槽。每枚贝形槽底阳刻有一个字符,字符上方为"口口",下方为"兀"。钱范两侧两行贝形槽之间各有一条浇铸铜液的槽沟,在浇铸口汇合成一主槽。钱范的反面素面,中间有一长方形纽。两范长分别为25厘米、27厘米,宽均为10.7厘米,厚均为0.95厘米。因所铸钱币形状似瓜子形,字符又似人的五官,故蚁鼻钱又称"鬼脸钱"(图六七),是战国时期楚国铸行的货币,也是先秦时期四大类货币之一,由于其形状特别,文字下凹,是先秦时期最难铸造的货币。横山发现蚁鼻钱范,表明铜山一带很可能是当时楚国一个重要的铜冶炼中心。

2. 犁山矿冶遗址

犁山矿冶遗址位于孙村镇犁山村窑村、下铁自然村,面积约30000平方米。遗址上可见大量铜、铁等金属炼渣,堆积达1米厚,炼渣一直流淌到犁山河,可见当年冶炼时间之长、规模之大。

犁山矿冶遗址所在地犁山及周边地区具有丰富的铁、铜等金属矿藏资源。犁山也因古代铸造铁犁而得名。繁昌文物工作者曾在此征集到很多春秋战国时期的铁锭，这些铁锭和青铜礼器、兵器同时出土，显然是出自墓葬。铁锭大小、重量基本一致，是铁矿的初期冶炼产物，有专家认为当时可能在一定地域范围内充当过货币的职能。

中国铁器生产起源于春秋早期，战国时期逐渐普及。铁器在经济生活中占有重要地位，它的出现促进了生产力水平的极大提高，加速了奴隶社会向封建社会的转变。成书于春秋战国时期的《考工记》记载："吴越之金锡，此材之美者也。"说明吴越地区丰富的金属矿藏资源很早就被人们所认识。

3. 正山采铁矿遗址

正山，原名甑山，位于繁阳镇横山社区正山杨村北侧。正山富藏铁矿，开采历史悠久。正山采铁矿遗址位于正山的南坡，坡上遗留一处古代矿坑，周围有大量铁矿炼渣。矿坑内有斜坡坑道，为保证安全用树木支撑，现已塌落。除在遗址发现唐宋时期陶瓷等遗物，县文物部门还在附近村民家中发现 2 件战国时期的青铜采矿工具，表明该遗址至迟在战国时期就已开采。此外，在坑口旁边还发现了搭建矿棚的木柱和席顶腐蚀痕迹。

4. 峨山矿冶遗址

峨山矿冶遗址位于峨山镇凤形村桂花村民组南侧的山坡上，面积约 23000 平方米。山坡上可见 1 米多厚的炼渣堆积，还有大量炼渣落入山脚下的涧沟，随涧水而下，绵延几百米。该矿冶遗址为春秋时期铜冶遗址。该矿冶遗址靠近涧水，当时可能是将在周边采得的矿藏，在这集中冶炼。

繁昌地区出产的铜料除在本地冶铸之外，主要用于对外输出，其中大部分输往中原，对推动我国古代青铜文化的发展有着极其重要意义。对外输出的铜料是一种经过初步冶炼加工的铜料，多为铜板锭，周边地区出土的冰铜锭，有大、小两种类型，属铜铁合金，从技术上看仍是用硫化铜矿冶炼的初级产品，需要进行深冶炼才能得到纯度较高的粗铜。

春秋时期繁昌先民已掌握了较为娴熟的冶炼技术，镞、刀、削、铃、戈等小型器物，一般采用两范合铸。青铜容器如斝、鬲、爵等器形的底部，均有三片范浇铸的痕迹。对一些大型铜器和较复杂的铜器，如尊、鼎、卣、铙、罍等，则采用分铸法，数次浇铸而成。浇铸主要沿袭了殷商以来的浑铸法,一器一范,一器一式,由此产生了成对器物其形制相仿,但其纹饰和尺寸不完全一致的现象。

繁昌出土的器物造型多有西周时期和春秋时期的遗风,但以鱼、龙、鸟等为主的纹饰,呈现出江南吴地特色,技术上采用了内范花纹凸出的制作方法,一些器物表面采用高浮雕技术,为避免冷却时膨胀系数不同造成器壁爆裂,制作纹饰时根据纹饰走向调整范面高度,器腹内壁形成了随器表纹饰走向的凹凸不平的现象,这种制作方法中原地区尚不多见。到战国早中期,铸造工艺更趋精密和成熟,出现了细工线刻工艺和镏金工艺。[1]

---

[1] 汪发志:《繁昌地区先秦文化遗存综述》,《文物研究》(第20辑),北京:科学出版社,2013年。

叁　春谷肇始　繁昌长歌

一、西汉置县　春谷故城

繁昌这块土地上,最早设置的是春谷县。根据现有历史典籍,春谷县最早出现于汉武帝元狩二年(前121年)。经考古调查,春谷县治在今繁昌荻港镇境内。

(一)秦初地属九江郡

秦始皇二十六年(前221年),秦统一六国,在全国范围内推行中央集权的郡县制,"分天下以为三十六郡"[①]。此后,秦郡又有两次增量过程,从而经历了由三十六郡至四十二郡最终至四十八郡的过程。

秦初三十六郡中的九江郡,原属楚国,秦灭楚置。九江郡幅员广阔,地跨大江南北。《史记·项羽本纪》记载,九江郡治在六县(今六安市北)。然而《水经·淮水注》则说:"(淮水)又东北流迳寿春县故城西。(寿春)县,即楚考烈王自陈徙此,秦始皇立九江郡,治此,兼得庐江豫章之地。"[②]按照这一说法,九江郡治又好像在寿春县(今安徽寿县)。关于九江郡郡名的由来,东汉应劭《汉书地理志注》说,"江自庐江、寻阳分为九"而名[③]。根据周振鹤、李晓杰、张莉《中国行政区划通史(秦汉卷)》秦始皇三十六郡区划示意图[④],春谷地域属九江郡。

秦始皇二十八年(前219年),秦灭闽越,新置闽中郡,遂对三十六郡进行调整,

[①] 《史记·秦始皇本纪》,中华国学文库,北京:中华书局,2011年1月第1版,第205页。
[②] 周振鹤、李晓杰、张莉:《中国行政区划通史(秦汉卷)》,上海:复旦大学出版社,2017年9月第2版,第40页。
[③] 安徽省地方志编撰委员会:《安徽省志·建置沿革志》,北京:方志出版社,1999年1月第1版,第13页。
[④] 周振鹤、李晓杰、张莉:《中国行政区划通史(秦汉卷)》,上海:复旦大学出版社,2017年9月第2版,第16页。

于江南新置三郡：闽中郡、庐江郡、鄣郡。又于黄河以南齐鲁旧地新置济北郡、即墨郡、东海郡三郡。秦郡由三十六增至四十二。其中的庐江郡，系分九江郡江南之地而置。庐江郡因为境内有庐江水而得名，郡治在番阳（今江西省鄱阳县东北）。根据谭其骧《中国历史地图集》，春谷地域属庐江郡①。

（二）西汉出现春谷县

公元前202年，刘邦于定陶（今山东省菏泽市定陶区）即皇帝位，西汉王朝诞生，史称汉五年。为吸取秦亡之教训，也因形势所迫，刘邦并没有继续在全国范围推行郡县制，而是采取了郡、国并行的体制。汉朝廷一方面直辖部分郡县，另一方面分封若干诸侯王国，以部分郡县分属之。

秦汉时期，京师地区不置郡，而以内史统之，以示与地方有所区别。内史大致与郡相当。秦始皇分天下为三十六郡，不包括京师地区，内史是三十六郡之外的第三十七个郡级区划单位②。在行政建制上，诸侯王国亦皆效仿汉廷，由内史统王国都城地区，较远之地则置郡以辖之。

刘邦即帝位后，即更易项羽所封诸侯王，置楚国，改封齐王韩信为楚王，封英布为淮南（国）王，彭越为梁（国）王，吴芮为长沙（国）王，张耳为赵（国）王，臧荼为燕（国）王，韩（国）王信则为楚汉之际旧封。《史记·韩信卢绾列传》云"高祖已定天下，诸侯非刘氏而王者七人"，即指此七个诸侯国。

《史记·黥布列传》云："汉五年……布遂剖符为淮南王，都六，九江、庐江、衡山、豫章皆属布。"③英布的淮南国都城在六县（今六安市北），领有九江、庐江、衡山、豫章4个郡。春谷地域属英布的淮南国庐江郡。

汉高祖十一年（前196年）七月，淮南王英布谋反。第二年初，刘邦亲自率军打败了英布，英布淮南国除。刘邦便封自己的儿子刘长为淮南王，封地为原英布封地淮南国，都寿春（今寿县）。春谷地域属刘长的淮南国庐江郡。从高祖六年（前201年）起，刘邦就逐步封同姓王替代异姓王。

---

① 谭其骧：《中国历史地图集（秦·西汉·东汉时期）》，北京：中国地图出版社，1982年10月第1版，第11～12页。
② 周振鹤、李晓杰、张莉：《中国行政区划通史（秦汉卷）》，上海：复旦大学出版社，2017年9月第2版，第13～14页。
③ 《史记·黥布列传》，中华国学文库，北京：中华书局，2011年1月第1版，第2284页。

汉文帝七年(前173年)，淮南王刘长谋反，被废，迁到蜀郡严道县，在途经雍县时病死。淮南国除，淮南国九江、庐江、衡山、豫章4个郡都归属了朝廷。文帝十一年(前169年)，朝廷复置淮南国，仍为之前的4个郡，将城阳王刘喜改封淮南王。春谷地域属刘喜的淮南国庐江郡。文帝十六年(前164年)，又改封淮南王刘喜为城阳王，然后分淮南国为三国，分别封刘长的三个儿子刘安、刘勃、刘赐，以"阜陵侯安为淮南王，安阳侯勃为衡山王，阳周侯赐为庐江王"。刘安的淮南国仅领九江一郡，都寿春；刘勃的衡山国也仅衡山一郡，都邾；唯有刘赐的庐江国有庐江、豫章两郡之地，都番阳。春谷地域属刘赐的庐江国庐江郡。

汉景帝三年(前154年)，发生吴楚"七国之乱"，3个月后即被平定，参与谋反的诸国自然国除。第二年，又对未参与"七国之乱"的诸侯王国进行调整，且借改封诸侯王之机，缩小其封域。济北王未参与七国之谋，不便削其版图，遂改封为甾川王，小其国。《汉书卷4·淮南衡山济北王传》云，吴、楚叛军被打败后，衡山王刘勃入京朝见景帝，因刘勃未参与谋反，景帝认为他忠贞，就慰问他说："南方地势低而潮湿。"遂改封衡山王为济北王，以示褒奖。《史记·淮南衡山列传》云："孝景三年，吴楚七国反……吴使者至庐江，庐江王弗应，而往来使越……孝景四年，吴楚已破……庐江王边越，数使使相交，故徙为衡山王，王江北。"[①]庐江国虽未响应吴楚"七国之乱"，但庐江国因与南越国相邻，庐江王刘赐多次派使者与南越国交结，景帝对他起了戒心，便把他改封为衡山王，在长江以北为王。江南庐江国庐江、豫章两郡都归属朝廷。春谷地域属朝廷庐江郡。

汉武帝时，为防诸王国"合纵以逆京师"，遂颁布推恩令，以蚕食诸侯王国封域，从而加强中央集权。推恩令即让诸侯王割自己王国一县或一乡之地分给其子弟，朝廷封以王子侯名义，但该王子侯国不再属于自己的王国，而须别属汉郡。推恩令无异于削地，是为了分割诸侯王国，只不过削地规模略小而已(类同削县)。推恩令施行不过20年，诸侯国的封地大者已削至十余城，王国领域大大缩减，到元、成二帝之际，小国仅有三四县之地，王国更加式微，而王国周围的汉郡领域相应扩大，此消彼长，天子权威更加强化。[②]

武帝元光六年(前129年)，以句容为王子侯国，别属会稽郡。元朔元年(前

---

① 《史记·淮南衡山列传》，中华国学文库，北京：中华书局，2011年1月第1版，第2678页。
② 周振鹤、李晓杰、张莉：《中国行政区划通史(秦汉卷)》，上海：复旦大学出版社，2017年9月第2版，第162页。

128年),置江都易王子侯国丹阳、胡孰、秣陵,皆别属会稽郡。在这之前的景帝三年(前154年),吴王刘濞参与"七国之乱",吴国除,改吴国为江都国,封刘非为江都易王,但江都国仅领东阳郡(江都国都城、内史)、鄣郡,原属吴国的会稽郡归属汉廷。

武帝元狩元年(前122年),淮南王刘安谋反,淮南国除,并入朝廷为九江郡。衡山国亦为其所波及,同年国除入朝廷为衡山郡。元狩二年(前121年),江都王刘建(江都易王刘非儿子)谋反,"国除,(内史东阳郡)地入于汉,为广陵郡"①,其所属支郡鄣郡同时入汉。自西汉王朝建立以来,故淮南、吴国地区屡屡发生谋反之变,这次江都王刘建谋反被平定后,武帝乘机对这一地区进行大规模的郡县区划调整,将庐江郡东部春谷、宣城、陵阳、泾四县与鄣郡合并,加上之前别属会稽郡之四个王子侯国,设置新郡,此新郡更名为丹阳郡。至此,这一地区不再存在诸侯王国。

丹阳郡治所在宛陵县,今安徽宣城市宣州区。丹阳郡领十七个县:宛陵、於朁、江乘、春谷、秣陵、故鄣、句容、泾、丹阳、石城、胡孰、陵阳、芜湖、黟、溧阳、歙、宣城。其中,春谷、宣城、陵阳、泾四个县之前属庐江郡。

在现有史籍中,这一年春谷县名是第一次出现,即元狩二年(前121年),出现于南朝宋《州郡志》②。而清道光《繁昌县志》引《汉书·地理志》云"武帝元封二年(前109年),改鄣郡为丹阳郡,属扬州,统县十七……"③,恐怕是传抄致误。《中国行政区划通史(秦汉卷)》引清代学者钱坫曰:"江都王建以元狩二年自杀国除,非元封也,当依《州郡志》改正。"④其语极是。汉代改郡名均在诸侯国国除为郡或郡境有所变动之时,元封二年时这一带已改属丹阳郡,不再有郡县变动。元狩元年、二年间因谋反接连废除淮南、衡山、江都三国,武帝于是对故淮南、江都别郡进行一番调整,鄣郡才更名为丹阳郡⑤。自元狩二年这次郡县调整至汉末,丹阳郡境不变。

元狩二年的这次对鄣郡、庐江郡的调整,春谷县由庐江郡并入丹扬郡,只是隶

---

① 《史记·五宗世家》,中华国学文库,北京:中华书局,2011年1月第1版,第1862页。
② 《州郡志》,南朝宋何承天撰,《宋书·州郡志》多引此书,可惜《州郡志》已散佚。
③ 清道光《繁昌县志》,合肥:黄山书社,2010年10月,第1页。《汉书·地理志》(中华书局,2012年4月第1版,第1427页):丹阳郡,故鄣郡。武帝元封二年更名丹阳。属扬州。……县十七:宛陵、於朁、江乘、春谷、秣陵、故鄣、句容、泾、丹阳、石城、胡孰、陵阳、芜湖、黟、溧阳、歙、宣城。
④ 钱坫撰,徐松集释:《新斠注地理志集释》卷10。
⑤ 周振鹤、李晓杰、张莉:《中国行政区划通史(秦汉卷)》,上海:复旦大学出版社,2017年9月第2版,第372页。

属关系发生变化,并不是新设置春谷县。而庐江郡是在秦始皇二十八年(前219年),由九江郡析置。春谷县是哪一年设置的,目前传世文献资料无从考证。郡县在施政过程中,每年都会产生大量的文书档案,有上传下达的公文,也有下情上达的公文,然春谷县文书档案等资料或已湮灭于历史烟尘。周振鹤、李晓杰、张莉所著《中国行政区划通史(秦汉卷)》,综合学界至今研究成果,列出秦始皇三十三年(前214年)秦代最终形成的四十八郡可能出现的所有的县,庐江郡仅六个县,春谷县没有出现。有秦一代至汉初,郡县设置数目总体不多。秦县北密而南疏,仅黄河以北之郡所辖县即占秦三十六郡之一半。与之相反,长江以南的县数则显得稀少,这显然与当时江南地广人稀、开发落后的状况相吻合[1]。西汉自武帝始,郡县数目才大幅增加。

近十余年来,秦汉简牍及印章封泥等历史文献的出土,为秦汉郡县及政区变迁的研究,开辟了新的途径,发现了一些新的郡、县,弄清了一些郡、县间的隶属关系。秦代有没有庐江郡,曾在很长一段时间内有争议。清人全祖望《〈汉书·地理志〉稽疑》云:"庐江,楚之间分九江置,汉因之。"认为庐江置郡在楚汉之际,而非秦代。崔思棣、崔恒升质疑秦代有庐江郡:"说秦时,缺乏足够的史料证明,很难成立。"[2]而《水经·赣水注》云:"即令尹子荡师于豫章者也,秦以为庐江南郡。"谭其骧《秦郡新考》据此以为"庐江亦未必非秦旧耶"[3]。秦简的出土使秦代有没有庐江郡这一争议尘埃落定。岳麓书院藏秦简0556号简有"丞相上庐江假守书:庐江庄道时败绝不补";湖南龙山县出土的里耶秦简亦有"以户迁庐江"。[4] 周振鹤等学者认为,秦时不闻有县名庐江,此处当指郡,且此条简文纪年为秦始皇三十五年(前212年),可作为庐江郡秦末存世之确证。[5] 据此,我们希望有更多的秦汉简牍等出土文献面世,或许能揭示出春谷县设置的时间之谜。

需要指出的是,在元狩元年、二年两次除国和郡县调整中,分庐江郡东部春谷、宣城、陵阳、泾四县入丹扬郡,西部鄱阳、彭泽、历陵、余汗、鄡阳、柴桑六个县入豫章

---

[1] 周振鹤、李晓杰、张莉:《中国行政区划通史(秦汉卷)》,上海:复旦大学出版社,2017年9月第2版,第59页。
[2] 崔思棣、崔恒升:《汉庐江郡考》,《安徽大学学报》(哲学社会科学版),1986年第1期。
[3] 谭其骧:《秦郡新考》,《长水集》(上),北京:人民出版社,2011年,第11页。
[4] 陈伟:《里耶秦简牍校释》,简8—1873,武汉:武汉大学出版社,2012年,第402页。
[5] 周振鹤、李晓杰、张莉:《中国行政区划通史(秦汉卷)》,上海:复旦大学出版社,2017年9月第2版,第40页。

郡；以衡山郡（衡山国国除为衡山郡）西部并南郡东部地置江夏郡，衡山郡余地更名为新庐江郡（或称后庐江郡），又取九江郡南部数县益之。江南庐江郡的建制被撤销，至此，后世除晋成帝初年在春谷县短暂侨置后庐江郡外，自秦始皇二十八年（前219年），由九江郡析置的江南庐江郡（或称前庐江郡）不复存在。

汉初，朝廷统辖不过20个郡，政令易顺利下达，对郡县管理难度不大。然而自景、武之后，一方面削减王国析出的郡归朝廷，另一方面武帝时开广三边令西汉大大超过秦帝国的边界，并因而设置了许多新郡。于是到武帝元封三年（前108年）征服朝鲜之后，全汉郡、国总数达到108个，比秦代翻了一番还多。郡县体系越来越大，中央政府管理幅度越来越大，对地方的管理难度也越来越大。如果在郡以上再加一级行政区，形成三级制，固然可以缩小管理幅度，但因管理层级的增加而影响政令贯彻和下情上达。于是，监察制度就应运而生。武帝元封五年（前106年），将全国划为十三个州，设十三个刺史部，"初置刺史部十三州"[1]。刺史定期到地方监察郡守和王国丞相。刺史部不是郡的上级部门，而是监察机构。丹扬郡属扬州刺史部。

东汉末年，董卓以关西兵入洛阳，挟持汉帝，西迁长安，由此群雄并起，割据兼并，天下大乱。《三国志·吴书·孙策传》云："（孙策）渡江转斗，所向皆破，莫敢当其锋，而军令整肃，百姓怀之。"[2]裴注引《江表传》："（孙）策渡江攻（刘）繇牛渚营，尽得邸阁粮谷、战具，是岁兴平二年也。"[3]《资治通鉴》（卷六十一）也认为孙策初定江东当在兴平二年（195年）。由之，汉献帝兴平二年，春谷县入孙吴，仍属丹扬郡，郡治在宛陵。

西晋武帝咸宁六年也即太康元年（280年），晋武帝平吴，春谷县入晋。《宋书·州郡志》宣城太守条："晋武帝太康元年，分丹阳立（宣城郡）。"[4]分丹阳郡设立宣城郡，宣城郡治所在宛陵，丹阳郡移治秣陵（今江苏南京市）。《晋志》云："及晋平吴，……分丹阳之宣城、宛陵、陵阳、安吴、泾、文德、宁国、怀安、石城、临城、春谷十一县立宣城郡，理宛陵。"春谷县属扬州宣城郡。

晋愍帝建兴四年（316年），匈奴族刘汉政权的军队攻破长安，愍帝司马邺出

---

[1] 《汉书·武帝纪》，中华国学文库，北京：中华书局，2012年4月，第170页。
[2] 《三国志·吴书·孙策传》，北京：中华书局，1992年2月，第815页。
[3] 《三国志·吴书·孙策传》，北京：中华书局，1992年2月，第816页。
[4] 《宋书·州郡志》，北京：中华书局，1999年5月，第685页。

降,西晋至此而亡。317年,晋宗室琅邪王司马睿在建康①(今江苏南京市)改称晋王,第二年三月,正式称帝,是为晋元帝。因都城在东南,史称东晋。当北方发生战乱时,中原地区襄城郡繁昌县大量人口渡过长江南迁,东晋朝廷在江南春谷县境侨置襄城郡及襄城县、繁昌县,属豫州。晋成帝初年,苏峻、祖约为乱于江淮,匈奴又入侵,江淮地区人口渡江南迁增多,约329年后,在春谷县境内侨置庐江郡,春谷县改属庐江郡,旋复旧。晋孝武帝宁康二年(374年),罢襄城郡、襄城县,并入繁昌县,改属在江南侨置的淮南郡。

清道光《繁昌县志》云:晋孝武帝太元八年(383年),改春谷县为阳谷县,仍属扬州宣城郡。清代学者洪亮吉的《东晋疆域志》(卷一)云:"阳谷……本名春谷,晋宁康中改。"揣度洪氏或因《晋书·地理志》"春谷,孝武改春为阳"而有此说。又《元和郡县志》(卷二十五)江南道杭州:"富阳县,本汉富春县,属会稽郡。晋孝武帝太元中,避郑太后讳,改春为阳。"据《晋书·孝武帝纪》:"(太元)十九年夏六月壬子,追尊会稽王太妃郑氏为简文宣太后。"《通典卷一百八十一·州郡典十一》寿州寿春云:"东晋以郑皇后讳,改寿春为寿阳,宜春曰宜阳,富春曰富阳。凡名'春',悉改之。"则改春谷为阳谷应在太元十九年(394年),而不是太元八年(383年)②。清《东晋疆域志》、清道光《繁昌县志》皆误。

晋安帝义熙九年(413年),撤销阳谷县,并入芜湖县,不久又撤销芜湖县,并入襄垣县,属扬州淮南郡。至此,春谷县不再出现。春谷县自汉武帝元狩二年出现,至东晋安帝义熙九年终止,历时500多年。

历代史地志都不注县名命名之义,洪亮吉《晓读书斋杂录》认为:春谷地"五谷成熟皆较他县为早,每岁二月已莳秧,六月中已有新谷,疑县名因春时已种谷,故曰春谷也"。

汉代的春谷县包括今天的繁昌区、弋江区的芜湖三山经济开发区、铜陵市(不含今江北枞阳县)、南陵县和湾沚区部分地区,横跨今芜湖、铜陵两市,县治在今繁

---

① 今南京市,汉时称秣陵,《三国志·吴书·孙权传》:"(建安)十六年(孙)权徙治秣陵。明年,城石头,改秣陵为建业。"也即建安十七年(212年)改"秣陵"为"建业",即建立帝王大业的意思。晋太康元年(280年),"建业"又回改为"秣陵"。太康三年,分秣陵秦淮河水北为建业,并改"建业"为"建邺"。胡阿祥《宋书州郡志汇释》(卷一)以为"'建业'有僭越色彩,故改'建邺'"。晋建兴元年(313年),愍帝司马邺即位,避帝讳,改建邺为建康。

② 胡阿祥、孔祥军、徐成:《中国行政区划通史(三国两晋南朝卷)》,上海:复旦大学出版社,2017年9月第2版,第827页。

昌区荻港镇境内。

(三)东汉四位春谷长

目前,见诸文献史籍记载的汉代春谷长,有东汉时期的严䜣、黄盖、周瑜、周泰四位。

严䜣(81～150年),字少通。东汉著名学者,治《严氏春秋》《冯氏章句》。早年为郡掾史,曾任会稽诸暨县尉,及乌程、毗陵、馀暨、章安、山阴长,因病辞官。后任丹阳陵阳丞,春谷长。被举廉,升任东牟侯国相、下邳祝长。

严䜣生平见于《严䜣碑》。《严䜣碑》立于东汉桓帝和平元年(150年),宋徽宗政和年间,下邳县民耕地时发现该碑。清代学者钱大昭在《后汉郡国令长考》中,据《严䜣碑》将其补入东汉郡国令长序列。

《严䜣碑》碑文载入清《钦定四库全书》,是了解严䜣生平,研究汉代碑刻、职官、汉字通假、汉语词汇、人名避讳等十分珍贵的历史资料。

《严䜣碑》碑文:

惟汉中兴,卯金休烈。和平元年,岁治东宫,星属角房。月建朱鸟,中吕之均。万物慈躬,华泽青葱;蚑行蠕动,咸守厥常。人物同授,独遭灾霜。颠霣徂落,寿不宽宏;经设三命,君获其央。年六十有九,礼胜蚤夭。咨嗟痛兮,呜呼悲伤。故著名诔,噌叹歔欷,发愤授笔,舒虑旷喟。其辞曰:伊叹严君,讳䜣,字少通,兆自楚庄,祖考相承,招命道术,治《严氏春秋》冯君章句,众书渊(缺),靡不(缺)览。君体性慈仁,常容(缺二字);忠公清白,好善博爱;有文有武,(缺二字)兼备。幼为郡掾史,会稽诸暨尉,守乌程、毗陵、馀暨、章安、山阴长,以疾去官,后为丹阳陵阳丞、守春谷长。举廉,迁东牟侯相(缺四字,赵作下邳祝长)。典牧十城,所在若神;宣布政声,(缺二字)甘棠;贫细随附,贤士敬名,行旅歌谣,慎於所(缺五字)郑实与相似,恩泽奂曷。(缺五字)名臧文,威如哮虎,仙南俗(缺)德配公刘。(缺三字)宣为二(缺)风(缺二字)至今不灭,丰(缺十字)何亿掩忽摧藏(缺三字)於是宫(缺七字)送君莫不悲哀舒气,啍(缺二字)后宫贵人,上(缺二字)君(缺)魂(缺)灵柩(缺四字)农夫桑妇,(缺)叹欲(缺二字)人僅优(缺)目(缺三字)哀(缺二字)嗟君(缺四字)云斯(缺)遹(缺七字)身甘复(缺五字)次子(缺三字)昔先子女斯(缺三字)有命,不可追留。呜呼哀哉！（缺）何棠所宰临十城，布化垂光明。功名休赫，盛巍难蔽障。今歌於道（缺三字）甘棠。君不享黄耇，寿賫没归（缺）窆，且於中岳玄照洞仓弘高显（缺五字）刻画文磐堂列种诸奇树窈何槝。灵魂审有知，福祚遗子（缺）。

《三国志·吴书》记载，东汉时期黄盖、周瑜、周泰都曾任春谷长。魏、蜀、吴三国建国最早的是魏，汉延康元年（220年），魏王曹丕代汉称帝，建立魏国。黄盖、周瑜、周泰任春谷长的时间都在220年之前，他们三人都是东汉时期的春谷长。

周瑜（175～210年），字公瑾，庐江郡舒县（今安徽省庐江县）人，出身世家大族。周瑜身材魁梧，容貌俊秀。他与孙坚的长子孙策同岁，两人的交情特别深厚。周瑜是吴国建立之前的重要将领，为帮助孙策、孙权建立江东孙氏政权，作出了重要贡献。

《三国志·吴书·周瑜传》记载，周瑜的叔父周尚担任丹阳太守，周瑜到叔父的任所去探望他，途经历阳（今安徽和县），与孙策相见，孙策高兴地说："我得到您，大事就成了。"于是周瑜跟随孙策，平定了江东。这时孙策麾下已有数万人马，他对周瑜说："我用这些人马攻取吴郡、会稽郡，平定山越，已经足够了，您回去镇守丹阳吧！"

建安三年（198年），袁术想让周瑜在自己手下做将领，周瑜认为袁术成不了大事，故而请求出任居巢长。身在寿春（今安徽寿县）的周瑜想借路居巢县返回江东，不明就里的袁术答应了他的请求，于是周瑜经居巢回到吴郡。孙策亲自迎接他，任命他为建威中郎将，当即分配给他士兵两千名。周瑜当时24岁，吴郡人都亲切地称他为"周郎"。《三国志·吴书·周瑜传》曰："以瑜恩信著于庐江，出备牛渚，后领春谷长。顷之，策欲取荆州，以瑜为中护军，领江夏太守，从攻皖，拔之。"[1]孙策因周瑜的恩德信义著称于庐江郡，便让周瑜镇守牛渚[2]，后又兼任春谷长。不久，孙策准备攻取荆州，任命周瑜为中护军，兼任江夏太守。周瑜主要职责是领兵打仗，兼任春谷长的时间不长。清道光《繁昌县志》记载，周瑜任春谷长是建安三年（198年）。

---

[1] 《三国志·吴书·周瑜传》，北京：中华书局，1999年2月，第931～932页。
[2] 牛渚，亦名牛渚矶，即今马鞍山市采石矶，因扼据大江要冲，地势险要，历来是兵家必争之地。

建安十三年(208年),周瑜率军与刘备联合,于赤壁之战中大败曹操,由此奠定了"三分天下"的基础。

黄盖(生卒年不详),字公覆,零陵郡泉陵县(今湖南省永州市零陵区)人,东汉末年名将。早年为郡吏,后追随孙坚。

《三国志·吴书·黄盖传》载:"孙坚举义兵,盖从之。坚南破山贼,北走董卓,拜盖别部司马。"①孙坚死,黄盖又追随孙坚的儿子孙策、孙权。

"诸山越不宾,有寇难之县,辄用盖为守长。"②山越是对南方山区的百越族的称呼,属于百越族四个分支即东瓯、山越、南粤和闽越中的一支。山贼也是指山越。他们深居山里,民风彪悍,凭借高山险阻,不纳税赋。当时山越诸部族不愿归服孙吴,有贼寇作乱的县份,总任命黄盖为那里的地方行政长官。

后来黄盖转任春谷长、寻阳令。他前后任职过的九个县,全都平安稳定,后升任丹阳都尉,抑豪强济贫弱,使山越诚心归附。道光《繁昌县志》记载,黄盖转任春谷长的时间为汉献帝初平元年,即190年。

建安十三年,黄盖跟随周瑜与曹军战于赤壁,两军对峙,黄盖提出火攻战术,并亲往诈降,吴军趁机以火攻,大破曹军。黄盖是赤壁之战主要功臣之一。

周泰(生卒年不详),字幼平,九江郡下蔡县(今安徽凤台)人,东汉末年名将。孙策平定江东时与同郡蒋钦一起加入孙策军。

《三国志·吴书·周泰传》云:建安元年(196年),周泰随孙策先后击败严白虎、王朗等盗贼,孙策自己兼任会稽太守,让周泰代理别部司马,并授予其军队。时孙策的弟弟孙权非常喜欢周泰的为人,于是向孙策请求,让周泰跟随自己,于是周泰又伴随孙权左右。

建安三年(198年),袁术派密使带着印绶给丹阳郡山贼头目祖郎等,使之鼓动山贼共同对抗孙策。当时宣城以东的山贼已经平定,孙策正在讨伐泾县以西没有归顺的皖南六县山贼。孙权留守宣城,他们只有不到1千人,且疏忽防卫,没有修建防护工事。一次山越贼寇数千人突然杀来,孙权刚跨上马,山贼就已经杀到跟前,兵器已经砍到了马鞍上,士众都无心迎敌,只有周泰挺身而起,用自己的身体保护孙权,周围的人受到周泰的胆气影响,一起慷慨应战,奋力将山贼杀退,周泰身上

---

① 《三国志·吴书·黄盖传》,北京:中华书局,1999年2月,第949页。
② 同上,第950页。

受伤十二处,很久才苏醒过来。这天如果没有周泰,孙权几乎丧命。孙策非常感念周泰,补任他为春谷长。

据《三国志》和《资治通鉴》(卷六十二),周瑜兼任春谷长,周泰补任春谷长的时间,同为建安三年,周瑜和周泰应为前后任。

汉初,县按照其户口、经济地位、宗教职能、军事价值等,被分为五等,以县长官之秩可分作:千石县、八百石县、六百石县、三百石县、二百石县。《汉书·百官公卿表》云:"万户以上为令,秩千石至六百石。减万户为长,秩五百石至三百石。皆有丞、尉,秩四百石至二百石,是为长吏。百石以下有斗食、佐史之秩,是为少吏。"[①]《汉官仪》曰:"县户口满万,置六百石令,多者千石。户口不满万,置四百石、三百石长。大县两尉,小县一尉,丞一人。"此则当为汉后期制度。

而实际上,令及长的区分不全是看户数。北部边疆之地,县虽数百户亦云令,南方虽多有数万户大县,却往往仍作长。《汉官仪》亦云:"前书百官表云:万户以上为令,万户以下为长。三边始孝武皇帝所开,县户数百而或为令。荆扬江南七郡,唯有临湘南昌吴三令尔。及南阳穰中,土沃民稠,四五万户而为长。"春谷县属扬州丹扬郡,虽称为长,然不一定不满万户。

汉制,县令、长的职责,就是职掌一县政务,掌管治理人民,扬善劝导正义,禁止犯法作乱,惩治恶人,审理诉讼,平定贼寇,救济灾民,秋冬岁末,汇总全县情况,向所属郡、国报送施政报告。

(四)汉代春谷城遗址

《读史方舆纪要·太平府·繁昌县》云:"春谷城,在今县西南,汉县。"清道光《繁昌县志·舆地志》也云:"按春谷县旧治,在县西春谷乡"[②]。《中国行政区划通史(秦汉卷)》说,春谷县,"本属前庐江郡,武帝元狩二年属丹阳郡。治今安徽繁昌县西北。"[③]明清时期,春谷乡辖三、四、五、六、七、八、九、十共八个都,即今繁昌区荻港镇、孙村镇一带。可是2000多年来,一直不知汉代春谷县治具体位置。

1982年第二次全国文物普查中,繁昌县文物工作者在荻港镇苏村(苏村已与

---

① 《汉书》,北京:中华书局,2012年4月第1版,第684页。
② 清道光《繁昌县志》,合肥:黄山书社,2010年10月,第2页。
③ 周振鹤、李晓杰、张莉:《中国行政区划通史(秦汉卷)》,上海:复旦大学出版社,2017年9月第2版,第373页。

杨湾村合并成新的杨湾村)的苏墩发现一处大型古代遗址,面积约15000平方米。遗址上原是苏村小学。遗址位于长江南岸黄浒河东岸,为一大型台地,台地高出四周约3米,其南、西、北三面环水,东面为通道。遗址附近的村民在建房时,曾经在遗址西侧发现大量的城墙砖,他们用城墙砖铺设地面。城墙砖上饰有菱形等纹饰(图六八)。遗址附近还常发现汉墓,出土有布纹陶罐、二系陶壶等。在遗址边缘还发现一段夯土城墙,其土质较周围的土质明显坚硬,并且呈现出不同的颜色。根据遗址发现的遗物及遗址特征,结合史籍记载,确定该遗址为汉代春谷城遗址。

第三次全国文物普查时,调查人员在遗址上除发现汉砖,还发现汉代筒瓦等残片(图六九),遗留的砖瓦残片堆积厚度约0.3米。

图六八　荻港汉春谷城址采集的汉砖　　图六九　荻港汉春谷城址采集的筒瓦

在城址附近的圩区(天保村和苏村之间)有数量众多的大小台墩,当地人称有"九十九墩",这些台墩基本上都是新石器至商周时期的文化遗址。

城址区地势优越,南北有绵延不断数公里的小岗坡,近于江滨,每值春水秋波,船只可直泊坡岸,水路交通十分方便,是古代筑城理想之所。

春谷县地,山水各半,风光秀丽,景色宜人,田土膏腴,山产丰茂,是江南鱼米之乡,富庶之地。历代多有文人以诗文赞咏春谷。南齐诗人谢朓有诗云:"山积陵阳阻,溪流春谷泉。"唐代诗人咏春谷的更多,如王维"渔浦南陵郭,人家春谷豀",刘禹锡"贵池登陆峻,春谷渡桥鸣",仿佛给人描绘出一幅气韵生动的春谷山水画卷。

二、汉魏禅让　新置繁昌

汉献帝建安十六年（211年），曹丕出任五官中郎将，担任丞相副手。建安二十二年（217年），曹丕被立为魏国太子。

（一）曹丕继位谋划代汉

汉献帝建安二十五年（220年）正月，曹操在洛阳病逝。此时曹丕在魏国都城邺县（今河北省邯郸市临漳县邺城镇），曹操宠爱的三儿子曹植在洛阳。曹操临死前，召二儿子曹彰速来洛阳，当曹彰从长安赶到洛阳时，曹操已经过世。掌管丧事的是谏议大夫贾逵。曹彰问贾逵先王（曹操）的玺绶在何处，贾逵严肃地对他说："太子在邺县，国家已经确定了继承人，先王的玺绶，不是君侯您所应该问的。"[1]

《后汉书·献帝纪》建安二十五年正月记载："壬寅，诏曰'魏太子丕：……今使使节御史大夫华歆奉策诏，授丕丞相印绶、魏王玺绂，领冀州牧……'。"[2]献帝诏令曹丕为丞相、魏王，兼任冀州牧。而事实上，献帝的诏书未至，曹丕已经在邺城以魏国王后的策命宣布继承曹操的魏王位。《三国志·魏书·陈矫传》记载："太祖崩洛阳，群臣拘常，以为太子即位，当须诏命。矫曰：'王薨于外，天下惶惧。太子宜割哀即位，以系远近之望。且又爱子在侧，彼此生变，则社稷危矣。'即具官备礼，一日皆办。明旦，以王后令，策太子即位，大赦荡然。"[3]曹操死后，在邺都的群臣拘泥于常规程序，认为曹丕袭曹操爵位，须等待天子的诏令。曹丕听从尚书陈矫的建议，当即召来百官，准备登基仪式，一天就筹办好了。第二天，即以王后的命令，策太子即位，大赦天下，一切仪式圆满结束。三月，改元，把建安二十五年改为延康元年。

曹丕继位为魏王，就开始谋划代汉称帝事宜。为使汉献帝让位，他精心策划了一场"禅让"表演。

先制造舆论。各地不断上报出现"祥瑞"之事：延康元年"三月，黄龙见谯"，

---

[1]　《三国志·魏书·贾逵传》，北京：中华书局，1999年2月，第362页。
[2]　周健：《三国颍川郡纪年》，北京：人民出版社，2013年12月，第197页。
[3]　《三国志·魏书·陈矫传》，北京：中华书局，1999年2月，第479页。

"夏四月丁巳,饶安县言白雉见","八月,石邑县言凤皇集"。①

而后,大臣们上表劝进曹丕代汉称帝。《三国志·魏书·文帝纪》注引《献帝传》记载:左中郎将李伏上表魏王说,从前曹操被封为魏公时,我在汉中张鲁手下任职,李庶、姜合告诉我说:"定天下者,魏公子桓,神之所命,当合符谶,以应天人之位。"姜合说这是孔子玉版上的话。张鲁听说后,就坚决不投降刘备,而降曹操。姜合去年病亡于邺。我过去不敢公开说这事,但是现在殿下刚即王位,祥瑞就接踵而至,天合昭然。我不胜欣喜,上表禀报此事。天降祥瑞,预示着魏王应登大位,以应天命。②曹丕随即批示说:"以示外。薄德之人,何能致此,未敢当也;斯诚先王至德通于神明,固非人力也。"③

李伏上表和曹丕批示,引发更多大臣上表劝进。侍中刘廙、辛毗、刘晔,尚书令桓阶,尚书陈矫、陈群,给事黄门侍郎王毖、董遇等一同进言。

曹丕表示李伏所上符谶还不足以表明天命。太史丞许芝上表曹丕,列举数条谶纬符瑞,以证明魏当代汉。督军御史中丞司马懿等要求曹丕不要谦让。曹丕批示,要以古圣先贤为榜样,坚守道义:"'三军可以夺帅,匹夫不可夺志。'吾之斯志,岂可夺哉?"④

大臣们的上表及曹丕的批示,都及时向群僚宣布。

汉献帝感到天下人心已归属于魏,汉朝大势已去。十月十三日,献帝召集百官,到汉高祖庙祭告,宣布禅位于曹丕,派兼任御史大夫的张音持符节,向曹丕送去玺书和皇位玺绶。《后汉纪·献帝纪》建安二十五年记载禅位诏书云:"冬十月乙卯,诏曰:'……大道之行,天下为公,选贤与能,故唐尧不私于厥子,而名播于无穷。朕羡而慕之,令其追踵尧典,禅位于魏王。'"⑤

随后,尚书令桓阶等奏请在野外平坦之处筑受禅坛场:"尚书令等又奏曰:'……今当受禅代之命,宜会百寮群司,六军之士,皆在行位,使咸睹天命。营中促狭,可于平敞之处设坛场,奉答休命。'"⑥曹丕回复说,实在不敢担当。

---

① 《三国志·魏书·文帝纪》,北京:中华书局,1999年2月,第42～44页。
② 同上,第45页。
③ 同上,第45页。
④ 同上,第49页。
⑤ 周健:《三国颍川郡纪年》,北京:人民出版社,2013年12月,第204页。
⑥ 《三国志·魏书·文帝纪》,北京:中华书局,1999年2月,第49页。

献帝下诏后,曹丕上书辞让:"奉被今月乙卯玺书,伏听册命,五内惊震,精爽散越,不知所处。臣前上还相位,退守藩国,圣恩听许。"①并奉还玺绶。

满朝文武不断上书请求曹丕即帝位,但曹丕一次次表演推辞不受。

十月二十日,献帝再次派张音送来皇帝印绶。尚书令桓阶等奏请曹丕受禅命,曹丕回复:"冀三让而不见听,何汲汲于斯乎?"②原来,曹丕是要推让三次!曹丕再次送回皇帝印绶。

十月二十五日,献帝第三次派张音送来皇帝印绶。大臣们继续上奏劝进。十月二十七日,曹丕上书汉献帝,请其召回使者张音。同日,相国华歆、太尉贾诩、御史大夫王朗等公卿将军再次联名上奏,要求曹丕接受禅让。③ 曹丕回复说:"……群公卿士诚以天命不可拒,民望不可违,孤亦曷以辞焉?"④曹丕感到这场辞让大戏已经演到位了,便答应接受禅让。

(二)繁阳筑坛汉魏禅让

十月二十八日,尚书令桓阶等奏请曹丕尽快登坛受禅,并选好了良辰吉日。《三国志·魏书·文帝纪》延康元年十月注引《献帝传》:"陛下应天受禅,当速即坛场,柴燎上帝,诚不宜久停神器,拒亿兆之愿。臣辄下太史令择元辰,今月二十九日,可登坛受命,请诏王公群卿,具条礼仪别奏。"⑤曹丕回复同意。"乃为坛于繁阳。"⑥受禅事宜终于定了下来,于是在繁阳筑坛。

繁阳,乃许县南颍川郡颍阴县之繁阳亭,今河南省漯河市临颍县繁城镇。明日登坛受禅,今日筑坛,似乎仓促。事实上,坛早已筑好。

受禅坛被后世俗称为受禅台。历经1800多年,现在的受禅台遗址高约10米,底边周长约250米(图七〇)。当年受禅台有石栏等建筑,另有汉献帝和曹丕临时休息的墠宫。如此规模和体量的坛场,在当时的条件下,不可能在几十天内建成,需要更长的时间。或许,大臣们在上表劝曹丕受禅时,就已在筑坛。明嘉靖《许州志》说得非常清楚:"繁城,在县西北三十里,曹操为受禅所筑。"直接点明是曹操

---

① 《三国志·魏书·文帝纪》,北京:中华书局,1999年2月,第51页。
② 同上,第53页。
③ 本次华歆等公卿上奏文,后文《公卿将军上尊号奏天》,刊之于碑。
④ 《三国志·魏书·文帝纪》,北京:中华书局,1999年2月,第55页。
⑤ 同上,第55页。
⑥ 同上,第45页。

图七〇　位于河南省漯河市临颍县繁城镇受禅台遗址

为受禅而筑,这就将筑坛时间大大提前。

延康元年冬十月辛未(220年12月10日),受禅祭祀典礼在繁阳亭隆重举行,公卿、列侯、诸将、匈奴单于、四夷使者数万人汇集受禅坛,受禅坛旁燃起一大堆柴火。曹丕登上受禅坛,向上天宣读受禅文书。相国华歆跪接皇帝玺绶,进献曹丕。曹丕接受皇帝玺绶,戴上皇冠,穿上皇袍,而后走下受禅坛,来到柴火堆前,注视着司仪将牺牲放进火堆焚烧,进行完燎柴告天之礼,返回住所。

受禅典礼结束后,曹丕对大臣们说:"舜、禹(禅让)之事,吾知之矣。"[1]

受禅典礼开启曹魏新朝,国号为魏,史称曹魏,曹丕为魏文帝,改元黄初,以延康元年为黄初元年,建都洛阳。

(三)曹魏新朝置县繁昌

为庆贺、纪念曹魏新朝建立,同年十一月癸酉日(220年12月13日),"以颍阴之繁阳亭为繁昌县"[2],取当时人们向往"人神并和、繁荣昌盛"的意愿,新设置的县

---

[1] 《三国志·魏书·文帝纪》,北京:中华书局,1999年2月,第56页。
[2] 同上,第56页。

叁 春谷肇始 繁昌长歌　　　　　　　　　　　　117

取名繁昌。

　　不久,在受禅坛前立了两通碑,一通刻写《公卿将军上尊号奏》(图七一),一通刻写《受禅表》(图七二)。

图七一　《公卿将军上尊号奏》碑阳面(左)、阴面(右)拓片

这两通碑现存于河南省临颍县繁城回族镇繁昌三国文化园内,记载了 220 年汉魏两朝皇位禅让这段史实。《公卿将军上尊号奏》碑是当时 46 位公卿将军为劝进魏王代汉称帝而向其上的奏章。碑文分三个部分:第一部分是起首 10 行,依次列出了上奏章的 46 位公卿将军的官职、爵号和名讳。第二部分是奏章的正文,主要是劝说曹丕代汉称帝。这部分先讲了在这篇奏章之前,汉献帝要禅让,群臣劝进,而曹丕坚辞不受的情况。接着列出七个理由劝说曹丕代汉称帝:一是任何人做事情都要顺从天意;二是神灵庇佑曹丕称帝;三是曹操为曹丕称帝奠定了基础;四是曹丕做魏王 10 个月政绩突出,德誉双全;五是天降祥瑞,预兆曹魏应当代汉;六是群臣劝说曹丕称帝,如果曹丕不称帝,群臣就会有不虞之灾;七是时运和机遇在等待曹丕称帝。第三部分则是 46 位公卿将军的签名。①

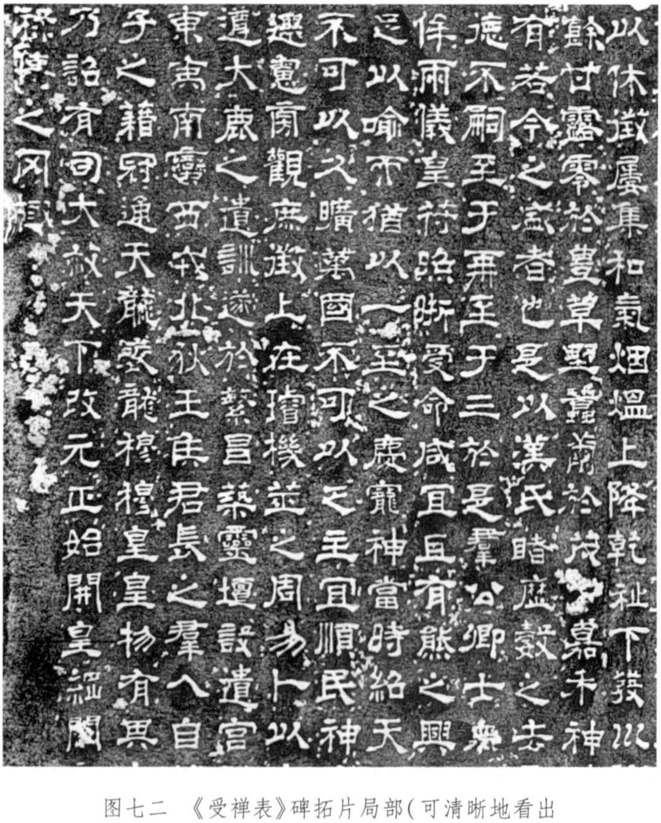

图七二 《受禅表》碑拓片局部(可清晰地看出"遂于繁昌筑灵坛设墠宫")

① 政协河南省临颍县学习文史委员会:《临颍金石萃编》,第 4 页。

《受禅表》碑则记述了受禅的过程。1.受禅时间：黄初元年冬十月辛未；2.立碑目的：让皇帝受禅的美德流传后世；3.曹丕凭什么称帝：仪侔皇恣，齐光日月，材兼三极；4.皇天降兆让曹丕称帝；5.曹丕谦退，辞让再三；6.公卿劝进，意恳辞切；7.上观天意，顺天承命；8.择选吉地，繁昌承统；9.场面宏大，中外欣悦；10.接受大宝，称帝改元[①]。

两碑内容相互印证，共同记载了当年汉魏受禅的完整过程。2001年6月，受禅台遗址及受禅碑一起被国务院公布为第五批全国重点文物保护单位。

颍阴县属颍川郡，新设立的繁昌县也属颍川郡。繁昌县治在繁阳亭，现为河南省临颍县繁城回族镇。繁城，春秋时称"狼渊"，汉时称"曲蠡""繁阳亭"。《后汉书·百官志五》"亭里条"载："亭有亭长，以禁盗贼。本注曰：亭长，主求捕盗贼，承望都尉。"都尉是郡级官员，协助太守主管军事和治安。《后汉书·百官志五》注引《汉官仪》曰："亭长持二尺板以劾贼，索绳以收执贼。"秦汉时期，亭为县下治安机构。《风俗通》云："汉家因秦，大率十里一亭。"每十里距离便设一亭。"亭"与"乡"级别相同，皆归县管，亭长亦由县廷任命，其主要职责是抓捕盗贼，维护乡、里社会治安。如秦末，刘邦"试为吏，为泗水亭长"，便负责抓捕盗贼及押送刑徒等事项。

随着历史的演进，繁昌县析并频繁，隶属关系也发生了很大的变化。

繁昌县第一次政区隶属关系变化是魏末晋初，因废除屯田制而进行的郡县调整。

建安元年（196年）曹操采用枣祗、韩浩等人建议，在许县周边地区募民屯田。到曹魏末年，屯田制已不适应当时形势的发展。魏元帝咸熙元年（264年），"罢屯田官以均政役，诸典农皆为太守，都尉皆为令长"[②]，废除屯田制，将屯田区改为郡县政区，典农等屯田官改任郡县地方主官。

估计魏元帝这项政令还未执行到位，司马炎就代魏称帝了。晋武帝司马炎即位的第二年，即泰始二年（266年），分颍川郡设立襄城郡，繁昌县改属襄城郡。《晋书卷十四·地理志上》：

[①] 政协河南省临颍县学习文史委员会：《临颍金石萃编》，第4页。
[②] 《三国志·魏书·陈留王奂纪》，北京：中华书局，1999年2月，第114页。

及武帝受命，又分颍川立襄城郡，分汝南立汝阴郡，合陈郡于梁国。……襄城郡，泰始二年置，统县七，户一万八千。襄城侯相，有西不羹城。繁昌，魏文受禅于此。郏。定陵侯相。父城侯相。昆阳公国相。舞阳，宣帝始封此邑。①

颍川典农官的治所在襄城县，而颍川郡治所在阳翟县，颍川郡这两个治所不在同一地。泰始二年分颍川郡立襄城郡，原颍川典农中郎将转任襄城郡太守。

繁昌改属襄城郡后，至晋末沿袭不变。420年，南朝刘宋王朝撤繁昌县并入临颍县，仍属颍川郡，繁昌县治所当撤销。439年，北魏统一北方，分置颍川郡、南颍川郡，临颍属南颍川郡。北魏太平真君七年(446年)，颍阴县(治今许昌市)也并入临颍县。永熙三年(534年)，临颍属东魏，隶豫州部颍川郡，时颍阴县、繁昌县从临颍析出复置县，皆属颍川郡。武定八年(550年)，高洋灭东魏，建北齐，设临颍郡(郡治在今郾城东)，繁昌仍属颍川郡。建德六年(577年)北周灭北齐，临颍、颍阴、繁昌并入长社县。

隋开皇二年(582年)，临颍、繁昌由长社析出复置县，属颍川郡。

繁昌县几次省并后，又析出复置，县治均无考，或许仍治繁阳亭，即今漯河市临颍县繁城回族镇。

唐贞观元年(627年)废繁昌县入临颍县，属颍川郡。至此，中原地区繁昌作为县名消失。

---

① 周健：《三国颍川郡纪年》，北京：人民出版社，2013年12月，第274～275页。

三、东晋南渡　侨置繁昌

魏咸熙二年八月（265年9月），权臣司马昭病逝，其长子司马炎袭相国位和晋王爵。咸熙二年十二月（266年2月），魏元帝曹奂禅位，司马炎即皇帝位，为晋武帝，建立晋朝，定都洛阳，改元泰始，史称西晋。

（一）东晋初年侨置繁昌

晋惠帝时，晋皇室先后有八个诸侯王为争夺权力乃至皇权，进行了长达16年的混战，史称"八王之乱"。"八王之乱"期间，北方少数民族乘机起兵并入侵中原地区，建立政权，因战乱发生在晋怀帝永嘉年间，史称"永嘉之乱"。晋愍帝建兴四年（316年），匈奴刘汉政权的军队攻陷长安，愍帝出降，西晋灭亡。

1."永嘉之乱"侨置繁昌县

永嘉初年，当西晋统治面临严重危机之时，原来坐镇下邳（今江苏宿迁西北）的琅邪王司马睿于永嘉元年（307年）南渡建邺（313年因避晋愍帝司马邺讳，改称建康，今江苏省南京市），坐镇江南，做好晋廷南迁的准备。西晋灭亡的第二年（317年，建武元年）3月，司马睿由琅邪王改称晋王。318年3月，得知愍帝被杀，司马睿正式称帝，为晋元帝，改年号为"大兴"（也作太兴）。因中兴以后的晋朝都城在原来晋都洛阳的东南，所以史称东晋。

永嘉之乱，黄河流域胡骑纵横，中原州郡县大多沦陷。而东晋在建康建立政权，南方则成为新的正统所在。中原百姓或所在屯聚、结坞自保[1]，或北走辽西，西奔张凉，而究以南渡江左者最多[2]。

南迁的人口主要集中于长江流域的荆、扬、梁、益诸州，总数在70万人以上，还有大约20万南迁人口没有到达长江流域，聚居在今山东境内。南迁的人中也有一部分越过长江以后，继续南进，深入皖南山区，甚至闽、广一带。

《晋书》地理志、《宋书》《南齐书》等史籍记载，估计自永嘉至刘宋之际，有户

---

[1] 纠集宗亲、宾客，号召邻里乡党，结坞自保者，如苏峻、张平、樊雅、邵续、刘遐、李矩等，见《晋书》。
[2] 辽西慕容氏前燕政权名义上承认东晋宗主国地位，而河西张氏汉族前凉政权更是长期忠于司马氏，这是山东、河北部分官民北走辽西，而中原、河东、关陇部分官民西奔张凉的关键原因。

籍的南迁人口,大约占西晋北方原有人口总数的八分之一。迁徙的结果使南方居民中每6人就有1人来自北方。

在北方南下的侨寓人口中,从地域来说,以侨居于今江苏省的为最多,人数约在26万。今安徽省境内,到南朝宋末,有侨郡11个,侨县51个,约18.8万人。

为了安置这些庞大的南迁流民,东晋政府"皆取旧壤之名,侨立郡县"①,就是在流入地设置与侨民原籍同名的郡、县,来安置这些北方流民。

清道光《繁昌县志》云:"元帝大兴元年(318年),即位建康,……时流民从帝渡江,即春谷地侨立襄城郡繁昌县以处之。……繁昌旧治在移风乡普照院,即今芜湖县陶辛圩。"②陶辛圩今属芜湖市湾沚区陶辛镇。民国八年《芜湖县志》载:"普照院:在县南移风乡,旧名永宁,宋开宝八年建。明永乐二十年僧至铠重修。咸丰间毁。同治六年、光绪十八年、民国五年节次重修。"③

2020年7月,芜湖县撤县设区为湾沚区。普照院遗址原属芜湖县保沙乡东莞村,现属湾沚区陶辛镇白沙村,当地人称普照院为普照寺。2003年11月,芜湖县保沙乡、十连乡、陶辛镇合并成立新的陶辛镇,东莞村也与北胡村合并成立白沙村。普照寺遗址区是一片平坦的小树林,东莞河从小树林旁流过(图七三)。树林旁有一座抗旱站,名为"普照寺抗旱站"(图七四)。东莞河对面是湾沚区红杨镇,该镇是1971年由宣城县划至芜湖县的。东莞河自小树林往上游不到1000米是三叉河,1971年前三叉河是宣城、南陵、芜湖三县交界之地,东南是南陵县太丰圩,东面是宣城县红星圩,西面是芜湖县白沙圩。

据1944年出生的原东莞村书记崔玉宝先生回忆,20世纪50年代初,他常去普照寺那里玩耍,普照寺大殿立有三尊大佛像,两旁有十八罗汉等众多塑像。寺里还唱过戏,他清楚地记得有一次唱的是京剧《孙悟空捉拿金钱豹》。1954年,普照寺毁于大水。

明清至民国早期,普照寺乃至其所在的东莞村属移风乡,后称南乡,1946年称白连乡,1956年称白沙乡,1958年称保沙人民公社,1982年复称保沙乡。这些乡名多与水有关。

---

① 《隋书·食货志》,北京:中华书局,1999年7月,第456页。
② 清道光《繁昌县志》,合肥:黄山书社,2010年10月,第2~3页。
③ 民国《芜湖县志》,合肥:黄山书社,2008年12月,第292页。

叁　春谷肇始　繁昌长歌　　　　　　　　　　　　123

图七三　普照寺遗址,旁边是东笕河

图七四　普照寺抗旱站

　　普照寺一带是圩区,河流纵横,水网密布,河连着河,圩套着圩。普照寺所在的白沙圩又属陶辛圩。汉代时的春谷县地域广阔,包括今南陵县部分地域。自繁昌县于春谷地侨置以来,1700多年过去了,河流改道、区划变迁时有发生。东晋时普照寺地带也可能属今天的南陵县地域,也就是说普照寺一带在汉代可能属春谷县管辖。

三叉河往南陵县东南约 10 公里,有黄墓镇(是 2003 年 11 月黄墓镇与仙坊乡、太丰乡、东塘乡、奎湖乡、许镇镇合并成立的新黄墓镇),该镇境内有一古渡口叫黄墓渡。民国三年《南陵县志》云:"丹阳都尉偏将军黄盖墓"在此,渡和镇皆由黄盖墓而名。黄盖于汉献帝初平元年(190 年)任春谷长,今南陵县的大部区域在汉代属春谷县。普照寺距今南陵县黄墓渡仅 10 余公里,似可旁证东晋初普照寺一带可能属于春谷县。

2. 为什么要建立侨置制度

逃避战乱的北方流民,来到江南,东晋政府将他们直接编入流入地所在的州郡县,就地安置不就可以了吗?为什么还要设立侨州郡县制度呢?这是因为,与北朝十六国对峙的东晋南朝,设立侨州郡县有其深刻的政治、经济、军事、文化方面的原因。

(1)坚守正统观念意识的需要

欧阳修《正统论》云:"《传》曰:'君子大居正。'又曰:'王者大一统。'正者,所以正天下之不正也;统者,所以合天下之不一也。……夫居天下之正,合天下于一,斯正统矣。"[①]所谓"正统",在大一统朝代不存在这个问题,而在分裂割据的乱世,争夺正统则是一种普遍现象。各割据政权,各有理由采取各自的方式,彰显各自政权的正统性。东晋时期,匈奴刘渊初建国号为汉[②],自称汉王,"立汉高祖以下三祖五宗神主而祭之"[③];匈奴刘勃勃则"自以匈奴夏后氏之苗裔也,国称大夏"[④]以继承

---

① 李逸安点校:《欧阳修全集》,北京:中华书局,2001 年 3 月,第 275、278 页。
② 匈奴人是古代中华民族的少数民族之一。西汉宣帝甘露二年(前 52 年),匈奴呼韩邪单于率领所部屠各族(匈奴部落名)5000 余落(户)归附汉朝,成为西汉王朝的臣民。东汉时期,这些匈奴部落又逐渐发展到长城以内。他们有的部落为东汉王朝镇守边疆。他们与汉族军民杂处,享受免纳赋税等优待。东汉末年,有的部落助汉镇压黄巾起义。三国时期,魏王曹操因为匈奴户口繁殖,人数增多,把匈奴部众分为左、右、南、北、中五部。当时这五部的贵族改用汉姓。如于扶罗单于的儿子就改姓刘,叫刘豹。他们之所以改姓刘,是因为汉高祖刘邦对匈奴实行"和亲"政策,以宗室女为公主嫁给匈奴冒顿单于,以后的匈奴单于就是汉朝刘氏的外甥,汉朝又与匈奴结为兄弟,关系平等,所以他们冒姓刘氏。曹操就用刘氏匈奴贵族为五部帅,刘豹由匈奴左贤王改任为左部帅。在汉姓匈奴人中,刘姓匈奴的势力最强,刘姓匈奴贵族汉化程度最深,在匈奴人中的声威和号召力最大。西晋末年,他们便成为反对司马氏统治的一支强大力量。刘豹之子刘渊,是他们推崇的首领。
③ 《晋书·刘元海载记》,北京:中华书局,1999 年 4 月,第 1769 页。
④ 《晋书·赫连勃勃载记》,北京:中华书局,1999 年 4 月,第 2154 页。

夏朝法统的中国皇帝自居。羯人石勒、氐人苻坚，都因拥有长安、洛阳两京，而自居"中国皇帝"，反指东晋"司马家儿""吴人"。在这种正统之争中，地域与文化是各自最重要的依据：五胡尤其北魏政权之自居正统，多以占有中原地区为由；离开了中原的东晋南朝政权则拥有皇统继承或禅让以及传统文化的多重正统资格。[1]

对于东晋南朝统治者来说，因为存在对立的十六国北朝政权，所以彰显正统是至关重要的大事，这不仅关系到其政权的合法性问题，而且关系到民心向背与军事形势。应该说，东晋在这方面拥有相当的优势。南宋李焘《六朝通鉴博议》（卷一）云：

> 若夫东晋、宋、齐、梁、陈之君，虽居江南，中国也；五胡、元魏，虽处神州，夷狄也。……王猛丁宁垂死之言，以江南正朔相承，劝苻坚不宜图晋；崔浩指南方为衣冠所在，历事两朝，常不愿南伐。[2]

《资治通鉴》（卷一百四）"太元七年记前秦苻融谏苻坚"曰："国家本戎狄也，正朔会不归人。江东虽微弱仅存，然中华正统，天意必不绝之。"[3]由此可以看出，当时虽南北分裂、各朝均自认为正统，但时人一般的概念是：五胡、拓跋魏虽入主中原，然而"自古以来未有戎狄作天子者"[4]；反之，晋自元帝渡江，"虽僻陋吴越，乃正朔相承"[5]。但残酷的现实是：东晋南朝毕竟失去了重要的地理上的正统依据。东晋初年，全隶版图者仅有荆、扬及分置之江、湘以及边徼之交、广、宁数州，余皆瓯缺瓦解。夫所谓祖宗疆土，尺寸不敢与人，既偏安一隅，又讳言削弱，则侨立沦陷区域的州郡县不失为解决这一问题的良好办法。

（2）表明规复失土的决心

在东晋南朝统治者看来，十六国北朝虽肇基建国，帝制自为，实不过"紫色蛙声、余分闰位"而已。神州陆沉，已愧对列祖列宗；侨立州郡县，则可以虚名自慰一番正统观念，又表示不忘故土，恢复有望。侨置从一时之计，发展为经久之制，与此

---

[1] 胡阿祥：《东晋南朝侨州郡县与侨流人口研究》，南京：江苏人民出版社，2019年10月，第60页。
[2] 胡阿祥、孔祥军、徐成：《中国行政区划通史（三国两晋南朝卷）》，上海：复旦大学出版社，2017年9月，第89～90页。
[3] 中华经典普及文库：《资治通鉴》，北京：中华书局，2009年1月第2版，第1248页。
[4] 《晋书·姚弋仲载记》，北京：中华书局，1999年4月，第1984页。
[5] 《晋书·苻坚载记附王猛传》，北京：中华书局，1999年4月，第1965页。

可谓密切相关。

(3)高标郡望和深固的地域乡里观念需要

中国中古时代是一个家族的时代,呈现出鲜明的家族政治、家族经济与家族文化的特征。中古时代的家族,其特征之一,便是家族与地域之间不可分离的关系,家族都基于特定的地域之上。

家族的地域观念是通过郡望来表现的。郡望,即显贵的家族世代聚居的地方,为当地所仰望,形式上则一般以郡名表示,如弘农杨氏、太原王氏、范阳卢氏[1]。有时也写作姓望(姓氏所系之地望)、族望(家族籍贯)、地望等。也有其他称法,如望族、世族、世家大族、冠族、甲族、门阀士族、名门、大姓、著姓、右姓等等。他们居以显耀者,"太上有立德,其次有立功,其次有立言,其次有爵为公、卿、大夫,世世不绝"[2]。

两晋南北朝,崇尚郡望蔚成风气,所谓"自世重高门,人轻寒族,竞以姓望所出,邑里相矜"[3],郡望作为高贵家族的标志,在这一时期,以其极为重要的政治、社会意义,影响着家族群体与个人的社会地位、婚媾关系、仕宦前途等各方面[4]。大家族凭借着高贵的郡望,可以顺利无碍地"世仕州郡为冠盖"[5],可以理直气壮地"平流进取,坐致公卿"[6]。

对于东晋南渡士族来说,如何保持原来的郡望,可谓头等重要的大事。本来,汉代改籍是常见之事,及至三国,孙吴境内有大量北方流寓,一段时间后,也颇多落籍江南者,如《晋书·薛兼传》所载薛家及《甘卓传》所载甘家之落籍丹阳,《晋书·

---

[1] 在一些地志中,专门列有"郡望地名"一目,如敦煌文书伯2511号唐韦澳《诸道山河地名要略》第二残卷,存河东道州府八,所开列的"郡望地名",有"太原郡""雁门,代州雁门郡也""云中,云州郡名""马邑,朔州郡名也""上党"等。

[2] 欧阳修、宋祁:《新唐书·高俭传》,北京:中华书局,1975年校点本。

[3] 刘知几:《史通·邑里》,北京:商务印书馆,1937年。

[4] 如西晋时同为王氏高门,有太原晋阳王氏与琅琊临沂王氏。太原王氏以王浑为代表,是当时首屈一指的高门;而琅琊王氏以王祥为代表,虽为士族,但权势名位不盛。及至东晋,琅琊王氏之王导为侨姓士族领袖,上升为一流高门;而此时太原王氏却权势稍减。这种起伏浮沉,即对太原王氏与琅琊王氏成员的婚宦产生影响。详见《晋书》的《王浑传》《王祥传》《王导传》,《梁书》卷21"史臣曰"等。

[5] 《后汉书·王充传》。参见汪征鲁:《魏晋南朝"门地"述论》(人文社会科学版),《福建论坛》,1986年第2期。

[6] 萧子显:《南齐书》卷23"史臣曰",北京:中华书局,1972年校点本。详见胡阿祥:《中古时期郡望郡姓地理分布考论》,《历史地理》(第十一辑),上海:上海人民出版社,1993年。

《周访传》所载周家之落籍庐江等皆是。① 而东晋时期，倘使琅琊王氏、陈郡谢氏等高门，流寓江南而附籍所居郡县，成为"丹阳王氏""会稽谢氏"等，那无异于取消了他们的高贵标识。② 而一旦失去这种高贵标识，他们在异土他乡就很难保持其原有的社会地位。

那么，如何保持这种高贵标识——郡望呢？"皆取旧壤之名，侨立郡县"，便是一种主要方法。

(4) 招诱北方人民增强北伐实力和安抚流民，以促进生产的需要

下面两则南宋的史料，或许对我们理解东晋南朝侨州郡县的意图有所帮助。南宋初年，给事中兼直学士院汪藻疏曰：

> 自东晋以来，中原失据，故江南北侨立州郡，纳其流亡之人。比金人入犯，多驱两河之民，列之行阵，号曰签军。彼其劫质以来，盖非得已。今年建康、镇江为将臣所招，遁归者无虑万人，此其情可见。莫若用六朝侨寓法，分浙西诸县，皆以两河州郡名之，假如金坛谓之南相州，许相州之人皆就金坛而居，其它类此。俟其入犯，徐以其职招之。彼既知所居各有定处，粗成井邑，父兄骨肉、亲戚故旧皆在，亦何为而不归我哉？况浙西州县，昨经杀戮之后，户绝必多，如令有司籍定田产顷亩，以侨寓之人，计口而给。俟稍安居，料其丁壮，教以战阵，皆精兵也，必争先用命，永无溃散，与夫从彼驱虏、反为我敌者，其利害岂止相万哉？③

数年后，右正言李谊也奏云：

> 金人入居汴都，西北之民，感恩戴旧，襁负而归，相属于路。此殆天所以兴吾宋。臣愿于淮南、荆襄，侨建西北州郡，分处归正之民。给以闲田，贷以牛具，使各遂其耕种之业，而又亲戚故旧，同为一所，相爱相恤，不异于闾里，将见中原之人，同心效顺，敌人之谋，当不攻而自屈矣。④

---

① 唐长孺：《魏晋南北朝史论拾遗》，北京：中华书局，1983年。
② 王仲荦：《魏晋南北朝史》，上海：上海人民出版社，1979年。
③ 《建炎以来系年要录》卷33"建炎四年五月乙巳"。
④ 《建炎以来系年要录》卷118"绍兴八年三月戊申"。

南宋初年,胡人政权(女真的金)入主中原,汉人政权(赵宋)退到南方的政治格局,与东晋初年境况很相似。而汪、李二臣希望侨立州县,以招徕北人,使各遂其耕种之业,又教以战阵,练成精兵云云,虽然说的是南宋时的事情,但东晋南朝设置侨州郡县的现实考虑,也当与之相似。

一是侨置以招诱北方人民,增强北伐军力。

在古代,人口是发展经济和增强军事的一种极为重要的因素。人口的优胜往往就是经济与军事的优胜。而在分裂之世,各个政权为争取兵源与劳力,一般也必须吸引并保持流民,使之不成为敌资。东晋南朝时期,东晋南朝的人口较之北方人口要少得多[1]。基于这一状况,东晋政府除了积极接收南流侨民,出于增加人口与安边的需要,也必须积极招诱边民。招诱边民的主要措施,便是设立侨州郡县[2]。这一策略顺应了人们心理之共同所眷,所以颇有成效。《宋书·索虏传》元嘉二十三年(446年)记载,因南朝"不依城土,多滥北境名号"侨置州郡县,招引来大量北方人民,这引起了北魏地方政府的恐慌,遂遣书质问。南朝地方政府随即回书辩驳,就"不因土立州,招引亡命"答云:

> 夫古有分土,而无分民,德之休明,四方襁负。昔周道方隆,灵台初构,民之附化,八十万家。彼不思弘善政,而恐人之弃己,纵威肆虐,老弱无遗。详观今古,略听舆诵,未有穷凶以延期,安忍而怀众者也。若必宜因土立州,则彼立徐、扬,岂有其地?[3]

由此可知,侨置的一个原因,是用地统人的一种号召。当北土陷于胡族政权治下时,大多数北土遗黎不愿接受异族统治,"既南向而泣者,日夜以觊;北顾而辞者,江淮相属"[4],而若政府侨立其本籍州郡县,自然就会对北方人民产生吸引力,使其"同心效顺"。

政府还利用北人的怀土情结,动员他们抗击北方政权的南犯,为北伐收复失地

---

[1] 陈寅恪:《陈寅恪魏晋南北朝史演讲录》,合肥:黄山书社,1987年。
[2] 《魏书·韩显宗传》所谓"自南伪相承,……招诱边民,故侨置中州郡县"是也。
[3] 《宋书·索虏传》,北京:中华书局,1999年5月,第1557页。
[4] 《南齐书·王融传》,北京:中华书局,1999年6月,第554页。

效力。如祖逖自"将本流徙部曲百余家渡江",进攻石勒,使"黄河以南尽为晋土"①;淝水之战中东晋赖以击败前秦的主要军事力量北府兵将士,也多是北方侨流及其后裔。进而言之,十六国北朝在军事方面本就胜过东晋,而东晋南朝又逐渐形成了重文轻武的风气,于是其捍城猛将、临敌劲卒,便大多是荒伧远人、淮南楚子、雍州骑射。这些侨流久习兵事,强悍剽勇,又多为近边地带的侨州郡县所安置。这种状况,深深影响了东晋南朝的军事形势。

二是侨置以安抚流民,促进生产发展。

《宋书·志序》:"自戎狄内侮,有晋东迁,中土遗氓,播徙江外。……百郡千城,流寓比室。人伫鸿雁之歌,士蓄怀本之念,莫不各树邦邑,思复旧井。"②东晋政府不能很快地恢复失地,乃"各因其所居旧土"③,陆续成立侨州郡县,分设刺史、守、令,作为安置和管理侨流人口的机构,"因人所思,以安百姓也"④,如此,侨流庶可免漂泊无归,减少了社会内部的动乱因素⑤。他们的安定治业,又能促进生产的恢复与发展。

东晋以来,豫、并、兖、徐诸州及江淮间流人南渡,对今皖南傍江地区的开发,起了极为重要的作用。皖南傍江地区本是江水宣泄地带,地卑蓄水,湖泊较多,土地肥沃,有待开发。这些侨流人口不仅给当地提供了劳力,而且带来了北方先进的生产经验和技术,促进了皖南傍江经济的发展。⑥ 南齐宣城太守谢朓的诗作《宣城郡内登望诗》,有"溪流春谷(繁昌)泉""桑柘起寒烟"之句。那时候,自宣城郡治到淮南侨郡繁昌县一带,已经是流水潺湲、桑柘一片了。

3. 繁昌县侨置的时间

繁昌县侨置的时间,清道光《繁昌县志》记载为晋元帝大兴元年(318年)。这一时间不准确。从现有的史料看,东晋最早设立的侨郡县,是为安置晋元帝司马睿

---

① 《晋书·祖逖传》,北京:中华书局,1999年4月,第1122页。
② 《宋书·志序》,北京:中华书局,1999年5月,第136页。
③ 胡三省:《通鉴释文辨误》卷4,北京:中华书局,1956年《资治通鉴》校点本附录。
④ 李昉等编:《太平御览》卷168,引梁鲍至《南雍州记》,北京:中华书局,1960年影印本。
⑤ 侨流问题如果处理不当,则西晋末年那样的侨流变乱或会重演,而南渡人口也会返归北土。如《晋书·姚兴载记》:"京兆韦华、谯郡夏侯轨、始平庞眺等率襄阳流人一万叛晋,奔于兴";又《晋书·姚襄载记》:"流人郭敞等千余人执晋堂邑内刘仕降于襄,朝廷大震";又《宋书·刘粹传》:"少帝景平二年,谯郡流离六十余家叛没虏。"按史籍所载,类此者尚多。
⑥ 万绳楠:《江东侨郡县的建立与经济的开发》,《中国史研究》,1992年第3期。

所在的封国琅邪国琅邪郡及所领费、怀德诸县南迁流民。《宋书卷三十五·州郡志》"南徐州刺史南琅邪太守"条云：

> 晋乱，琅邪国人随元帝过江千余户。太兴三年，立怀德县。丹杨虽有琅邪相而无此地。成帝咸康元年，桓温领郡，镇江乘之蒲洲金城上，求割丹阳之江乘县境立郡，又分江乘地立临沂县。《永初郡国》有阳都、费、即丘三县，并割临沂及建康为土。费县治宫城之北。①

唐人许嵩《建康实录》（卷五）太兴三年（320年）七月条："诏琅邪国人随在此者近有千户，以立为怀德县，统丹阳郡，永复为汤沐邑。"②

这是史籍记载最早的侨置郡县，时间为"太兴三年（320年）七月"。北方的徐州琅邪国是东晋创业之主元帝司马睿的旧封地、起家之国③，而最早设立的侨置琅邪郡、怀德县、费县以及临沂县、阳都县、即丘县等，除了怀德县县名创新，以名表意外④，其余都是原琅邪国及其领县的侨置。

繁昌县侨置时间，如按清道光《繁昌县志》所云是大兴元年，那比大兴三年琅邪国在丹阳郡建康侨置怀德县还早，这没有史籍记载佐证。那繁昌县是哪一年侨置的呢？《晋书·地理志下》云："永嘉之乱，豫州沦没石氏。元帝渡江，以春毂县侨立襄城郡及繁昌县。"也就是说繁昌县是在元帝时侨置的，元帝于318～323年在位，又最早的侨置县是在"太兴三年（320年）七月"，繁昌县只能在320年下半年至323年侨置。繁昌县是皖南设置的第一个侨县⑤。

《宋书·州郡志》说："其后中原乱，胡寇屡南侵，淮南民多南度（渡）。成帝初，苏峻、祖约为乱于江淮，胡寇又大至，民南度（渡）江者转多，乃于江南侨立淮南郡

---

① 《宋书·州郡志》，北京：中华书局，1999年5月，第688页。
② "丹杨"或作"丹扬""丹阳"，"杨"是本字，"扬""阳"皆属假借。又"汤沐邑"，汉制，皇帝、诸侯、皇后、公主等皆有汤沐邑，收取赋税以供个人奉养。又"复"，免除赋税徭役之决。
③ 据《晋书·地理志》，徐州，琅邪国都开阳（治今山东临沂市北），领开阳、临沂、阳都、即丘、费县等九县（国），户二万九千五百。
④ 一般地认为怀德县是东晋最早设立的侨县，如顾颉刚、史念海《中国疆域沿革史》第113页指出："元帝太兴三年以琅邪国过江人民侨立怀德县于建康，是盖此种制度之滥觞也。"周振鹤《地方行政制度志》（上海人民出版社，1998年版）第266页并就此发挥道："怀德并非琅邪国旧县名，这说明当时虽侨县，但尚未想到要用旧壤之名。"
⑤ 万绳楠：《晋、宋时期安徽侨郡县考》，《安徽师范大学学报》（哲学社会科学版），1982年第2期。

及诸县。"①晋孝武帝宁康二年(374年),罢襄城郡、襄城县,将繁昌侨县改属淮南侨郡。淮南侨郡乃分丹阳郡侨置。宋时淮南侨郡辖于湖、繁昌、当涂、襄垣、定陵、逡道(汉作逡遒)6县,郡治在于湖(在今当涂县南38里),除于湖外,其他5县均为侨县。而豫州侨置晚于繁昌。据《宋书·州郡志》,东晋成帝咸和四年(329年),祖逖收复的河南大片土地又被胡寇攻陷,遂侨立豫州,以庾亮为侨豫州刺史,治芜湖。豫州先侨芜湖,后移姑熟,进主寿春,退主历阳,割成实土后,常治寿春。宋武帝永初三年(422年),"分淮东为南豫州,治历阳;淮西为豫州",治寿春。因军事形势的变化,豫州、南豫州侨治迁徙不定、侨置分合无常。南豫州领淮南侨郡及江南部分郡县。

相比较而言,侨县再迁徙的只是少数,侨郡移治也多在小区域内进行,唯侨州的迁镇,不仅频繁,而且地域跨度较大。繁昌县侨置春谷后,县治应一直在后来的移风乡普照寺,而其所属的郡,尤其是所属的州迁徙变动频繁。

中原地区繁昌县的侨流人口是沿着怎样的路线迁徙南来的呢?谭其骧在《晋永嘉丧乱后之民族迁徙》中指出:"中原人民南迁,其所由之途径,颇多可寻。……淮域诸支流皆东南向,故河南人大都迁安徽,不由正南移湖北也。"②

古时候长距离交通主要依赖于水路。繁昌县临近古颍水。东晋初,中原繁昌流民南迁,取道颍水,往东南方向,约在马头(今怀远县马城镇)、寿春(今寿县)一带过淮河,经由皖中丘陵平原南北狭长地带,渡过长江,来到长江南岸春谷县。

4. 繁昌由侨县割实成实土县

侨州郡县开始也只是办事机构,没有实土,依附在侨居的郡县。侨民虽在侨县登记户籍,却不全都居住在侨县寄治的地方,正所谓"吴邦而有徐邑,扬境而宅兖民,上淆辰纪,下乱畿甸"③。侨州、郡、县时合时分,境界不太确定,层级也不完善,侨州与它所属的郡县也不是都在一处,有的相距很远,管理极为不便。在侨置初期,东晋政府对侨民还有免赋税等优待政策,随着时间的推移,北方侨民在南方逐渐安居下来,同南方土著在经济地位上的差别越来越小,过去对侨民的优待政策已经没有必要了。为了国家的"财阜国丰",为了扩大税赋,为了力役、兵役的征发,

---

① 《宋书·州郡志》,北京:中华书局,1999年5月,第685页。
② 胡阿祥、孔祥军、徐成:《中国行政区划通史(三国两晋南朝卷)》,上海:复旦大学出版社,2017年9月,第140页。
③ 《宋书·周朗传》,北京:中华书局,1999年5月,第1391页。

需要把南来侨民也纳入征发范围之中,于是土断成为必要。

土断,就是"以土断定",是把散居侨民的户籍断入所在侨居地上,同时通过调整地方行政区划,将无实土的侨郡侨县,转变成有实土的实郡实县。

对于侨民来说,土断就是由白籍户变成黄籍户。白籍户是不税不役的,黄籍户则纳税服役。编造户口册用不同颜色的纸,以示区别。黄籍是西晋以来正规的户籍,为便于长期保存,用入潢的黄纸①,它是土著户的户籍;白籍是侨籍,原系临时性质,故用普通白纸。通过里伍形式重新编制,由白籍户改为黄籍户,使之固着土地即名副其实的政区上,与原黄籍户一样承担国家税役,从而改变"杂居流寓、间伍弗修""民无定本、伤治为深"的状况②。

对于侨州郡县来说,土断就是整理侨州郡县,使侨郡县成为实土郡县。整理包括省并、割实、改属、借侨名新立等方法。对散居无实土、侨置机构无官署、民户寡少的侨郡县进行省并。割实是分实土郡县作为侨郡县之境,使无实土的郡县成为有实土的郡县。割实与所领侨民多少、政治权力大小、社会地位高低等有关。改属是对侨郡县与它所属的州不在同一区域所作的调整。借侨名而新立,是政府对侨流人口进行割配,使侨流处于政府的掌控之下,堵塞大族兼并侨流人口的渠道,确保人地结合,也为了缓和地方政府因侨流问题引发的矛盾,乃借侨名立郡县以处侨流人口。

清道光《繁昌县志》记载,晋安帝义熙九年(413年),东晋权臣刘裕实行"土断",繁昌县取得实土,由侨变实,仍属南豫州淮南郡。繁昌县从晋元帝时于春谷县侨置,到土断为实土县,已有近百年的漫长岁月。对照土断由侨变实的四种情形,繁昌取得实土当属"割实"。繁昌县不闻高门望族,更无皇族宗室,繁昌割实成实土县,或许是南来的繁昌侨民数量大的原因。

也是在晋安帝义熙九年,省阳谷县(在这之前的晋孝武帝太元十九年,即394年,因避郑太后阿春讳,改春谷为阳谷)入芜湖县(旋又省芜湖县入襄垣县),春谷遂废,而繁昌存。

南朝宋孝武大明六年(462年),淮南郡并入宣城郡,繁昌县属宣城郡。宋明帝泰始三年(467年)复属淮南郡。齐、梁、陈三朝的繁昌属南豫州淮南郡。

---

① 以藤汁染纸谓之入潢。入潢则纸不生蠹虫,缝不绽解。用黄纸造籍,还可能与当时崇尚黄色的观念有关。

② 《宋书·武帝纪》,北京:中华书局,1999年5月,第21页。

（二）晋初有位繁昌公主

繁昌，还是一位公主的封号。魏元帝咸熙二年（265年），晋王司马炎即帝位建立晋，他的一位公主的封号也叫繁昌。

《晋书·卫瓘传》记载，晋武帝太康三年（282年），"武帝敕瓘第四子宣尚繁昌公主"。《资治通鉴·孝惠皇帝上之上》也说："司空、侍中、尚书令卫瓘子宣，尚繁昌公主。"[①]

卫瓘（220～291年），字伯玉，河东安邑（今山西夏县北）人，曹魏尚书卫觊之子，三国时期曹魏将领，西晋时重臣、书法家。卫瓘出身官宦世家，年轻时仕于曹魏，历任尚书郎、散骑常侍、侍中、廷尉等职，后以镇西军司、监军身份参与伐蜀之战。西晋建立后，卫瓘官至尚书令、侍中、司空，领太子少傅。后逊位，拜太保。

晋武帝下诏卫瓘的儿子卫宣娶繁昌公主，卫瓘自认为卫家是儒生弟子的后代，婚配不该显赫，上表直言拒绝，武帝不准许。此后，卫瓘深感自己年事已高，几次与司马亮、魏舒等老臣一同请求离职，但都没得到准许。

卫宣常过量饮酒，多有过失。武帝皇后杨芷的父亲杨骏平素与卫瓘不和，想把他逐出朝廷，自己独掌朝政。他认为如果卫宣与繁昌公主离婚，卫瓘必定逊位离职，于是与黄门（宦官）等谋划共同诋毁卫宣，劝谏武帝从卫宣那里接回了繁昌公主。卫瓘既惭愧又惧怕，于是请求告老逊位。武帝下诏说："司空卫瓘过去还未到退休年龄的时候，就多次提出过逊让，想趁着神志清醒尚未衰老之时，说出自己真实的想法，这种至真的风度实在让我感动。"遂进位为太保，以菑阳公的身份退休回家，还给了亲兵、田亩、钱银、丝绢等钱物，仪仗礼仪等一如过去。后来，有关部门上奏收捕卫宣交给廷尉处置，并且免除卫瓘之爵位，武帝都不准许。

武帝后来才知道是黄门等官吏故意构陷卫宣，于是打算让繁昌公主回到卫宣身边，然而此时卫宣已经因病去世，成为繁昌公主的终身遗憾。

卫瓘善隶书及章草，同时兼工各体。历代典籍对其书法艺术评价都很高，梁武帝萧衍《草书状》，肯定了卫瓘草书在书史上的地位。梁庾肩吾《书品》列卫瓘为上之下。唐李嗣真《书后品》列卫瓘书为上之中。张怀瓘《书断卷中列卫瓘章草为神品，其小篆、隶、行草入妙品。

[①] 中华经典普及文库：《资治通鉴》，北京：中华书局，2009年1月第2版，第965页。

卫宣善篆及草书。梁庾肩吾《书品》论卫宣书法："遗迹见珍,余芳可折。诚以驱驰并驾,不逮前锋,而中权后殿,各尽其美。"

封建王朝时期,公主的婚姻往往与政治纠缠在一起,多数沦为政治的棋子。唐朝以前,在历史上留名的公主不多,通常也没有什么可供史书留笔的史绩,繁昌公主也是如此。

当年曹丕取名繁昌,是为了昭示曹魏新朝开国辉煌,人神并和,繁荣昌盛。

晋武帝司马炎赐他的女儿封号繁昌公主,恐怕也是为了取一个吉祥的名字,寄寓美好愿望。

四、隋唐变迁　南唐复兴

隋朝建立后,对混乱的地方行政体制进行大刀阔斧的整顿,并繁昌县入当涂县,罢北江州及南陵郡,置南陵县,治所改治原春谷县境赭圻城。至南唐升元年间,繁昌县才再次出现。

南唐时,繁昌烧制出青白瓷,经济得到大的发展。繁昌窑是我国南方最早烧制青白瓷的窑场之一。繁昌窑烧制的青白瓷主要销往沿江州府地区,还参与海外贸易。

(一)南唐建国复置繁昌

1. 隋唐时繁昌地域属南陵县

北周大定元年(581年),北周辅政大臣、隋国公、外戚杨坚代周为帝,在原北周疆域建立隋朝,这一年即为隋开皇元年。杨坚是个很有作为的政治家,隋朝建立后,他在政治上、经济上进行了一系列改革,削弱、打击了汉魏以来地主豪强和魏晋南北朝的世族门阀势力。

隋朝是对郡县体制整顿最彻底的朝代。隋初,国内一片混乱,郡县繁多,官员庞杂,不少行政建制有名无实,甚至有的郡仅领一个县,郡实际上已是多余的一级地方行政机构。隋文帝杨坚对地方行政管理体制大加整饬,使之由大乱达到大治。

开皇三年(583年)初,河南道行台兵部尚书杨尚希给隋文帝上表说:

> 窃见当今郡县倍多于古,或地无百里,数县并置;或户不满千,二郡分领。具僚以众,资费日多;吏卒人倍,租调岁减。清干良才,百分无一;动须数万,如何可觅?所谓民少官多,十羊九牧。琴有更张之义,瑟无胶柱之理。今存要去闲,并小为大,国家则不亏粟帛,选举则易得贤才。敢陈管见,伏听裁处。①

杨尚希的表文直指当时郡县过多带来的种种弊病,提出"存要去闲,并小为大",可使"国家则不亏粟帛,选举则易得贤才"。隋文帝十分赞赏杨尚希的建议,

---

① 《隋书·杨尚希传》,北京:中华书局,1999年7月,第837页。

同年十一月,就下令对州郡县体制进行改革,罢天下诸郡,改州、郡、县三级制为州、县二级制,省并一些州、县。

开皇九年(589年),隋灭南方的陈朝,统一大河上下、长江南北,结束了自西晋永兴元年(304年)以来,中国历史上长达285年的混乱分裂局面,在全国范围内实行州、县两级管理体制,并根据地理、历史、人文等各种因素,对州、县两级区划作全面的调整。改南豫州为宣州,废淮南郡,并繁昌、于湖、襄垣、西乡(也作西安)4县,重新设置当涂县[①],属宣州。从这以后,一直到五代十国时期南唐升元年间,繁昌县缺。同时,废北江州及南陵郡,并其所辖石城、临城、定陵、故治、南陵5县,置南陵县,由池州(今池州市贵池区)改治原春谷县赭圻城(今繁昌区荻港镇境内),属宣州。

赭圻城位于原繁昌县芦南乡赭圻村赭圻山中,临长江,今属繁昌区荻港镇笔架村,东距寨山1.5公里,南距赭圻岭约700米。它南依山岭,城临江滨,是一处群山合抱的带状冲地,地势险要。三国时吴国即在此置赭圻屯。晋哀帝兴宁二年(364年),东晋权臣桓温在此筑城。《桓温废立》载:晋哀帝征桓温入朝参政,桓温自荆州还朝,至赭圻时,又诏令止之,桓温遂筑赭圻城屯军,以观朝中动静。《太平寰宇记》云:桓温城赭圻,尝惧掩袭。宿鸟所栖,中宵鸣惊,以为官军至,一时惊溃。既定,乃群鸟惊噪,故传为战鸟山。

隋炀帝大业三年(607年)四月,诏令全国效仿汉制,改州为郡,实行郡、县两级管理体制。新置司隶设牧,9州设刺史部,分部巡察所属郡、县,为中央派出机构。改宣州为宣城郡,以治所县为名,仍治宣城。今繁昌地域属宣城郡南陵县,县治仍在赭圻城。[②]

隋的暴政导致农民起义的烈火遍地燃烧,隋政权摇摇欲坠,大批隋朝官僚乘机扯起反隋旗号,纷纷建立割据政权。山西、河东抚慰大使,唐国公李渊父子在晋阳起兵反隋,迫其扶持的傀儡皇帝隋恭帝禅位,建立唐朝。

入唐后,繁昌地域仍属宣城郡南陵县。唐高祖武德三年(620年),改宣城郡为宣州。武德四年(621年),南陵改属池州。太宗贞观元年(627年),复属宣州。周

---

① 东晋咸和四年(329年),在今南陵县境内侨置当涂县。隋开皇九年(589年),移当涂县治于姑孰(今当涂县城姑孰镇)。

② 安徽省地方志编纂委员会:《安徽省志·建置沿革志》,北京:方志出版社,1999年1月,第259~260,263页。

武则天长安四年(704年),移南陵治于青阳城(今南陵县籍山镇),仍属宣州。[①] 赭圻城废为乡镇,后圮毁。赭圻自桓温筑城至南陵县治迁址,前后长达340余年。

安史之乱使得唐朝元气大伤,藩镇割据的局面已经形成。王仙芝、黄巢的农民大起义,使唐朝的统治基础被打破,唐政权名存实亡。唐天祐四年(907年)三月,唐昭宣帝下诏"禅位"于梁王朱温(唐僖宗赐名"朱全忠")。四月,朱温称帝,改名朱晃,是为梁太祖。改元开平,国号大梁(史称后梁),以汴梁为开封府,称东都;以洛阳为西都,仍称河南府。唐朝正式灭亡,历史进入五代十国时期。

2. 南唐初年复置繁昌县

在唐末节度使相互攻伐中,淮南节度使杨行密日益强大起来。唐天复二年(902年),朝廷封杨行密为吴王,杨行密创立的政权从此称为"吴",历史上又称杨吴,以区别于三国时期的孙吴政权。唐天祐二年(905年),杨行密长子杨渥继吴王位。朱温代唐称帝后,吴王仍沿用唐天祐年号。唐天祐十六年(后梁贞明五年,919年)四月,杨行密次子杨隆演即吴王位,改元武义,建宗庙、社稷,设百官如天子之制,改扬州为江都府,定都江都府。杨吴顺义七年(927年)十一月,杨行密四子杨溥称帝,改元乾贞。杨吴天祚二年(936年)十一月,以金陵府(今南京市)为西都,以江都府为东都。天祚三年(937年)正月,金陵府改称江宁府。还在杨吴武义元年(919年)的时候,析昇州(武义二年[920年]七月改称金陵府)镇海军节度使所领宣、池、歙3州置宣州宁国军节度使,至杨吴天祚三年(937年)十月,宣州宁国军节度使一直领宣、池、歙3州。宣州,仍隋、唐旧州,治宣城县(今宣城市区)。今繁昌地域属宣州南陵县。

杨吴天祚三年(后晋天福二年,937年)十月,曾任镇海、宁国军节度使,受封尚父、太师、大丞相、大元帅称号,继承徐温齐王爵位的徐知诰,正式接受杨溥禅让,在金陵即皇帝位,改元"升元",改国号为唐,史称南唐。徐知诰恢复李姓,改名为

[①] 安徽省地方志编纂委员会:《安徽省志·建置沿革志》,北京:方志出版社,1999年1月,第275~276页。

"昇",以唐朝后裔自居。杨吴灭亡①。

清道光《繁昌县志》记载,南唐升元年间,南唐政府对地方行政区划作了调整,割宣州原春谷地域的南陵县5乡(延载乡、春谷乡、金峨乡、铜官乡、灵岩乡),复置繁昌县,直属江宁府。县治在长江南岸的延载乡(今繁昌区新港镇)。

复置后的繁昌县,其面积与原来的繁昌县大不相同,县域已不是原来的县域,县治也不在原来的治所。东汉末年曹丕受禅登上皇位,新设置一个县,用以庆贺曹魏新政权的建立。很自然,这个新设立的县县名一定要寓意美好,乃用当时人们向往"人神并和,繁荣昌盛"的愿望,取名繁昌,而没有取用受禅地的地名繁阳亭做县名。东晋末年,对侨置郡县实施土断,省并了一些郡县,繁昌县没有被省并,而由侨县转变为实土县。南唐复置繁昌县,而没有复置春谷县,或许也是出于对寓意美好的繁昌县名的偏爱。

自隋开皇九年(589年)省并繁昌县,又经历了漫长的唐朝和杨吴时期,到了五代十国时期的南唐升元年间,为什么复置繁昌县呢?

宋代以前,北方较南方经济发达。在铁器未曾发明的远古,黄土高原的土质松软,易于耕种。从气候来看,秦汉以前也是南不如北,"江南卑湿,丈夫早夭"。北方气候凉爽,雨水虽少但集中,于旱地作物勉强够用。因此自远古直到秦汉统一时代,北方的农业得到有力的发展,而南方因其地形复杂,人口稀少,铁质农具缺乏,农业生产相对落后。西晋永嘉之乱,使北方人南渡,补充了南方人口,带来了先进生产技术,加之南方政权的政策推动,江南经济得到加快发展。唐代的安史之乱,使北方的经济再次受到冲击,南方相对安定,经济重心加快南移。到五代南唐时,江南经济发展已超过北方。

南唐时,繁昌这一地域经济得到快速发展,需要单独设县。南唐人乐史入宋后

---

① 据邹劲风《南唐国史》(南京大学出版社,2000年6月):徐知诰是杨吴后期实际掌权者徐温的养子。徐知诰即将代吴之事,在杨吴尽人皆知,甚至荆南政权的高从诲都来劝徐知诰尽早即帝位。杨吴天祚二年(后晋天福元年,936年),徐知诰称帝万事俱备,唯欠一正式仪式,其中包括诸臣的推戴。杨行密时的勋旧所剩无几,其中以周本、李德诚德高望重,徐知诰希望以他两人为首,行推戴之事。周本念杨行密旧恩,起初不愿,后在其子逼迫下,不得不与李德诚一起率众臣上表请吴帝册命知诰,同时赴金陵劝进。次年三月,徐知诰更名为"徐诰",以示不同于徐家兄弟,并追尊徐温为"太祖武王"。其后,徐知诰心腹王令谋,一心欲做开国元勋,又赴金陵劝进。这时吴王迫于形势,只能以保住身家性命为重,于八月下诏,禅位于徐知诰。徐知诰登基之初,沿袭徐温受自杨吴的封号"齐",以之为国号,甚至仍用徐姓,不敢贸然更化。其臣下又开始纷纷上表,请求恢复李姓。在群臣一片"恳请"声中,徐知诰终于确信时机成熟,于升元三年(后晋天福四年,939年),消除顾虑,顺利地改国号为"唐",恢复李姓,改名为"昇",以唐朝后裔自居,尊徐温为"义祖"。

作《太平寰宇记》，这是我国古代一部重要的地理著作，《太平寰宇记》对繁昌县复置是这样记载的：

> 本宣州南陵县地，……以地出石绿（碌）兼铁，由是置冶。自唐开元以来，立为石绿（碌）场。其地理枕江，舟旅憧憧，实津要之地。以南陵地远，民乞输税于场，伪唐析南陵之五乡，立为繁昌县。[①]

繁昌地域本属宣州南陵县，因出产铜和铁，而设置冶炼的机构。自唐玄宗开元以来，设立石碌场。这里临近长江，商旅船只来往不断，是重要的交通渡口。因距南陵县城较远，人们请求就近在石碌场交税，伪唐（因宋朝不承认南唐政权，所以称南唐为伪唐）从南陵县分割出5个乡，重新设立繁昌县。

历史上一些开国帝王，在建立政权后，对其行政区划作一番调整，以便适应政治经济形势，更好地促进经济社会发展，并实现其政治目的。南唐创立者也是如此。

李昪自后晋天福二年（937年）十月代吴自立，建立南唐，到宋太祖开宝八年（975年）十一月，南唐亡国，其间共历经三主，即先主李昪（937～943年在位）、中主李璟（943～961年在位）、后主李煜（961～975年在位），享国39年。相较于兵火连天的中原地区，南唐以江淮为中心，凭借得天独厚的自然条件，在开国之君李昪的治理之下，外息兵争，内亲政理，注重法治，发展生产，在诸国纷争的乱世，独树一帜，呈现出"耕织岁滋，文物彬焕"的兴盛局面。

复置后的繁昌县充满生机和活力。南唐时在今繁昌城西南郊创烧青白瓷，繁昌窑是我国南方最早烧造青白瓷的中心窑场之一，曾为南唐宫室烧造瓷器。据景德镇陶瓷大学欧阳世彬教授介绍，南唐绘画作品中最为著名的传世之作——南唐翰林待诏顾闳中所绘《韩熙载夜宴图》中的瓷器，就出自繁昌窑。

2011年，繁昌县新港镇新农村实验区建设施工时发现文物遗迹，县文物部门随即进行了抢救性发掘和清理，一口千年古井出现在了世人面前。古井深7.85米，井口圆形，井口内壁直径0.95米，由青砖平砌而成。井壁中部由青砖竖砌，底

[①] 乐史：《太平寰宇记》（卷一〇五），《江南西道三·太平州·繁昌县》，北京：中华书局，2007年11月，第2084页。

部则由碎石垒筑。

随着进一步清理,井内的地层堆积和文物遗存也清晰呈现出来。第一层为现代层,夹杂着因扰动而掉落的青砖与石块;第二层为宋代地层,包含大量的青砖、城墙砖、陶执壶和鸱吻、经幢等构件;第三层为五代晚期至北宋初期地层,出土有大量的陶罐、执壶、木制水桶残片、乐器棒和部分竹棍竹片;第四层为五代早期地层,发现了少量的陶罐、陶盂、瓦片、缸片、木桶片、木棒以及银项圈和铜铃等。

古井第三地层陶罐中出土有"开元通宝"和"唐国通宝"钱币共 23 枚。开元通宝为唐高祖武德四年(621 年)开铸的钱币。《旧唐书·食货志四》有:"高祖即位,仍用隋之五铢钱。武德四年七月,废五铢钱,行开元通宝钱。""开元"意为"开辟新纪元","通宝"意为流通的宝物。南唐中主李璟仍大量铸造开元通宝,有奉唐朝为正朔之意,古井中南唐开元通宝的出土,即为此之见证。唐国通宝(图七五)为南唐中主李璟时始铸和流

图七五　新港南唐古井出土的唐国通宝

通。《十国纪年·南唐史》有:"周师伐南,割地,岁贡万物,府藏竭,钱货亦少,遂铸唐国通宝钱,以二当开元钱一行用。"繁昌博物馆所藏这枚唐国通宝,宽缘篆书,铸工精美。这两种钱币在古井中的发现,表明南唐时期该井即已挖掘建成。

(二)繁昌窑烧制青白瓷

繁昌窑是繁昌境内五代至北宋时期青白瓷窑址群的统称,由柯家冲窑、骆冲窑、半边街窑和姚冲窑等几处窑址组成。窑址主要分布于繁昌城西南郊、穿过城区的峨溪河上游两岸,范围涉及繁阳镇铁门村、阳冲村、城西村及峨山镇凤形村。其中,骆冲窑位于峨溪河上游北岸,柯冲窑、半边街窑和姚冲窑位于峨溪河上游南岸。

柯冲窑址位于繁阳镇铁门行政村,面积约 0.88 平方千米,分布范围涉及柯冲、高潮、新塘、山塘、高塘、宗塘 6 个村民组。骆冲窑址位于繁阳镇阳冲行政村骆冲村民组。

据调查,繁昌窑的窑业遗存面积约 100 万平方米,其中柯冲窑址占 90% 以上。此外,繁昌曾流传"东、西、南、北"窑之说,繁昌城西郊柳墩行政村、北郊闸口行政

村,仍保留有"西窑"村民组和"北窑"村民组名称。

峨溪河是长江二级支流,自西向东穿过繁昌城,为繁昌窑青白瓷对外运输销售提供了便利。

繁昌窑是我国南方最早烧造青白瓷的窑场之一。2001年6月,繁昌窑遗址被国务院公布为第五批全国重点文物保护单位。

1. 繁昌窑遗址发现、发掘及研究历程

1954年5月,安徽省博物馆筹备处馆员葛召棠先生,带领工作组来皖南开展历史文物调查和征集工作。繁昌是葛召棠的家乡,葛家世居繁昌城南门外,繁昌窑遗址近在咫尺,坊间流传繁昌龙窑的故事,给他留下了深刻的记忆。在皖南开展工作期间,葛召棠一行来到繁昌,发现了柯家冲窑址。葛召棠先生在1954年第12期《文物参考资料》(今国家文物局《文物》杂志前身)上发表的文物工作简讯《安徽省博物馆在皖南进行历史文物的调查、征集工作》,报道了发现繁昌柯家冲古窑址的情况[①]。

1958年4月,安徽省文化局文物工作队殷涤非、张道宏两人来到繁昌柯家冲窑址进行调查,对窑址进行试掘,并发表了简报,繁昌窑学术研究正式起步。张道宏在1958年第6期《文物参考资料》上发表了两则工作简讯,认为柯家冲有11座窑址,是宋代瓷窑遗址,瓷器种类为影青瓷,可能与史籍记载的宣州窑有关[②]。

1981年,著名古陶瓷学家、故宫博物院冯先铭先生来柯家冲窑址调查。

1982年6月和1983年5月,安徽省博物馆王业友先生先后两次来柯家冲窑址调查,于1988年发表《繁昌瓷窑址调查纪要》[③]。

1983年9月,安徽省博物馆胡悦谦先生对柯家冲窑址进行了试掘,发现了具有阶梯窑特征的龙窑窑炉。胡悦谦先生最早提出繁昌窑采用了"二元配方"制瓷工艺[④]。

1984年,第二次全国文物普查期间,繁昌县文物管理所[⑤]陈衍麟先生发现了骆

---

① 葛召棠:《安徽省博物馆在皖南进行历史文物的调查、征集工作》,《文物参考资料》,1954年第12期,第180~181页。
② 张道宏:《试掘繁昌瓷窑遗址》,《文物参考资料》,1958年第6期,第75页。
③ 王业友:《繁昌瓷窑址调查纪要》,《文物研究》,1988年第4期,第152~160页。
④ 胡悦谦:《安徽江南地区的繁昌窑》,《东南文化》,1994年(增刊),第70~75页。
⑤ 2008年更名为繁昌县文物管理局,2020年更名为繁昌县文物保护中心,2021年更名为芜湖市繁昌区文物保护中心。

冲窑遗址。同年，为配合华东电网50万伏高压变电站工程建设，文物部门在繁阳镇阳冲村老坝冲发掘古墓葬13座，出土瓷器188件[1]，其中繁昌窑青白瓷150余件，为繁昌窑青白瓷研究提供了丰富的实物资料。

1987年4月，故宫博物院李辉炳先生来柯家冲窑址调查，于1988年发表《安徽省窑址调查纪略》，对繁昌窑产品特征和制瓷工艺等进行了研究、探讨[2]。

1995年11月，中国古陶瓷研究会（1992年成立，现为中国古陶瓷学会）年会在繁昌召开，省内外一批著名古陶瓷及考古专家来到繁昌，对繁昌窑相关学术问题进行深入探讨，并出版了论文集，繁昌窑学术影响进一步扩大[3]。

1996年5月，安徽省文物考古研究所阚绪杭先生对骆冲窑遗址进行了小规模发掘，揭露了骆冲窑窑炉的窑尾部分，并于1997年发表发掘报告《繁昌县骆冲窑遗址的发掘及其青白釉瓷的创烧问题》，提出骆冲窑始烧于五代至北宋初年，其造型工艺是在皖南青瓷窑场基础上发展起来的[4]。

20世纪80至90年代，繁昌县文物管理所陈衍麟先生对繁昌境内的古窑址进行了长期的调查和研究，继发现骆冲窑遗址后，在峨山半边街附近又发现了半边街窑址，提出繁昌窑创烧于五代时期，并可能是文献记载的"宣州窑"的观点[5]，认为繁昌窑主要采取"一钵一器"仰烧法，早期有过支钉烧造的过程[6]。

为迎接2002年古陶瓷科学技术国际研讨会的召开，进一步了解安徽地区古代窑业发展状况，经国际陶瓷科学院院士、著名古陶瓷与特种玻璃材料专家、中国科学院上海硅酸盐研究所研究员李家治先生提议，安徽省文物部门决定对繁昌柯冲窑遗址进行一次学术性发掘。此次发掘得到了中国科学技术大学支持，发掘工作由安徽省文物考古所与中国科学技术大学科技史与科技考古系联合实施，繁昌县文物管理所配合。

发掘工作从2002年9月至11月，历时两个半月，发掘面积516平方米，发掘出土各类瓷器、窑具标本8万余件，揭露龙窑窑炉1座（编号：Y1）、作坊基址1处、

---

[1] 繁昌县文物管理所：《安徽省繁昌县老坝冲宋墓的发掘》，《考古》，1995年第10期，第915～929页。
[2] 李辉炳：《安徽省窑址调查纪略》，《故宫博物院院刊》，1988年第3期，第70～74,88页。
[3] 汪发志：《繁昌窑研究》，芜湖：安徽师范大学出版社，2022年8月，第10页。
[4] 阚绪杭：《繁昌县骆冲窑遗址的发掘及其青白釉瓷的创烧问题》，《文物春秋》，1997年（增刊），第170～174页。
[5] 陈衍麟：《安徽繁昌柯家村窑址调查报告》，《东南文化》，1991年第2期，第219～226页。
[6] 陈衍麟：《繁昌窑器釉色及造型工艺》，《文物研究》，1995年，第10期，第71～81页。

水池遗迹2处,以及排水沟、灰坑、墓葬等遗迹。此次发掘第一次以地层为依据初步解决了繁昌窑烧造年代、生产工艺、器形演变规律等学术问题,取得了重要成果[①]。

2012年10月,繁昌窑遗址文化公园项目建设启动。同年12月,中共繁昌县委、县政府与中国科技大学科技史与科技考古系联合举办"繁昌窑遗址发掘十周年暨首届繁昌窑遗址保护与研究论坛",中国古陶瓷学会、中国文化遗产研究院、北京大学、中国科学技术大学、安徽省文物考古所等高校和科研机构的专家学者参加。与会专家学者对繁昌窑青白瓷工艺成就及地位进行了研讨,认为繁昌窑创烧于五代,是五代至北宋早期我国南方青白瓷的中心窑场,是公元10世纪参与海外贸易的窑场之一;繁昌窑在五代时期曾为南唐宫室烧制过瓷器,具有早期贡窑性质,可能就是文献记载的"宣州窑";繁昌窑在五代时期已经使用了"二元配方"制瓷工艺,在我国古代陶瓷发展史上占有重要地位。与会专家学者还对繁昌窑遗址保护和利用工作进行了交流、研讨[②]。

为配合繁昌窑遗址保护和遗址文化公园建设,2013年10月至2015年11月,安徽省文物考古所再次对繁昌窑遗址进行考古发掘,发掘地点包括柯冲窑和骆冲窑遗址。

这次柯冲窑发掘,在1号龙窑南侧30米处又揭露1座完整龙窑(编号:Y2);将2002年Y1未完整揭露的窑门、操作间全面揭露出来,新发现了路面、工棚、护窑墙等遗迹,Y2北侧则发现了排水沟、窑棚柱洞等遗迹;在Y2东侧的作坊区揭露淘洗池2处、房址1处、陶车基座2处、灰沟及车辙遗迹1处,出土了一批青白瓷器和制瓷工具。

骆冲窑发掘是继1996年试掘后首次正式发掘,较为全面地揭露出骆冲窑文化面貌:(1)骆冲窑窑炉形制为龙窑,长度为数十米(因窑头部分遭到破坏,全长已无法确认),窑炉设有几道隔墙,有效提高了烧成温度。(2)骆冲窑窑具类型和装烧工艺保留了流行于五代时期的技术手法,其中的碗形匣钵为其与南方越窑的同类窑具建立了联系,刻"淳化"年号的匣钵的发现,则为该窑的主体年代判断提供了依据。(3)骆冲窑产品整体上颇为美观的造型、严谨的做工和施釉的方式、龙凤纹

---

① 中国科学技术大学科技史与科技考古系、安徽省文物考古研究所、繁昌县文物管理所:《安徽繁昌县柯家冲瓷窑遗址发掘简报》,《考古》,2006年第4期,第37~48页。
② 汪发志:《繁昌窑研究》,芜湖:安徽师范大学出版社,2022年8月,第11~12页。

题材的装饰等信息表明,其产品定位应当不是一般的平民阶层,这与多年来繁昌本地平民墓葬中很少发现骆冲窑产品的情况吻合。①

2. 繁昌窑的创烧与兴衰

晚唐五代十国时期,中央集权、政治统一的局面被打破,社会处于战乱和动荡之中。就制瓷业而言,分裂的政权使得地区之间贸易受阻,但为各国发展自己的瓷器制造业提供了内在动力。因为这样的政治背景,中国瓷器生产在五代十国时期不衰反兴,出现了"多点开花"的局面。② 唐宋之际,皖南得到大规模开发,皖南沿江地区经济地位随之提高,这为包括繁昌窑在内的一批青瓷、白瓷窑场(前者如泾县琴溪窑,后者如泾县窑头岭窑)的创烧提供了良好的经济条件。③ 加之唐代以来瓷器(尤其是白瓷)在民间的普及,为南方地区的白瓷生产提供了广阔的市场空间。从技术层面来看,繁昌窑以龙窑为主的窑炉技术,是根植于南方地区的龙窑技术,其创烧阶段以"匣钵加垫饼"为主的装烧方式以及少量出现的支钉叠烧工艺均属于南方以越窑为代表的装烧技术范畴,说明繁昌窑窑业技术主要源自南方。从文化交流层面看,繁昌窑早期部分主流产品,如叠唇碗、叠唇盏、杯式炉、直壁盒等,具有北方邢窑、定窑风格,表明繁昌窑创烧时期的产品造型一定程度上吸收了北方白瓷元素,这是五代至北宋时期北方白瓷文化对南方制瓷业产生影响的反映,也是南北瓷业文化相互交流的见证。关于繁昌窑的直接创烧背景,根据所掌握的繁昌本地窑业生产情况看,它不同于浙江、江西地区古代窑业循序渐进的发展规律,繁昌地区在五代之前几乎没有瓷器生产的基础,其兴起较为突然。又因窑业生产,需要原料、燃料、生产、运输、销售等多个环节的分工与配合,像繁昌窑这样较大规模的窑场,一家一户显然难以承担,由此分析,繁昌窑的创烧可能存在一定的官方背景。④

关于繁昌窑的创烧时间,根据20世纪80年代至21世纪以来的遗址调查、发掘研究,繁昌窑创烧时间可追溯到五代时期。

从装烧技术上看,繁昌窑主要采用的是匣钵与垫饼的组合方式,但早期曾使用流行于唐、五代时期的支钉叠烧工艺。装烧窑具中束腰喇叭形支座、钵形匣钵等常

---

① 汪发志:《繁昌窑研究》,芜湖:安徽师范大学出版社,2022年8月,第17~18页。
② 何剑明:《繁昌窑制瓷艺术与南唐的社会发展——兼论繁昌窑南唐官窑说》,《江苏第二师范学院学报》(社会科学),2017年第10期。
③ 黄义军:《宋代青白瓷的历史地理研究》,北京:文物出版社,2010年。
④ 熊海堂:《东亚窑业技术发展与交流史研究》,南京:南京大学出版社,1995年。

见于晚唐五代时期的南方青瓷窑场,说明繁昌窑装烧技术可上溯至五代或五代之前。从产品造型上看,繁昌窑初创时期的代表性产品是腹部压印的五缺花口侈口碗、内平底较大的叠唇(或称唇口)平底碗、近碗形叠唇(或称唇口)盏、五缺花口圈足碟、五缺花口盘、莲瓣纹刻花粉盒等,这些产品普遍具有花口或唇口风格,五代特征明显。

20世纪50年代初南京发掘南唐二陵就出土了典型的繁昌窑青白瓷叠唇盏,也说明繁昌窑创烧时间应在五代时期。

繁昌窑早期产品做工精致,釉色近白,部分产品的白度达到70%,有学者称其为南方白瓷,说明繁昌窑创烧时期是在烧制白瓷。繁昌窑青白瓷产品应是受到北方白瓷的影响,是"白瓷南传"的产物。

2016年9月,由安徽省文物考古研究所承担的"安徽繁昌窑青白瓷胎釉及烧造工艺研究"课题,一项重要内容是进行繁昌窑遗址碳-14测年。课题组委托美国Beta放射性碳测年实验室(Beta Analytic Inc)测年。检测样本是2013至2014年繁昌窑遗址考古发掘采集的系列碳样,课题组根据典型单位和地层埋藏早晚挑选了10个样本,其中柯冲窑遗址碳样8个,骆冲窑遗址碳样2个。检测结果表明,碳样的绝对年代集中在五代至北宋早中期。其中,骆冲窑遗址最早单位的碳样测年为935年,为五代南唐早期。本次系列碳样测年数据与根据考古地层学判断的地层相对年代排序基本吻合。

在骆冲窑遗址和同属早期的柯冲窑遗址的窑业堆积下层均发现刻有"淳化"年号的匣钵,这可能是繁昌窑早期产品的下限。

繁昌窑的创烧应具有一定的官营背景,加之可能参与大规模的对外贸易活动,因此其早期产品最为精致。从产品质量上看,繁昌窑的创烧期即为兴盛期;从窑场规模来看,繁昌窑龙窑数量经历了从少到多的增长过程,但其早期即有数座龙窑的规模;从产品组合和做工工艺来看,繁昌窑早期产品种类丰富,造型追求变化,装饰工艺使用较普遍,施釉至底足。这些特征都表明其产品市场定位较高,不应是普通百姓所能承受的日用消费品。这与繁昌本地平民墓葬中很少发现繁昌窑早期产品的现象吻合。相反,繁昌窑早期产品多见于沿江州府城市,特别是江苏地区,并包括部分海外市场。①

---

① 黄义军:《宋代青白瓷的历史地理研究》,北京:文物出版社,2010年,第129~131页。

在经历了早期的异军突起后,受政权更迭的影响,繁昌窑经过短暂的停顿后进入中期。繁昌窑中期大致相当于北宋中期,其器物造型及组合发生了极大的变化:在早期占很大比例的五缺花口侈口碗、曲花口温碗在中期全部消失,其他主流产品如叠唇碗、叠唇盏、花口盘、莲瓣纹刻花粉盒等数量也急剧减少;垫烧工具垫圈几乎被垫饼取代;胎质普遍不如早期细腻,胎色白度有所下降;大多施釉不及底足;多为素面少装饰,即便是花口、葵口或瓜棱器形,其制作手法也明显简化。中期产品市场定位明显平民化,这从本地平民墓葬中发现繁昌窑器物数量明显增加得到验证。

大约从北宋晚期的时候,繁昌窑出现衰落迹象,进入末期,也即通常所说的衰落期。主要表现在:大部分产品胎质进一步变粗,胎色、釉色加深,圈足类器物修足较粗率,碗盏类主流产品基本施半釉。越往后,产品质量越差。窑址随处可见的表面极为粗糙的漏斗形匣钵、边缘很不规整的垫饼等都是这一时期的典型遗物。本地繁昌窑末期墓葬的随葬器物中,总体上出土的繁昌窑器物不如中期丰富,而多见与景德镇优质青白瓷共出的现象,表明其市场正受到以景德镇为代表的其他窑场优质产品的挤压。

繁昌窑应创烧于五代时期,废烧于北宋晚期,历时约一个半世纪。纵观繁昌窑由盛转衰直至停烧的过程,应当是由多种原因造成的。其中,窑场性质的转变(应当经历了官办转为民办的过程)、优质原料的减少(优质原料蕴藏不丰富)、市场竞争的加剧(北宋中后期景德镇青白瓷的崛起)等,应当是重要的原因。[①]

3. 繁昌窑的性质和地位

(1)繁昌窑与南唐国

937年,南唐烈祖李昪在金陵受禅,登皇帝位,国号为唐,史称南唐,建元升元。为巩固政权,发展国力,南唐进行了一系列政治、经济改革,并进行了较大规模的区划调整。南唐升元年间,从宣州南陵县割延载、灵岩、金峨、春谷、铜官五乡复置繁昌县,直隶金陵府(同年改为江宁府),缺失300多年的繁昌县得以复置。南唐复置繁昌县是其加大皖南地区开发的重要举措之一,正是这一区划调整,使得繁昌县迎来巨大历史机遇,也凸显了繁昌在南唐的重要地位。繁昌这一时期的经济社会得到全面发展,繁昌窑正是在这一特殊的政治经济背景下开始创烧并取得了辉煌成就。

---

① 汪发志:《繁昌窑研究》,芜湖:安徽师范大学出版社,2022年8月,第49～54页。

江苏第二师范学院南唐史专家何剑民教授对繁昌窑与南唐的关系做了系统的分析探讨,认为五代十国时期是我国经济、文化中心南移的重要时期,南唐处于五代十国最发达区域,文风昌盛,以制瓷业等为代表的手工业发展呈现出前所未有的普及性与文化性,成为改写"南青北白"历史的发祥地之一。[①]

(2)繁昌窑与宣州窑

宣州之名始于隋初,沿袭唐、北宋,南宋改为宁国府。唐代行政层级主要分道、州、县三级,宣州属于江南(西)道。唐李吉甫《元和郡县志》载:"汉顺帝立宣城郡,唐时为宣州,领有宣城、当涂、泾县、溧水、溧阳、南陵、绥定、宁国、太平、青阳十县。"繁昌地域属宣州南陵县。

关于宣州窑,明代《宁国府志》、清代蓝浦《景德镇陶录》和陆知凤《小知录·器用》均有记载,但以民国学者黄裔的《瓷史》记述最为详尽。《瓷史》曰:"五代数十年间,其瓷窑可考者有五,曰:郑州窑、耀州窑、宣州窑、南平窑和越州窑。"《瓷史》没有在唐代和宋代提到宣州窑,而独在五代提到宣州窑,并将其列入五代名窑之一,可见宣州窑在五代时期有着不小的烧造规模。宣州窑可能在五代时期创烧,或许在唐代已有,只不过名气不大,直到五代才为世人所关注。关于宣州窑烧造情况及产品特征,《瓷史》有进一步的描述:"宣州窑当烧于南唐有国时,盖宣州五代中为南唐所有,入宋改为宁国府,元明因之,遂无复宣州之号,是宣州瓷器为南唐所烧造,以为供奉之物者,南唐后主尤好珍玩,则其供奉之瓷品必极精良,明王世贞诗云:'泻向宣州雪白瓷。'谓之雪白,知非柴窑之黄土粗足所能比拟也……"由此可见,宣州窑不但是五代时期规模较大的窑场,而且主要烧制白瓷,其精良的白瓷产品用来供奉南唐宫室,具有早期官窑性质。

根据芜湖市繁昌区文物保护中心汪发志先生的实地考察,古宣州地域五代至北宋时期烧制白瓷或青白瓷的窑场,有泾县琴溪窑、窑峰窑、窑头岭窑和繁昌窑。唐宋时期泾县的这3处瓷窑址分别是位于琴溪镇的碗窑村(即琴溪窑)、窑峰村和晏公镇的窑头岭(也作"摇头岭"),均未作系统调查、发掘。汪发志先生根据现场考察和采集的标本判断:琴溪窑主要烧制青瓷,其主体应处于唐、五代时期;窑峰窑也主要烧制青瓷,但已出现少量偏青灰色的青白釉瓷,其年代应为五代至北宋时

---

① 何剑明:《繁昌窑制瓷艺术与南唐的社会发展——兼论繁昌窑南唐官窑说》,《江苏第二师范学院学报》(社会科学),2017年第10期。

期;窑头岭窑窑址规模大、堆积厚,地表遗物丰富,有支钉烧造的青瓷器物,但主要遗物是较为精细的青白釉瓷,其年代主要为宋代,五代时期遗物所占比例不大。在这3处窑址中,窑头岭窑无论是窑炉、窑具还是产品都与繁昌窑非常相似,两者应属于同一制瓷技术体系,主要产品造型及釉色颇为接近。两处窑场最大的区别是窑头岭窑匣钵和垫饼含铁量极高,有明显且较为密集的铁质颗粒,碗、盏类器物胎质更为细腻,制作较为精致,但胎釉明显呈青灰色,这是两地制瓷原料不同所造成的区别。因此,窑头岭窑、繁昌窑同属宣州地域(繁昌县在南唐时复置后从宣州划出属江宁府),烧造白瓷、青白瓷时间基本同步,两地可能属文献记载的"宣州窑"不同的窑场[1]。

(3)繁昌窑"二元配方"工艺

"二元配方"制瓷工艺是相对于"一元配方"而言的。有学者根据南宋蒋祈《陶记》和明代宋应星《天工开物·陶埏篇》分别对宋、元时期景德镇制瓷原料配方的记载,并对景德镇不同时期瓷器胎料配方进行系统测试和分析研究,发现景德镇窑瓷胎Al_2O_3(三氧化二铝)含量从元代开始普遍增加,大大超过景德镇地区制瓷原料——瓷石中Al_2O_3含量,而两宋及以前瓷胎Al_2O_3含量一般不到20%,与瓷石中Al_2O_3含量相差不大,据此认为景德镇在宋代以前是使用当地常见的一种瓷石原料单独成瓷的。随着景德镇优质原料的减少和瓷器不断发展的工艺要求,景德镇从元代开始使用"瓷石"加"高岭土"的"二元配方"工艺,逐步提高了景德镇瓷器烧成温度并降低了瓷器的变形率,瓷器质量大大提高。[2] 景德镇制瓷工艺从"一元配方"到"二元配方"改进的观点被学术界普遍接受。

《陶记》和《天工开物·陶埏篇》记述了景德镇窑业从原料开采、加工到成型、装饰和烧成的全部工艺过程,是研究古代瓷器制作的第一手资料。《陶记》曰:"进坑'石泥',制之精巧,湖坑、岭背、界田之所产以为次矣。"表明南宋以前景德镇制瓷只采用"瓷石"一种原料。《天工开物·陶埏篇》曰:"一名高粱山,出粳米土,其性坚硬;一名开化山,出糯米土,其性粢软。两土和合,瓷器方成。"表明从元代开始景德镇使用了"二元配方"的制瓷工艺。[3]

20世纪80年代,安徽省博物馆胡悦谦研究员就提出繁昌窑可能已经采用"二

---

[1] 汪发志:《繁昌窑研究》,芜湖:安徽师范大学出版社,2022年8月,第55~57页。
[2] 张福康:《中国古陶瓷的科学》,上海:上海人民美术出版社,2000年,第39页。
[3] 汪发志:《繁昌窑研究》,芜湖:安徽师范大学出版社,2022年8月,第58~59页。

元配方"工艺,并挑选制瓷原料和瓷器标本请上海硅酸盐研究所做了成分检测。2001年,中国科学技术大学冯敏等人在对繁昌窑瓷胎进行检测分析后,也提出了同样的观点。2002年发掘期间,中国科学技术大学杨玉璋先生在作坊区采集到加工过的瓷胎原料样品,通过对柯家冲窑青白瓷胎体与制瓷原料的常量元素组成分析,发现其胎体中Al_2O_3的含量比制胎原料要高8%以上,而实验证明,利用粉碎、淘洗、过滤等传统工艺方法对陶瓷原料进行加工处理,只能将原料中Al_2O_3的含量提高3%左右。因此,古代繁昌窑窑工很有可能在其制胎原料中加入了某种富含铝的黏土类原料,从而提高了瓷胎中Al_2O_3的含量,即使用了"二元配方"制瓷工艺。

2014年7月,中国科学技术大学科技史与科技考古系、安徽省文物考古研究所、繁昌县文物管理局联合组成课题组,着重对繁昌窑青白瓷胎釉常量元素、烧成温度与物理性能、釉的呈色机理等进行分析和研究,并开展了"二元配方"工艺模拟实验研究。课题组将繁昌柯家冲窑遗址周边的岩石状制瓷原料(俗称"瓷石")和从繁昌地区多个地点如马仁山、新港、赭圻等地采集到的富含铝黏土类原料(俗称"高岭土""瓷土"),按传统工艺进行粉碎、淘洗和过滤处理,然后利用EDXRF(能量色散X射线荧光光谱)技术分别检测这两种制瓷原料的常量元素的化学成分,再根据分析结果和繁昌窑瓷胎的化学组成,计算这两种原料混合制胎的比例,以传统成型方法成型后在高温炉中烧制,验证了繁昌窑青白瓷胎使用了"二元配方"制瓷工艺。[1]

4. 繁昌窑青白瓷生产工艺

(1)原料的开采与加工

《景德镇陶录》云:"陶用泥土,皆需采石炼制。土人设厂采取,借溪流为水碓舂……"说的是瓷器生产的第一道工序"取土"。当然,制瓷原料不仅包括胎料,还有釉料。宋代之后,釉料的主要成分也是瓷石,故采取之法与胎料相同。

古代制瓷业的生产原料都是就地取材,经调查,繁昌窑主要采用了窑址附近类似瓷石的矿物作为繁昌窑青白瓷瓷胎原料。在柯家冲窑址所在的繁阳镇铁门村高潮村民组南端的山坡下,有一处规模较大的瓷石开采塘口,该塘口位于柯冲窑址中心区域。该塘口很大,可见不是短时间内形成的,推测此塘口很有可能是五代至北宋时期开采遗留下来的。

---

[1] 汪发志:《繁昌窑研究》,芜湖:安徽师范大学出版社,2022年8月,第59页。

根据前文所述,繁昌窑采用了瓷石加富含铝的高岭土的"二元配方"制瓷工艺。研究人员调查发现,繁昌窑遗址附近的铁门村天山及距窑址10多公里的孙村镇马仁山附近有高岭土矿,其中马仁山附近高岭土矿中的 Al_2O_3 含量超过25%。

开采出来的瓷石需要进一步粉碎。一般认为,水碓是古代窑工粉碎瓷石的主要工具。繁昌窑的研究人员一直关注与粉碎相关的遗迹或遗物,但至今没有发现使用水碓的迹象。繁昌窑瓷石粉碎,有可能采用了类似石磙、石碾、石臼的工具,只是至今尚未发现与之相关的遗迹或遗物。

瓷石碾碎后,经过淘洗、沉淀、陈腐、练泥等环节,才能制成胎料。繁昌柯冲窑址发掘出的作坊区发现一组淘洗、沉淀池的组合,其位置相对于制坯成型区,距离窑炉稍远,反映了当时作坊区域胎料加工与瓷器成型区功能分区。此外,还发现疑似陈腐池、练泥池。陈腐是反映古代制瓷胎料加工技术水平的一个重要环节,经过陈腐之后的胎泥性能更好、可塑性更高。练泥是将搅拌后的泥料用手搓揉,或用脚踩踏,把泥料中的空气挤出来,并使泥料中的水分均匀。①

(2)釉的制备

釉是罩在瓷器外面的一层透明薄玻璃状物质。釉料中所含助溶剂主要是碱土金属氧化物(CaO、MgO)和碱金属氧化物(K_2O、Na_2O)。

有学者根据宋代南方地区部分青瓷、青白瓷窑场釉的化学组成中 CaO 和 MgO 的含量明显低于隋、唐、五代时期,从而认为北宋时期部分南方窑场改进了配釉工艺,即在唐、五代之前草木灰加胎泥配釉的基础上,推出了"釉灰"工艺。方法是采用植物枝叶与石灰石一道炼制"釉灰",再用"釉灰"加胎泥配制成釉浆,提高了釉浆的细度和黏附性,使得施釉更加容易而且均匀。以此为依据,繁昌窑青白瓷釉中 CaO 和 MgO 的含量(分别为12.88%和1.78%)与宋代大部分南方地区窑场接近(分别为14.12%和1.17%)。另据繁昌窑出土的大量青白瓷标本观察,尤其是骆冲窑和柯冲窑的早期瓷片标本,胎釉普遍结合紧密,釉面光亮莹润,开片现象所占比例小,脱釉比例极低。说明繁昌窑在创烧时期已经具备很高的制釉技术,其制釉技术应处于"釉灰"加胎泥的阶段。

(3)成型、装饰和施釉

宋代瓷器生产均已采用成熟的拉坯工艺,这一工艺所使用的工具为辘轳,俗称

---

① 汪发志:《繁昌窑研究》,芜湖:安徽师范大学出版社,2022年8月,第85页。

陶车。陶车拉坯工艺一直延续至现代。2015年9月,研究者在对繁昌窑遗址2号龙窑东侧作坊区进行发掘时,于作坊区西南部发现了一处平面略呈圆形、面积近50平方米、四周用窑砖围砌的硬面设施遗迹,外围似有一圈回廊。硬面遗迹南侧发现一处较为典型的辘轳坑遗迹。

自2002年以来,在遗址作坊区均发现古代陶车常见部件,如轴帽(轴顶碗)、荡箍、轴顶板等遗物。遗物均为瓷质(宋代陶车其余部件多为木质,一般很难保存下来),其质地细腻坚硬,造型为同时期各大窑场所常见,表明繁昌窑拉坯工艺具有北宋时期典型的时代特征。

为使瓷坯更规整,有时需修坯。繁昌窑发现的圆球形整形工具和圆形陶拍,应为修坯工具。陶拍灰陶质,外面弧形,内面有模印花纹,中间有圆形凸起,相当于"捉手"。从其造型看,应为修整碗、钵等大型器物时使用。

圈足是反映一处窑场瓷器制作工艺的重要特征。通过对大量标本的观察,繁昌窑青白瓷产品的圈足足墙高矮宽窄适中,芒口剖面不见粘接痕迹,应是采用了"留靶挖足"的做法。繁昌窑青白瓷产品的足部绝大部分均为露胎,仅在骆冲窑发现少量圈足内面施釉,且只见足脊露胎的碗、盘标本。后期部分执壶也采取了同样的做法,但总体上数量很少。足部的修整,早期较为细致光滑,后期粗糙。圈足大都外直内斜,绝大部足墙外缘旋削一周。后期见少量足墙直且较深的产品,如老坝冲9号墓葬出土的注碗最为典型,包括一些尖唇碗的圈足,足脊保留尖状,没有修成平面。除少数特例外,繁昌窑圈足类器物的足脊宽度一般不低于2毫米,足墙高度一般不大于1厘米,这不仅与工匠技术有关,更主要的是由胎泥的性质所决定。

在成型、修坯、挖足之后,为使瓷器更耐用、更美观,往往还需要进行适度装饰。瓷器的装饰按制作次序不同,有釉下装饰和釉上装饰两种。在繁昌窑所处的五代、北宋时期,瓷器的装饰还不太普遍,且以釉下装饰为主。所谓釉下装饰,就是在瓷器成型之后,在未完全干透的素胎表面进行各种装饰。包括刻花、划花、贴塑、镂孔、模印等,在装饰完成之后,再施以透明玻璃釉,使瓷器更加美观。

近年来,有学者将瓷器成型时的造型变化也纳入装饰的范畴。如碗、盏、盘、碟等普通圆器,正常拉坯成型后,造型显得过于简单。随着工匠制瓷技艺的成熟,时代风尚的变化,或为了提高产品的竞争力,有些具有审美情趣的窑工或富有创新精神的窑场,会通过造型手法的改变增加瓷器器形的变化。如唐代定窑流行的海棠杯、越窑的葵口碗等。五代时期,青、白瓷器均流行花口、葵口、瓜棱、蒂形纽等装饰,各大窑场相互模仿,手法相似。这些装饰不仅可使瓷器看上去更美观,还通过口沿、腹部等关键部位的变化处理,减少了因瓷器变形对器物外观的影响(古代手工制瓷,因窑内温度不均,瓷器各部分伸缩率的不同,极易变形,特别是口部变形,影响外观。窑工通过口部的各种花口、葵口处理,使瓷器稍有变形,但在外观上并不明显,降低了废品或次品数量,这是一举两得的做法)。

就繁昌窑而言,其产品总体上注重实用,以素面为主。但受时代风尚影响,也不乏装饰手法的运用。其中,造型方面的装饰多见于早期,如尖唇碗的口沿浅刻、腹部压印,形成五缺花口碗,盘、碟普遍采用口部浅刻成为缺花口或葵口,多为五瓣,或口至腹部压印形成花形等。另外,部分执壶、罐类产品从早期至末期均流行腹部压印,形成瓜棱腹的做法,圆形粉盒盒盖上长期流行蒂形纽装饰等。器物表面的刻、划花等装饰多见于盒、炉等兼具观赏、陈设性质的产品,所占比例较小(关于装饰技法、题材等后文将有进一步的介绍)。末期印花较流行,如内底模印菊瓣纹卷唇碗等,有些在菊纹中心印有"吉"字。

五代北宋时期,窑场激增,不同窑场瓷器产品的釉色各有不同,富于变化,但对于绝大多数窑场来说,瓷器的施釉工艺似无特殊技术要求。《陶录》记载,景德镇御窑上釉之法有拓釉(刷釉)、蘸釉(浸釉)和吹釉3种方法,对于常见小型圆器基本上都是使用蘸釉的方法。以小型圆器为主的繁昌窑青白瓷及少量琢器,其施釉方法以蘸釉为主,少量刷釉,未见明显的吹釉工艺。部分造型相对复杂的器物,如镂孔炉、六管瓶等,可能采用了蘸釉与刷釉相结合的方法。

(4)窑炉、装烧窑具和装烧方式

①窑炉

繁昌窑窑炉为南方常见的龙窑。龙窑依山势而建,窑头在下,窑尾朝上,对山的坡度有一定要求,一般会选择在坡度较缓的山坡下方构建窑炉。

从已发掘出的3座龙窑遗址来看,繁昌窑龙窑窑炉普遍采用砖砌,窑身有一定坡度,窑墙从地面以上起券顶,分为窑头、窑室和窑尾三个部分。窑头有操作间、火门和火塘,窑尾设排烟设施。窑室底部为窑床,窑床上垫有砂层,两侧窑墙置有侧门。

柯冲1号龙窑位于北侧,窑炉斜长62米(含操作间),前后宽窄不一,头尾窄,中间宽,最宽处约2.8米,最窄处1.4米(图七六)。窑床坡度10°～24°,窑址头尾高差19.2米。窑墙残高平均0.8米。柯冲2号龙窑位于1号龙窑南侧,斜长

38.75米,宽2～3米,窑床前缓后陡,坡度为5°～23.5°,结构与1号龙窑基本相同。2号龙窑废弃较早,在其停烧后,1号龙窑仍在生产。

繁昌窑已发掘的龙窑的侧门数量两侧相同,交错而置,每侧2或3个,间距较大,其数量少于同时期其他窑场。如此长度的龙窑,窑室两侧上方应设有投柴孔,由于龙窑窑顶从窑墙起券处全部坍塌,投柴孔位置很难判断。根据窑墙内壁残留的窑汗烧结程度判断,每隔1～2米有烧结相对严重的现象,应与投柴孔的位置相符。

繁昌窑烧成温度一般为1100℃～1200℃,骆冲窑烧成温度在1200℃以上。

2014年发掘揭露的骆冲窑,龙窑窑炉采用多道单砖砌筑隔墙将窑炉进行分隔,形成分室的效果,可能是南方地区元、明时期典型"分室龙窑"的前身。早年的调查和试掘显示,柯冲窑址可能存在土坯窑(护泥窑墙,未用砖砌),或窑床设置为

图七六 繁昌柯冲1号龙窑窑炉

阶梯状的窑室,说明繁昌窑不同阶段或同一阶段的不同地点可能存在不同结构的龙窑窑炉形式。发掘显示,柯冲1、2号龙窑使用时间较长,两座龙窑窑墙均经过几次修整,部分位置可见三层窑墙,表明初次使用时窑室宽度大于后期使用时的宽度。骆冲窑龙窑窑炉只见单层窑墙,说明其没有经过多次修整重复使用,其烧造时间应不长,但其窑壁烧结严重,又说明其窑温较高,这可能是因采用了分室设置而显著地提高了窑炉温度。

②装烧窑具

窑具是反映古代窑业装烧技术的重要遗物,都是原址遗存,且数量巨大。繁昌窑目前发现的装烧窑具主要有匣钵、垫饼、垫圈、支钉、支座等,还有匣钵盖、匣钵座、锲子(或支撑具)、封泥条和火照等辅助工具。

北宋时期,瓷器装烧技术已经普遍脱离明火烧造,进入匣钵装烧的阶段。繁昌窑匣钵可分为漏斗形匣钵(图七七)和筒形匣钵(图七八)两大类,早期曾使用过碗形匣钵和盔形匣钵等,但数量少、使用时间短。漏斗形匣钵数量最多,一般用来装烧碗、盘、盏、碟等圆器,其口径大小、深浅根据装烧器物的造型、规格而变化,但整体造型基本相同。筒形匣钵为圆筒形,一般为平底、直腹,主要用于装烧壶、罐、炉等器身较高的器物。漏斗形匣钵下腹和筒形匣钵底部常留有透气孔。繁昌窑还常见一种圆底筒形匣钵(造型为筒形,但内部空间和漏斗形匣钵接近),口径较大,内圆底,似乎专门用来装烧钵类器物。该匣钵造型少见或不见于其他同时期的窑址,可能是繁昌窑的特色窑具。

图七七 漏斗形匣钵　　　　　图七八 筒形匣钵

关于匣钵的制作,《景德镇陶录》称为"镀匣":"瓷坯入窑,必装匣烧,方不粘裂,且能免风火冲突、坯有黄黑之患。匣钵亦土作……其造法,用轮车与拉坯同,土

不必过细,匣成,阴干略旋平正,先入窑空烧一次,再装坯烧,名曰镀匣。"匣钵采用拉坯方法制作,需先入窑空烧,再行使用。

总体上看,繁昌窑匣钵胎质较粗,其胎的粗细和制作规整度与青白瓷产品品质的要求同步变化。早期瓷器产品质地精细,匣钵制作也较规整;后期瓷器产品品质下降,匣钵也多粗陋。为防止胎体颗粒掉落影响瓷器釉面光洁,漏斗形匣钵一般会将匣钵下腹及底部旋刮,力求表面光滑,内面则用细泥抹光,上腹直壁外面常见一层光亮的釉层。筒形匣钵的制作相对简单,但整个圆柱外侧表面均有釉层。关于匣钵表面釉层的性质,经科技检测有两种观点:一种认为是匣钵胎体经高温烧烤形成,类似窑汗;另一种认为是人为涂釉。有学者根据大量出土匣钵的观察,并结合检测结果,认为繁昌窑的匣钵在制作完成后,应该在口沿部位蘸取了一层釉浆,此釉浆成分和瓷器釉浆不同,但原理相同,在高温作用下可使匣钵涂浆部分形成光亮的釉层。

垫饼是垫在瓷器和匣钵之间的间隔工具,为圆饼状。垫圈在繁昌窑早期阶段普遍使用,其功能、使用方法和垫饼相同。支钉在骆冲窑使用较多,其主要用途和使用方法与垫饼、垫圈亦无不同,即多在匣钵单烧的情况下使用。窑址发现少量匣钵内以支钉叠摞两至多件器物的现象,支钉数目以3、5、7个最为常见。根据多次发掘所显示的地层关系来看,繁昌窑上述三种间隔窑具有先后出现、逐步替代的过程,支钉和垫圈主要存在于早期,中、末期垫饼数量占绝对多数,使用时间远远超过前两者。匣钵支座放置于窑床,支于匣钵柱之下,起到平稳匣钵柱和稍加垫高的作用,该窑具在繁昌窑发现较少。封泥条使用时夹于两层匣钵之间,主要是为了加高单件匣钵直壁高度而临时采用的辅助用具。锲子(或支撑具)发现的数量较多,横置于两摞匣钵柱之间,以防止匣钵柱歪斜并保证匣钵柱之间留有空隙,使火路畅通。火照是测试瓷器火候的工具。繁昌窑发掘收集的火照多为碗、盏、盘的口沿、底足或腹片制成,所有火照均有严重烟熏痕迹,且粘有大量窑渣或窑砂,其中一件火照标本还粘有窑床烧结物,说明繁昌窑火照应是插在窑床上或是插在盛沙的匣钵之中使用的。

③装烧方式

"一钵一器"仰烧法是繁昌窑瓷器装烧的主要方式(图七九),漏斗形匣钵和垫饼的组合则是最常见的组合形式。繁昌窑早期阶段垫圈使用的数量曾一度超过垫饼,并发现一定数量的支钉间隔现象。部分底径较大的器物如平底钵,筒形匣钵装烧的器物如执壶、罐类则几乎长期使用支钉间隔,这是根据实际用途的需要而采用的。

根据发掘情况来看,匣钵一般成摞依次排列,前后略有错位,以保证火路畅通、均匀。因窑床各段宽窄及匣钵口径大小不同,平均每排放置 12～15 摞。根据窑炉内部空间推测,每摞匣钵 15～20 层(以中等大小、漏斗形匣钵计算)。粗略计算,柯冲窑 1、2 号龙窑每窑装烧瓷器为 2～3 万件。

关于装窑,《景德镇陶录》称为"满窑":"……瓷坯既成,装匣入窑,分行排列,中间疏散,以通火路。其窑火有前、中、后之分,安放坯匣皆量釉之软硬以定窑位。"

图七九 "一钵一器"仰烧装匣烧结标本

一般认为,龙窑窑炉空间大,窑室温度上部高,下部低,可能存在"生烧带"的问题。为减少器物生烧,窑工会将底部几层匣钵空置或采用匣钵支座将匣钵柱抬高。繁昌窑遗址发掘的 3 座龙窑显示,在最底层匣钵内常发现尚未取走的器物,而且并不全是生烧的状态。因此,关于龙窑底部存在"生烧带"的问题可能在北宋时期就已经克服(至少在繁昌窑如此)。由于底部器物烧成率有所保障,所以繁昌窑龙窑窑床上的最底层匣钵基本上都是可装烧器物的漏斗形匣钵(零星发现筒形匣钵和喇叭形支座),很少发现专门用于抬高匣钵柱高度、没有装烧器物的托钵或匣钵支座。根据繁昌窑窑炉清理情况,大致可以确认,龙窑尾部出现生烧的概率要大于中段和前段。

5. 繁昌窑青白瓷产品特征

(1)造型特征

①碗

碗一直是繁昌窑主流产品,出土数量丰富,变化轨迹清晰。依口部特征主要分为三种:叠唇、尖唇和卷唇。

叠唇碗是繁昌窑最具代表性产品之一，从创烧延续至废烧。基本造型为敞口、叠唇、斜弧腹、内平底、圈足（图八〇）。叠唇碗由早期至末期变化主要表现在腹部。早期口径较大，腹斜弧，但多较浅缓；中期腹部多较斜直，内平底及底足变小；末期弧腹略直，内平底较大，多下凹，部分接近圆底。

图八〇　叠唇碗

图八一　尖唇侈口碗

尖唇碗的基本造型为尖唇，敞口或侈口，内圆底或平底，圈足（图八一）。流行于早期、末期，中期零星可见，但风格与早期、末期不同。早期尖唇碗均为侈口，数量、大小均与叠唇碗相当，口沿浅刻五缺，腹部对应5条竖条状压印，内面形成凸棱。

尖唇碗多数为内圆底，少见内平底。末期尖唇碗较丰富，数量仅次于同期的叠唇碗和卷唇碗。

卷唇碗在末期稍后出现，基本造型为卷唇、弧腹、内圆底、圈足，内底常见模印菊花纹装饰（图八二）。从经常发现的口沿极窄、内平底渐圆直至消失的末期叠唇碗标本判断，卷唇碗造型应从末期叠唇碗演变而来，并一直与末期叠唇碗共存。绝大多数卷唇碗的做工都较为粗糙，胎色青灰，釉色深绿或灰黄，是繁昌窑衰落期直至废烧阶段的典型产品之一。

②盏

盏又称"茶碗"，其在各大窑场的盛行是唐宋时期饮茶之风盛行的反映。繁昌窑盏的数量与碗相当，变化轨迹与碗相似。根据口部特征，也可分为叠唇、卷唇、尖唇三种。

叠唇盏也是繁昌窑代表性产品之一，

图八二　卷唇碗

从创烧延续至衰落。基本造型为敞口、叠唇、斜弧腹、内圆底、圈足（图八三）。由早期至末期，造型变化主要体现在腹部，局部特征变化主要在口沿。早期叠唇盏腹浅缓，内圆底多较平坦，叠唇宽扁而稍薄，圈足修切规整。至中期，下腹斜收，内底尖圆，整体造型接近斗笠状，叠唇突出。口沿特征变化体现在，一种为剖面呈椭圆形，一种剖面呈三角形，后者有剖面重心朝下至朝上的变化趋势（大致为正三角形——三棱形——倒三角形）。至末期，叠唇盏口沿重心进一步上移、弱化，并出

图八三　叠唇盏

现卷唇盏。从部分卷唇稍厚的标本判断，其口沿特征介于叠、卷之间，与卷唇碗初现时的特征相同，说明卷唇盏应由叠唇盏演化而来。

尖唇盏的基本造型为尖唇、斜弧腹、圈足、内底有圆底、脐圈、脐钉或小平底几种。尖唇盏造型在繁昌窑早期和末期丰富，中期较单一。早期最常见的为尖唇脐圈盏，口微敛，腹较浅，脐圈突出；其次为尖唇浅圆底盏，一般内底较平缓；少量为花口小平底盏，大多平底微凸。中期尖唇盏在前段仅零星出现，一般器形较大，后段数量大增，仍以脐圈、口微敛为主要特征，但较早期脐圈盏高度增加，脐圈不如早期突出。末期尖唇盏式样丰富，但基本上都是平口，偶见多瓣曲花口，内底以平底为主。

③温碗

温碗又称"注碗"，专指用于温酒的碗类，较普通碗腹稍深一些，且做工更规整（图八四）。繁昌窑温碗的基本造型为弧腹略直较深，内平底，圈足较规整。其形制大致有两种：一种足径大，足墙厚且规整，整个器形显得稳重，这类温碗在早期至末期均有发现，中期尤盛；另一种足径接近普通碗，足墙高矮厚薄与普通碗并无明显区别，将其定为温碗主要是造型上腹部相对深直，做工较普通碗类更为规整一些，施釉一般接近底足，这类温碗多见于

图八四　温碗

早期和末期。从造型及局部特征看,由早期至末期,温碗最显著的变化在口部。早期最常见的造型是口沿至腹部压印,呈曲花口,一般为10瓣,有时压印宽窄相间。早期另见少量葵口温碗,葵瓣瓣尖一般相对较平缓。中期温碗多见尖唇平口,足厚重规整,内平底较大。末期温碗最常见的是窄叠唇,足部较普通碗稍厚重一些,造型与末期叠唇平底碗接近。

繁昌窑窑址很少发现与注子(壶)套烧的温碗标本,而墓葬经常出土深腹温碗,其口沿可至注子的肩部以上。

④盘

盘类同现在的菜盘或菜碟,为便于与小型碟类区分,我们在器型分类时将其称作盘。根据足部做法的不同,繁昌窑盘分为两类,一类为圈足盘,一类为隐圈足盘。早期曾发现口径超过25厘米的平底大盘,但总体数量较少。

Ⅰ圈足盘

圈足盘的基本造型为敞口、斜腹、内平底、圈足。早期式样丰富,造型优美,中期和末期退化,数量骤减,种类较单一。早期圈足盘以花口为主,按花口的做法又分为缺花口、曲花口和葵口,尤以缺花口圈足盘数量最多。各类花口盘按规格又分大小两种,其中,缺花口圈足盘以小型为主,大型次之,造型均为斜腹,有斜腹稍内收、斜腹略直、斜腹稍内弧几种变化,以口沿伸展近侈者最为优美。小型曲花口盘数量略多于大型,两者均为折腰,小型者口腹稍内收或稍陡直,大型者则口沿外敞。葵口圈足盘总体数量不多,相对而言,小型者居多,大多斜弧腹,略折腰,葵口口沿大多为波浪形,见有较规则的葵瓣形,大型葵口盘则只有零星发现。

Ⅱ隐圈足盘

隐圈足盘的基本造型为敞口、斜弧腹、内平底、隐圈足(图八五)。早期数量丰富,做工精致,大多为平口,花口次之。平口隐圈足盘一般大小适中,腹较浅,内底径较大,隐圈足极浅但挖足细致。花口隐圈足盘一般为葵瓣口,规格稍大,略深,造型与前者无异。中期隐圈足盘少见。末期常见,一般为敞口或口沿外侈微卷,

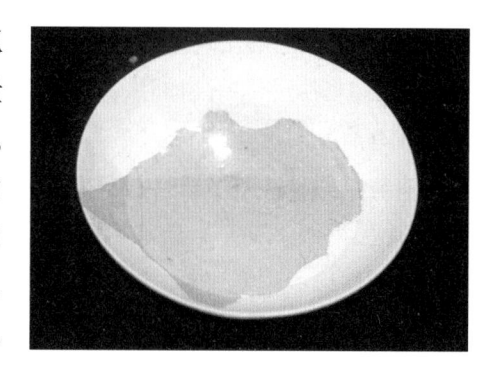

图八五 隐圈足浅腹盘

腹较深，形似盆状。

⑤碟

繁昌窑碟类主要形制有三类：圈足碟（图八六）、平底碟和隐圈足碟。圈足碟分花口、平口两种；平底碟一般为平口；隐圈足碟一般口径较大，腹较深，早期多平口，末期多缺花口，中期不见。

圈足碟的基本造型为敞口、浅腹、内平底、圈足。早期流行曲花口，少见葵口，平口几乎不见。

图八六　曲花口圈足碟

平底碟基本形制为口微敞，斜腹稍陡近直，口沿无装饰，内外平底，造型从早期至晚期未发生明显变化。

隐圈足碟口径一般在12厘米左右，明显大于平底碟和早期花口圈足碟，腹较深，略陡直。早期隐圈足碟均为平口，偶见葵口，做工规整。

⑥钵

钵在繁昌窑址发现的数量虽不多，但各期、各地层均有发现，且作为随葬品在墓葬中极为常见。从大量钵类标本观察发现，钵的基本形制因其功能需要而定，但其造型和尺寸不像碗、盏那么严格，其口、肩、腹等局部特征常有变化，形成较为丰富的式样。繁昌窑的钵可分两类，一类为有肩钵，一类为无肩钵。

Ⅰ有肩圈足钵

有肩圈足钵基本造型为敞口、束颈、折肩或圆肩、弧腹、内圆底、圈足。早期流行厚圆唇，中期圆唇略扁，末期器形变小，口沿更多的是扁薄的直口，有些腹部有压印。中期小型扁圆唇有肩圈足钵常见柳斗纹及乳钉纹装饰。

Ⅱ有肩隐圈足钵

有肩隐圈足钵基本造型与有肩圈足钵一致，区别仅在足部。该产品在早期、末期较常见，中期偶见。早期有肩隐圈足钵器形较大，挖足细致，足较浅，足径亦较大。末期则以中小型居多，普遍足径减小，挖足较深。

Ⅲ有肩平底钵

有肩平底钵在繁昌窑各期均有发现，末期较多（图八七）。造型与前两类钵无明显区别，口沿、肩部特征亦类似。所不同的是，有肩平底钵在末期仍保留厚圆唇、折肩的做法,且器形较大,而末期的有肩圈足钵和隐圈足钵多为小型,口沿多变得较扁薄。

Ⅳ 无肩钵

无肩钵均为敛口、口沿宽、平面微下凹、无肩、斜弧腹、圈足底。无肩钵在早期和中期前段常见,末期基本不见。无肩钵常见口沿外缘饰有麦穗纹或绳纹等纹饰,且圈足内面多见刻字或墨书铭文。

图八七　有肩平底钵

⑦壶①

壶是繁昌窑大宗产品之一,类型丰富,自成体系。造型风格受时代风尚的影响,并因实际使用功能需要,具有五代至北宋时期壶类产品的共性特征,又因其独有的技术传承和地域文化,形成自身特色。

Ⅰ 分类

繁昌窑壶类产品根据功能可分为两类,一类为执壶,一类为注壶。执壶数量多,变化较为复杂。注壶常见于墓葬内,窑址发掘出土很少。注壶可能需与温碗同时配套生产,装烧相对复杂,生产成本高。总体上,注壶生产量应低于执壶,出土量与执壶亦有很大差距,且造型变化相对简单。

按整体造型,执壶可分为四种类型:A 型(喇叭口形)、B 型(侈口形)、C 型(盘口形)、D 型(梨形)。其中,梨形执壶是近年发掘新发现的类型,在骆冲窑和柯冲窑均有少量出土。梨形壶因壶身造型独特,与前三类从整体上有显著差异,A、B、C 三型的主要差异则在颈部以上。

四种类型中,除 B 型没有早期地层或墓葬出土的实物例证外,其他三类在早期都有发现。这表明繁昌窑创烧时期,尽管壶的产量并不很大,但主要类型均已开始生产。早期喇叭口执壶做工严谨,线条流畅,腹部有瓜棱形装饰,壶身造型源自早期的"瓶"类器物。盘口执壶线条规整,腹部近似椭圆,有瓜棱,器形硬朗挺拔,其造型可溯源至隋唐时期的鸡首壶。梨形壶尚无完整器物出土,从发掘标本看,梨形壶身有较为逼真的仿生效果,曲弧流,双股泥条形把手,垂腹,外底上凹或隐圈足,

---

① 汪发志:《繁昌窑研究》,芜湖:安徽师范大学出版社,2022 年 8 月,第 152～160 页。

胎略厚,形规整,施釉至足部。侈口执壶应在中期出现,产量和喇叭口及盘口两类相当。侈口执壶阔颈的做法可能受到唐代长沙窑执壶的影响。

Ⅱ 分期

早期(五代末至北宋早期):喇叭口、盘口及梨形执壶均有发现,但数量不多(图八八)。喇叭口执壶口径、颈径、颈长适中,壶腹近圆,最大径位于腹中部。喇叭口壶为曲流,柄为双股泥条形,柄扁。肩部多见凹弦纹装饰,腹部流行瓜棱,一般为6棱,均为圈足。早期执壶和其他产品一样,做工严谨,壶身各部分应经过严格比例划分,器形极为规整(图八八-1)。盘口壶为标准的椭圆腹,腹部匀称,肩部对称置二系(图八八-2)。以前,在繁昌本地墓葬中没有发现梨形执壶,窑址也很少发现此类标本,但在近几年的窑址发掘中,陆续发现几件此类执壶的底部残留标本,且大多属于早期,证明繁昌窑早期确实生产过梨形执壶。张洪涛先生收藏了一件完整的梨形执壶(图八八-3)。

骆冲窑在2014年发掘出土注子盖1件,宝珠形纽,做工规整。结合早期的繁昌老坝冲墓葬、南陵三里墓葬各发现一套较为完整的注壶、温碗(图八八-4、图八八-5、图八八-6),为繁昌窑早期注壶的造型提供了可靠依据。尽管繁昌窑注壶的产量总体上不如普通执壶,但因繁昌窑早期产品定位于上层社会,故注壶作为高档器物,可能是其创烧期的主打产品之一。

1. 喇叭口执壶　　2. 二系盘口执壶

3. 梨形执壶 　　　　　　　　　　4. 注壶、温碗（一）

5. 注壶、温碗（二） 　　　　　　6. 注壶、温碗（三）

图八八　繁昌窑早期典型执壶及注壶

中期（北宋中期）：是执壶大发展时期，产量极大，喇叭口、侈口、盘口三种类型在各自基本造型的基础上，又出现各式变化。

喇叭口执壶器形增大，线条仍较流畅，喇叭口非常标准，发掘出土极其优美的喇叭口造型标本。壶腹多为圆形，似有加长的迹象。双股泥条形把手延续下来，扁条形把手数量增多。

侈口执壶开始出现，开始时口部微敞，很快受到喇叭口和盘口壶影响，出现口部外侈较甚的类型，除颈径较大外，少数甚至与喇叭口执壶难以区分。同时，部分侈口执壶在口沿外侈的基础上，口沿略作了浅盘口的处理，这是受到盘口执壶的影响。侈口执壶大部分腹部较高，很少圆腹。流有斜直流和中长曲流两种做法，后者明显多于前者。柄的做法大部分为扁条形,常见柄面装饰5～6道竖条纹,但几乎不见双股泥条形柄。相比较而言,侈口执壶的做法最为简单,表明其在实用时属较普通的产品。

盘口执壶此期发掘出土不多,但墓葬较常见。其基本造型延续早期,但普遍腹部变矮、近圆,除颈肩以上与早期的做法极为接近外,壶身似乎受到喇叭口执壶的影响。盘口执壶绝大部分肩部有二系,延续短直流的同时,出现曲弧流。柄以双股泥条形为主,亦发现扁条形把手。

梨形壶此期没有发现。注壶在墓葬常有出土,与早期最大的区别是温碗以平口为主,花口或葵口基本不见。注子盖纽以蘑菇形最常见。

末期(北宋晚期):这一时期的繁昌窑产品质量整体呈下降趋势,但末期开头还是有很多不错的产品,整体上仍较规整,且种类有所增加。之所以总体上不如前期,主要是因为胎釉质量下降,釉色偏青或偏绿。但执壶类产品一直是繁昌窑做工相对较为精细的类型,即使到了末期,也很少出现做工明显粗糙的产品。另外,末期不仅增加了一些新的产品类型(如镂孔炉、折沿深腹盏等),一个比较突出的现象是,开始生产一些大件产品。在此背景之下,末期发现一种通高超过20厘米的大型执壶,而且数量不少。此执壶为浅盘口,颈径较大,肩置二系,短直流,椭圆瓜棱腹。

墓葬发现的几件末期注壶,可能是时代已接近后期,即废烧之前,所以做工较为粗糙。

⑧粉盒

繁昌窑盒的种类大致有粉盒、香盒和药盒三种,窑址发掘的粉盒最多,香盒、药盒较少,且多难以复原,造型特征不易把握。

繁昌窑粉盒不仅数量较多,而且式样相对丰富。根据造型大致可分圆形和直壁两类,又以圆形居多。考察两类粉盒的

图八九 石榴形粉盒

渊源,直壁形是粉盒的正统造型,唐、五代时期流行。圆形粉盒则与当时流行的仿生造型有关,如石榴形(图八九)等。繁昌窑粉盒早期丰富,且多饰莲瓣纹,后期渐

变简单,多素面,但大多仍保留蒂形纽的做法。直壁粉盒发现较少,大多棱角圆折,少见五代时期流行的棱角分明的直壁粉盒。

⑨炉

繁昌窑青白瓷炉有两大类型:一种为杯式炉(图九〇),早年的墓葬发掘简报中常称为"净水杯"或"高足杯",后统一称为炉;另一种为带器座组合式炉(图九一)。杯式炉早期出现,延续至末期,不同时期有较为明显的变化轨迹。带器座的组合式炉,仅见于末期,属于繁昌窑后期衰落的背景下做工较为精致的产品。繁昌窑带器座组合式炉流行时间短,据目前的资料看,不见其他窑口,可能是繁昌窑的特色产品之一,因而具有重要的窑口鉴别意义。

图九〇　高浮雕莲瓣纹杯式炉　　　　图九一　带器座组合式炉

杯式炉基本造型为尖唇,平口或花口,口微敞,有柄,饼足或浅圈足。炉膛一般内面无釉,内底多见一圆形插孔,外面常见莲瓣纹装饰。柄部常饰以凸棱,一节最多,二节较少,偶见多节。早期发现数量少,多为小型;中期数量明显增加,造型较规整,器身比例相对较固定,炉膛较宽大;末期数量多,造型多有变化,做工相对较随意,炉膛空间变得狭小,器身较瘦长。末期还见一种柄部完全简化几乎消失的杯式炉,器足略高于普通圈足,器形似"杯"。

带器座组合式炉,造型复杂,工艺精美,不仅是繁昌窑青白瓷炉的一大特色,而且在宋代瓷质香炉史上应占有重要地位。组合炉目前仅见于末期,一般为炉和座的组合,座多为豆形,中间有中空的圆柱形支柱,上面置以碗形炉。炉内露胎,外面常饰莲瓣纹,饼足或不规整圈足。豆形炉座多见镂孔装饰,流行莲瓣纹。

中国焚香历史悠久,香文化丰富异常。因实用需求、使用阶层的不同,出现不同形式的香炉。根据功能,大致可分为居室用、佛寺用和祭祀用三类。根据造型,又可分为有盖的半封闭式和无盖的开敞式。根据质地,有陶瓷质和金属质两大类。纵观香炉的演变历程,汉代的博山炉和宋代之后的三足炉应当是香炉的两大主流,而流行于两宋时期的瓷质杯式炉则是瓷器在陈设用品中强势渗透的反映。

瓷质杯式香炉作为香料的载体,根据考古墓葬壁画等资料,常见于室内案几陈设,也见于僧侣手持,后者又称为"行炉",与一般所认为的香炉功能一致。而繁昌窑窑址发掘出土组合式炉炉座标本,带有"廊殿连台,天香吉所"的铭文,可明确其焚香功能,而且主要用于佛寺场所。①

⑩罐

罐在繁昌窑址常见(图九二),墓葬出土较少。最常见的是一种直口,肩极窄,椭圆腹,圈足,肩至上腹饰四系,有些腹部饰瓜棱。从发掘标本看,窑址常见的一种军盔形蒂纽盖应与此罐配套使用。另见二系斜腹罐、直口罐、塔形盖罐等,但数量不多。

除上述十大类器型之外,繁昌窑还常见托盏(图九三)、小水盂等产品。这些产品在墓葬中常见,而窑址发现较少。此外,繁昌窑还生产砚滴、砚台、三足洗、瓷枕、瓶、矮罐等。早年还曾出土凤首执壶(图九四)。

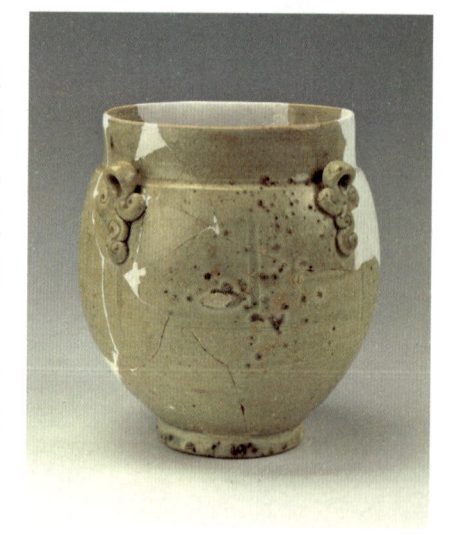

图九二　四系罐

(2)胎釉

从调查和发掘的情况来看,繁昌窑自始至终专烧青白瓷,其胎釉原料的选择、配方及瓷器的装烧方式均未发生大的变化。根据其化学成分分析显示,繁昌窑青

---

① 汪发志:《繁昌窑研究》,芜湖:安徽师范大学出版社,2022年8月,第164～167页。

白瓷釉的成分从早期至末期无明显变化。

图九三　莲瓣纹托盏　　　　图九四　凤首执壶

釉色方面，早期繁昌窑青白瓷的典型釉色多洁白，中末期普遍向偏青绿、灰黄的方向变化，其原因主要是受到胎色逐渐加深的影响。与胎的变化规律一致，每一期都存在釉色相对润白或青绿的标本，只是早期润白者所占比例大，末期比例小。

由于龙窑装烧容量大，手工制作瓷器的干扰因素多，瓷器釉色呈色机理又相当复杂。就青白瓷而言，学术界一般将其釉色界定在"青""白"釉色之间，这就造成青白瓷釉色的色度存在较大的摆动区间。大量标本统计表明，繁昌窑青白瓷釉色除纵向由浅淡向灰暗发展之外，横向差异同样非常明显，即在同一地层、同一窑炉，也会发现釉色偏黄、偏青或偏绿的标本，一件典型的青白釉标本与一件釉色呈青绿或深黄色标本在外观上相去甚远。即使釉色相近的标本仍然存在不同程度的细微差别，甚至同一件器物的不同部位亦会呈现不同的釉色。究其原因，主要是受到胎质、烧成温度、烧成气氛甚至埋藏环境等多方面因素的影响。胎质方面影响毋庸赘述。烧成温度方面，泛黄或偏黄的标本一般烧成温度低，还原气氛不足；偏青绿的标本一般烧成温度高，完成二次还原，釉的玻璃质感强。烧成气氛方面，氧化气氛下，一般釉色泛黄或偏黄；还原气氛下，一般釉色泛青或偏青绿。对于同一件器物，朝向火力的一面和背向火力的一面也存在釉面特征的不同。对于质地疏松、釉面开片多的标本，经埋藏土浸，其呈色受土色影响较大。

(3) 装饰技艺与风格

装饰是古代窑工追求瓷器美观的一种表现。瓷器的装饰方法和风格不仅受当时的社会风尚影响,也受到制瓷工艺技术发展水平的制约。唐代之前,瓷器一般为单色釉,装饰较少。唐末五代时期,瓷器装饰悄然兴起。装饰技法从简单到复杂,装饰题材从单一到丰富。瓷器生产除满足人们日常生活的实用需要,审美与艺术价值也不断提升。

繁昌窑在古代窑业大发展的背景下兴起,装烧技术和制瓷工艺成熟稳定。繁昌窑的产品总体上注重实用,质朴无华,装饰手法多见于盒、炉等兼具观赏性质的产品,所占比例小。装饰技法主要有刻花、划花、印花、贴塑、镂孔等几种,其中刻花、划花所占比例最大。有些器物集刻花、划花和贴塑、镂孔于一身,大大提升了器物的艺术欣赏价值。装饰题材有植物、动物、人物和仿生等几种,植物最多,尤其流行莲瓣、菊瓣,纹饰大部分为图案化设计,很少写实。相对而言,繁昌窑的装饰早期较丰富,中末期较单一。

① 刻花、划花

刻花和划花是利用刀具或其他工具在半干的坯体上刻、划花纹的一种装饰方法(图九五),在宋代瓷器装饰中占有重要的比重。一般而言,刻花刚劲雄健,划花细腻柔和。

1. 浅刻花叶纹器盖　　2. 划花脐圈盏底足(内面)

图九五　繁昌窑刻、划花装饰

刻花是繁昌窑最常见的装饰技法,划花发现较少。根据刻痕深浅有浅刻和深刻之分;根据刻划方法分,一种是直接在器物上刻划,另一种是采用减地法,形成浮雕状效果,根据浮雕深浅又分浅浮雕和高浮雕。从题材上看,莲瓣纹是繁昌窑最流行的刻划纹饰,反映佛教文化在民间的盛行。繁昌窑刻划莲瓣纹常见于粉盒、炉、罐等产品,早年发现的一件莲瓣纹托盏和莲瓣纹杯式炉是分别代表浅浮雕和高浮雕装饰技艺不可多得的精品。2016年10月,在柯冲窑址发现一件刻花器盖,盖面装饰两组植物花叶,向心布局。中心为朵聚状,四周为单瓣和三瓣花叶相间分布,两两相对。单瓣花叶形似鱼目,三瓣花叶应为朵花。该器盖花卉纹饰采用浅刻技法,图案化设计,布局严谨,是繁昌窑目前发现的唯一一件此类风格纹饰标本(图九五-1)。

划花常见于器物内底、枕面、壶腹等,在繁昌骆冲窑发现较多,有龙纹、羽纹、云纹、缠枝菊花、人物等,但大部分仅为个例,数量并不丰富。2016年10月,在柯冲窑址发掘时发现一件划花脐圈盏标本,内面围绕脐圈装饰花卉纹,以脐圈为花芯,底部为一朵绽放的梅花,构思精巧,图案逼真、生动,结合瓷器本身"类玉似冰"的青白釉色,显示出极为生动的艺术之美(图九五-2)。

另外,繁昌窑还常见钵、炉、盒、碗类产品上装饰柳斗纹、旋涡纹、水波纹、麦穗纹、刻字等,其技法应归于刻划一类。

②印花

印花装饰很早就出现了(印纹陶和原始瓷),到宋代得以新生,并成为主要装饰技法之一。繁昌窑印花装饰技法流行于中后期,常见做法是在碗底模印图案化菊花纹(图九六),有时采用压印方法在器物外壁装饰菊瓣纹。

图九六 模印菊花纹碗底足(内面)

③贴塑

瓷塑是宋代较为流行的一种瓷器类型,常见有仿生动物、人物等。为增加塑件的真实感,常常需要在局部采用贴塑的方法,如动物的五官、人物的服饰等。当然,局部贴塑也经常用于实用器物,使其更加生动、美观。

④镂孔

镂孔装饰,亦称"透雕",是宋代较为常见的装饰技法之一,但繁昌窑并不常见。以目前所见,似乎仅见于组合式镂孔香炉。2016年10月,在窑址采集一件镂孔炉炉座盘部标本,可见部分采用睡莲纹装饰,腹壁有镂孔,并刻有铭文"廊殿连台,天香吉所",表明其是焚香用具,常见于寺庙。同年,发现一件鱼座瓷枕标本。

该枕枕面坚薄,为使鱼座写实生动,鱼身采用阴刻技法,对鱼鳞、鳍鳃、鱼尾部进行细致刻划、贴塑,眼部及座、面交接处采用镂孔技法,有玲珑剔透之美感,是繁昌窑少见的结合多种装饰技法于一身的难得标本。

除上文提到的几大类装饰技法之外,繁昌窑还常见弦纹、凸棱、竖条等线性纹饰。另外,繁昌窑还曾发现乳钉纹、腹部出筋等装饰。

值得一提的是,在骆冲窑还曾发现一件点褐彩的装饰,此应属于釉上彩的装饰方法。尽管只是孤例,但釉上彩绘的装饰技法在瓷器发展史上具有重要意义,某种程度上颠覆了我们对繁昌窑装饰技艺的传统认识,因此其价值不同一般。

6. 繁昌窑产品流布及对外销售

商品经济是与自给自足的自然经济相对应的经济形态,在中国古代社会,"重农抑商"是长期奉行的基本经济政策,但这一政策在宋代有所松动。宋代《东京梦华录》记载,当时东京(今开封市)城内的大街上,酒店彩楼相对,店铺屋舍林立,手工业作坊甚多。由此可见北宋商品经济的发展。东京的繁华程度,在传世名画《清明上河图》中亦可得到验证。著名学者费正清先生曾说:"宋朝的商品经济代表了中国十九世纪前的最高水平。"不仅开封这样的大城市商业发达,许多中小城市贸易往来也十分频繁。作为宋代最具代表性的手工行业之一,瓷器生产和贸易达到历史巅峰。除国内市场外,海外市场的开辟,为扩大中国瓷器在世界范围内的影响提供了广阔空间。正如前文所述,瓷器生产者对产品种类的选择、样式的创造主要是因为贸易的需要,市场是决定窑场兴衰成败的主要因素。当然,宋代经济成就的取得,瓷器贸易的繁荣,应当孕育于五代。从墓葬、遗址、沉船等出土(水)瓷器判断繁昌窑瓷器的市场流布,不仅可以勾勒出繁昌窑的辐射范围,还可以追踪一定时期、一定瓷种的技术文化传播,从而为进一步研究南方青白瓷窑系的形成和发展提供线索。①

(1)墓葬

墓葬出土的随葬品具有特定的时空意义,可以从一个侧面反映墓主人的生活状况。尤其是在瓷器渐已普及的唐宋时期,瓷器是各阶层墓葬中必不可少的随葬品。

根据可以统计到的信息,出土繁昌窑瓷器的墓葬主要集中在繁昌本地及距繁

---

① 汪发志:《繁昌窑研究》,芜湖:安徽师范大学出版社,2022年8月,第59~60页。

昌不远的周边地区。在安徽境内,皖南多于皖北,省外则主要见于江苏地区,浙江、湖南等地亦有发现繁昌窑瓷器的报道。近年来,印度尼西亚印坦等沉船出水瓷器中部分为繁昌窑瓷器的认定,为繁昌窑参与海外贸易提供了较为可靠的资料。

①繁昌本地墓葬

目前繁昌博物馆通过发掘出土、移交、征集等方式获得繁昌窑完整瓷器700余件,这些器物基本上都是墓葬出土。自20世纪80年代以来,繁昌文物部门发掘出土繁昌窑青白瓷的墓葬有:繁阳镇老坝冲宋墓群、峨山象形山宋墓、高安矶山墓群、中沟宋墓、繁昌供电大楼墓群、横山坝塘埂宋墓、繁阳戴店宋墓、繁阳华阳宋墓、新港荷圩宋墓、三山宋墓等。

从上述墓葬的发掘情况可以看出,繁昌本地繁昌窑产品的销售市场是以窑场所在的繁阳镇(宋代属金峨上乡)为中心向周边辐射的。在繁阳镇以外,当时的县城所在地新港(宋代属延载乡)也是其重要的销售市场。县城及其附近居民的生活条件应当高于相对偏远的乡村,说明即使在瓷器渐已普及的五代至北宋时期,社会阶层和经济水平仍然是决定是否可以拥有青白瓷的主要因素。另外,芜湖三山经济开发区(原繁昌县三山镇)、峨山镇、孙村镇赤沙也是出土繁昌窑瓷器较多的地方,而汉墓发现较多的荻港、孙村黄浒一带历年发现繁昌窑瓷器却并不很多,表明繁昌西北沿江区域进入宋代时期,经济水平或地位相对于汉代有所下降。

上述墓葬出土青白瓷所反映的另外一个重要信息是,在繁昌窑创烧之前,制瓷业相对较早的定窑、景德镇地区窑场就有白瓷产品进入繁昌市场,其消费市场主要集中于经济水平相对较高的新港一带,另在现在的县城周边也有少量发现。这一信息表明,繁昌窑青白瓷的创烧,在本地民间是有市场基础的,同时,流通到本地的外地白瓷可顺理成章地成为繁昌窑模仿对象。

发掘出土青白瓷的墓葬,年代处于繁昌窑相对兴盛的北宋早中期,其随葬品基本上是单纯的繁昌窑产品,表明此时的繁昌窑产品在繁昌本地市场占有绝对优势。而到了繁昌窑走向衰落的北宋中晚期,即繁昌窑的中期后段至末期,尤其是末期,凡出土繁昌窑瓷器的墓葬,多数情况下会有景德镇地区的产品出现,且其精美程度高于繁昌窑瓷器,说明后期的繁昌本地市场已受景德镇产品流入而渐渐萎缩。这从另一个侧面反映出繁昌窑的衰落直至停烧,市场竞争力下降是其主要原因。①

---

① 汪发志:《繁昌窑研究》,芜湖:安徽师范大学出版社,2022年8月,第60～68页。

②周边及省内其他地区墓葬

2010年10月,安徽省考古所配合京福高铁工程建设,在铜陵市义安区钟鸣镇金山行政村金山盛自然村团山东北坡,发现并发掘一座北宋晚期墓葬,出土13件瓷器,全部为繁昌窑产品,整体风格属繁昌窑末期。

2014年6月,在S216省道繁昌至南陵延伸段道路施工中,在南陵县三里镇漳溪村,发现一座北宋初年或稍早时期的墓葬,出土10件(套)瓷器,均为繁昌窑产品,其造型、胎釉特征与繁昌窑早期产品吻合。

除上述两处墓葬之外,安徽省内其他地区发现繁昌窑产品的墓葬资料很少,省内国有博物馆馆藏繁昌窑产品数量亦为数不多。这一现象表明,繁昌窑产品在安徽省内的销售市场除较为邻近的市、县之外,总体占有率不高。不过,2014年在大运河安徽段——濉溪柳孜运河发掘中,出土的一件尖唇五缺花口青白釉碗与繁昌窑早期尖唇碗特征极为接近。这是目前为止唯一一件有出土依据的、出自淮河以北的疑似繁昌窑产品。与国有博物馆馆藏繁昌窑产品稀少的状况不同,池州、铜陵两地民办博物馆收藏的繁昌窑产品却非常可观。

③省外地区墓葬

根据10世纪中叶到11世纪前半叶南方早期白瓷和青白瓷的发现情况,及长江中下游地区大量五代至北宋早期墓葬出土白瓷、青白瓷的统计和分析,可知繁昌窑产品的销售区域非常广泛。黄义军的《宋代青白瓷的历史地理研究》认为,繁昌窑早期产品除供应本地市场外,还大量销售至长江中下游及运河沿线大城市,在合肥、扬州、镇江、南京、连云港、灌云、宝应、海宁、九江、鄂州、长沙等地都发现繁昌窑早期产品,说明繁昌窑早期青白瓷作为高档商品是以沿江州府城市为主要销售对象的[①]。另外,多数学者认为,繁昌窑产品可能因为政治联盟、贸易而被输往辽地。除了满足内地市场之外,繁昌窑瓷器还与定窑、越窑等名窑瓷器参与海外贸易。

据繁昌区文物保护中心主任汪发志考察,出土繁昌窑产品的墓葬主要分布在江苏、浙江、湖南等地,尤以江苏较多。江苏为南唐故地,繁昌窑的产品在江苏地区大量发现,可能与五代时期同一行政区域范围内所形成的贸易传统有关。

(2)港口遗址

张家港黄泗浦遗址。该遗址入选"2018年度全国十大考古新发现",遗址位于

---

① 黄义军:《宋代青白瓷的历史地理研究》,北京:文物出版社,2010年,第107~117页。

江苏省张家港市杨舍镇庆安村与塘桥镇滩里村交界处,紧邻古长江南岸,今北距长江约14公里,黄泗浦河纵贯遗址东部。黄泗浦是唐宋时期重要的出海口,此次发掘揭露了当时的港口遗址,发掘出土长沙窑、越窑、邢窑、定窑、耀州窑、景德镇窑、繁昌窑等南北众多窑口的产品数以万计。该遗址出土的繁昌窑产品,以碗、盏居多,属北宋中期。此次发掘也证明了黄泗浦是重要的海外贸易集散地,为繁昌窑曾参与海外贸易提供了重要线索。

江苏省盐城东台北海村遗址。2016年3月,为配合川东港工程建设,江苏省文物局组织南京博物院等多家单位对其施工沿线进行了抢救性考古发掘。此次发掘出土以盘、碟、碗为主要器形的多种繁昌窑青白瓷,其年代为晚唐五代至北宋早期。[①]

(3) 古代海外沉船

① 印坦沉船

印坦沉船是1997年发现的位于印度尼西亚雅加达以北的印坦油田附近的一条沉船,根据出水带纪年的银锭上的刻款和其他资料分析,其年代应在918至960年,并有可能晚到960年之后数年。美国普林斯顿大学杜希德教授和英国剑桥大学思鉴教授通过对沉船出水银锭产地的研究及对陶瓷的观察,认为其年代应为930到970年之间(即南汉王朝覆灭之前),并认为部分出水白瓷为繁昌窑产品(图九七)。

图九七　印坦沉船出水的繁昌窑莲瓣纹粉盒

② 井里汶沉船

井里汶沉船的发掘是在印尼爪哇北岸井里汶外海的水下进行的,从2003年开始,至2005年10月结束。沉船的年代被定在五代至北宋初期(以一件刻有"戊辰"年号的瓷器为主要依据,"戊辰"为968年),出水遗物总数超过49万件,其中主要是来自中国的文物,包括30余万件的各类瓷器。有学者认为沉船中很多小件白瓷

---

① 汪发志:《繁昌窑研究》,芜湖:安徽师范大学出版社,2022年8月,第72～74页。

器物为安徽繁昌窑产品。

  宋元时期是我国古代海外贸易高度发展的时期,也是青白瓷对外贸易的高峰时期,其原因在于:(1)宋元政府重视海外贸易,为瓷器外销带来极佳的历史机遇。加之西北地区长期处于分裂和动荡之中,陆上对外交通受阻,海上贸易迎来历史机遇。为适应海外贸易的发展,宋廷建立了完善的市舶制度。(2)宋元时期造船业的发展为海外贸易提供了有利的技术条件。北宋前期,宋廷就在明州、温州设有官营造船厂供漕运和海外交往,船舶吨位大,船体结构和抗风性能都有很大提高。在官府鼓励和带动下,民间造船业更为普遍,民间海上贸易亦非常活跃。(3)东南沿海商人势力兴起,成为推动海上贸易的本土力量。唐末、五代时期是我国陶瓷贸易的第一个重要阶段,这一时期中国的陶瓷贸易主要依赖于阿拉伯及东南亚地区商人的参与和推动。宋元时期,在海外贸易刺激下,东南沿海本土商人势力兴起,成为瓷器外销的重要推动者。(4)宋代的"以绢布、锦绮、瓷器之属博易"政策直接推动了瓷器的海外贸易。北宋后期至南宋,中国的铜铸钱币大量外流,政府发生"钱荒",为限制铜钱外流,政府规定海外贸易不得使用金银铜钱,而是以绢帛、瓷器之属博易,这一政策为元代所续。这一政策的实行,应是促使宋元时期东南沿海外销瓷窑场大规模出现及瓷器大量输出的直接原因。[①]

图九八 繁昌窑龙窑遗址保护展示馆

[①] 汪发志:《繁昌窑研究》,芜湖:安徽师范大学出版社,2022年8月,第74～75页。

中国瓷器对外贸易的历程表明，青白瓷基本贯穿了自五代末到清代近千年的历史，宋元是青白瓷外销的鼎盛时期，青白瓷为中国瓷器走向世界曾作出重要贡献。

繁昌窑遗址是国家发改委、国家文物局等七部委公布的"十二五"重点抢救保护的大遗址之一，也是安徽省重点大遗址保护与利用项目。繁昌窑遗址区约0.88平方公里，包括保护区和建设控制地带。2022年，繁昌窑国家考古遗址公园已获国家文物局批准立项，两座龙窑遗址保护展示馆已经建成并对外开放（图九八）。繁昌窑国家考古遗址公园成为以陶瓷文化为核心，集青白瓷研究、科普、教育、游憩等功能为一体，在长江下游具有独特文化内涵的文旅目的地。

五、宋元气象　繁昌向荣

南唐复置繁昌县,县治在延载乡长江南岸。至入宋,繁昌县治一直没有筑城墙。宋仁宗庆历元年(1041年)四月,夏希道任繁昌知县,率众兴造繁昌城,繁昌城面貌为之一新,呈现欣欣向荣之景象。北宋著名政治家、文学家曾巩和王安石分别为之作记,对夏希道的功业赞不绝口。现今流传下来的明清时期修纂的《繁昌县志·艺文志》,均收录了这两记。

过了20多年,蔡确任繁昌知县,他将官舍后面的荒山坡,修建成一个园,名曰"北园",并亲作《北园记》。《繁昌县志·艺文志》也收录了蔡确的这篇记。

入元后,繁昌县治仍在延载乡。20世纪90年代末,在繁昌故城新港镇出土元代窖藏瓷器,这批珍稀瓷器重回人间。

(一)北宋时期繁昌城

1.夏希道修造繁昌城

宋仁宗庆历七年(1047年)十月二十三日,历时六年半,繁昌县城修造一新,知县夏希道的故友,北宋政治家、文学家曾巩应邀为之作记。曾巩的《繁昌县兴造记》,记述了知县夏希道修造繁昌城的事迹。

繁昌自南唐升元年间复置,100多年过去了,一直没有修建城墙,县治濒临大江,仅靠编制竹篱为屏障,每年都要更换,所用竹材和人力,都取之于百姓。县城出入无门关,宾客来了也无馆舍住宿。县衙虽有房屋,但低矮破败,以至于遇有诉讼,只得在堂屋边的廊屋升堂。案牍文书,更是无处陈放,往往散乱难以查证,致使诉讼、赋税和徭役等失其公平。如此情形经历了七位帝王,知县也不知换了多少任,但他们都无所作为,没能改变这种状况。眼看着县城日复一日趋于破败,世人都说繁昌是"陋县",以至于为官者不肯来,出行的人不愿来此游历,行政事务出现的问题愈来愈多,街市亦愈来愈寂寞萧条,本地的官吏和百姓都感到羞耻和失望。

物极必反,事物到了尽头就会发生变化,所以就有贤能的县令出现了。他顺应人民的愿望,拆除全部的竹篱屏障,在原来的墙基上修筑城墙,建造城门供人们出入通行。在城门的东北方构筑亭台,可以俯瞰长江,以迎接四面八方来游的宾客。将县衙的房屋修缮,又扩大县衙为双重门,并在廊道门上建起了楼房,以收藏皇帝的诏书。走廊的两侧为县吏办公的地方。住宿、浴室和厨房等，都有序分布在正厅的东西两侧。所有的案卷文书，都有专门的房屋收藏。从谋划建筑材料到建造完工，总共用了2396天。

庆历七年十月二十三日，是新建造的县城落成的日子。当初繁昌县刚复置的时候，只有三千余户人家，自进入宋朝约90年，经历四位皇帝，到现在已近一万户了，田地的收获是别的地方一倍还多，鱼、虾、竹、苇、柿、栗等物产，都可以自给自足。繁昌境内有山水等名胜，可供人们游乐，今天又来了这样一位贤能的知县把县城建造得如此漂亮，人们无须按年交费，就建起了坚固的城防。宾客来了不仅有地方休息住宿，而且有地方游览观光；不仅让城里的人们获得安宁的生活，而且百姓和官吏进进出出仰望高大的建筑，更加感到尊严并且敬畏它们。诉讼、赋税和徭役等文书档案都得以保存完整，是非曲直都有凭证而可以判定了。"陋县"的名声已去除，为官者争着来，出行的人更愿意来此游历。过去行政事务出现的问题，已日渐减少；过去寂寞萧条的街市，正日渐繁华。真正与"繁荣昌盛"含义相称的县名，想必是从这时候开始的。

夏希道到任繁昌知县只有27天，就开始着手县城的改造。从用材准备到全部工程完工，他迅速地转变了人们长期以来对繁昌固有的简陋看法，单就这一点来说，他的成就是怎样的卓著呢？过去孟子批评子产仁惠却不懂得治理政事的方法，现在的知县夏希道，大概就是孟子所说的懂得治理政事的人了，在这方面他已超过子产了。

夏希道生卒年不详，清道光《繁昌县志》说："夏希道，字太初，里地失考。"[1]《安徽历史名人词典》说夏希道是安徽青阳人[2]。

2. 夏希道兴建县学

王安石的《县学记》，记述了繁昌知县夏希道兴建繁昌县学的事迹。

古时候，祭奠先圣先师孔子的地方在学宫，那时并没有专门的孔庙。古时候从京城到县乡，都建有学宫，劝告子弟到那里去学习天地自然之理和各种技能，而且还要让他们知道所学知识的由来，于是在开学的时候，都要举行祭奠先圣先师孔子的释菜礼和奠币礼，通过这些庄重的礼仪让人们不要忘记师恩和学习的目的。然

---

[1] 清道光《繁昌县志》，合肥：黄山书社，2010年10月，第281页。
[2] 《安徽历史名人词典》编辑委员会：《安徽历史名人词典》，合肥：安徽教育出版社，2008年8月，第95页。

而这些祭奠先圣先师孔子的礼仪,都是在学宫里进行的,但之前繁昌没有学宫,只有祭祀孔子形式的孔庙。天子开始诏告天下,州一级都要设立学宫,在学宫里祭奠孔子;而县一级,学童满200名,也要设立学宫。然而,繁昌是一个小县,学生人数少,达不到上面规定的标准。繁昌过去虽然有孔庙,但是场地狭小而不完善,而且所陈列的孔子弟子的塑像,只有颜回一个人而已。夏希道刚到任繁昌,就扩建孔庙和学宫,塑孔子的弟子子夏、子路等十人像陈列其中,在大殿东西两侧修建了廊房,作为学堂和师生们的居所。夏希道将两方面很好地结合起来,既修缮了孔庙,又修建了学宫;既能举行祭祀孔子的礼仪,又能使繁昌学童有了学习的场所。

夏希道写信给他的好友王安石,请他记述兴建繁昌县学这件事。王安石欣然接受,他感叹到,那些脱离现今有庙无学的做法,而苟且施行古时候有学无庙的做法,已经不行了。王安石认为,像今天这样只注重祭祀孔子的形式而不求办学实效的做法,与教育的宗旨相去甚远了,而夏希道在这方面既没有改变现今的一般做法,又没有失去古时候教育的本质,他如此兴学的做法不可以不作传啊!

3. 蔡确筑北园

宋英宗治平四年(1067年),蔡确任繁昌知县。蔡确,字持正,泉州晋江人,少年时就显露出才气,有"泉州才子"的称誉。宋仁宗嘉祐四年(1059年)登进士第。

蔡确任职繁昌的第二年,在一个空闲的日子,他来到其官舍的后面转悠,只见一连几个小山坡都荒废着,坡上杂树、杂草、藤蔓丛生,从屋舍墙根向前走不了百步。然而,面对如此荒芜无路可走的山坡,他并不感到意外,只是觉得这里必须进行一番整治了。

说干就干,蔡确很快清除了荒坡上面的陈年垃圾,铲除杂草乱木,显露出高高低低的地势,有数棵高大挺拔的松树,有茂密修长的竹林,这真是一处潇脱闲适的好地方,他内心感到非常愉悦。接下来,便开辟了一条小路,直接穿过竹林,在竹林的后面,栽种美丽的花卉和果树,旁边还栽植梧桐树,裸露的地方用兰草和莎草遮覆。花卉的后面,竹林之中,修建了一座翠云亭。亭子后面,高高的岭上,修建了平台,名叫缥缈台,还建了一个射亭。在竹林之外修建了围墙。蔡确高兴地为这座园子取名"北园"。

然而,使蔡确感到快乐的,不仅仅是园中优美的景色。徜徉园中,向四周眺望,东南方向有公孙山、覆釜山等山峰,连绵起伏,仿佛一扇屏风;西北方向,站在缥缈台上,面向长江,可俯望大江对面濡须河渡口。坐在亭子里,方圆百余里的景物,仿佛都清晰地出现在眼前,呈现出美好的景象。山陵秀美,草木繁茂,让人感到有辽阔无穷的趣味,这才是蔡确感到最快乐的。

公务闲暇的时候,蔡确常常与朋友怀抱书籍、带着小桌凳来到北园,大家饮酒赋诗,谈笑风生,暂时忘记了政务繁忙的烦恼。每逢佳节,又能与县里的百姓在园里一同游乐,来游玩的人则往往流连忘返。

蔡确将要离任了。一天,他来到北园,有一位客人对他说:"从司马氏东晋开始,这里就设置繁昌县了,虽然时有废置,但大概不乏能人志士行迹于此。虽然他们游览过很多奇异的江南风景,但像北园这样的佳境,哪里是轻易见到的呢?回想原来这里虽没有深山幽谷之险境,可这些登高览胜的亭台,悬挂古人书画墨迹的地方,以前却是打柴放牧的场所,实在是不平常啊,难道这是自然形成的吗?您来到繁昌任职,精心筹划营建,把这荒野窒塞的地方变成了一处游览的好去处。现在您就要离任,如果默无声息地走了,不留点文字给后来的人,以便他们查考此园的由来,从情意上讲就留下缺憾了!"蔡确听后,当即愉快地说"好啊",于是作《北园记》,并刻石留了下来。

现今碑刻已无存,而《北园记》则收录在清道光《繁昌县志·艺文志》中。

清道光《繁昌县志》记载,蔡确"筑北园邀迪赋诗为乐"。迪者,徐迪也,繁昌本地人,宋神宗熙宁九年(1076年)进士徐遘的弟弟,徐迪也于宋哲宗绍圣元年(1094年)考中进士。蔡确在北园所赋之诗不见流传下来,倒是徐迪追和的一首五言诗《北园载酒》收录在《繁昌县志·艺文志》中。

明末清初著名画家、于湖(今安徽省马鞍山市当涂县)人萧云从的画集《太平山水诗画》,绘有明清时期太平府所属当涂、芜湖、繁昌三县山水名胜44幅画作,其中繁昌山水名胜13幅,有《北园载酒图》画作。

神宗熙宁三年(1070年),王安石当政时,推荐蔡确为三班主簿,再经邓绾推荐,升任监察御史里行。王安石在开封府试行免役法时,蔡确积极支持王安石变法。蔡确忠于职事,支持变法,深得神宗赏识。神宗元丰五年(1082年),蔡确官拜尚书右仆射兼中书侍郎(神宗元丰改官制,此为右宰相官名)。蔡确在位时,对其政敌残酷打击,树敌过多,加之他是王安石变法的中坚人物,因此,神宗病逝变法失败后,蔡确等改革派成为保守派重点攻击的对象。在保守派合力围攻下,蔡确被一贬再贬,最后被贬为英州(今广东省英德市)别驾,发配新州(今广东省新兴县)安置。此地当时被认为是"烟瘴最甚",有"人间地狱"之称。自此,蔡确郁郁成疾。哲宗元祐八年(1093年)正月,蔡确卒于贬官之所,时年57岁。

(二) 元代窖藏瓷器

元代陶瓷生产继往开来,在宋、金旧制的基础上有所创新发展。元代在景德镇专设浮梁瓷局,负责为宫廷、官府督造瓷器事宜,促进了景德镇制瓷业发展。工匠们创烧出大量新品种,有青花、釉里红、卵白釉、蓝釉、孔雀绿釉等,极大地丰富了瓷器色彩,为明清两代瓷业再度辉煌奠定了坚实基础。[①]

随着水陆交通和海外贸易的迅速发展,元代龙泉窑得到空前发展。元代龙泉窑瓷器最明显的特征是胎体逐渐趋于厚重,造型上的特点是器形高大。

20世纪末,繁昌出土元代窖藏瓷器,它们产自景德镇窑、龙泉窑及宋代官窑,代表了当时制瓷业最高水平。

1. 新港发现窖藏瓷器

1998年12月,繁昌县新港镇街道在进行市政工程施工时,发现瓷器,县文物管理所人员闻讯立即赶到新港。在新港派出所,他们看到刚挖出不久、浑身沾满泥土的3件瓷器大罐。3件瓷器大罐中2件为青花兽耳大罐,1件为龙泉窑荷叶盖罐。清理大罐时,县文物管理所人员惊讶地发现,3件大罐里竟均藏有若干小件器物,数量殊多,件件精美。大罐口沿有破损,且其中有的是旧茬,不排除是当年窖藏时人为打破的。随后县文物管理所人员又来到施工现场,判断为一处元代器物窖藏坑,3件大罐均直接浅埋于地下。现场初步勘察后,县文物管理所人员将出土的器物带回县文物所进一步清理。

县文物管理所考古人员清理编号,此次窖藏出土瓷器共25件。其中,景德镇窑生产的元青花瓷器,竟达15件,占整个窖藏瓷器的大半。2件元青花兽耳大罐,造型雄壮,苏麻离青呈色深沉、浓重;13件元青花龙纹高足杯小巧玲珑,龙纹绘技精湛,生动传神,呼之欲出,胎质细腻,做工精良,釉色温润,为国内外罕见。在国内外考古史上,一次集中出土数量如此之多的元青花龙纹高足杯,尚属首次。景德镇窑生产的元代霁蓝釉瓷器3件,为一组供器,其中螭耳胆瓶1对,三足炉1件,皆配有卵白釉器座。霁蓝釉蓝色纯正,施釉较厚,呈现如蓝宝石一般色泽,润泽可爱,造型古朴典雅。景德镇卵白釉瓷器4件:爵杯1件,仿商周青铜器造型,制作规整,釉色完美,其余3件为配于霁蓝釉瓷器之下的器座,同样胎质细腻,制作精细。龙泉

---

① 叶喆民:《中国陶瓷史》,北京:生活·读书·新知三联书店,2011年3月,第409页。

窑青釉荷叶盖罐1件,釉色翠青,荷叶器盖造型生动,阳线出脊工艺娴熟,为元代龙泉窑之精品。宋代五大名窑之一的一对官窑贯耳瓶,为昔日御用之物,精美异常,全器施釉较厚,呈扁八棱形,紫口铁足,呈现独特艺术效果,在元代窖藏中出土宋代官窑瓷器,至今仅此一例。2件贯耳瓶形制相同,完好如初。据国内权威专家鉴定,繁昌新港窖藏出土的这批器物年代应为元代末期。

现主要参考王承旭先生的《繁昌元代窖藏瓷器》一文,对繁昌出土的元代窖藏瓷器作一介绍。

2. 元代窖藏瓷器概述

繁昌出土的元代窖藏瓷器,源自景德镇窑、龙泉窑、官窑5个品种,较集中地反映出元代瓷器制作的巅峰水平。作为元代瓷器最大成就之一的景德镇烧制的青花瓷,是蒙古族游牧文化、中原文化、伊斯兰文化在景德镇窑火中碰撞出的精灵。草原民族世世代代的生活环境影响着他们的审美观念,他们崇尚自然,热爱蓝天白云,蓝白两色对草原民族有着非常重要的意义。蒙古民族自古便有"苍狼白鹿"的传说,蓝与白是蒙古祖先的颜色标志,蓝白是万能的"长生天"。蒙古草原民族对蓝白二色的崇尚是元青花兴起的必备条件。这种蓝白相间、清新淡雅的青花瓷,正是寓意最完美的体现。产自古西亚的一种颜料对元青花有较大影响。最早用于青花瓷装饰的氧化钴料产自西亚。唐朝时这种颜料从西亚进入中国,在唐三彩中与其他色彩共同出现。唐代偶有蓝白两色的陶瓷器,但并没有成为主流。元青花使用从西亚进口的钴料——苏麻离青为呈色剂,以中国传统的水墨画技法,直接在瓷胎上绘画,施以透明釉,最终在1300℃的高温中烧成。由于使用"二元配方"工艺,瓷器成品率大大提高,无论是如繁昌新港窖藏出土的高三四十厘米的云龙纹兽耳大罐、孔雀纹兽耳大罐,还是13件龙纹高足杯,件件堪称完美。大罐造型雄壮,显示出大元帝国豪放与博大的胸怀;13件龙纹高足杯小巧玲珑,且造型各异。苏麻离青料所呈现出来的迷人的清丽素雅、水墨风韵的独特格调,令人叹为观止。

高温霁蓝釉的创烧,是元代景德镇瓷业的又一大创举。元代高温霁蓝釉将同青花一样的进口钴料融入釉料中,直接施于器物之上,一次烧成,使高温霁蓝釉真正达到了如蓝石宝一般纯正的色泽,为明清两朝霁蓝釉的发展奠定了基础。繁昌元代窖藏出土的一对霁蓝釉胆瓶瓶颈部各堆塑一只螭龙,绕瓶颈一周,十分生动可爱。霁蓝釉三足炉,呈鼎式炉,仿商周青铜器式样,造型古朴,釉色纯正。从目前资料来看,元代类似的造型十分罕见,它代表了元代霁蓝釉瓷的最高水平。霁蓝釉胆瓶、三足炉皆配以卵白釉器座。器座制作精美,六瓣花足,镂空花窗,小巧可爱。3

件器物为一组供器，霁蓝釉沉静肃穆，卵白釉清亮纯正，再次印证了元人"尚蓝尚白"的文化传统。

繁昌新港窖藏出土的一件卵白釉爵杯，仿青铜爵，造型准确，通体施卵白釉，釉色莹润，从中折射出元人高超的制作技巧。

除景德镇外，以烧制青釉瓷而闻名于世的浙江龙泉窑，也是元代一处重要的瓷业产地。龙泉窑位于浙江省龙泉县境内，创烧于北宋，南宋时达到鼎盛，烧制出以粉青、梅子青为代表的迷人釉色。进入元代，龙泉瓷窑场规模逐步扩大，技艺虽逊于鼎盛期，但也不乏有着鲜明时代特色的精品。繁昌窖藏出土的这件龙泉窑青釉荷叶盖罐，造型壮美，胎体厚重，外壁阳线起棱直贯上下，内外尽施豆青色釉，借鉴植物造型，趣味盎然，美轮美奂。这件龙泉窑大罐高达34厘米，在当时烧制成功，实属不易。全器釉色翠青，阳线起棱手法娴熟流畅，荷叶形器盖，造型生动，并无过多装饰，完全靠造型、釉色取胜，极得中国传统陶瓷审美神韵。

官窑是宋代五大名窑之一，素有"旧官"与"新官"之分，前者指北宋官窑，后者指南宋官窑。有文字载，北宋徽宗政和年间，在汴京设置官窑，史称汴京官窑。南宋沿袭北宋旧制，在都城临安（今杭州），先后建立修内司官窑及郊坛下官窑。修内司官窑及郊坛下官窑窑址已相继在浙江杭州老虎洞和杭州乌龟山被发现，而北宋官窑遗址至今仍未发现。宋代官窑瓷器作为宋代宫廷御用器物，造型端庄，制作精良，气度不凡。其宛若美玉般的釉色，古朴稳重的开片装饰，胎体的紫黑色与釉的青色交相辉映，相得益彰，得到历代统治者的追捧。今天分别收藏于故宫博物院和台北故宫博物院的那些来自清宫旧藏的宋代官窑瓷器便是最好的印证。

宋代官窑瓷器，传世珍稀，可谓珍若拱璧，寥若晨星，如今除两岸故宫有为数不多的收藏，其他地方难得一见。繁昌元代窖藏出土的南宋官窑贯耳瓶，历经千年，完美存世，可谓皇朝遗珍，弥足珍贵。这对贯耳瓶系宫廷陈设器，造型端庄，呈扁八棱形，对称贯耳装饰。通体施月白釉，釉层肥厚，釉色莹润，开片自然，妙趣天成，紫口铁足亦系官窑典型特征，俨然宫廷重器。①

3. 窖藏瓷器工艺特征

（1）窖藏元青花瓷器

繁昌元代窖藏出土的这15件元青花瓷器，2件青花兽耳大罐与13件青花龙纹

---

① 王承旭：《繁昌元代窖藏瓷器》（上），《收藏家》，2013年第1期。

高足杯,较全面地反映出元青花瓷器粗厚细薄并行、大气小巧并存的造型特征。

①青花兽耳大罐,共2件,皆为元代青花瓷器的典型造型。一件为青花云龙纹兽耳大罐(图九九),高39.2厘米、口径15.9厘米、底径18厘米。直口、溜肩、鼓腹、浅圈足、平沙底,肩部贴塑兽首衔环。兽首上各书一个"王"字,十分罕见。全器共分6层纹饰,主体绘3爪云龙纹,辅以卷草纹、回纹、忍冬纹,如意云肩内饰缠枝菊、飞凤纹,繁而不乱,主次分明。

另一件为青花孔雀纹兽耳大罐(图一〇〇),高45厘米、口径15.9厘米、底径18厘米。圆盖弧顶,中间置一宝珠纽,简笔勾勒一莲花花苞,盖面主体绘飞雁穿云纹。罐身造型与云龙纹大罐基本类似,亦洗口、直颈、溜肩、鼓腹内收、浅圈足微外撇。圈足,砂底,内有同心圆痕迹,底足有几处釉斑,底足火石红较浓烈。肩部亦为六组如意云肩纹,内填缠枝花鸟纹。主体纹饰为孔雀牡丹纹,造型雄浑,装饰典雅。此二器的共同特征是,凝重大气、庄重古朴,兽耳堆塑生动,釉质滋润肥厚,青花呈色浓重,略显灰暗,独具特色,均系典型的元青花大型珍品。

图九九　青花云龙纹兽耳大罐　　　　图一〇〇　青花孔雀纹兽耳大罐

②高足杯,又称"马上杯",是为适应蒙古人上马前饮酒话别的习俗而制作的。繁昌新港窖藏出土13件青花龙纹高足杯,纹饰造型各异,为全国罕见。按柄部造型不同,可分为三类:一类为竹节把杯,二类为凸棱把杯,三类为普通把杯。柄部造

型与杯腹造型相互组合，又形成更多类型，令人赞叹不已(图一〇一)。

元代青花瓷在生产中使用了进口的西亚苏麻离青钴料，这种青料烧成之后，青花会呈现如局部铁锈痕、锡光斑痕等独特风格，备受珍视。多年以来学术界认为，元青花有进口料和国产料之分。繁昌元代窖藏青花瓷器，专家认为使用的全为进口料。

1. 竹节把杯 　　　　　2. 凸棱把杯 　　　　　3. 普通把杯

图一〇一　青花龙纹高足杯

(2)窖藏的其他瓷器

元代景德镇瓷器生产进入最繁荣的时期，这一时期景德镇工匠除了创烧出举世瞩目的青花瓷外，还创烧出釉里红瓷、卵白釉瓷、霁蓝釉瓷等产品，都具有里程碑的意义。繁昌元代窖藏不仅出土了15件珍贵的元青花，更是出土了比元青花更为稀少的3件霁蓝釉瓷器和4件卵白釉瓷器，同样风格独特，具有很高的艺术欣赏研究价值。

①元代霁蓝釉瓷器。元代景德镇成功创烧的高温霁蓝釉，为高温石灰碱釉，用与青花相同的钴料，直接拌入釉中，施于器物表面，一次性烧成。釉色呈宝石蓝色，沉稳、庄重、典雅。传世和出土的元代霁蓝釉瓷并不多，故十分珍贵。它的成功烧制，是我国制瓷工匠熟练掌握各种呈色剂的标志，在我国陶瓷史上留下了光辉灿烂的一页，并为明清五颜六色、光彩夺目的多种色泽颜色釉的成功烧制奠定了技术与物质基础。

繁昌元代窖藏出土的这3件元霁蓝釉瓷器，为一组供器，其中霁蓝釉胆瓶一对(2件)，霁蓝釉三足鼎形炉1件。一对霁蓝釉胆瓶，形制相同，直口细长颈，每件颈部盘塑一条螭龙耳，器腹可见一道明显接痕，器底露胎，胎质清白细腻(图一〇二)。霁蓝釉三足鼎式炉，敞口束颈、溜肩、鼓腹、三柱足，通体亦施霁蓝釉，炉内无釉,胎质白细,造型古朴,同类霁蓝釉器物十分罕见(图一〇三)。其造型仿商周青铜鼎造型,古朴庄重。全器以阴模印出炉身、足、耳之后,再接合而成。

图一〇二　霁蓝釉胆瓶　　　　　　图一〇三　霁蓝釉三足鼎式炉

②元代卵白釉瓷器。卵白釉爵杯,仿青铜器形制,口上立两圆柱,一侧为流,一侧为尾。下承三个截面呈三角形的高尖足,平底,底足露胎,杯内壁有釉,杯心露胎,露胎处泛火石红(图一〇四)。三足、双立柱有明显的粘接痕,腹部有一明显接胎痕,亦为分别模印出杯身、足、立柱,再粘接而成。施釉方法为蘸釉法。

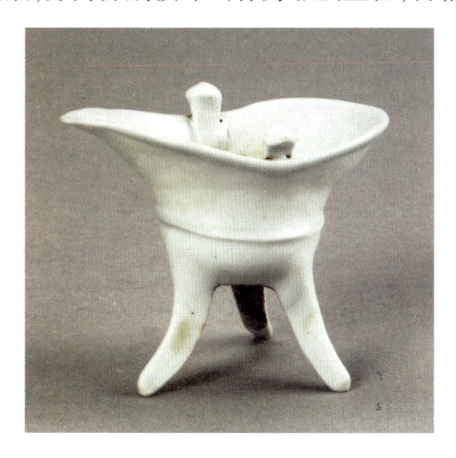

图一〇四　卵白釉爵杯　　　　　　图一〇五　卵白釉器座

三件卵白釉器座,虽为配件,却同样制作精细,分为二式,分别配于胆瓶和三足炉座部(图一〇五)。均为宽唇平折,通体施卵白釉,胎质洁白细腻。不同之处在于:胆瓶座为颈部作六棱形,座身为镂空精细的花窗,座底足呈六瓣花足;三足炉座,其口寸略大于瓶座,没有镂空的花窗,比胆瓶座矮,无过多装饰,仅刻出六瓣花足为饰。

③元代龙泉窑瓷器。繁昌元代窖藏出土的这件元代龙泉窑青釉荷叶盖罐,是典型的元代龙泉窑的瓷器造型,国内外大博物馆也有同类器物收藏,这件荷叶盖罐,当属其中的佼佼者(图一〇六)。其造型雄壮,器形高大,是元代龙泉窑中不可多得的精品大器。其釉色翠绿透明,玻璃质感强。元代龙泉窑胎体大致有两种:一种为继承南宋以来薄胎厚釉一类,其胎体细腻;另一种则如繁昌出土的这件荷叶盖罐,胎体偏灰,厚重坚实。这件荷叶盖罐,无过多刻画装饰,仅在外壁阳线起棱直贯上下,器盖做荷叶状,顶为一莲秆,纽外作弦纹一道,环绕弦纹起棱线一圈,配以豆青色釉,显得简约、典雅、庄重,独树一帜。

图一〇六　青釉荷叶盖罐

④宋代官窑瓷器。官窑为宋代五大名窑之一,其特征为紫口铁足,与哥窑瓷多有相似之处,故对官、哥二窑的研究与争论已历多年,向有"官哥难分"之说。哥窑

也为宋代五大名窑之一,同样备受学界关注。繁昌窖藏出土的这对月白釉贯耳瓶(图一○七),胎质细腻,胎色深紫,全器满釉,且釉质肥厚,美若古玉,全器布满细碎开片,妙趣横生。瓶颈部饰二道弦纹,釉薄处露出紫黑胎色,是其在窑内焙烧至高温时,釉质熔融垂流所致。对称贯耳装饰,器口显紫口,器足呈铁足,故称"紫口铁足"。学界对这对贯耳瓶的断代、窑口认定,向来有不同意见。2003年1月,中国古陶瓷学界泰斗耿宝昌先生来繁昌出席繁昌窑遗址发掘专家论证会之际,在繁昌博物馆亲自鉴定过繁昌元代窖藏瓷器,认为这对贯耳瓶是南宋官窑之物,并给予极高评价。而安徽省内一些专家,则认为是元代哥窑类器物。但即使是哥窑的产品,那也是宋代五大名窑,历经近千年,完美保存至今,弥足珍贵。首次在元代窖藏中发现宋代官窑瓷器,其意义重大,这在元代窖藏瓷的研究中,更具有其独特的研究价值。[①]

图一○七 月白釉贯耳瓶

---

① 王承旭:《繁昌元代窖藏瓷器》(下),《收藏家》,2013年第3期。

六、明清跌宕　长江要冲

明洪武初期,为建造南京都城,明太祖朱元璋下令长江中下游各府、州、县烧造城墙砖。北方宛平县主簿刘赓来到江南,任繁昌县主簿,并充任繁昌县提调官,受命组织烧造南京城墙砖。刘赓去世后,他的儿子刘权受命接着烧造城墙砖。

繁昌县治滨江,路过繁昌城的各路官员络绎不绝,公务接待不堪重负。经几任知县努力,明天顺元年(1457年),繁昌县治由长江边迁至内地,繁昌学宫也随之迁来。明崇祯年间,三任知县接力修筑城墙,完成繁昌筑城史上一项宏大工程。

明朝末年,李自成的农民起义军攻陷北京,明朝灭亡。南明弘光帝逃到繁昌荻港靖国公黄得功军中,黄得功奋力抗击清军,最终战死在荻港板子矶的江中。

(一)繁昌烧造南京城墙砖

南京明城墙历经六百多年沧桑,展现在世人面前的仍有二十多公里,其恢宏的气势、珍贵的历史价值、丰厚的文化内涵,堪称人类文化的瑰宝。

城墙砖,明初称为"官砖",由官方督造,是明初建造南京都城(宫城、皇城、京城以及外郭的城门)工程中最大宗的建材,据估算,建城耗费城墙砖上亿块。明城墙砖不仅数量惊人、规格基本一致(长40～44厘米,宽20～22厘米,厚11～13厘米),在烧制过程中对其质量要求也很高,官吏查验城砖时,按"敲之有声,断之无孔"的标准查验,甚至还有一部分用高岭土烧造的"瓷砖",令世人惊叹。明初烧制城墙砖,从取土、制坯、烧造,到运输、查验、砌筑,代表了当时筑城材料的最高水平,体现了较高的组织管理水平。

繁昌县地方志编纂委员会编纂的《繁昌县志》载:"明代,小淮、旧县等地有砖瓦窑20多座。洪武年间,太平府差官监制,所产砖瓦运往南京建造宫殿、城郭。"[①]小淮,是指原新淮乡(现属芜湖市三山经济开发区),旧县是新港镇。

20世纪末,南京市明城垣史博物馆获悉安徽繁昌县有明代烧制南京城墙砖窑遗址线索,分别于1998年12月及1999年4月,两次组队来繁昌实地调查。繁昌县文物管理所积极参与,共同对新港镇、新淮乡两地烧制明南京墙城砖古窑址进行调查。

---

① 繁昌县地方志编纂委员会:《繁昌县志》,南京:南京大学出版社,1993年10月,第236页。

新港镇砖窑址位于镇东北侧长江岸边坡地及丘陵地带（当地人称有古砖窑72座），全长250米。窑址分布密集，排列有序，两窑之间相距15米。其中紧挨长江的窑址呈直线排列，其余顺山势走向排列。当时县、镇有两个砖瓦厂在此生产经营。此次调查共发现20余座残窑遗址，砖窑结构皆为地穴式馒头形。

在新港镇荷圩村附近，调查人员从一座砖窑遗址中挖出一块带有铭文的残砖，铭文为："……照磨钱仁　司吏施祥……提调官主簿刘权　司吏何泽。"而南京市明城垣史博物馆馆藏的太平府繁昌县标本城砖的一侧两列铭文是："太平府提调官照磨钱仁　司吏施祥繁昌县提调官主簿刘权　司吏何泽。"（图一〇八）两块城墙砖不仅大小、质地相同，铭文字体一致，而且府、县两级提调官的职务、姓名完全吻合。

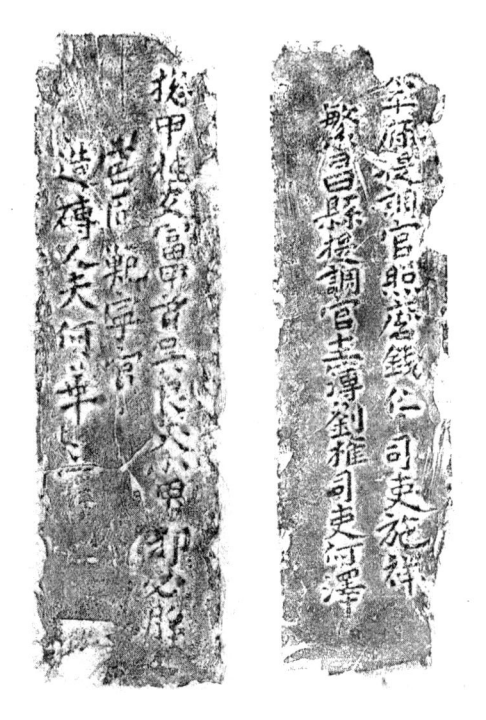

图一〇八　南京市明城垣史博物馆藏太平府繁昌县标本城砖铭文①

（铭文为：太平府提调官照磨钱仁　司吏施祥　繁昌县提调官主簿刘权　司吏何泽；总甲桂□富　甲首吴良天　小甲郭必胜　窑匠范宁官　造砖人夫何华三）

---

① 南京市明城垣史博物馆编撰：《南京城墙砖文》，南京：南京师范大学出版社，2008年5月，第47页。

由此可知,繁昌县新港镇荷圩村附近的地穴式馒头形砖窑群,确系明洪武年间为南京烧制城墙砖的砖窑原址。

新淮乡窑址位于董仓村通往南陵县的淮陵路路基东侧,濒临漳河西岸,窑址顺漳河堤岸排列有序,两窑之间相距 3.5 米,砖窑结构也为地穴式馒头形。此次调查仅发现 3 座窑址,其中 1 座保存较好。从窑口表面剥离的残砖上,铭文均为直书阳文。其中铭文文字较多或标明造砖地区的有两块:(1)"□首盛仲玎小甲戴均宝□□戴小五　崔生五　窑匠崔记□";(2)"宁国府提调□□"。因砖破损严重,长度已无法测量,但从其厚度(11.2~12.7 厘米)、宽度(21~23.5 厘米)推测,该窑址的城砖形状与新港镇的基本一致。

新淮乡窑址内出现"宁国府"字样的城砖,似乎有些出人意料。明初繁昌县隶属太平府,而新淮为繁昌的一个乡。在太平府繁昌县境内怎么会出现带有"宁国府"字样的城砖呢?繁昌县地方志编纂委员会编纂的《繁昌县志》载:"自然镇小淮窑,历史上所产砖瓦远近闻名。因地处芜湖、南陵、繁昌三县交界处,交通偏僻,昔称'三不管'地界。"[1]明嘉靖年间修纂的《太平府志》载:"繁昌县每年将概(该)县人户编派荻港镇江夫三百十四名,共编银一千零二两,又于宁国府拨夫二百六十六名,共银八百两,帮助专一答应使客。"[2]砖窑窑址的漳河对岸即为明初的宁国府南陵县地界,明初两地曾多有交往,宁国府向太平府"拨夫",而太平府为宁国府烧制部分城墙砖,两地官府之间对朝廷"征派"等事项有过互通现象。因此,在太平府繁昌县的小淮窑遗址中发现带有"宁国府"字样的城墙砖,是可以理解的。

2008 年 5 月 2 日至 25 日,为配合坐落在新港镇江边的富鑫钢铁厂工程建设,安徽省文物考古研究所和繁昌县文物管理所对 3 座明代砖窑遗址进行调查和发掘。1 号窑保存基本完整,窑内出土部分城墙砖(图一○九);2 号窑为残窑,窑床上残留部分排列整齐的城墙砖(图一一○);3 号窑早期遭到毁坏。

---

[1] 繁昌县地方志编纂委员会:《繁昌县志》,南京:南京大学出版社,1993 年 10 月,第 47 页。
[2] [明]林钺修,邹璧:《太平府志》,合肥:黄山书社,2009 年 12 月第 1 版,第 317 页。

图一〇九　新港1号窑址窑壁上的烟道及壁龛

图一一〇　新港2号窑址窑床上残留的城墙砖

繁昌县文物管理所还在新港江边窑址区附近村庄征集到4块较完整且带有铭文的城墙砖。其中一块城砖长40.3厘米,宽20厘米,厚11.1厘米,重约17.5公斤。一侧两列阳文铭文为:

　　　　太平府提调官照磨钱仁　司吏施祥
　　　　繁昌县提调官主簿刘权　司吏何泽

　另一侧三列阳文铭文为：

　　　　总甲程德祖　甲首姚文信　小甲王宗六
　　　　窑匠林德春
　　　　造砖人夫李思聪

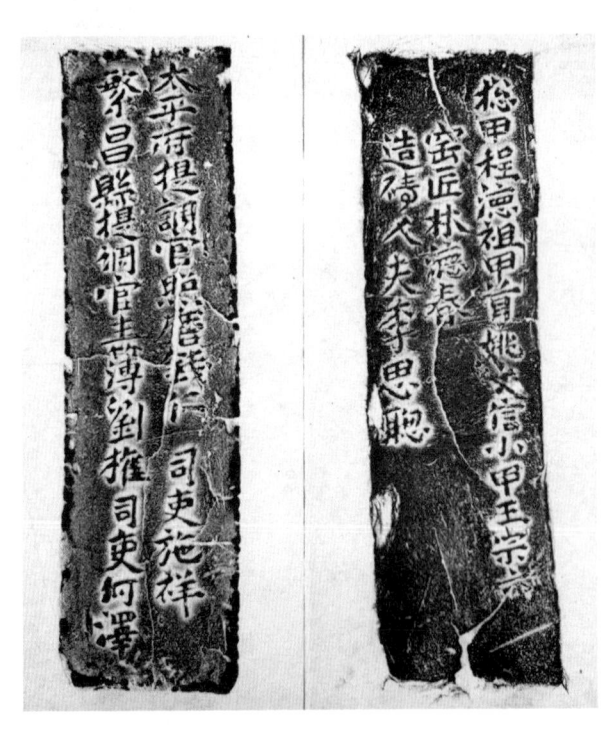

图一一一　繁昌博物馆藏从新港镇江边窑址附近村庄征集的城墙砖上的铭文

　　这块城墙砖一侧铭文府县提调官、司吏姓名与南京市明城垣史博物馆馆藏太平府繁昌县标本城砖铭文完全一致，另一侧铭文总甲、甲首、小甲、窑匠、造砖人夫姓名有所不同（图一一一）。其他3块城砖大小、重量与这块基本一致，铭文府县提调官、司吏姓名也与这块完全相同，只不过另一侧铭文总甲、甲首、小甲、窑匠、造砖人夫姓名有所不同。

繁昌地处亚热带的黄棕壤与中亚热带的红壤地带性土壤接壤地区，与非地带性土壤覆域交错，土壤种类较多。全县大致可归纳为六种土类：棕红壤土类、黄棕壤土类（俗称黄泥土）、石灰土土类、紫色土土类、潮土土类、水稻土土类。其中水稻土土类分布于圩区洼地及丘陵、河谷低洼处。成土母质为湖泊沉积物或江河冲积物。土性冷，质地黏重，泥脚深，尤适合烧制砖、瓦。

繁昌境内丘陵、山地较多。县西、北两面濒临长江，河流、湖塘、沟渠交织密布，与长江相通的有漳河、黄浒河等。

繁昌县窑业历史悠久。根据考古发掘，自晚唐经五代至北宋，繁昌是我国烧制青白瓷的重要起源地，重要的窑口有柯冲窑、骆冲窑等。

遍布全县的制砖业，从明洪武年间开始见诸县志。到民国时期，全县有大小砖瓦厂32座，每年惊蛰开坯，大雪停窑。到20世纪90年代，全县20个乡镇中，16个乡镇有砖瓦厂。

较好的自然地理与人文地理，悠久的烧瓷制砖历史，为明初烧制南京城墙砖提供了技术基础与保证。

明代南京城墙砖文，是我国现存的一组规模最大的砖文群，在中国古代砖文史上占有重要地位。砖文均在城墙砖的两侧，为模印阳文，一般为30~50个字，将府州县的官员、吏员、总甲、甲首、小甲、窑匠、造砖人夫姓名等模印于其上，最多的不同责任层面竟达十一级，构成了一套自上而下的实名制的管理体系，保证各地为南京烧造的城墙砖的质量。

南京市明城垣史博物馆的专家多年来对砖文进行系统调查、收集、整理和研究，基本弄清了砖文承载的历史信息。南京城墙砖产地，主要为直隶（后称南直隶）、湖广行省、江西行省（大致包括今江苏、安徽、江西、湖北、湖南、上海六个省市）所属部分府州县，共涉及35个府，11个州，174个县。可以看出当年南京城砖烧造的任务，并非向全国各地平均摊派，而是集中在长江中下游的"两湖"、江西、安徽和江苏。这样安排，大概是出于两方面的考虑：一是这些地区与长江水系相通，便于城砖的运输；二是这些地区也是明初实行"均工夫"制度的重点地区。"均工夫"是明初按田产分派役夫的制度，即按田产多寡计出夫多少。

砖文中的提调官，是非职官常设机构称谓，是朝廷根据工役需要临时设置的，并由相应职官负责其事，工役项目结束后归籍。洪武年间的提调官，原则上是从外地调用,称为"南官北调"。府级提调官通常由相应主管行政事务的知府(知州)兼任,或由他们委派府(或直隶州)署的同知、经历、通判、照磨、知事、判官、吏目等兼任。县级提调官由相应的县(或散州)主管行政的知县(知州)兼任,或由他们委派县(或散州)衙的县丞、主簿、典吏等兼任。

照磨是知府的属官,是掌管卷宗、钱谷的属吏,负责审计工作,从九品。司吏,简称"吏",府(县)署中负责办理文书的普通官吏。主簿,知县的佐官,负责文书、簿籍和印鉴的管理,正九品。

在新港征集到的明城墙砖一侧铭文"繁昌县提调官主簿刘权",及其父刘赓,是北人南官。《明史》:"洪武间,定南北更调之制,南人官北,北人官南。"采取任职地区回避制度,避免官吏利用本地亲属关系的弊端。根据道光年间《繁昌县志》,我们可以了解到城墙砖铭文中"繁昌县提调官主簿刘权"这位主持繁昌县烧制城墙砖的官吏的一些情况。刘权的父亲刘赓原任宛平县主簿,洪武初年受命"制砖窑于繁邑。赓营基度地,扦于陈冲埠回龙矶。赓亡,复命子权袭赓职"。刘氏父子在繁昌烧制城墙砖的数年中,恪尽职守,体恤民情,受到当地民众的爱戴。"父子继美,曲体民情,地脉坟茔,必加保护。工既竣,即以陈冲等处田土赐权及子孙。"因刘权父子有很高的信义,造砖工程结束后,繁昌百姓请求刘氏一家入籍繁昌。

总甲制是明初为烧造城墙砖而专门成立的一种临时性劳役组织。总甲、甲首、小甲即为"均工夫"的组织形式。总甲是明代社会的重要职役名称。明洪武年间,出现在砖文上的总甲,由田产多者充任,即由富户担任。总甲户除按财产多少出资外,还要承担砌窑、造船甚至组织运输的工作。按明初计田出夫的征役制,总甲既是明城墙砖烧制中的基层组织管理者,也是造砖人夫。总甲名下辖若干甲首。甲首既是明城墙砖烧制中的基层组织管理者,也是造砖人夫。甲首名下辖若干小甲。小甲名下辖若干造砖人夫。

总甲户、甲首户、小甲户也充当造砖人夫,不过,这些总甲户、甲首户、小甲户,其名虽列在造砖人夫之中,但事实上不是亲身服役,往往是出钱雇人代役。

各地为南京烧造城墙砖,大约始于明洪武初年,到洪武十七年(1384年)截止。洪武十七年,朝廷已下令免除各地民夫为南京烧制城墙砖。

(二)繁昌县治迁址

宋元两代,及至明代前期,繁昌县治一直在延载乡(今新港镇)的长江边上。

长江乃水路交通要道,许多各级官员来来往往,让县里的接待不堪重负;县治坐落在江边,其地形不便筑城墙,盗贼多有侵害。人们期盼县治迁址,以减轻负担,远离祸害。

明代宗景泰年间,繁昌知县李庆"以县治滨大江之冲,据南畿上游,往来供递巨剧,邑小莫支,民滋消耗,建议改迁"①。英宗天顺元年(1457年),繁昌县治由延载乡迁到内地的金峨上乡(今繁阳镇)。本县义民于通,购买金峨上乡柯、蔡二姓的土地,捐献用于建造县署地基。游姓巡抚授予他"尚义之家"的匾额,旌表他的尚义之举。县治迁址后,故城延载乡改名为旧县镇,故署衙改为公署庙,后又改作同仁书院。

明武宗正德十一年(1516年),时任繁昌知县俞应辰作《改迁县治记》,追记明英宗天顺元年(1457年)繁昌县治迁址这件事。在《改迁县治记》中,俞应辰介绍了新县治的自然环境和基础设施,表明天子对繁昌迁治的重视,分析县治迁址的三大益处,陈述作记的缘由。

繁昌新县治北枕大信山,南拱金峨山,梅山、隐玉山并列于东,铜山、大阳山横亘其西,处于山川秀美之地、五乡交界之处,十分便利。县城周边,修建的土城墙有三里多长;街道和城门,纵横交错,通向四方;漂亮的房屋及厅堂、廊屋和官舍,建设规范;学宫和察院、公署和坛庙,分布有序。其他如仓储、传舍、桥梁等严整完备。

向天子建议县治迁址的,是景泰年间的知县李庆,他的建议得到了朝中繁昌籍御史中丞吴琛的赞同。迁治的消息一出,一时流言蜚语,人心浮动。天子对县治迁址很重视,诏令大臣反复核查情况,但直到天顺元年,天子才最终决定繁昌县治迁址。主持迁址工作的,是时任县令王珣。后经过明成化年间知县林域、徐礼和弘治年间的知县赵文奎等多任知县接续努力,繁昌县城的基础设施才逐步完善起来。

天子为什么这么重视县治迁址呢?几任繁昌知县又为什么恳切请求县治迁址呢?《尚书》说"为人民利益而迁徙",大概就是这个意思。以前周王迁岐以避免诸狄之患,商王迁亳以避免动荡离居,西汉迁长安是为节省财力,繁昌县治为什么要迁址呢?俞应辰考其主要原因有三个方面:其一是休民。繁昌旧县治位居南畿上

---

① 清道光《繁昌县志》,合肥:黄山书社,2010年10月,第60页。

游,濒临长江,长江为东南水路要道,明朝一统天下后,东南地区往返内地的重要的州、府官员,海外藩属国使者到两京,两京的使臣到各藩属国,大都从此经过,需供应的物品及被使役的人不计其数。来来往往的有权势的人,借机盘剥骚扰,永无休止,以致人民苦于奔命,人口日益消减。明朝初年,繁昌编户有三十六里,到景泰年间编户逐渐减至十余里,编户消减的变化只有不到百年时间。其二是省费。朝廷对驿馆储备的物资供应有里程规定,繁昌的上游已设立了荻港驿馆,下游则有芜湖、鲁港驿馆,繁昌位于它们之间,再给予供应,经费就受到拖累了,县治不迁址就不能免除。其三是远害。繁昌县治的地形不便筑城墙,不能像金城汤池那样牢不可破,反而便于敌人长驱直入,盗贼多有侵扰,迁址可远离这些祸害。县治迁址后,辛劳的人渐渐得到安稳,流落在外的人渐渐安定,不久繁昌编户就增加了二里,这就是迁址带来的好处和成效。

《春秋》对平常的事不记载,但对创建重制这样的大事则记录完备,像县治迁址这样的大事,应仿效记载下来。然而繁昌县治迁址多年,还没有记载这件事的人,难道还要继续等待下去吗?商王迁亳因《诰》记载而传播,周王迁岐因《诗经》记载而赞咏,西汉迁长安因《史记》记载而昭著,而今轰轰烈烈的繁昌县治迁址却没有记载,难道不是典籍上的缺漏吗?于是作为繁昌知县的俞应辰将繁昌县治迁址的始末记录下来,并镌刻在石头上,希望后来的人能有所查考。

俞应辰,福建莆田人,进士出身,明正德十年(1515年)任繁昌知县。在任期间,建名宦、乡贤二祠,主修县志,并作《名宦祠记》《乡贤祠记》《改迁县治记》。

清康熙、道光《繁昌县志》和康熙《太平府志》均收录了知县俞应辰的迁县治记,康熙《繁昌县志》题为《迁县治记》,道光《繁昌县志》题为《改迁县治记》,而康熙《太平府志》题为《繁昌迁县补记》。

我们从明嘉靖《太平府志》祝銮的《太平府新志·序》中可知,明正德十一年(1516年),太平府修志。明清时期地方修志,往往府县联动,县志成书在前,并为府志编纂提供资料。太平府志内容包括太平府所属当涂、芜湖、繁昌三县。林平、张纪亮编纂的《明代方志考》和陈光贻编著的《稀见地方志提要》,在述及《繁昌县志》源流时,一致认为繁昌县第一部刊刻成书的县志是明正德《繁昌县志》。明正德十一年(1516年)俞应辰在繁昌知县任上,正逢府、县修志,俞应辰应为县志主修。可惜明正德《太平府志》及俞应辰主修的《繁昌县志》均已散佚,没有流传下来。

明清《繁昌县志》共六部,分别是明正德、明崇祯、清顺治、清康熙、清乾隆、清道光《繁昌县志》,前三部已佚,后三部均以全本留存于世。

明崇祯年间,知县冯洪孜主修《繁昌县志》,他在《繁昌县志·序》中说:"繁志之缺略久矣,今所据为粉本者,正德间志,然一展卷,寥寥数牍,鄙俚简率,三家村人语尔。"由此可知,崇祯年间冯洪孜修志曾以正德《繁昌县志》为基础。明清时期每次修志,都要刊载之前历次《繁昌县志》主修者序,在已散佚的三部县志中,唯有正德《繁昌县志》序言没有刊载。或许是冯洪孜对正德《繁昌县志》评价不高,后人为尊者讳,在续修《繁昌县志》时,有意不载正德《繁昌县志》主修者序。

正德十一年(1516年),是繁昌县治迁址第六十个年头。县治迁址是大事,更是修志必录的重要内容,知县俞应辰补作《改迁县治记》,追记繁昌县治迁址这件大事,收入府志、县志,使后来的人能有所查考,正当其时,理所当然。

俞应辰任繁昌知县期间,清正廉洁,后升任南京兵部主事。

(三)繁昌学宫源流

繁昌城内,峨溪河畔,坐落着一座古建筑,红墙黄瓦,重檐歇山顶,飞檐翘角,气宇轩昂。它就是繁昌夫子庙大成殿(图一一二),是现今繁昌城唯一一座明代木结构建筑遗存。

夫子庙即孔庙,也是古代学宫所在地。学宫是古代地方官学所在地,县级就是县学,因学舍多与孔庙建在一起,所以称学宫。繁昌有史料记载的最早的县学始于南唐。南唐升元年间,割南陵县五个乡复置繁昌县(县治在延载乡,今新港镇),在县治之南建有学宫,其兴废已无可考。

宋仁宗庆历七年(1047年),知县夏希道修建学宫,请王安石作记。王安石在《县学记》中,对夏希道修缮孔庙、修建学宫的兴学之举十分赞赏,认为"其不可以无传也"。

宋徽宗崇宁年间,知县舍法之将学宫迁到县治东面,但在此之后将近70年,学子科场考试一直不顺利。绍兴年间,应生员们的请求,知县傅巩将学宫迁回至县治南面。此后,知县方淑、严致明又相继增修,但不久毁于火灾。绍兴二十九年(1159年),曾觉到任繁昌知县时,学宫被火烧毁已很长时间了。每年春秋两季祭奠先圣先师时,只能将其牌位设在别的地方,祭品都是临时取用。生员人数不够,就让县吏拿着祭祀器物,常被人讥笑。曾觉是福建晋江人,北宋宰相、宣靖公曾公亮后裔,

图一一二　繁昌夫子庙大成殿

曾氏家族一门四宰相。曾觉了解情况后,率先捐出自己的薪水,生员们都跟着出资捐助。他到任的第二年(1160年)六月动工兴建,于当年十一月建成学屋三十间,高门大殿,长廊广堂,学舍、厨房、浴室等精致雅洁,并以官署废田、芦滩地收入作为学宫日常开支。然而没过几年,又因火灾被毁。人们都说学宫离街市太近,所以多次被火烧毁。孝宗淳熙元年(1174年),知县单偶将学宫迁回到县衙的东北角。虽然这地方景色优美,但建造时因陋就简,仅20多年,房舍就全部倒塌了。

宋宁宗庆元四年(1198年)夏,知县赵汝积重建学宫,并建三贤祠,用来祭祀曾巩、王安石和蔡确。这三人或曾经记述繁昌县城修造,或记述繁昌县学创建,或曾经担任过繁昌知县,都曾是朝中的名公巨卿。宋理宗淳祐四年(1244年),宋太祖赵匡胤第十一世孙赵孟坚任繁昌知县。上任不久,赵孟坚奠谒学宫,他一走进三贤祠,看到王安石和蔡确的牌位,便严词斥责:天子诏书说王安石是用歪曲事实的说教,以谋求进身的小人,肇祸误国,排斥异己,谁还敢保留他的牌位?蔡确阴险奸诈,罪恶极大,诬蔑我宣仁圣烈太后,清除正直的人,招致外敌入侵之灾难。同时赞扬曾巩；只有先生有很高的名望，诗文清新俊雅，是人所敬重的模范；在元祐及建中靖国年间，积极辅佐皇上，决不做不忠于朝廷的事。他要求将王安石和蔡确两人的牌位从三贤祠撤除，把三贤祠改为南丰祠堂。

南宋最后一次修缮学宫是宁宗嘉定七年（1214年）。清道光《繁昌县志》记载：学宫年久失修，殿堂破败，庭院荒芜，知县王习之重修，主簿周溥灏监修。

元代，学宫仍在旧治，这期间不无修葺，然而因年代久远，所刻碑石散佚而无可稽考。

明英宗天顺元年（1457年），知县王珣将县治由延载乡迁至金峨上乡（今繁阳镇），学宫随之迁址。因县治迁建千头万绪，学宫草草地建于县城东门外金地院旧址。明宪宗成化九年（1473年），知县林域觉得学宫在城外不妥，提议将学宫移到城内。成化十一年（1475年），知县郑護继续迁址工作，将学宫迁至县城北门街。明武宗正德二年（1507年），提学御史黎凤、太平府知府周进隆命知县陈与成将学宫迁至城东炎帝庙隔壁。正德十一年（1516年），知县俞应辰于学宫建名宦祠和乡贤祠，并分别作《名宦祠记》《乡贤祠记》。任上，俞应辰居官清正，后升任南京兵部主事。正德十六年（1521年）十月，知县王世和迁学宫至城东大有仓。

明世宗嘉靖四十五年（1566年）春，太平府推官邱浙代理县事，因自1534年后，本县科第寥落，看风水的人怪罪学宫的风水不好，遂遵照本县人士少司徒徐贡元的建议，将学宫迁至县城西南峨溪河畔（即今夫子庙大成殿所在地）。巡按御史董绲、宋缥都赞赏迁址，并相继捐资修建，于穆宗隆庆三年（1569年）冬落成。这是繁昌县治迁址以来，学宫第五次迁址。学宫迁到这里之后，一直到现在，没有再迁址。

清道光《繁昌县志》记载，迁址新建的学宫，规模宏大，东至街巷，西至学河，南至汤李强的地块，北至云路街，东北至江、于二姓地块。

此后，繁昌学宫又于万历二十五年、三十五年、四十三年，崇祯三年，清顺治十一年，康熙七年、五十九年，乾隆十五年、三十一年、三十三年、三十五年，嘉庆十一年、二十五年，道光七年、二十一年，光绪十四年、三十二年，先后修葺多达17次。

繁昌学宫坐北朝南，垣墙环绕，平面呈一长方形院落。其中大成殿位于南北中轴线上，为学宫内的主体建筑，是专门用于祭祀孔子的庙宇。殿门上方牌额，竖书"大成殿"三字，殿内正中悬挂"至圣先师"横匾一方，神龛内供奉孔子朱地金书木主（即木制牌位），两旁有四配（颜回、曾参、子思、孟轲），十二哲（子骞、仲弓、子贡、子路、子夏、子若、冉耕、宰予、冉求、子游、子张、朱熹)赤地墨书木主。

全盛时期,大成殿左右廊庑各七间,有孔门弟子及历代先贤七十七人、先师五十一人木主。殿前首置有大棹楔三座,左曰"德配天地",右曰"道冠古今",中曰"泮宫"。棂星门一座,左义路门旁有魁星阁一座,右礼门旁有魁星楼一座。迎门五龙影壁一方,石筑二柱单间牌坊五座,内泮池一湾。戟门五间,左名宦祠,右乡贤祠。殿后明伦堂三间,东正心斋、西诚意斋各三间,南土地祠、北天马祠各一间;明伦堂后尊经阁五间。殿左崇圣祠三间,祠前敬一亭一座,殿右馔堂、祭器库以及嵌壁石刻历代重修夫子庙记碑碣十余通。学宫占地面积30余亩。

大成殿之前(含大成殿)为庙,大成殿之后为学。明伦堂是教学场所,尊经阁为学宫藏书之阁。

学宫正南方官山顶有文峰塔一座,外泮河左有文星阁一座,学宫南有文奎桥,学宫北有武奎桥。整个学宫结构严谨,布局合理,规模宏大,气象万千。

新中国成立初,学宫建筑已毁殆尽,仅存大成殿,也是残破颓废。在党和人民政府的关心重视下,分别于1955年、1984年、1996年,对大成殿进行了大规模的修整。

县学主要为科举考试服务,学习条件较好。其教学内容以"四书""五经"为主,并学习吟诗作文,掌握科举考试八股文章格式,以应科举考试。武生除学习"四书""五经"外,还学习兵法韬略和骑射之技。

明初诏令,县学以礼、射、书、数为教学内容。礼的教学内容,要求诸生熟读朝廷所颁布的经、史、律、诰、礼仪等;射的内容为礼部颁布的射仪;书即临摹名人法帖;数是要求精通古时的算学名著《九章算术》。

县学的正副学官分别称教谕、训导,一般都在学宫内办理学务。学官的住处称儒学署。

儒学的学生称生员(秀才),是经过考试录取的。

生员入学资格有明确规定。清顺治十年(1653年),谕礼部转饬提学御史、提学道,严察府、州、县儒学生员出身和行为品德,不得徇情纵滥,务使"土风丕变,人才辈出"。

清代对儒学生员资格有严格的规定,首先是"不通文义,倡、优、隶、卒子弟不能冒充生员"。倡、优是指以乐舞戏谑为业的艺人,隶、卒是指从事差务、劳役的人,这些人被认为出身卑贱。倡、优、隶、卒本身和直系卑亲属都不准应试入学,且不准报捐。对生员的入学年龄没有具体规定，有的可以从童颜考到白发，即所谓的"老童生"。

明清时期，入县学者，须参加每年一次的童试（即县试）。童试由知县命题主持，考生自备几案，县里设有考棚——考场。县学招收生员学额（生员数额）由朝廷规定。名额不是固定不变的，皇帝可以根据情况予以增减调整。清咸丰九年（1859年）至同治四年（1865年），繁昌县生员数额是：文童员额，附生员额20名，廪生额20名，增生额20名，贡生岁额两年一贡；武童员额8名。

学习时间一般为一年。教学内容一般为"四书"、"五经"、性理大全、《资治通鉴》纲目、大学衍义、历代名臣奏议、文章正宗等。考试有岁考和科考两种。岁考每年考试一次，考试内容是：四书二篇，经文一篇（冬日则"四书"文、经文各一篇）。科考两年考试一次，考试内容是："四书"文一篇，经文一篇，时事策一篇（冬日则为一书一策）。童生入学考试，初试为"四书"文两篇，复试为"四书"文一篇，小学论一篇。清雍正六年（1728年）停小学论，改为孝经题。乾隆初年，复试兼用小学论，后又"四书"、经文各一篇，并增五言六韵诗。

清顺治九年（1652年）颁制新卧碑文于各地学宫，提出生员要养成贤才，上报国恩，下立人品。

每月初一及十五，县官率领教谕、训导、生员至正殿拜谒先师庙（即大成殿）。每年春秋仲月丁日（春秋两季第二个月的第四天）祭祀，诸生随学官摆设供品，举行仪式，至先师庙行殿礼。教谕、训导每年或三年两次召集生员到先师庙明伦堂前，对生员进行圣谕教育[①]。

每年省督学对县生员考核一次，府学官每季考一次，县学官每月考一次。每两年选拔贡生一人；每三年推举科举正额，参加乡试（省试），录取者为举人。举人在次年秋赴京城礼部参加会试，及格者为贡士。贡士再经殿试，录取者为进士。

清末，金峨书院迁入学宫。光绪三十一年（1905年），清廷废科举，县学停办。翌年，撤金峨书院，设立繁昌县立春谷高等小学堂，是本县最早的新式小学堂。

（四）崇祯年间筑城

《诗经》里有一首《小雅·黍苗》，是周宣王时召伯带领夫役士卒营建谢城，功

---

① 董圣书：《繁昌县教育志》，2011年10月。

成之后，其役徒为赞美召伯的功绩而吟唱的诗歌。古时候为政一方，把城防修建得固若金汤是非常重要的。

明代天顺元年(1457年)，在得到朝廷同意后，知县王珣将繁昌县治由长江边的延载乡(今繁昌区新港镇)迁至内地的金峨上乡(今繁昌区繁阳镇)。县治迁址后，因财力所限，修建了土城墙，长约三里。时间一长，土城墙便圮毁了。

家乡县治无城防，在朝廷任职的繁昌籍人士徐贡元、陈一简等看在眼里，急在心里，他们多次提议兴建城墙。天启二年(1622年)，巡方御史林一柱向朝廷奏请繁昌筑城获准，县里便谋划筑城事宜。清道光《繁昌县志》载："区画便宜，规方三里有奇，约六百丈，高卑平准，约若干金而足矣。"但筑城的消息一出，"邑民哗然"，四周乡民以"费派田亩，利归城郭"为由，坚决反对，而在城商民及拆迁户又以"多损民田室庐"而怨声载道。因反对人众，筑城之议只得搁浅。

崇祯八年(1635年)，知县罗明祖再次提议筑城，可仅建三门城脚，他就遭到弹劾离职，筑城工程停工。又过了两年，即崇祯十年(1637年)，知县张继曾到任，下车伊始，张知县绕县城走了一趟，非常失望，感叹道：上面要我来此守土，可没有坚固的城墙，怎么办？他认为只有让人们知道无城墙的害处，才能知道有城墙的好处。为此，他列举了皖属潜山、太湖、宿县三县以及建平、六合诸县"有城"与"无城"的利弊，认为繁昌系"江南已城之地，正宜预计绸缪，半完之城，岂宜遽弃"。于是他开始行动，一面"牌行该道，即转行府厅县，将日前城工，逐一丈量打算，已经完过几分，尚欠几分，会集绅衿耆民，开诚化诲，务要设法完成"，一面下令"陡翻积弊"，重新开始筑城准备工作。针对"度数不分，则茫无界段"，他摸清全县田亩赋税底数，理顺里、甲、户关系，清理旧有欠账，清除"滥竽充数"的人。针对"经费无纪，则漏卮不塞"，他亲自掌管经费账目，使建筑材料"一石一桩，俱有归著，则猾胥里奸人不得高下其手"，而"中饱私囊"者自然消失。针对"工载不核，则勤惰弗劝"的情况，他亲自上阵监工，"夙夜在事"，使得参建民壮都尽心竭力，使偷荫躲懒者无容身之地。他召集绅士和年老有声望的人，议定按田亩摊派费用，筹集三万余两。崇祯十一年(1638年)二月开工，十二年(1639年)三月告竣。城墙长六百六十丈，高二丈，城垛一千六百垛。有五座城门：东曰朝阳门，通往芜湖路；南曰迎熏门，通往南陵路；西曰威远门，通往池州路；北曰拱极门，通往无为州。各门均有城楼(图一一三)。西南另有一门为聚奎门，系崇祯十二年(1639年)七月，应生员叶先春、魏极等所请，由知县张继曾同意修建，原名天马门，上亦有楼。该门位于儒学之南,以迎秀气。两座水关,分别位于拱极门西和迎熏门右,迎城外辛金秀水达于泮池再泄入河,为上水水道。还有两处水洞,一在迎熏门左,一在朝阳门南,分别是将城内阴沟水排出城外入河,为下水水道。

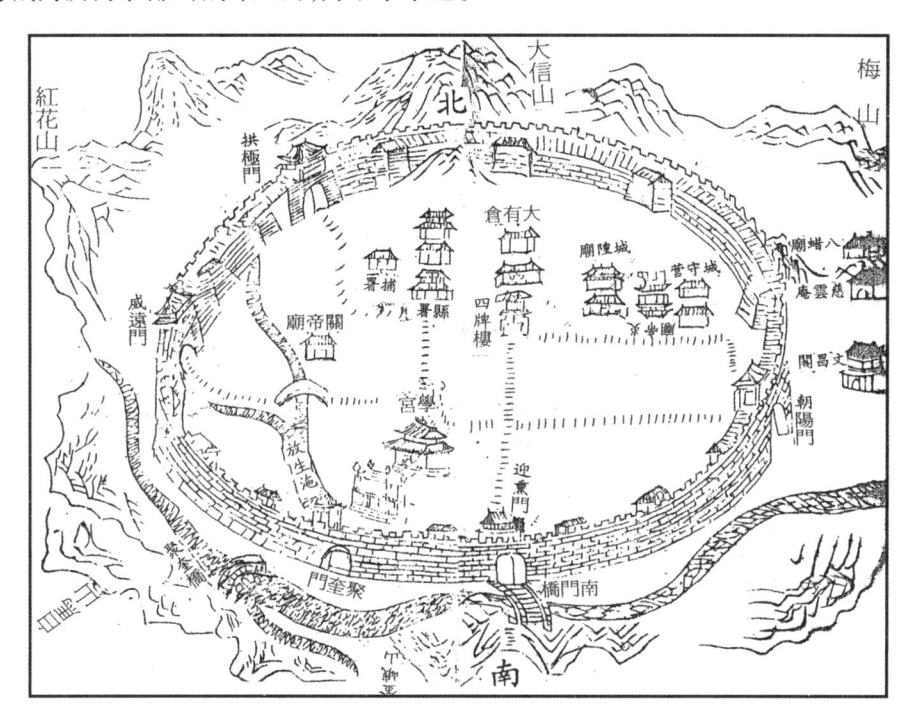

图一一三 明清时期繁昌城墙图

崇祯十四年(1641年),因阴雨绵绵,城墙多处坍塌,时任知县冯洪孜"督率里民,佐以俸缗,以此修筑,设置窝铺(计36座),规制始备"。

《繁昌县志》将张继曾列入繁昌名宦祠,称其"实心爱民,清如杨震。先是前令罗明祖议建县城,方筑基,以劾去。继曾节次经营,不纡不迫,昼夜勤督,告竣而民不知劳"。冯洪孜也因"修筑颓城,建置窝铺"被列入名宦祠。知县罗明祖提议筑城,虽仅建三个城门脚就离任,但也功不可没。

入清后,繁昌城墙有多次修缮。

(五)黄得功荻港抗清

长江在繁昌荻港处收窄。荻港下游不远处的板子矶,绝壁临江,水深流急,古时有"吴楚关锁"之称。历史上每遇改朝换代,板子矶江段大多发生激烈战事。明末靖国公黄得功,为护佑逃到荻港的南明弘光帝,战死在板子矶下。

明崇祯十七年(1644年)三月,李自成攻陷北京,崇祯皇帝朱由检于煤山自缢而死,明朝灭亡。四月,清军入关。逃难到淮安的福王朱由崧,被凤阳总督马士英和江北四镇总兵黄得功、刘良佐、刘泽清、高杰等在南京拥立为帝,年号弘光,因政权建在南方,史称南明。

黄得功(约1594～1645年),号虎山,开原卫(今辽宁开原市)人,祖籍合肥。累积战功做到了游击。崇祯九年(1636年),黄得功升为副总兵,分管京卫营。其后在与农民军的战斗中,黄得功迫降五营兵,擒马武,杀王兴国,破张献忠,战功赫赫。

崇祯十七年(1644年),黄得功被封为靖南伯。同年,明朝灭亡,因参与拥立福王朱由崧为南明皇帝,晋封为侯,与刘良佐、刘泽清、高杰并称为"江北四镇"。

南明建立后,外部形势严峻,内部纷争不断。弘光元年(1645年)四月,为争夺权力,驻守在武昌的宁南侯左良玉以清君侧名义,举兵东来,进逼南京。可船行至九江时他就病死了,他的军队拥立了其儿子左梦庚。左梦庚秘不发丧,继续挥军东进。南明朝廷命驻守在庐州(今合肥)的黄得功,赶往上游阻截左梦庚。黄得功移师荻港板子矶,在繁昌上游铜陵大败左梦庚,解除了其对南明朝廷的威胁。在这场战役中,黄得功身中三箭,南明朝廷听闻捷报,加封其为太傅,并派遣太监王肇基慰劳。后来朝廷又命他携家镇守太平,专事剿贼,加封他为左柱国,晋爵为靖国公。

此时,清军在豫王多铎率领下大举南下,攻陷归德、颍州、太和、泗州、徐州等地,渡淮河,兵临扬州城。四月二十五日,清军破扬州城,在扬州屠城后,自瓜洲渡过长江,克京口镇江,直逼南京,南京危在旦夕。五月十二日,弘光帝离京而逃。五月十五日,清军攻陷南京。多铎命降将刘良佐带领清兵追击弘光帝。弘光帝朱由崧先来到太平府(府治在当涂),再沿江逃至芜湖。黄得功正收兵驻防芜湖,朱由崧潜入他的军营。

清军势如破竹,气势汹汹追到繁昌荻港。黄得功胳膊受伤几乎要断了,他用丝织的络子吊着胳膊,佩一把刀坐在一只小船上,督促麾下八个总兵整装迎敌。刘良佐在岸上大声呼喊招降。黄得功怒斥道:"你竟然会投降啊!"忽然一支箭飞来,射中得功咽喉偏左的地方。黄得功知道一切都无法挽回了,他扔下手中的刀,拾起拔出来的箭刺向自己的咽喉,死在江中小船上。总兵翁之琪投江而死,中军田雄挟持朱由崧投降清军①。次年五月,朱由崧在北京被清廷处死。

得知黄得功战死,他的妻子翁氏上吊自尽了。黄得功死后,人们将他葬在仪真(今江苏仪征市)方山他母亲墓旁。

南明朝廷虽最终覆灭,但黄得功誓死效忠弘光帝的忠肝义胆、浩然之气,历来为人们所景仰。

板子矶下的战事虽已远去,但短暂的弘光政权的故事仍然令人唏嘘。清初著名剧作家孔尚任在他的名剧《桃花扇》里,借"明末四公子"之一侯方域与秦淮名妓李香君凄美的爱情故事,再现了南明弘光政权的衰亡史实,歌颂了英雄的赤胆忠诚。

全本《桃花扇》共四十出,其中第三十四出《截矶》与第三十七出《劫宝》的剧情都发生在板子矶。《截矶》讲述黄得功奉命驻军板子矶,阻截左梦庚叛军东下,最终取得大捷;《劫宝》说的是黄得功在板子矶江面与清军交战,最后尽忠报国的故事。

清嘉庆十七年(1812年),繁昌县荻港名士洪占鳌为纪念抗清英雄黄得功,在板子矶捐建"黄公阁",并立纪念碑一块,记载了黄得功英雄而悲壮的一生。

几百年过去了,戏剧《桃花扇》,板子矶上黄公阁,一直向人们讲述着黄得功临危受命、忠肝义胆为南明尽忠的故事。

---

① 《明史》,北京:中华书局,1999年11月,第4615页。

七、民国风云　峥嵘岁月

优越的地理位置,较为发达的商品经济基础,使得晚清之际,繁昌开皖南煤炭工业之先河。史料记载,"光绪三年(1877年),政府提倡实业,准人开矿",繁昌多处开采柴煤,"矿务大兴"。《安徽省志·煤炭工业志》记载:"至清末,在繁昌古楼冲一带,开采煤炭的有兴力、原康、裕逐3家公司,工人达千人,最高日产量有几百吨。"

民国初年,广东商人霍守华成立裕繁铁矿股份有限公司,在京的皖籍人士虽百般阻挠,但其仍获得繁昌桃冲铁矿的开采权,并一度成为全国第二大铁矿。

抗日战争爆发,繁昌沿江地区被日军占领,进而进逼皖南。新四军第3支队进驻铜(陵)繁(昌)前线抗击日军,取得了繁昌保卫战五战五捷的战绩。

1949年4月20日夜,中国人民解放军发起渡江战役,一举突破国民党军苦心经营的长江防线,英勇的中国人民解放军渡江第一船登陆繁昌土地,历史翻开了新的一页。

(一)百年桃冲铁矿

桃冲铁矿位于荻港镇桃冲村长垅山北麓,是我国最早开采的大型铁矿之一,1914年由裕繁铁矿股份有限公司开采,至今已有100多年的历史。

1. 粤商霍守华创立裕繁铁矿股份有限公司

蕴藏在繁昌荻港镇桃冲长垅山下的铁矿,直到清末才被当地乡民胡尺君发现。

民国元年(1912年),当地做煤炭生意的胡尺君在长垅山麓拾得露天铁矿石数十吨,准备运往湖北汉冶萍煤铁厂矿有限公司求售,他先到芜湖海关接洽,但久候不得结果。接洽期间,在鸿安客栈住店打麻将时,胡尺君结识了客店老板丁幼平、芜湖顺泰成米行老板霍守华、青阳煤商陈梅庭。胡尺君无意说出桃冲长垅山有铁矿的事,三人对此颇感兴趣。霍守华知道日本人正在我国长江流域寻矿。

次日,霍、丁、陈三人即乘火车去上海。霍守华通过关系,在上海虹口找到了日本三井洋行驻上海事务所的森恪。安徽长垅山发现铁矿之事,引起了日本人极大兴趣,答应以资相助①。

事有凑巧,此时湖北汉冶萍公司职员洪受之(宁波人)来桃冲地区寻矿。经当地人指引,他来到长垅山勘察,捡取长垅山铁矿石标本带回汉冶萍公司化验。化验结果是长垅山铁矿品位较高,洪受之窃喜,欲购地开采,但因资本不足,迟迟不能进行。

霍守华一刻也没有停留,他与同样在芜湖经营米业的广东香山县人唐耐修,邀请他们结识的一位广东南海籍矿师,一同来到繁昌考察。在桃冲长垅山,他们发现有大量露天矿石,且"铁矿纯正,品位甚优",都很兴奋。

霍守华,广东南海人,早年随父亲在上海米粮店当学徒,后在镇江经营米粮采运业,还在上海开设了轮船租赁公司。清朝末年,霍守华把"顺泰成"米号落户芜湖。之后,他又与芜湖友人开办同丰机器碾米公司。经过几年经营,他在芜湖的几项事业都获得了丰厚的回报。

霍守华是上海新生代粤商,在上海广肇公所、上海总商会、上海各马路商界总联合会及其他社会组织中,他都异常活跃。霍守华往来于芜湖和上海之间,同时经营两地的事业。

霍守华来桃冲前,就有两次开采矿山的经历。民国元年(1912年),霍守华出资与桐城人叶鸣銮合伙开设保民公司,在宣城一带开采银矿,最终因矿层含银量甚少,无功而返,霍损失六千余金。而后,霍又以四千金与泾县人胡壁城合资购下繁昌大磕山铁矿,又因该矿夹石过多,不宜开采而作罢。

开办铁矿,首要的是筹集资本。霍守华、唐耐修最初都在上海经商、居家,上海的广东商人很多,有不少是上海商界名流。这些广东商人因宗族关系或同乡关系,互通信息,相互提携。霍守华与唐耐修带着长垅山的铁矿材料回到上海筹集资金。或许是矿山材料过于简单,这些广东同乡对矿山兴趣不大,霍与唐只筹得少量资金。

几经努力,霍守华邀集上海、广东、香港、芜湖、繁昌等地90名股东,入股5000份(每股200元),集资100万元。霍守华入股348股,共69600元,为最大股东。唐耐修200股,40000元;陈梅庭165股,33000元;胡尺君61股,12200元;丁幼平30股,6000元(图一一四)。1913年初,以霍守华为首的裕繁铁矿股份有限公司成

---

① 凌运舟、夏孝富、唐良平:《裕繁铁矿兴衰史话》,《马鞍山文史》(第4辑)。

立,霍守华、陈仲衡、许镜蓉、丁幼平、唐耐修、陈新培、吴希伯7人为董事,俞学海、唐当两人为监察人。

图一一四　裕繁铁矿股份有限公司股东名册首页[1]

同年7月,裕繁公司领到皖都督府第一号勘矿执照,并着手勘探。

裕繁公司成立后,霍守华与日本人森恪联系,请求售卖铁矿石,并要求资助开采。森恪先后派遣技师益田达氏、高桥雄治来到桃冲实地考察。高桥雄治了解到,"该矿不但藏有矿分50%以上之良矿石2000万吨,且交通方便,由矿区地到长江荻

---

[1] 《裕繁铁矿股份有限公司股东名册》,繁昌区档案馆馆藏档案,档号 L001-1W1-013,第 111 页。

港码头,不过25华里,路程极短"①。森恪遂同意与裕繁公司缔结售卖铁矿契约。

1914年7月,霍守华购山地近600亩,划定矿区,正式具文呈送南京第三矿区矿务监督署转农商部,请求发给采矿执照,承认该公司对桃冲铁矿的矿业权。

9月初,裕繁公司领到南京第三矿区矿务监督署发给的第22号采矿执照。同月7日正式于农商部注册开办。总公司设在上海广东路36号,霍守华任总经理,唐耐修任经理;分公司设在芜湖洋街,由陈仲衡任助理,负责海关交通及销售汇兑事项;矿山设事务所,委托张琴典任矿长主管矿务。

10月初,桃冲矿山开工建设条件一切具备。

10月7日,霍守华私自与森恪签订售卖铁质矿石合同共12条。全文如下:

裕繁铁矿公司售卖铁质矿石合同②

裕繁铁矿股份有限公司全权代表霍守华(下文简称甲)与森恪(下文简称乙)订立合同所有条款列于下:

第一款 甲将安徽省繁昌县北乡桃冲铁矿(第三区矿务监督署发给执照第22号之矿区并现已呈请增加矿区)所采之铁质矿石出售与乙,惟交矿石每日不得过一千吨之谱。签订本合同之日起以40年为限。该期限内甲不得将该铁矿山矿石供给他人。但甲乙随时协议可得添加矿石数量。

第二款 甲可得自行筑造每日销费矿石250吨以内之制铁所,乙不得干涉。

第三款 甲于期限内关于该铁矿石不得与第三者订立任何性质之合同。

第四款 不到40年期限而矿量已尽,即以该矿山矿尽之日为卖铁石截止之日,甲不另补交,设遇兵乱及其它天灾不可抗力之事以致阻碍工程采运时,则应俟平复后继续照交。

第五款 甲应先编制采矿施工计划及工程之预算,按照所列计划从事开采,尚有不经济而靡劳工程乙可要求改良以期完善。

第六款 矿石价值除将采矿运送载船及出口税(惟凡各种地方税项不算入)等费俟交货时议定外加甲应得之净利,每一吨上海规元银一两,并甲公司办事费及一切间接费每一吨不得过洋一元。以上三项费用为将来定价标准,每三年一次,甲

---

① 《桃冲裕繁公司之历年对日关系》,安徽省档案馆馆藏档案,卷号50-1-277,第5页。
② 《桃冲裕繁公司之历年对日关系》,安徽省档案馆馆藏档案,卷号50-1-277,第7~8页。

乙合同协议决定。

第七款　矿石价值,俟矿石装船后在上海交付。

第八款　矿石成色,矿石内含有铁分不得少于一百分之五十。尚不足五十则应照成色在价内扣除,每百分之一扣除上海规元一钱。

第九款　合同成立之日乙先交甲定款英洋20万元,甲照周年六厘行息按年交付与乙,惟以该款为矿石价值之一部分应该于开始采运矿石时甲乙协议由载船矿石价值内分还。

第十款　按照预算甲行筑造采运矿石铁路码头及开采矿石各机件等所需经费由乙供给充足以便进行工程,惟该应由甲按年摊还,仍以六厘息计算。

第十一款　所有交收款项彼此均在上海办理。

第十二款　本合同缮(誊)写一式四份,一份呈存天津日本领事署,一份呈存北京农商部,其余二份各执一份以昭信守。

中华民国三年十月七日

日本大正三年十月七日

代表　霍守华

代表　森　恪

经手人　唐　舜

右见证

大正三年十月七日

在天津总领事　松平恒雄

2. 裕繁公司获桃冲铁矿开采权

合同签订后,裕繁获得日资扶持,矿山开工建设。日方派益田达氏等6名工程技术人员到矿山指挥工程建设。

同年,裕繁公司根据私订合同第二款之规定,聘请湖北汉阳铁厂一工头为技师,拨款20000元,于矿山事务所附近建造小型熔铁矿炉一座。熔铁炉系圆筒形,高约3.5米,炉体直径70厘米,计划每昼夜出生铁5至6吨。该工头只凭在汉阳铁厂管守熔炉之经验,生搬硬套,不能对不同矿质铁矿采取不同的配料方法,熔炼过程中,又极为保守,拒绝与人合作,每次试炼均遭失败。如此数月,每日耗银数百两,总是不能炼成,被迫中止。

在霍守华与森恪签订售铁质矿石合同之前,1914年3月,北洋政府颁布新矿业条例,明确了铁矿国有政策,非经政府特许,不能领照。森恪自知与霍私订合同与新法相违,欲得农商部核准决非三井之力所及,遂将所签合同而获得之权益转让给有中日双方政府背景的中日实业有限公司。名为转让,实则是借日本政府之力,给中国政府施压,迫使农商部核准,使其与霍守华所签合同合法化。

1916年元月22日,霍守华代表裕繁公司,李士伟、森恪代表中日实业有限公司重新签订了"裕繁公司售卖铁砂合同"。此合同仅将出售对象改森恪为中日实业有限公司,删去原私订合同中的第二款、第三款两条,余者文意不变,将十二条合并为十条。①

第一次世界大战爆发后,日本对钢铁需求量激增,但日本国资源贫乏,铁矿蕴藏量少。为保障本国铁矿资源供给,日本便将触角伸向了中国,在长江流域与英、德等国争夺对湖北大冶和安徽桃冲铁矿的控制权。据日本农商务省临时产业调查局1918年的实地勘察,安徽桃冲铁矿石品位良好,矿石储藏量丰富。② 在日本政界看来,安徽桃冲铁矿已经事关日本国钢铁业发展大局,势在必得。中日实业公司副董事长仓知铁吉曾说:"该矿矿量自山顶至山麓约两千万吨,合之表现在地上者,当在四千万吨以上,即使有年额五十万吨之制铁所出现,亦可供给四十年之久……桃冲铁矿之于日本,实日本制铁事业之福音也。"③裕繁公司与中日实业公司重新签订"售砂借款"合同后,中日实业公司垄断了桃冲铁矿的出口销售。中日实业公司副董事长仓知铁吉等人随即在日本发起成立了东洋制铁所。④

桃冲矿山开工建设后,裕繁公司正式聘森恪为顾问。森恪除裕繁公司卖矿一吨得银30报酬外,还有所谓顾问费每月2000元(后减1000元)之契约。⑤

虽然霍守华付给森恪高薪,但森恪所期望的,并不单在一矿山之经营与其个人收入多寡,他的目的在于日本国制铁事业的振兴。

霍守华根据森恪意见,具文呈农商部,请求增加矿区范围,增购土地800余亩,扩大开采规模。此时,国内上层及知名人士见国家公布新矿法以后,具有种种优越

---

① 马鞍山市地方志办公室:《马鞍山市志资料》(第1辑),1984年9月,第4~5页。
② 韩剑尘:《北洋时期安徽裕繁公司与日本债务问题再研究》,《江汉论坛》,2016年第11期。
③ 张家康、郭珍仁:《从裕繁至桃矿——桃冲铁矿山七十年风云》。繁昌县政协文史资料委员会:《繁昌文史集粹》,1993年,第112页。
④ 韩剑尘:《北洋时期安徽裕繁公司与日本债务问题再研究》,《江汉论坛》,2016年第11期。
⑤ 《桃冲裕繁公司之历年对日关系》,安徽省档案馆馆藏档案,卷号50-1-277,第9~10页。

条件的桃冲铁矿山仍然落入日本人之手,甚为不平。为将桃冲铁矿收回国有,达到国人治矿的目的,在中日实业公司担任总裁的安徽泗县人杨士琦,会同皖籍在京知名人士李经羲[①]、周学熙[②]、王辑唐[③]等人,趁裕繁利用增区扩采之机,抓住霍守华与外商私订合同未呈农商部核准的把柄不放,大造舆论,敦促政府吊销其执照,依法追究。霍守华也因其广东人身份受到皖人的指责,中日实业公司的特殊身份在起初并没有成为被攻击对象,"安徽绅士反对陡起,声言专拍霍商,决不侵害本公司(指中日实业公司)之利益"[④]。"在京安徽寿县籍绅士孙多森等一派,以该铁矿山利权委诸广东人霍守华一派之手,心有未甘,遂运动政府要路,买言论机关,煽动省民,图设立所谓通惠公司(与中日实业公司同一目的)以移利权。一时当路者为动,民意激昂,中日实业公司与裕繁公司之关系几濒绝境。"[⑤]同时,杨士琦又暗嘱皖籍人陈推彦呈文农商部,为已请领开采权,达到皖人治矿之目的。而此时的孙多森与森恪一样,正担任着中日实业公司常务董事一职。

森恪见阻力增大,自己无法解决,便以中日实业公司名义,呈请日本外务省,请日本驻华代理公使小幡酉吉施加压力。北洋政府在日本外交压力下,令农商部从中调停。

1915年11月21日,森恪在由北京寄给汉口的益田达氏的信中说:"本月十五日,小幡酉吉代理公使已正式与中国外交部进行交涉,弟亦于十七日赴外交部访问曹次长,谈判结果,曹次长云当负责使贵方满意。闻对小幡酉吉公使方面,亦有同样回复,目的信可达也,仅不过时间问题而已,一俟该事稍有眉目,当即南下,开始

[①] 李经羲,安徽合肥人。李鸿章侄。1901年任广西巡抚,1909年任云贵总督。辛亥革命时逃往上海,1913年被袁世凯任为政治会议议长。1914年5月改任参政院参政,10月任审计院院长。1917年5月~7月,任北京政府国务总理兼财政总长,曾参与张勋复辟。见马鞍山市地方志办公室编:《马鞍山市志资料》(第1辑),1984年9月,第19页。

[②] 周学熙,近代著名实业家。安徽建德(今东至)人。袁世凯的亲戚和幕僚。辛亥革命后,曾任袁世凯政府财政总长。他在天津、青岛、唐山、安阳等地开办华新纱厂等企业。1924年辞去启新公司经理职,退居幕后。马鞍山市地方志办公室编:《马鞍山市志资料》(第1辑),1984年9月,第19页。

[③] 王辑唐,近代官僚、汉奸。原名志洋,又名赓,字揖唐,合肥人。早年留学日本士官学校。回国后在东三省总督徐世昌处任职。辛亥革命后投靠袁世凯、段祺瑞,曾任段内阁内政部总长和参议院议长。1918年,在"安福国会"中任众议院议长。抗日战争全面爆发后,投降日寇。抗战胜利后被捕,1948年被枪决。见马鞍山市地方志办公室编:《马鞍山市志资料》。(第1辑),1984年9月,第19页。

[④] 韩剑尘:《北洋时期安徽裕繁公司与日本债务问题再研究》,《江汉论坛》2016年11期。

[⑤] 《桃冲裕繁公司之历年对日关系》,安徽省档案馆藏档案,卷号50-1-277,第8~9页。

进行桃冲工作,勿念。"①

果然,1916年5月4日,农商部秉承北洋政府旨意,采取欺骗手法,一面吊销原发给裕繁的采矿执照,一面又许裕繁增区扩采之请,重新核准发给农商部采字第33号执照,并将先后两次购得的1463.8亩地合并划给,包括金石墩、长垅山、袴裆捞山。

裕繁公司虽然重新获得了采矿执照,但是安徽民众反对与抵制行动仍然不断。"皖省议会屡次呈请取消繁昌霍守华矿权一案,曾得农商部复,无可挽回,现议会又以此矿关系本省主权,断难缄默,咨请国务院查办,并公推代表入京与旅京同乡会接洽,共商进行办法。"②

霍守华在"汉奸商人"的舆论高压之下,于1917年5月21日连续8天在上海《申报》头条刊登启事:"……各股东以本公司办理一切均依国家法律,售砂合同亦系政府修订……对本公司营业动用其雷霆万钧之势,以相迫压,守华不足恤,将来更何人敢从事实业乎?"③

北京政府最终屈从日本压力,无视安徽民众、省议会的正义要求,没有取消裕繁公司的采矿权。

日方借裕繁已领新的增区扩采执照并在农商部正式备案之合法身份,按照合同规定,立即派出安部四方治、高桥雄治等大批工程技术管理人员,盖房屋、添设备、筑铁路、建码头。到1918年底,各项工程相继建成,共耗日金120万元。

图一一五　桃冲至荻港码头运矿蒸汽机小火车④

1918年10月16日,桃冲矿场至荻港江口码头运矿专用铁路建成。10月26日,举行了通车典礼;10月28日,首趟运矿列车抵达江边码头(图一一五)。

---

① 《桃冲裕繁公司之历年对日关系》,安徽省档案馆馆藏档案,卷号50-1-277,第12页。
② 《申报》,1917年4月28日。
③ 桃冲矿业公司档案资料。
④ 《申报》,1917年5月21日。

3. 裕繁铁矿生产及管理

荻港江口有三座码头,由活动浮桥连及趸船,可同时供两艘三千吨位海轮停泊装卸作业(图一一六)。公司还备小火轮一艘,专航芜湖与荻港之间,一日内可以往返。

图一一六 裕繁时期荻港江边码头

图一一七 裕繁时期矿区铁矿运输①

---

① 丁格兰著,谢家荣译:《安徽省繁昌铁矿》,《中国铁矿志》,1923年12月,农商部地质调查所印行。

裕繁铁矿主要建筑有：办公楼、俱乐部（桃冲、江边各一所），机车库、发电房、修理工房各一座，职、警宿舍30余间，还设有医院、浴室及海关仓库等。

裕繁铁矿主要设备有：机车头5架，15匹马力发电设备两套；立式、卧式引擎锅炉各两座；码头栈桥2座；长20丈的趸船2艘；十吨大矿车36辆（图一一七），各类小矿车630多辆，以及车、钻等机床设备。拥有固定资产总值2388060元。

裕繁矿石水运由日本桥本汽船会社承担。该社以大荣丸、日祥丸、高山见丸、春日山丸等30余艘两至三千吨位的船只组成海运船队，自1918年首航运矿抵日后，就不停地往返于荻港江边码头与日本之间（图一一八）。铁矿由人工挑运上船（图一一九）。裕繁矿石运往日本，由中日实业公司分配。

图一一八　荻港江边码头的运矿日轮①

裕繁所产矿石，经日本人化验，平均品位在60%以上，含硫磷量极低，自熔性能好，矿质之精良，当时在国内首屈一指，其产量仅次于湖北汉冶萍公司，年产约占日本年铁矿总需量的37.8%，在日本炼铁业中地位突出，受到日本各界人士的密切关注。

随着生产规模的扩大，裕繁铁矿矿场事务所下设运输、铁路、制机、采矿、会计、

---

① 丁格兰著，谢家荣译：《安徽省繁昌铁矿》，《中国铁矿志》，1923年12月，农商部地质调查所印行。

图一一九　裕繁时期江边码头铁矿由人工挑运上船①

庶务六个课及矿警队、医院等,已形成一个较为完整的生产管理系统。

此时,裕繁公司组织系统已比较完备,总公司设在上海广东路36号,总经理霍守华,经理唐舜(唐耐修),总会计许镜蓉,会计钟若鸿,庶务唐尚贤。分公司在芜湖,助理陈仲衡,会计葛聚五,庶务程祖颐,交际丁幼平,文牍崔鹿无,矿场厂长张典琴,采矿课长陈君鞏,会计课长陈凤冈,铁路课长王玩湘,运输课长黄心田,制铁课长甘达锦,庶务课长金幼田,西医主任李碧声,中医主任宁国振,矿山警察所长黄滋斌。②

1920年之前,裕繁所产矿石全部供给日本福冈县户畑市所创立的东洋制铁所(是该所铁矿石的唯一供给者)。第一次世界大战结束,钢铁产量过剩而导致铁矿石价格暴跌,东洋制铁所亏损严重,无力维持,将工厂全部转让给日本国立八幡制铁所经营,裕繁矿石也改供八幡制铁所。

据1928年统计,裕繁公司有课员以上职员79人,警士82人,医护人员16人,矿山开采2528人,总人数2705人。霍守华月薪800元,课长月薪100至200元,课

---

① 丁格兰著,谢家荣译:《安徽省繁昌铁矿》,《中国铁矿志》,1923年12月,农商部地质调查所印行。
② 陈仲衡:《裕繁铁矿公司之调查》,《矿业周报》(第1集),第1号至24号,1928年4月21日至11月30日,第174页。

员月薪20至80元不等。医院看护及警士月薪均为10元。应聘日本人月薪则数百元至千元以上。

矿工共分为四种：职守，如火车上之车守、开挂线路之工人；职工，如机匠、铁匠等；常工，即小工，如挂钩挑水等仆役；包工，即采掘及装卸运输工。职守、职工、常工又称里工，包工又称外工。取薪方法按月、日给两种，里工按月发给10元至20元不等，包工按日发给，即按工作量付给。包工劳动强度最大，收入最低，这批人多是皖北及黄泛灾区的灾民，少数是山东、河南、湖北、江西等地的贫苦农民。当地人进矿做包工者极少。

裕繁公司招工是由公司老板出钱，派出工头，以各种手段骗招求生计的贫苦人。工头按招来人数向老板领取赏金。一般招满50人以上的工头便成为大工头，大工头又按8至10人分为一铺，一铺人自盖草棚就宿，由大工头指定一个亲信当小工头管理一铺人。小工头多数能说会道，善于笼络压榨，天未明就带领本铺人上山开工，日落才归。除大雨雪封山外，每日要挖矿12小时以上。矿工每日所得，大工头从中提取10%，每月实得按时价买米最多不过百斤，倘遇工伤灾病等情况，就将断绝生计。

裕繁时期，全部露天开采，凡松质土石由人工用镐锄掘，遇坚石则打眼放炮。打眼有手工、风钻两种（以手工为主）。矿山于1924年先后购40至60磅压力汽油空压机三台，风钻十余架，风钻除凿岩，还用于浅表探矿。

据当年曾在矿山做工的老工人回忆，及有关史料记载，霍守华为了多采矿，不顾工人安危，曾令工人在长垅山东侧一富矿点内一直往下挖，由于越挖越深，四周危壁高耸，险石倒挂，在底部挖矿工人常被塌方所埋，每每三至十人无一幸免，惨不忍睹。矿工路经此处亦胆战心惊。

矿山除经常发生工伤死亡外，矿工们还面临流行病、生活贫困等折磨，几乎每日都有伤亡。年复一年，在矿区金石墩脚下，小俞村山岗成了一片乱坟岗。来自北方的穷苦矿工为吊唁同乡而募钱出力在金石墩下的小俞村盖了一座小庙，每逢清明、冬至两节，他们三五成群前往小庙祭祀。后人称此庙"侉子"庙（"侉子"是当地人对北方人的称呼）。

霍守华虽名为裕繁公司总经理，但实权掌握在日本人手里，该公司除早期聘请森恪为高级顾问外，后又陆续聘用益田达氏、安部四方治等日本人掌管矿山一切重要事务，就连该公司设在日本东京的办事处也让日本人藤井元一作全权代表。这种维系关系使裕繁公司不断得到日本扶持。

4. 日本政府对裕繁铁矿的投资与控制

由于裕繁所售铁矿完全仰赖日方，定价较低，卖得越多，亏得越多。到1920年，裕繁公司总计债务达472万日元，包括两大部分：一部分是东洋制铁所出资给中日实业公司，由中日实业公司出面借贷的224万日元；另一部分是裕繁公司从朝鲜银行、浙江银行（后改称浙江实业银行）、住友银行等金融机构借贷的248万日元。而其中最棘手的债务是裕繁公司从浙江银行借贷的68万日元高利贷，其中15万日元贷款的还款期限是1920年8月11日，53万日元贷款的还款期限是1920年8月31日。而此时的裕繁公司已无力偿还这两笔马上就要到期的债务，面临即将破产的窘境。[①]

为了继续控制裕繁公司铁矿石唯一承购权，日本政府决定出手干预裕繁公司债务。

1920年11月4日，日本内阁决定由大藏省预金部提供资金150万日元，其中68万日元被指定用于安徽裕繁公司归还浙江银行债务，另外82万日元用于矿山设备维护。此即日本方面所说的"第一回预金部资金融通（百五十万元贷付）"。然而，裕繁公司的资金紧张状况并未得到有效改善。1923年1月31日，日本内阁决议通过"第二回预金部资金融通内阁决定书"，决定再由大藏省预金部向安徽裕繁公司融资325万日元。[②]

1924年，裕繁公司年产铁矿石达348755吨，约占当年全国铁矿石产量的三分之一，为开采鼎盛期。1924年以后，因露天易采储量渐少，矿质下降，剥离量增大，又由于采富弃贫的采矿法，矿体遭到破坏，产量逐年下降。

1924年至1927年10月间，霍守华增购了部分机具，调集力量，企图转入井下开采，以觅取新的矿源。曾在长垅山中段南北两端同时开掘巷道200余米，由于资金、技术上的严重不足而中止。当年挖矿工人多达万人。1925年，八段一塘口20多米高的架头倒塌，致使下方多名矿工丧生。

1926年，霍守华在面临矿山行将倒闭又无法自救的情况下，被迫东渡日本，经裕繁驻东京办事处代表藤井元一疏通，霍守华尽力寻访日本朝野各界有关人士，以

---

① 韩剑尘：《北洋时期安徽裕繁公司与日本债务问题再研究》，《江汉论坛》，2016年第11期。
② 同上。

谋求支持。结果，日方除对裕繁能否增加矿石产量表示极大关注外，只同意每吨矿加价三四角，还得视矿石质量优劣而定。霍守华东京之行也没能从根本上解决裕繁公司的经营危机。

与裕繁矿区毗邻的有昌华、振钜、宝华三个矿区，论量，以宝华为大；论质，以昌华为佳。此时该三区矿山均未开采。1927年，霍守华看准临近昌华公司的铁矿石必经裕繁矿山地段运出的致命弱点，以断绝交通相要挟，迫使昌华公司经理李伟候私与裕繁公司订立了"双包"（即矿石由裕繁抽人包采，采出矿石由裕繁筑路包运包销，每吨矿价李伟候只得七角，余者为裕繁所得）合同。合同签订后，昌华股东李子运等人以李伟候将矿产权私卖与受日本人控制的裕繁公司，既欺压股东，又藐视政府，此为卖国行为为理由，联名向农矿部告发李伟候。由于霍守华四处活动，又得日方增投贷款支持，1928年，霍置社会舆论于不顾，利用日资修通了裕繁连接昌华的铁道而进入正式开采阶段，以弥补供日本矿量的不足部分。

1932年，因国内军阀混战之扰，裕繁衰败加速，矿石年产量下降到10万吨，还不及盛期的三分之一。

1934年，裕繁公司因拖欠工人工资和伙食费，发生劳资纠纷。

据不完全统计，自1918年到1936年上半年截止的18年中，裕繁公司运往日本的矿石达3454907吨，含铁量均在50%以上。运日铁矿石，日方只以象征性的低价结算款项。所以，随着运日矿量的增加，裕繁公司债务也同步递增。1936年，裕繁公司债款本利高达1508.6万元（资料系日方单方面提供）。矿工工资拖欠长达半年不发，矿工为觅生计而纷纷逃散。同时，日方拒绝资助，并将裕繁公司聘用的人员全部撤回，使矿山生产处于停顿状态。

1937年，日本发动全面侵华战争，霍守华与矿山职警弃矿而逃。至此，裕繁公司结束了23年的开采历史而倒闭。

5. 日军占领时期对桃冲铁矿的掠夺

1938年6月20日，日本侵略军占领荻港，桃冲铁矿区沦陷。

不久，日军派遣随军地质人员尾崎博对桃冲铁矿进行了长达半年的地质调查，为在裕繁原有基础上恢复开采做准备。

1938年4月8日，日本中支振兴会社在马鞍山当涂县成立了由日本人矶谷光亨任董事长的华中铁矿公司。《华中铁矿股份公司设立纲要》中规定，公司以开发及统制华中方面之铁矿为目的，资本金为1000万元，其中25.5万元由中方出资。

在纲要中对中方权限没有作任何说明,只是含混地声称:"在矿山作为现物出资时,华方当可推荐副董事长及其他职员。"[①]同年12月16日,为适应全面开发掠夺华中矿产资源需要,华中铁矿公司扩充改组,成立华中矿业股份有限公司,其董事长仍为矶谷光亨。桃冲铁矿山隶属该公司管辖,成立了桃冲矿业所。

华中矿业公司开采的矿产品,直接服务于日本的国防建设。1941年2月12日,在华中矿业股份有限公司的矿长会议上,矶谷光亨说:"华中矿业股份有限公司担负着开发国防资源的光荣使命。我们全体人员充分认识我们的事业无论是从处于非常时期的我国国防来看,还是从日中经济提携的具体表现以及从东亚新秩序建设的大立场上来看,都是极其重要的,并愿为完成这一事业竭尽微薄的力量。但是并未取得预期的成绩,而得到次长阁下的过奖,惶恐之至。"[②]

图一二〇　日军占领时期修建的碉堡

[①] 马陵合:《民国时期安徽裕繁公司与日本的债务纠纷》,《安徽史学》,2010年第5期。
[②] 《在华中矿业股份有限公司矿长会议上社长答辞》,1941年2月12日,安徽省档案馆馆藏档案,《日本侵华在安徽的罪行》,第83页。

霍守华听说成立了桃冲矿业所，便与日方频繁接触，图谋凭借昔日与日本各界的老关系，向日方提出卖矿山开采权及矿山设备的建议，使日方开采合法化。日本方面有关人员念及旧情，为照顾霍守华本人，就以裕繁公司战前因欠日大藏省巨额债款，现折价收买矿山残存设备及矿山开采权，除每月付霍守华3000元外，余款全部抵旧债为先决条件，单方拟定了"桃冲铁矿山处理要领"及欲与霍签订之"契约案"。此文本经日本兴亚院华中联络部审核后送日本东京兴亚院，以求日本政府承认。日本政府内由于多数人强调其军事占领优势，拒绝审议此案，[1]以致不了了之。

1939年3月，华中矿业公司派出工作班子进驻矿山，原在裕繁公司应聘的安部四方治重返桃冲矿，出任桃冲矿业所所长，有91名日本人与安部四方治同来矿山，开始在裕繁公司原有基础上进行改造、修建，以恢复矿山采运系统。12月，日本人雇用矿工300余人，准备矿山开采。

1940年元月，矿山恢复工程结束，正式开采。

日本强占开采时期是露采坑掘并举，所有要害部位和重要场所全由日本人把持，只雇用少量中国职工担任一般性管理工作。

露天开采仍然沿袭战前裕繁公司所采用的工头带领下的包工制。井下采掘，日方另雇300名中国劳工（日人称"苦力"），实行三班作业，在日本监工的皮鞭下，劳工只有拼命干活，稍有不如意就遭毒打或责罚，做工收入仅够本人糊口，很难顾及家小。

劳工们住的仍是与裕繁公司时期相同的小草棚，唯一不同的是日本人在矿区周围拉上铁丝网，加筑11座碉堡分置其间（图一二〇），由军警严密看守，以防劳工不堪日人凌辱而逃跑或聚众闹事，以及防止新四军攻击。

1941年，在继续露天开采的同时，进行巷道掘进，准备井下开采。1942年，南北坑道掘通，总长500米。在下盘石灰岩内，自西到东开运输巷道一条，长约150米，并开自西到东的中心沿脉巷道240米，垂直走向的穿脉巷道20条。日强占开采时期，共掘井下运输、出矿准备、水泥通风等各类主要巷道2731米（不包括裕繁原掘200米）。

日军侵华遭到中国人民的奋力抵抗以及世界上其他多数国家的反对，战局渐渐逆转。日益觉醒的劳工们又千方百计消极怠工，尽管日方全力投入井下开掘，企

---

[1] 马陵合：《民国时期安徽裕繁公司与日本的债务纠纷》，《安徽史学》，2010年第5期。

图掠夺更多矿石资源,但其愿望并没有实现,年产矿量仅及战前裕繁产量的40%。

由于日本人在采矿时用采富弃贫、采易留难的掠夺性开采方式,乱采乱掘,在短短的两三年里,矿床遭到严重破坏,露天部分危崖险壁,竖立倒挂,坑内布置十分凌乱,南北坑道高低相差2米多,坑道四周支离破碎,工作环境十分险恶。

日本侵占桃冲矿后,常遭矿工破坏以及新四军袭扰。1943年,钉道工商贤才在矿里搞了一个弯道机,在送给新四军的途中被矿警发现,抓送日军"红部",被捆吊毒打致死。钉道工耿为群在一天夜晚,用炸药包炸毁170米处斜坡道运矿转盘,造成放矿停止数10天。1944年一天傍晚,新四军某部汪新常(原在矿山做过工)奉命与矿山工友取得联系,里应外合,夜袭碉堡,缴获枪支数支。

桃冲矿业所自1940年元月恢复开采,局部见矿,到1943年,采矿量达到101456吨,为日军侵占时期最高产量。"……民国三十三年九月,铁矿石需给情势突变,事业亦因而紧缩,终至无继续之必要,及至民国三十四年四月,该铁矿矿石关系事业遂全部停顿。"日军占领期间,桃冲铁矿总开采铁矿365228吨[①]。

1945年8月,日本侵华战争以失败投降而告终。日本投降时,桃冲矿劳工趁机四散而去,日方工程管理人员受命撤离,暂留原矿业所所长安部四方治办理矿山物资清理移交。至此,日本强占开采桃冲铁矿山的历史终结。

6. 解放战争时期桃冲铁矿停产

1945年11月28日,中华民国政府经济部苏浙皖区特派员办公处委派接收员殷之龙等到达桃冲矿山,会同10月中旬到达矿山的安徽省政府接收繁昌地区煤铁矿专员项子猷,令已退居铜陵大通的日职员返荻港待命。自12月8日至18日,三方共同将全部矿山现有物资登记造册点收,原日华中矿业公司常务董事细木盛枝和经济部苏浙皖区特派员办公处接收专员陈荣庆于1945年12月26日代表双方在"桃冲矿业所物资分类清册"上签字,物资交接工作结束。

日本投降前,桃冲矿业所的日本人已受令将一切有价值的原始资料提前运回日本,其余全部销毁。移交中,日方借口回避实情,中方又无法据实查考。据日单方提供的书面呈文,其对矿山历次投资总额为7884189.90元,固定资产总额为6114515.11元(投资及固定资产总额币值是指时价,日元或储备券等)。

1946年2月,矿山财产由民国政府行政院下令交资源委员会接管。同年3月

---

① 《桃冲矿业所事业概况节选》,安徽省档案馆馆藏资料,《日本侵华在安徽的罪行》,第122页。

1日,资源委员会成立了华中矿务局筹备处,但直到1948年10月,华中矿务局才正式成立,桃冲矿山资产又划归该局,并在矿山成立了保管所。保管所录用日降后仍未离开矿山的30多名矿工,负责护矿及保管物资。

桃冲矿山物资,由于战争毁坏及在几次清点交接过程中,接收人员乘机拆除盗卖,加之在长期保管中监守自盗情况严重,不少物资又散放露天,任其风吹雨打,腐蚀锈损,矿山已面目全非,可用物资所剩无几。

由于该矿与日本人复杂的债务关系,且日本在占领期间有大量投资,故国民政府一开始就视其为敌产加以没收。当时苏浙皖区敌伪产业处理局议决,"将该华中公司所属各矿厂及其他资产一并作价拨交资源委员会接办,该桃冲铁矿亦在其内"①。

此时,霍守华以昔日裕繁系集股开发桃冲矿,均经农商部核准为由,根据当时国民党政府制定的《收复区矿业权处理办法》中"战前属于民营,战时未与敌伪合作的矿业可予发还"的规定,在1945年8月至1947年5月先后近20次分别向国民政府经济部、苏浙皖区敌伪产业处理局、苏浙皖区敌伪产业处理局驻皖办事处、经济部苏浙皖区特派员驻芜办事处、资源委员会、中央信托局苏浙皖区敌伪产业清理处乃至行政院提出申诉,恳求发还裕繁铁矿。当时,经济部部长王云五因为与霍守华有同乡关系,认为桃冲铁矿战前与日合作是经政府核准的,战时被日强占,并非主动与敌伪合作,其资产应该发还。王云五曾致函资源委员会,"查该公司桃冲铁矿既系于沦陷时被日敌强占,该公司尚无与敌伪勾结嫌疑,依收复区矿业权处理办法第二条乙项第一、第二两款之规定的,该项矿业权自仍继续有效。至关于发还该矿区器材设备一节,如系该矿原有者,自应予以发还;如系敌伪在侵时期添置者,应即收归国有,倘国家不拟加以利用,可由该公司价购或租用"②。申诉初期,国民政府经济部、资源委员会以及苏浙皖区敌伪产业处理部门均认为霍守华请求发还裕繁铁矿是符合《收复区矿业权处理办法》中第二条乙项第一、第二两款规定的,属于发还之例,但是需要开列资产、设备清单,以便查核清楚之后,连同产权和原有产业一并发还给霍守华。③

时隔不久,情况很快发生变化,资源委员会下属的华中矿务局筹备处认为霍守华长期与日伪"合作",并对日负有巨额债务,拒绝发还。资源委员会之所以拒绝

---

① 《经济部致资源委员会函》,马鞍山市地方志办公室编:《马鞍山市志资料》(第2辑),第88页。
② 马陵合:《民国时期安徽裕繁公司与日本的债务纠纷》,《安徽史学》,2010年第5期。
③ 同上。

发还,是因为欲借此将该矿变为其旗下的企业。资源委员会认为,"查铁矿依法应归国营,长江下游苏皖一带之铁矿,关系中华炼铁事业,应由本部通盘筹划"。霍守华虽承认铁矿应收归国有,但强调在该矿正式国营以前,应发还原先的投资者,并通过发还,保护设备,减少损失,恢复生产。①

霍守华要求发还的理由主要是自己多年投资购置了大量采矿设备,这属于民营性质的裕繁公司资产,不能划归敌伪资产,理应发还或折价退还。

经过两年的讨价还价,最后资源委员会提出三条意见:第一,裕繁公司原有产权予以发还;第二,敌伪增益部分(即敌伪投资增加的设备)一律收归国有;第三,关于对日债权问题应由财务组核算清楚后再行处理。对日债务的处理仍然是裕繁公司发还案的核心问题。原华中矿业公司的常务董事细木盛枝和董事长矾谷光亨在交代材料中分别指控霍守华对日负有高达1211多万元巨额债务。②

霍守华对此竭力申辩,声称不是对日方负有债务,而是日方欠他194万多元。出现如此巨大的差异,关键在于这种预付矿砂价的贷款运作方式并不严密,缺乏完备的借还程序和相关文件。据当事人回忆,日方提供售砂借款时,规定应由日方在购买的矿石中按每吨1.85元扣回借款本息。但是实际上,日本方面并没有严格地执行合同以扣除借款本息。当年,因为矿价低落,日本不及时扣除,霍守华也求之不得,并将之视为与日本关系密切的体现,甚至认为日本控制矿价,实际即为扣抵借款本息。战后,日本认为裕繁公司的负债额是按此前的预付金全部进行计算,并因拖欠未还,加上复利。霍守华则认为应按实际售给日本矿砂的吨数来核算偿还金额,若按每吨1.85元计算,日本反而应欠裕繁公司巨额货款。这种糊涂账与日本对安徽铁矿资源的掠夺比较起来,是微不足道的。更重要的是,这种纠纷使得该矿一直处于停产状态。③

经华中矿务局一年多的反复调查,经济部、调查团及华中矿务局等政府机构内部各持己见,始终不能统一,以至此案悬而未决,一直拖到中华人民共和国成立前夕而自然废止。

7. 新中国成立后桃冲铁矿焕发生机

1949年4月23日,桃冲地区获得解放。5月3日,中国人民解放军南京军事

---

① 马陵合:《民国时期安徽裕繁公司与日本的债务纠纷》,《安徽史学》,2010年第5期。
② 同上。
③ 同上。

管制委员会派军代表毛苏生、王跃堂赴马鞍山接收,同时接管了桃冲铁矿山,其名仍称保管所,隶属中央工业部华东区财经会工业部华中矿务局马鞍山矿务所。原保管所留下的20人仍然安排担任护矿及保管残存物资。1950年,马鞍山矿务所改组为马鞍山矿务局。

1953年3月,中央重工业部华东钢铁公司马鞍山铁厂成立,桃冲铁矿正式划归铁厂直接领导。马鞍山铁厂为解决冶炼原料来源,在所属各矿山旧存矿石即将用完时,作出了恢复桃冲铁矿开采的决定。从1953年10月开始,经历了地质勘探、基建与露天开采、井下开采及扩建三个阶段。

地质勘探阶段(1953年10月~1955年5月)

1953年10月,马鞍山铁厂从向山硫铁矿(马鞍山境内)调集工程技术人员及老工人,组成勘察队,由队长康文亮带领抵达桃冲矿山,对矿山地质和矿体进行了考察和测量。1955年2月,该队提交了长坜山海拔250米以上部分的地质报告。

1955年4月,马鞍山铁厂桃冲勘探队撤销,其勘探工作由南京勘探公司803地质勘探队接替。该队历经五年,完成了钻探总量29114米,绘制出矿区区域地质图、矿床地质图、剖面图、储量计算图。该队于1959年前,先后提交了四份地质报告,1960年4月提交了地质勘探总结报告,1963年7月又提交了地质勘探补充报告,为开发桃冲长坜山铁矿床提供了较为完整准确的地质资料。其中包括探明长坜山铁矿储量为3400万吨,矿石平均品位43.77%。

基建与露天开采阶段(1955年~1957年)

1955年初,成立了马鞍山铁厂桃冲矿基建筹备组和桃冲自营工程队,于国瑞任筹备组组长,魏尔崇任自营工程队队长。筹备组负责改建工程及生产准备工作的统筹规划,自营工程队承担大斜坡运输道、250米及310米坑道和310米露天采场、东区下盘剥离、16号溜井、分水岭护坡等修复工程及恢复生产等项准备工作。厂房建筑、设备安置等基建工程项目、贮矿槽、降压变电所、大卷扬机建筑安装、空气压缩系统等,外委重工业部建筑局第六工程公司施工。

1955年6月1日,马鞍山铁厂桃冲自营工程队按照重工业部黑色冶金设计院北京分院1955年5月提出的对本矿250米以上矿体露天开采,年产铁矿25万吨初步设计方案,正式动工基建。

1955年底,310米以上露天采场恢复生产准备工作基本就绪,250米平台40立方空压机房和130kW斜坡大卷扬机房均已建成。芜桃高压线路及配电所部分工程相继竣工。桃荻铁路于1955年元月修复通车,职工住宿部分平房也已建成。

1956年元月,桃冲自营工程队撤销,桃冲矿场成立(属科级单位)。中共桃冲矿场党委同期成立。汪发明任矿长,刘恩志任党委书记。矿场下设采矿工区,机电、运输工段,技术、生产、财务、人事、安全、供应、行政、保卫8个组,实行矿部、工区、工段三级管理,共有职工894人。

1956年3月1日,露天开采正式投产,采场按班制设立三个工区、三个工段组织生产,开采首先从长垅山310米以上进行。

露天开采,主要采用阶梯式分段小爆破,由上向下分层采剥,每层高度10米左右,340米有竖井直通250米下盘运输道,各层采出之矿皆由此道运出。主要凿岩工具为手提式冲击风钻。250米坑道下盘运输道敷设了电机车窄轨运矿线路,采矿塘口装车和运输全靠人工完成。

露天投产不到半年,矿石生产月月不能完成生产计划,主要原因是250米以上露天设计方案有严重缺陷。由于设计时对露天剥离量计算不准,对排土和堆放场地考虑不周,生产中遇到剥离量增大,工作面无扩展回旋余地等问题无法解决,露天生产陷于半瘫痪状态。

1956年5月26日,马鞍山铁厂请冶金工业部采矿顾问、苏联专家赫洛莫夫到矿帮助解决生产中存在的问题。冶金工业部矿山设计院根据赫洛莫夫的提议,提出了桃冲露天矿场扩建、采用大型机械化开采,年产矿石60万吨的设计方案。但是生产中发现该设计仍有较多失误。

1957年11月,应黑色金属矿山设计院邀请,苏联矿山设计专家沙拉耶夫到矿了解露天剥离扩建方案。他对矿山进行了考察和分析,建议可根据新的地质资料转入井下开采,进行新的设计。黑色金属矿山设计院认为沙拉耶夫的建议可行,立即按井下开采进行新的设计。

井下开采及扩建阶段(1958年～1983年底)

1958年元月20日,冶金矿山设计院提交了桃冲长垅山250米水平以上坑内开采,年产铁矿石25至30万吨的设计方案。

3月8日,250米水平以上坑内基建开工,桃冲矿正式由露天转入井下开采。当时采用边设计、边施工、边基建、边生产的方法组织生产,当年就生产矿石138468吨。

5月,冶金矿山设计院提交90米至250米水平坑内开采初步设计,确定了90米运输大巷、溜矿井及人行盲竖井三大主体掘进工程的坐标位置,并于6月23日开始同时掘进。

8月1日,马鞍山铁厂改名为马鞍山钢铁公司,桃冲矿场于同年11月改名为桃冲铁矿,由原来科级单位上升为县级单位。桃冲铁矿党委、工会、团委于同期成立。全矿共有17个单位,2500名职工,实行矿部、车间、工段三级管理。

1958年6月,上级要求桃冲矿扩大开采规模,同时要求自建小高炉,就地冶炼。

7月,第一座13立方米炼铁小高炉建成投产,1959年又建同型小高炉2座,采用人工操作简易方法炼铁,并建土焦炉50座就地炼焦。在此后不到3年时间里,共炼生铁6500吨,焦炭4345吨。

1959年,桃冲矿生产铁矿石470935吨,是建矿以来矿量最高的一年。

1960年元月,长达千米的井下90米运输大巷掘成。大巷敷设有10T架线式电机车运矿窄轨铁道(轨距60厘米),巷壁两侧排列有供风、水管道及输电电缆,并筑有排水沟直通坑外,是井下运输唯一的主巷道。同年,坑内盲竖井1-4中段开凿工程(90米水平至250米水平)竣工。1962年11月至1963年5月,盲竖井的井筒钢梁安装和水泥浇灌工程结束。1964年5月17日盲竖井的各中段井口装置、井筒管道、卷扬机提升系统主装工程全部完工并试车交付使用,从而解决了上下中段靠爬梯、使用材料靠人背的难题。

1960年,桃冲矿职工达到2621人,是建矿以来职工总数最多的一年,也是国家外临苏联逼债和国内连续三年严重困难时期。

1966年,随着"文革"在全国范围开展,桃冲矿也受到冲击,矿内职工分成两派,生产秩序一度失常,停产时有发生,产量逐年下降。1967年只生产矿石114265吨,1968年又降为98438吨,是井下投产后产量最低的一年。短短几年,不仅矿石产量锐减,还造成井下采剥比例严重失调,成为桃冲矿后期生产的一个"老大难"问题。

党的十一届三中全会以后,全国逐步恢复了正常的工作、生产秩序。1978年11月,"桃冲铁矿革命委员会"撤销,全部恢复"文革"前原有体制,实行党委领导下的矿长分工负责制和矿部、车间两级管理。

在此之前,桃冲矿因未建破碎、选矿设施,只生产块矿,原矿无法加工。直到1959年3月,破碎筛分车间才破土兴建。1961年底,破碎系统建成,坑采原矿全部经破碎、水洗、手选、筛分加工成合格后外运,筛分出的三级矿运往江边堆存。

1965年4月,桃冲矿开始兴建选矿厂,建设海冲尾矿坝和敷设荻港输水管道。

1967年底,选矿单一重选流程投产,部分粉矿入选。至此,桃冲矿由原来生产单一合格矿产品发展为能生产铁精矿、云母氧化铁等多个品种的矿产品。

1970年,选矿改为磁选、重选联合流程,入选产品的质量、金属回收率又有提高。

1975年6月、1979年2月,选矿第二、三系列建成投产。

桃冲铁矿矿产品运输是经桃冲铁矿专营之桃荻铁路运往荻港江边码头后装船,通过水运,全部运往马鞍山钢铁公司。水运由长江航运管理局芜湖分公司承包。铁路运输原使用B型蒸汽机车和W型15吨矿车运矿,1981年9月改为用380内燃机车,这在马钢公司也是首家使用。

1960年之前,因为江边码头无机械化设施,卸、装矿石由荻港搬运大队和无为县搬运大队承担,开始全部是筐装人抬,后改用板车拉。1963年,江边三个机械化装卸码头建成,矿石直接卸入码头地仓后用皮带运输机装船,结束了江边码头人力装卸的历史。

桃冲铁矿在荻港沿长江岸边地段有七个船舶码头,其中的一、二号机械码头设备现已报废拆除,正常的装运业务全部在三号码头进行。码头有铁制趸船供货船停泊。该码头年发运能力为50万吨。

由于日资开采时期矿床严重毁坏留下的后患,新中国成立后恢复开采时的设计方案多变,加上"文革"的影响,坑内采掘失调现象多次暴露,矿石年产量一直在30万吨左右徘徊。为扩大矿山再生产能力,1975年5月20日,桃冲矿根据马钢公司三年生产挖潜和1975年至1985年十年建设规划的要求,在公司矿山处的指导下,制定出桃冲矿年生产铁矿石50万吨扩建规划。

1976年7月,马鞍山钢铁设计院以桃冲矿制定的扩建规划为依据拟定了扩建设计方案。1976年12月,受冶金部委托,马钢公司组织现场审查。1977年初,马钢公司正式批准扩建方案,桃冲铁矿逐步扩建施工。

为解决合格矿品位低、销售难问题,1982年5月,桃冲矿选矿采用磁滑轮新工艺,使合格品位稳定在40%～42%之间,从而打开了产品销路。

根据年生产50万吨的设计,到1983年底,井下已全部改成无底柱分层崩落采矿,高溜井放矿,为采矿服务的提升、排水、压气、运输等主要环节基本上能够满足矿山生产需要,井下凿岩、爆破、装运等各个环节的设计不断更新,基本实现了机械化。库容为540万立方米的拐冲新尾矿坝于1978年12月20日主坝竣工后投入使用,设计使用49年。继已建成的三个选矿系列之后,新增浓缩池、粉矿池、洗矿室、过滤间及厂房等扩建项目已经全面动工。

到1983年底,桃冲矿已建成为皖南地区唯一的黑色金属井下中型矿山。

1982年4月,马鞍山钢铁公司成立矿业公司,桃冲铁矿隶属该公司。

1986年12月,桃冲铁矿委托马鞍山钢铁设计院对桃冲矿90米以下矿体开采进行初步设计,1988年10月经马鞍山钢铁公司批准。1989年5月3日正式动工建设,1994年底基本结束,1995年铁矿石产量42万吨,采选运已形成50万吨配套生产能力。

1993年9月,马钢总公司成立,桃冲铁矿隶属马钢总公司。1998年9月,马钢总公司改组,成立马钢(集团)控股有限公司,桃冲铁矿改为桃冲矿业公司。

到2013年,桃冲矿业公司实现采掘总量64.53万吨,铁矿石59.43万吨,成品矿40.25万吨,创历史纪录。

因井下铁矿石资源逐渐枯竭,2013年之后,百年桃冲矿产量不断下降。在"吃干榨尽"井下矿石、提升资源利用率的同时,桃冲矿积极谋划,优化后续发展项目。2013年,关闭了水泥厂。2015年,承接马钢姑山矿挂帮矿项目;2016年,又在姑山矿承接"露转井"项目。2018年退出马钢姑山矿这两个项目,持续开展繁昌老虎垅石灰石矿、青阳县白云石矿扩能技改项目,为矿山可持续发展提供支撑。

2017年11月,马钢集团明确把"打造千万吨级辅料基地"作为桃冲矿转型发展的方向,主要生产白云石和石灰石等炼钢辅料。

2019年9月19日,中国宝武与马钢集团重组实施协议签约,马钢桃冲矿进入中国宝武大家庭。作为矿石生产企业,桃冲矿成为中国宝武集团的三级公司、宝武资源公司的二级公司,归属马钢矿业公司管理。

2019年12月20日,随着最后一列满载原矿的电车驶出巷道(图一二一),桃冲矿铁矿石生产系统退出生产序列,结束了铁矿石百年开采历史。

图一二一　桃冲铁矿最后一列满载原矿的电车驶出巷道

图一二二　中国宝武安徽马钢矿业资源集团桃冲矿业有限公司

图一二三　桃冲矿业有限公司老虎垅石灰石矿

2020年2月26日,安徽马钢矿业资源集团桃冲矿业有限公司注册成立,是安徽皖宝矿业股份有限公司的全资子公司(图一二二)。公司下辖两条矿石生产线:青阳县白云石矿生产线,生产能力为每年100万吨;繁昌老虎垅石灰石矿(图一二三)生产线,生产能力为每年200万吨。两条生产线生产白云石、石灰石、冶金石灰三个系列九种产品。

根据中国宝武专业化整合的安排,2022年3月份,桃冲矿划归安徽皖宝股份有限公司管理。

桃冲铁矿是我国矿山发展史的一个缩影。桃冲铁矿的命运与国家的命运紧密联系,它经历了由受制于人到自主开采生产,由个人苦苦支撑到由国家科学开采的历史发展过程,为我国铁矿事业发展作出了重大贡献。

(二)刘子青和他的同和祥锅坊

刘子青,字省三,1882年出生,合肥人。年少时共读了6年私塾。1898年后在合肥、铜陵当学徒,后经商。1909年弃商投军,先在北洋军阀曹锟军中当文书,后追随曹锟部将吴佩孚。随着吴佩孚的地位上升,刘子青逐步得到重用,曾分别任河南省财政厅厅长及吴佩孚十四省联军军需总监。

1. 退出官场办锅坊

刘子青任河南省财政厅厅长时,来找他借钱、谋事的亲友陆续不断。为了应付他们,刘拿出一笔钱,在安徽巢县开办了一家复成锅坊,又在繁昌县旧县镇(今新港镇)买下汪某的锅坊,易名为同和祥锅坊,以安置亲友。

1926年,刘子青辞官经商。他回到安徽,来到巢县复成锅坊。起初还放不下官架子,对坊事不大过问,任由他侄儿刘法文打理。可刘法文不善于生产经营,把锅坊弄得不像样子,行将倒闭。一筹莫展之际,旧县锅坊亦因管理不善经营受挫,他的内弟方树候与股东李梅村来信请刘子青去旧县锅坊看看,意图要他追加资金,以期出现转机。旧县锅坊是个有着百年历史的老坊,系前清举人汪醉禄创办,曾一度昼夜生产,产销两旺。到了民国初年,传到他的儿子汪吉成手里,坊景便每况愈下,遂将锅坊出租与庐江人李梅村经营。几年后又卖给了刘子青,刘的内弟方树候得以成为锅坊经理。此番方、李去信请刘来旧县,正是巢县复成锅坊即将倒闭之时,刘子青愤然离开巢县。繁昌是江南鱼米之乡,来到旧县,刘子青看到同和祥锅坊濒临长江,交通便利,且周边有山区圩田洲地,美丽富饶。此处不但可以变坊为厂,大展宏图,还是养老的理想场所。刘子青心里十分欣喜,决定在这里扎下根来,重振旗鼓,大干一番。刘子青不再端官架子,他亲自坐坊视事,琢磨经营之道。他将其他零星小股逐步吞并,不到年余,整个锅坊遂为他一人所有。

2. 任人唯贤用人才

刘子青主持坊务以后，首先大刀阔斧地进行人事调整：改变以往任人唯亲的用人做法，将不善经营的内弟方树候解职回家养老，改任踏实能干的任竹亭为经理；前场相关负责人如事务总管，由刘焕章担任；会计、出纳、采购、跑"外载出水"的，都量才使用。他们中既有具有一定业务能力的本家子侄，如方怀中、刘执中、刘法武、刘法勇等，也有非亲非故却忠实能干的本地人，如吴立言、万良俊、孔繁坤、刘作霖等。后场工人绝大多数是从庐江、巢县、含山一带乡下招来的穷苦农民。李梅村原是湖北汉阳冶坊退职技工，后来租赁旧县汪吉成的锅坊经营。汪姓把锅坊卖给刘子青后，刘见李技术过硬，乃给他十分之一的干股，由其负责后场生产。

对有技术专长的工人，刘子青区别对待，以调动他们的积极性。对后场工人如作头、掌瓢、吹灰、放炉及外塑行家等技术好的重要岗位工人，刘子青都另眼看待，从物质、精神上多方面予以关照。这些技术工人工资不仅比一般工人高，而且在锅涨价前，准以半价预购，有意给予好处。在生活上也比一般工人照顾周到，如对老工人姚玉堂、陈士涛等就是这样。他们得到不同于一般工人的丰厚待遇，也就乐于吃苦付出，甘愿为锅坊生产作出更大的贡献。

刘子青不仅在厂内重视使用人才，还在社会上广罗人才，为他所用。在他的周旋下，一些地方名流，有的替他出谋献策，有的作为"外交使者"联系各方，有的充任参谋秘书。这些地方名流已成为刘子青搞活生产、改善经营的一支不可或缺的社会力量。

3. 注重管理提质量

对于锅坊的生产经营管理，刘子青更是下足了功夫。他总是起早摸黑，有时深夜还亲临生产车间，察看锅炉火色及生产操作情况。经年累月，他已能指出生产环节中存在的一些弊端，并提出解决问题的关键措施，成了一个名副其实的行家里手。遇有老师傅得闲，他便走上去与他们聊天谈心，听取生产管理及其他方面的建议。对工人们的思想、生活等方面的状况，他能做到心中有数。通过长期观察，反复比较，他掌握了冶炼的火候掌控、风力大小、炉火旺淡、火焰成色等方面的技术要领。他还可以亲自指挥放炉浇锅，而且质量良好。他把工人分成"天、地、日、月"四个班次，逐日公布各班次产品质量及铁的消耗量，对最好的班次工人，隔日加餐，并发给奖品。这样促使工人钻研技术，提高产品质量，降低生产成本。因此，同和祥锅坊产品的质量得以不断提高。锅的浇制，越薄越好，越轻越好，既可节省原材料、降低成本，又能降低价格。用户使用时，还能节省柴火、节约时间。同和祥出厂的锅，都达到了薄、轻的要求，用户非常欢迎。对产品质量精益求精，使同和祥锅坊的产品——铁锅、农具等，畅销于安徽、江苏、江西、河南、湖北等省。

刘子青不仅熟悉生产业务，精通浇铸技术，而且能够进行工具改革。浇锅的模具，以往是在夏天用手工土制，费时费力，有时还会拖生产的后腿。他发现这个问题后，就改用翻砂铁铸的模子外壳，内部填土。这样不仅经久耐用，即使内部毁坏亦易整修，从而解决了锅模跟不上生产的问题。

对于工人的工资，同和祥按劳计酬，按时发放，不拖延、短欠、克扣、少发。工人或家属遇灾害病，或有特殊困难的，厂方也能给予借款或救济，对借款无力偿还的，往往于年终予以减免。

同和祥还出台激励政策：每星期犒劳肥猪一头，这样每名工人就有半斤猪肉；每月每名工人能分得几元奖金。哪条炉能连续生产五十天，不出安全事故，便按昼夜计算，一天当两天，称为"百岁炉"，要杀猪办酒席祝贺，做"百岁寿"。如果该炉仍能继续生产，每三天再加一犒，直至炉"死"为止。为炉子做"百岁寿"时，除犒劳该炉工人外，全厂其他职工也都能得到不同的奖励。化铁炉的寿命一般只有五十天，有的甚至三五天就可能"死炉"。"死炉"的修复费时、费工、费钱财。炉子的寿命延长了，不但能降低成本，而且促进了生产。刘子青为"百岁炉"做寿犒劳工人，其实是为了调动工人爱护生产设备的积极性，延长炉子使用期。

锅坊工人生产操作，总是跟炉火、铁水打交道，生产环境的温度高。一年中春、秋、冬三季是生产旺季，但到炎热的夏天易发生烫伤等事故。即使勉强生产，工人情绪不高，产量、质量也必然下降，而一切开支照旧，支出与收入相比显然不合算。刘子青权衡利害得失，决定暑天放假，并预付工资，让工人们回家歇伏。每年春节来临，同和祥都要放年假，发钱发年货，让远道的工人们体面回家，欢度新年。

4. 资本运作发展快

做过多年财政、军需工作，刘子青对经济上的事本就是个行家，谙熟资本运作。在产品涨价前，同和祥不搞待价而沽，相反，却预先通知各地相关锅店，并允许他们预购，且只需交一半货款，余款待交货时补齐，不按上涨后的价格计算。这一利好店商的做法，使各往来商号都争先恐后预订同和祥的产品，同和祥则用这批预订的货款抢购即将涨价的铁、炭等原材料。再生产时，工人工资并未提高，原材料进价依旧，但同和祥的资金周转加快了，同时赢得了各地店商的信赖，最终提高了产品的竞争力。因此在长江流域一带的锅业经营中,同和祥独占鳌头,成为锅坊行业的巨擘。

同和祥积极谋划布局,建立一张完善的业务网。先在本县的城关镇、横山桥附设代销店,随后在芜湖设立元和锅栈,在晓天、六安两地各开一条炉。在安庆、大通、南京、镇江、瓜洲等地,不是自设锅店,就是托人经销。自此,以芜湖元和锅栈为枢纽,上起汉口,下至上海,货畅其流,都有同和祥的经销点,别的锅坊很难与之抗衡。

芜湖元和锅栈负责人叫周润生,金融界熟人较多,是芜湖商界的活跃人物,经营能力强,刘子青授予他同和祥总经理的职务,提高他在芜湖商界的地位与声誉,以利于更好地开展经营活动。

在旧县大本营,刘子青还有一套资本运作之道。凭着良好的信用,同和祥获得了周边各类商号的普遍信任,他们乐于把流动资金存放在同和祥,商号外出进货,同和祥为其出具凭证,商号可在各地同和祥分号提取现金。良好的信用,还吸引了镇上及附近乡村富户来同和祥存款,存比借多,同和祥的资金周转更为灵活,实际上它起到了银行一样的资金调节作用,对锅坊扩大再生产起到积极推动作用。只10年左右的时间,同和祥从方树候初办时的2条炉,40余名工人,到抗日战争前已扩大到9条炉,300余名工人。

5. 夹缝周旋求生存

1937年"七七事变"后,日寇全面入侵中国,长江中下游一带相继沦陷。同和祥锅坊被迫关闭,工人就地遣散。刘子青携眷逃难,来到铜陵顺安早年曾经当学徒的童元昌酱坊寄居。由于家眷、随从多,时间一长,局面就难以支撑了。权衡再三,1938年夏,他回到旧县。旧县锅坊遭日机轰炸,破瓦颓垣,面目全非,市面萧条,不但无法组织生产,住下去也不安全。他转而想到小磕山是一个合适的地方,那里是山区,离旧县镇只有13里,既可避难,又可以就地取材,以便逐步恢复生产。他来到小磕山,找到马房冲房东李世财及其他富商借钱币、稻谷和山货烧炭起炉,借用荒地建起临时厂房。他从旧县运来劫后余生的生产工具,召集逃散的工人,配好一条炉的人马,收购桃冲裕繁铁矿的废铁,因陋就简,初步恢复了生产。在艰苦的环境中,他大胆改变了原来浇锅只用皿铁不用生铁的老例,改为皿铁、生铁掺用,使生产技术又向前跨进了一步。到1938年底,旧县市面已逐渐恢复,逃出去的商人陆续返回,老店新开,重新营业。刘子青亦将旧县老坊进行修葺,把小磕山临时锅厂搬回旧县。他主动去信通知南京、镇江、苏州等地一些尚有存货在锅坊的老主顾前来取货。对客户给予先付半价货款订购铁锅的优惠条件,借以恢复经营信誉,补充流动资金。这一招果然见效,因战乱铁锅紧缺,各地锅商客户纷纷抢购。同和祥信誉赖以保全,资金得以周转,生产得以恢复,生意又活了过来。

当时旧县镇为日伪占领区,同和祥锅坊的生产虽然得到初步的恢复,但由于政治环境复杂,时时受到日伪、汉奸及国民党政府的敲诈勒索。产品及原料出、入境,经过的关卡甚多,若非处处花钱买路,那真是寸步难行。刘子青要各方应付,八面敷衍,他自己不便出面,必须物色适当人选,作为他的代理人与日伪、汉奸、国民党人员周旋,以钱买路。倪啸东是旧县的士绅,能写会说,善于交际,就是鸦片瘾大。刘许之以月供10两烟土,外加若干活动经费,遣他往获港与日酋斋明寺联系,并拿出吴佩孚赠给他的亲笔书写的一副对联,换来了一纸"派司"(通行证);又花钱买通敌伪密侦方昌旺(新中国成立后被镇压),及驻旧县的伪军头目,使货物出入免予搜查、刁难。舒少衡是1927年北伐军协助繁昌县建立国民党县党部时的首届委员,刘通过他与驻繁昌八分村的国民党县政府交涉,使锅坊燃料得以顺利通行。

这时无为县白茆洲、繁昌孙村一带,及大、小洲,都是新四军的抗日民主根据地,有时也将刘子青购买的废铁、木炭等生产原料扣留,审查是否为资敌物资。但经锅坊派出代表袁开胜前去说明情况,都得以放行。有一次锅坊在江北采购的一船废铁,被无为六洲新四军梁金华部扣留,刘子青派袁开胜携锅坊证件见到梁,当面陈述收购的废铁是浇铸饭锅、犁耙等群众生活和生产资料的原料,经梁批准,当即放行。一次锅坊在孙村采购的一千多担木炭被新四军扣留审查,还有一次,采办朱子明押运700多担锅铁在江北汤沟被扣,都由锅坊出具证明,均得到及时放行。这使刘子青极为感动。对照日伪、国民党无孔不入地敲诈勒索,刘子清对共产党的政策有了初步的认识。所以在力所能及的情况下,他对新四军也给予一定的支援。江北白茆洲新四军临江支队制造手榴弹,缺乏铁料和焦炭,派人与刘子青秘密联系,刘在芜湖装了一船铁料和焦炭送往白茆洲。为瞒过敌人,事先约好,某日某时,船靠长江北岸行驶,船帆上晾白色衣服为记,届时新四军鸣枪,船即靠岸卸货。船回旧县时,扬言遭到新四军的伏击,以消除敌伪疑心。此外,新四军人员来旧县活动或在旧县过江,刘子青都留厂保护,或设法帮助其安全过江。[①]

6. 公私合营新天地

新中国成立后,党对资本主义工商业实行限制、利用、改造的政策。刘子青继续经营,生产不衰,仍保持一条生炉、九条皿炉生产。到1953年底,全坊有从业人员221人,其中生产工人164人,学徒工人24人。

新中国成立初期,根据上级要求,同和祥锅坊成立了劳资协商会,以工人胡官和、周志和为代表与刘子青共同协商处理锅坊事务。1950年后,锅坊组建了工会,在工人中陆续发展中共党员17人,新民主主义青年团团员26人,工会会员161人。这些骨干力量对后来顺利进行公私合营起到了很大的作用。

同和祥锅坊成立的劳资协商会及之后成立的工会组织,参与锅坊内部事务管理,稳定了生产,控制了资金外流和资方随意支钱,对刘子青的家长作风、军阀习气进行了抵制、说服,增强了厂内的民主气氛。1953年,党中央提出党在过渡时期总路线,对农业、手工业、资本主义工商业进行社会主义改造。同和祥锅坊是一个雇佣工人较多的民族资本企业,应走在全县公私合营工作的前头。为做好公私合营前期工作,县委派县委统战部干事戈永坤同志进驻同和祥锅坊,以摸清底数,掌握资方思想动态。到同和祥锅坊后,戈永坤把省、地、县委对锅坊进行社会主义改造(公私合营)的目的、意义、方法、步骤等先在党、团员和工会干部中进行传达,再向刘子青传达。此后工作每进行一步,都事先在党团员、工会干部会上讨论研究,再与刘子青个别商讨,取得一致意见,才召开正式会议协商决定。在刘子青的支持下,摸底工作顺利进行。

开始,刘子青对公私合营有所顾虑,特别是对工会限制他支钱颇不乐意,常说还不如把锅坊交给政府去。派驻人员向他讲明党的公私合营政策,对资本家的工厂不是没收,而是实行赎买,希望他能消除顾虑。进驻期间,戈永坤与刘子青进行了多次交谈。对具体合营办法、步骤等问题,戈永坤请示了地委统战部。县委主要领导同志提出了意见,戈永坤也将意见转告刘子青。刘子青的思想逐渐有了转变,他表示,对资本主义工商业改造一定听政府的。省委召开全省统战部长会议,戈永坤代表繁昌县委统战部参加会议。在芜湖小组会上,戈永坤详细汇报了同和祥锅

[①] 万亚新、舒少衡:《刘子青先生治厂》,政协繁昌县文史资料委员会,《繁昌文史集粹》,1993年2月,第95～101页。

坊的生产经营情况和刘子青的政治态度、思想状况等。省委书记曾希圣、省委统战部部长张恺帆、省人民委员会副秘书长潘效安出席会议听取了汇报。会议认为繁昌同和祥锅坊刘子青思想较进步，其锅坊的生产规模也不小，可以作为公私合营的试点，先走一步。地委统战部高度重视同和祥锅坊公私合营工作，派两名干部来繁协助工作。1954年10月初，县委以工作组的名义进驻锅坊，正式开展同和祥锅坊公私合营试点工作。

对公私合营，刘子青的主要顾虑是，公私合营后家中生活有无保障？同和祥牌子改不改？政府会派什么样的公方代表来厂里？他自己干什么事？针对这些问题，县委领导与刘子青进行了谈话，请他放下包袱。县委研究了同和祥锅坊公私合营的具体意见，并征得地委同意，工作组答复刘子青：同和祥品牌保留，改坊为厂，全称为"公私合营同和祥锅厂"；刘子青任副厂长，行政17级工资待遇，公方派一名县级干部任厂长；从职工中推选七人组成清产核资小组，由刘子青、戈永坤（暂代表公方）、锅坊工会主席胡官和负责领导；在清产核资中留足资方住房，并为刘子青私人所有；按清产核资后的总金额，刘子青按规定比例拿定息，加上副厂长的工资收入，不低于过去生活水平；芜湖元和锅栈、旧县同和酱园不纳入锅坊公私合营之内，其债权债务与同和祥锅坊无关；公私合营后，生产所需的主要原材料由政府计划供应，产品由国营企业包销。刘子青听了很满意，表示同意。双方会谈后，成立了清产核资小组。刘子青显得很大度，清产核资工作较为顺利。几天后，省、地委统战部同志来到锅厂检查验收公私合营工作，并与刘子青进行交谈。他们对同和祥公私合营工作全过程比较满意，对刘子青思想开明，认清形势，不计个人得失，积极主动接受改造表示赞赏，认为同和祥锅坊公私合营条件已经成熟。12月初，地委统战部正式通知繁昌县委，地委派一名县级干部担任厂长，到任后县政府即可批准公私合营。

地委选调宣城县副县长王斌同志来繁任公私合营同和祥锅厂厂长。刘子青对公方代表王斌同志的到来表示欢迎，并表示会在公方代表的领导下，好好改造旧思想，尽力把生产搞好，对安排他担任副厂长一职表示感谢，对前后场股及车间人事安排表示无意见。1954年12月28日，庆祝同和祥公私合营大会召开，会上宣读了

县政府批准同意同和祥锅厂公私合营书,这标志着公私合营同和祥锅厂正式成立。[①]（图一二四）

图一二四　20世纪80年代的同和祥锅厂大门

1956年,由县委推荐,刘子青被选为安徽省第二届政协委员。同年,在省工商联主委会上,刘子青被选为全国工商联代表大会代表,出席了在北京召开的全国工商联代表大会。大会闭幕后,刘子青心情非常激动,他迫不及待地赶回繁昌,向县领导汇报大会盛况。此后,刘子青满怀激情,一心一意为锅厂生产经营操劳。1957年,刘子青在家中病逝,繁昌县人民委员会、中共繁昌县委统战部分别派代表前往吊唁,安徽省政协发来唁电,表示哀悼。

（三）繁昌保卫战

抗日战争全面爆发后,日本侵略军大举侵犯中国。到1938年12月,繁昌境内

[①] 戈永坤:《同和祥锅厂公私合营纪实》,政协繁昌县文史资料委员会,《繁昌文史资料》（第七辑）,1991年3月,第21～28页。

的三山、横山、旧县、荻港等镇,均被日军占领,繁昌北部沿江地区陷落敌手。此时,国民党繁昌县政府已迁出县城,搬到繁(昌)南(陵)边境五桂墩一带,仅有繁一、繁二区尚能推行政令。

1938年12月下旬,谭震林副司令员率新四军第3支队进驻铜(陵)繁(昌)抗日前线,英勇抗击日军。自1938年底到皖南事变前,共进行了大小200余次战斗,仅在1939年一年中,大规模的战斗就有5次,这些战斗主要是围绕争夺繁昌县城而进行的,史称繁昌保卫战。5次繁昌保卫战分别在1939年1、3、5、11、12月,其中11月的第四次繁昌保卫战打得最为激烈。

1. 开赴铜繁前线

1937年7月,抗日战争全面爆发后,中国共产党同国民党谈判并达成协议,将南方8省14个地区的红军和红军游击队改编组成国民革命军陆军新编第四军(简称"新四军"),决定由叶挺任新四军军长。这是中国共产党领导的又一支抗日武装。

新四军成立之初,下辖4个支队(旅级),即第1、2、3、4支队。第3支队由闽北、闽东红军游击队组成,司令员张云逸(新四军参谋长兼),副司令员谭震林、参谋长赵凌波、政治部主任胡荣,下辖第5、第6两个团,共2200余人。第5团团长饶守坤(后为孙仲德),副团长曾昭铭,参谋长桂逢洲,下辖3个营,分别以闽东北红军游击队、闽北红军游击队、中共闽赣省委机关直属部队和崇安、建阳游击队为主编成,开动时全团900余人。第6团团长叶飞,副团长阮英平(后为吴焜),参谋长黄元庆,下辖3个营,以闽东红军独立师为基础编成,开动时全团1300余人。[1]

1938年4月初,第3支队到达皖南歙县岩寺镇集结整训。尽管第3支队的人数不多、装备落后,但他们是经历南方三年游击战争的磨炼和考验而保存下来的精华,是一支抗战意志坚定的人民军队。

新四军集结整训期间,中共中央和毛泽东同志对新四军的任务和行动方针作了一系列指示,要求新四军抓住日军会攻徐州、武汉,无力后顾之机,积极主动地深入敌人后方去,在大江南北依靠人民群众,广泛开展游击战,创立抗日根据地。[2]

---

[1] 朱晓明、蔡朋岑:《保卫繁昌——1939年11月新四军在皖南》,《党史博采(纪实)》,2015年第5期。
[2] 南京陆军指挥学院、中国新四军和华中抗日根据地研究会:《新四军对日作战研究》,北京:军事科学出版社,2015年,第8页。

根据中共中央、毛泽东同志关于新四军在华中敌后开展游击战争的方针部署，新四军军部指示所属部队："深入敌人后方，开展广泛的游击战，达到牵制和分散敌人的兵力的目的，配合国民党军主力正面作战，在持久战中，争取最后的胜利。"[1]据此，新四军各支队分别向华中敌后和抗日前线开进，在大江南北展开了广泛的抗日游击战争。

1938年夏，新四军第1、2支队向苏南，第4支队向皖中敌后挺进，第3支队奉命留在皖南。

在日军的进攻和"扫荡"下（图一二五），国民党军不断后撤，一些临江的前沿阵地丢失，致使日军沿青弋江一线向皖南纵深进犯。设在皖南屯溪的国民党第三战区司令部，于9月28日电令新四军第3支队开赴芜湖青弋江一线担任阵地防务。10月上旬，第3支队到达青弋江西岸的西河镇（当时属宣城县）一带，先后取得了红杨树、马家园、湾沚等战斗的胜利。12月，第3支队又奉国民党第三战区司令部的命令，由青弋江一线移防铜陵、繁昌沿江地区，担任长江沿岸防务。

图一二五　日机轰炸繁昌

繁昌是皖南门户，战略位置十分重要。这里地处长江南岸，迫近日军重兵据守的芜湖和日军在华中的指挥中心南京。繁昌境内多山，便于部队隐蔽，是控制长江

---

[1]《新四军·文献》，北京：解放军出版社，1994年，第266页。

中下游地区交通的重要侧翼，是国民党第三战区司令部和新四军军部（设在皖南泾县云岭）及其后方基地的重要屏障，也是皖南新四军军部联系江北新四军部队的主要通道。同时，繁昌位于芜湖至铜陵这段长江的突出部，日军为了加紧向中国腹地侵略，保障其海军舰艇的安全和长江运输的畅通，繁昌也是其必争之地。

1938年12月中旬，新四军第3支队在副司令员谭震林（司令员张云逸在军部工作，副司令员谭震林负责第3支队的主要工作）的率领下，由南陵蒲桥、青弋江一线开赴铜陵、繁昌沿江地区，同国民党52师、144师一起担负繁昌、铜陵、南陵境内长江沿岸防御作战任务。

早些时候，因战争形势发展需要，叶飞、吴焜率领6团1、2两个营奉调苏南，归第1支队指挥，所以第3支队只有5团3个营和6团1个营。此时，已挺进苏南敌后的新四军第1支队1团被调回皖南，归第3支队指挥。1939年1月，第2支队第3团被调回皖南，归新四军军部直接指挥。新任5团团长孙仲德和参谋长桂逢洲于4月下旬调赴江北组建游击纵队，这样，就由谭震林直接指挥4个营。

图一二六　新四军第3支队的警戒哨

新四军第3支队进入铜、繁地区后，支队司令部开始驻南陵县沙滩脚，1939年4月23日进驻5团团部所在地繁昌县中分村（图一二六），其他部队分驻繁昌老虎山、马家坝、白马山、孙村、赤沙滩等地。国民党繁昌县政府也迁回到繁昌的八分村。在整个防区的作战部署中，第3支队居前沿中间位置，国民党52师、144师居侧靠后。144师在第3支队的左后翼，以黄浒河为分界线，其主力在铜陵狮子山、钟鸣街一线；52师在第3支队的右后翼，其主力在南陵桂镇一带。第三战区像在青弋江一样布阵，又是把我军夹在国民党两军之间，日军来犯，新四军首当其冲。

繁昌多山地，少平原。县城以东，是河圩地带，敌我均难以运动。北面开阔，城西及南部有大青山、红花山、三梁山、白马山、铁牛山、狮子山等诸道屏障，地形复杂，便于钳制和打击敌人。繁昌西南数十公里的塘口坝、孙村是日军荻港、桃冲铁矿山据点通往繁昌、南陵线上的要隘，两侧多是山地，地形对我有利。

2. 建立抗日组织

初到繁昌，日军尚无大的军事行动，第3支队便组织小部队不断袭击日军沿江据点，同时以较大精力抓紧建设繁昌西南山区的抗日根据地，贯彻党的统一战线政策，团结各党派、各阶层人民，组织各种抗敌协会，开展减租减息。部队既是战斗队，也是工作队。

第3支队有个战地服务团，五六十人，其中女同志占一半。服务团的女同志，除给战区的群众演戏、唱歌、教文化以外，有相当一部分同志直接下乡做民众运动工作。当时支队部有民运科，团有民运股，相当于现在的群工部门。民运队员在民运科、民运股的领导下开展工作，部队走到哪里，民运工作随之到哪里。民运队向群众开展政治宣传，讲解抗日救亡的道理，搞社会调查，发动和组织群众起来抗日。民运队员们都很辛苦，他们往往只身深入各个村庄，主动接近群众，住在贫苦农民家里，开展抗日宣传工作。他们像一颗颗火种，落到哪个村，不出个把月，那个村的群众就被轰轰烈烈地发动了起来。

根据这种国共两党在同一地区混合交织的复杂情况，谭震林同志非常关心铜（陵）南（陵）繁（昌）地方党的建立和发展。第3支队进驻后，谭震林宣布成立中共铜南繁中心县委，新四军战地服务团张伟烈任书记兼组织部部长。铜南繁中心县委直接在第3支队党委领导下开展工作，活动范围包括整个铜陵、繁昌和南陵的四区，县委机关设在铜陵的燕子牧。

铜南繁中心县委成立后，即配合民运队开展工作。第3支队政治部不断派出

图一二七　第3支队副司令员谭震林在中分村

战地服务团民运队员,组成工作组分赴各区,培养地方干部,帮助发展党员,建立地方党组织。随着党组织的发展壮大,1939年4月,分别成立繁昌县委和铜陵县委。

谭震林经常深入各乡,检查指导民运队工作,了解有关地方党的发展、各种群众抗日团体的组织及抗日统一战线建设方面的具体工作(图一二七)。

他还指导中共繁昌县委办党训班,组织支队政治部的同志给党训班的同志讲"国际歌"、讲党章党纲等,并号召地方党的同志大胆积极地同国民党地方当局开展有理、有利、有节的斗争,在抗日民族统一战线中不断壮大人民力量,争取独立自主的地位。

当时第3支队的民运工作队在各乡建立的群众抗日组织,主要有农抗会、妇抗会、青抗会、猎户队、儿童团和递步哨等。

农抗会,一般以乡保为单位组织,是最基本的农村基层抗日组织。各乡保的农抗会干部,都是由当地群众选举产生的,一般配有主任、理事、调解委员、组长等。

妇抗会,是妇女抗日组织,是在第3支队做妇女工作的郭显、田秉秀(后改名葛慧敏)、罗毅、王萍等同志的领导下组织起来的。1939年初在第3支队的驻地,铁门闩、中分村、八分村、港冲、赤沙滩、孙村、乌金岭等地都成立了妇抗会。妇抗会对抗日的贡献可大了,她们通过演戏、唱歌等开展抗日宣传,动员子弟参军参战,还同儿童团和递步哨一起搞侦察、送情报、捉特务、锄汉奸。1939年夏天,芜湖日军派汉奸、特务化装成小和尚、小尼姑来繁昌刺探军情,就被妇抗会、儿童团盘查识破,交给第3支队军法处。妇抗会的同志还积极帮助新四军做好后勤工作,平时为部队筹军粮、做军鞋、缝补浆洗,战时则抬担架、运子弹、救伤员、送水送饭,战后则组织慰问、给立功部队戴光荣花、送慰问信。

青抗会，是青年群众的抗日组织，在第3支队文工团的指导下工作，负责贴标语、搞宣传、带动或动员青年参军，在抗日斗争中也起了很大作用。

国民党当局不让新四军建立地方武装，第3支队就在繁昌帮助当地农民建立自卫队。日本要侵略，我们要自卫，这是理所当然的，国民党地方当局也不好过多反对。繁昌西南山区打猎的人多，许多农民家里都有猎枪，第3支队就把这些群众武装组织起来，叫猎户队。这实际上是我军领导下的抗日武装组织的化名，这样有利于进行合法斗争。开始先在孙村一带发起，接着中分村、范冲、梅冲也成立了猎户队。到1939年春末，全县山区，凡有土枪的、成分好的青年几乎都参加了这个组织。区里有大队，乡里有中队，保里有分队，全县七八十个中队，计1000多人。到1939年下半年，为了抗日斗争需要，第5团还同中共繁昌县委一起，组建了猎户队总队部。

第5团同猎户队的关系非常密切，各营经常派出军事教员帮助猎户队训练，还给他们上政治课，激发队员们的抗敌信心。当时猎户队传唱一支歌："河里水，黄又黄，东洋鬼子太猖狂，昨天上了张家冲，今天又上我王家庄。捉到我青年当炮灰，追得我老娘运军粮。炮弹掉山岗，老娘打死在路旁，活着有啥用？拿起刀枪上战场！"

猎户队站岗放哨，搞情报，做向导，减租减息，保卫会场，护送首长，堵截敌人物资，积极配合部队作战。他们活动在敌前敌后，成为新四军最可靠的助手。

由于我们没有自己的政权，部队又要时刻准备战斗，地方上的许多事情，只能靠猎户队来帮助抓。例如，争取民主人士和开明士绅，整治伪、顽反动分子，打击地方反动势力，镇压汉奸、特务，保护地方民主选举，教育地主豪绅自觉减租减息，支持抗日。范冲的大财主谢保先就是在猎户队的帮助教育下改造的。谢家兄弟四人，家里有大片土地，从范冲到梅冲方圆十几里的毛竹山都是他们家的，谢宅有楼房、花园，大小几十间房子。当时谢保先是伪乡长、联保主任。谢家有毛瑟枪，猎户队在新四军的支持下，主动上门要他交出来支援抗日，并教育他多为抗日着想，报效国家。后来谢家有了一些转变，腾出不少房子让第3支队的队部住。1938年冬，谭震林同志就住在范冲谢保先家，直到塘口坝战斗以后才离开。

3. 峨山头搏斗

繁昌当面之敌有：日军岩松第15师团高品52联队的川岛警备队，五六百人，还有大量伪军，他们分驻伏龙山、峨桥、三山、横山桥、矶山一线；日军第116师团之石谷133联队的西川、藤井、青木3个大队，1500余人，驻荻港、桃冲铁矿山、三江口一线。同时,日军随时可以从芜湖调集大量日伪军。[①]

在敌、顽的夹缝中坚持抗战,新四军要立足并得到发展,除了做好统一战线工作,团结各党派力量,发动群众建立各种抗敌协会进行斗争以外,最主要的就是积极主动地开展武装斗争,粉碎日寇"扫荡",在与敌人浴血战斗中树立自己的威望。

新四军第3支队在谭震林副司令员的领导下,在广大人民群众的支援下,在第1团、第3团的协同下,两年间,在铜繁前线共进行了200余次胜利的战斗,沉重打击了日本侵略军的嚣张气焰,在新四军抗战史上留下了光辉的一页。

1938年12月下旬,第3支队刚进入铜繁地区,就遭到日军的"扫荡"。26日,日伪军200余人向第5团驻地中分村发起攻击。第5团利用有利地形,打退了日伪军,并乘胜追击,一举攻克繁昌城,占领了这个战略要地。由此,繁昌保卫战的帷幕正式拉开。

1939年,日军分别于1、3、5、11、12月,五次大规模地进犯繁昌。第3支队指战员浴血奋战,取得了五次繁昌保卫战的重大胜利。其中11月的第四次保卫战三次战斗最为激烈,创造了新四军正面战场作战的典范。

11月7日晚,日军第15师团高品52联队的川岛警备队步骑兵600余人,携迫击炮5门、重机枪7挺,由峨桥、三山、横山桥等据点出动,分三路进犯繁昌城。8日拂晓,日军到达新兴街、松林口、三元口附近。

敌人刚一出动,我第3支队就接到侦察员的报告。谭震林分析敌情,来犯之敌兵力虽比我劣势,但有无援兵及其他方面情况还未明了。在这种情况下,应避免与敌决战,遂决定扩大正面,对敌形成包围之势,把主力摆在繁昌西南山地上,待机出击。繁昌城南的峨山头是这次战斗的中心要地,如能扼守,不但可以控制城厢,而且能吸引敌人兵力,给主力部队创造有利条件。繁昌西北一带的山地,便于我威胁和钳制敌人,要防止敌人从荻港、桃冲铁矿山方面增援其攻城部队,宜预先布置相当兵力担任警戒,以保障我侧翼安全。

基于这种分析,支队司令部决定:5团1营布置在横山桥通往马家坝方向的附近山地,以小部队正面钳制,主力占据有利地形,打击敌人侧翼;5团2营隐蔽在白马山附近,待机向繁昌城西北方向袭击敌人;5团3营在红花山、孙村附近加强侧

[①] 陈仁洪:《繁昌保卫战》,中共繁昌县委党史资料征集小组办公室编,《繁昌党史资料通讯》,1985年第1期。

翼警戒,随时准备打击荻港、桃冲铁矿山方向可能来援之敌;6团3营占领繁昌城南之峨山头,扼守该地,并以一部担任城防。同时,为便于指挥,谭震林率支队司令部由中分村进至铁门闩一带。

8日早晨7时左右,从横山桥出发的这一路日军经三元口进至马家坝附近,首先与我5团1营接触,遭到我侧面突然袭击后,即转向松林口方向,与从三山出发的这路之敌主力会合,继续向繁昌城行进。9时,这路日军集中力量向峨山头阵地发起猛烈攻击,企图占领阵地,控制全城。6团3营主力居高临下,击退了日军的数次冲锋,牢牢控制了阵地。11时,日军一部突入城内。5团1营由羊尖山迂回到县城北门附近,2营也迅速赶到西门,两营互相配合,将突进之敌重重包围。进城日军如梦初醒,原来中了新四军圈套,顿时慌乱起来。从峨桥出发进至新兴街的这一路日军见势不妙,未敢再进。

图一二八　前沿阵地上的第3支队战士

扼守峨山头的6团3营在敌人不断的进攻中,伤亡渐增,但士气仍然高昂。下午2时,日军调整兵力,以猛烈炮火攻击我峨山头阵地,几百名日军向山上猛冲。3营指战员毫不畏惧,与攻到近前的日军拼刺刀,一次次击退敌人的进攻(图一二八)。战至下午3时,峨山头阵地岿然不动。见敌人已经完全被包围,呈慌乱和疲急之态,谭震林下令各营立即展开总攻。峨山头守军率先反击,并以一部直扑城内,配合5团1营、2营与日军作战。战士们一边冲,一边高喊"活捉鬼子""缴枪不杀"口号。激烈的巷战中,1营1连3排在连长祝希林的率领下,与日军展开肉搏,予日军大量杀伤,全排壮烈牺牲。战至下午5时,天空飘下蒙蒙细雨,战士们越战越勇,日军招架不住,便向北门溃退。

天色渐渐黑下来,雨越下越大,日军且战且退,我军紧追不舍。追到草头山附近,敌人施放毒气,我军才停止追击,溃败的日军趁机向七里井、松林口方向逃窜,战斗暂告结束。①

当时很多战士没有吃中饭,城厢商抗会组织商民送来了食物,有的送馒头包子,有的送饭团糕点,有的送饼干锅巴,有的送菜送水。晚上,部队胜利归来,路过城厢进城休息,商民们在家门口用碗点上香油灯,照得街上通明。

这次战斗,日军伤亡50余人,我军伤亡38人。

4. 塘口坝血战

11月8日日军进攻繁昌城受挫后,并不甘心失败,便连日调兵,企图再次进攻繁昌。

11月13日夜,日军第116师团石谷133联队的西川大队步骑兵五六百人,由荻港、桃冲铁矿山、三江口等地出发,到达繁昌城西南约12公里处的孙村附近,暂作休息,准备继续向赤沙滩方向前进。

谭震林分析敌情,认为日军正面进攻繁昌不行,改为打侧翼,企图抓住国民党部队这个薄弱环节,从第3支队和国民党第144师的结合部,由孙村—塘口坝—赤沙滩插进来,从而把铜繁抗战链条打开一个缺口,以孤立繁昌,直逼云岭,策应青阳方向的进攻,威胁我徽屯后方,继而为打通浙赣线创造条件。

第3支队的首长洞悉了敌人的企图,考虑到孙村与敌人后方据点接近,我若以主力迎击,则与我后方联络困难,而敌人则增援容易。孙村以北为山地,敌人居高临下,若再加从三山、横山方向配合进攻繁昌城的日军,则我不但仰攻难克,且侧、背受敌,陷入困局。为争取战场上的主动,宜以一部兵力诱敌至孙村南五六公里之塘口坝附近,变不利为有利,再以主力待机出击,一举破敌。据此,决定派5团3营

---

① 陈仁洪:《繁昌保卫战》,中共繁昌县委党史资料征集小组办公室编,《繁昌党史资料通讯》,1985年第1期。

从红花山迅速赶到孙村附近,钳制敌人;以5团2营和6团3营为增援部队,在塘口坝东北之白马山、三梁山附近,待机出击;支队警卫排占领三梁山西侧,向梅冲、孙村方向警戒;在马家坝的5团1营向三山、横山桥方向侦察警戒,敌若出动,务必死死挡住。支队司令部亦从铁门闩转向西推进到三梁山东侧附近。为加强作战力量,确保战斗顺利进行,谭震林电告新四军军部,请调第1支队的1团也来塘口坝。

14日凌晨2时,进犯日军由孙村向塘口坝、赤沙滩方向前进。我5团3营即与敌在必经之梅冲附近接触,我未攻击纠缠,而在其后跟随。拂晓,日军准备渡河时,5团3营果断出击,使日军不能渡过赤沙河,打乱了日军部署。日军非常恼怒,但一时又摸不清新四军的实力,被迫改变行进方向,遂占领塘口坝西北之金丛山、九龙石一带高地,并派一部运动到三梁山南侧之乌龟山。我5团3营紧紧咬住敌人,乘敌立足未稳,向日军指挥所九龙石高地发起冲击,一鼓作气冲到近前,与敌展开白刃战。

日军已被我成功引至塘口坝,第3支队立即命令待机多时的5团2营由白马山出发占领乌龟山一线高地,堵击敌人,不让其前进。2营营长陈仁洪命令4连连长林昌杨带领4连迅速占领乌龟山阵地,抢占制高点,坚决阻止敌人南进;6连随在营指挥所后面前进,配合4连战斗;5连在乌龟山背后南侧隐蔽待命,作为2营的预备队。

乌龟山本是个无名高地,位置比较突出,在塘口坝的东南,与塘口坝仅隔几百米远的平川稻田。山的东侧连接大青山;西侧靠近黄浒至赤沙滩的河道和大道;南侧是一片起伏地,只有齐膝深的荒草和稀疏的小松树;高地的中央是一个椭圆形的大空地,从这里向四周伸出四个短短的小山脚。因为它是第3支队与第144师结合部上的一道屏障,平时部队经常在这里搞防御作战演习,战士们觉得它像一只大乌龟,所以就叫它乌龟山。

4连赶到乌龟山近前,发现日军已到了乌龟山脚下了,他们迅速集中队伍选择了一条上山小路。随着冲锋号声骤然响起,战士们像脱缰的烈马,勇猛地往上冲,日军的迫击炮弹不停地在阵地上爆炸。6连也冲上来了,战士们扔出一排排手榴弹,把敌人压了下去。4连、6连控制了乌龟山。

乌龟山阵地进可攻退可守,是敌人主攻的高地。日军只有夺取乌龟山,才能挽救其败局。于是,一场血战在塘口坝展开了。

上午8点多钟,山坳里雾散尽了,阵地前面和山下面稻田里都是成群乱窜的日军兵马,他们都清晰地暴露在我军的火力打击之下。2营居高临下,轻、重机枪猛烈地向敌人扫射,靠前的日军趴在田里一动也不能动。日军重新整理了队伍,密集的炮火向2营阵地打来,趴在田埂上的敌步兵,按散兵队形,沿着乌龟山的山脚向上爬。

4连连长林昌杨带领1排在阵地西北面最突出的小高地坚守,日军一次次集团式冲锋,都被英雄的4连打了下去。阵地前打成了一片火海,茅草灌木在燃烧,树叶树皮被弹片削光了,石头被翻了个个儿(图一二九)。

图一二九　第3支队战士在塘口坝阵地阻击敌人

随着步兵的冲锋,山下通往黄浒的小河旁,100多名日军骑兵,声嘶力竭地狂叫着向山上冲来。4连沉住气,放敌到50余米时,轻、重机枪对准敌人的马队一齐猛烈扫射,刹那间,敌人的骑兵人仰马翻,许多日军滚到河里、水田里去了。

战斗正在最激烈的时刻,4连连长林昌杨那高大的身躯突然晃了一下,接着便沉重地倒了下去,他的胸前横穿过一排机枪子弹,殷红的鲜血把身下的泥土都染红了。4连2排排长和他率领的3个班长又先后牺牲。战斗仍在继续,战士们非常勇敢,尽管敌人反复向阵地冲锋,战士们始终坚守着阵地。排长牺牲了,副排长代理;副排长受了伤,班长指挥;班长、副班长牺牲了,战士自动出来代替。

整个阵地好似天崩地裂一般,到处是浓烟烈火,到处是吼声和鲜血,敌人的第三次猛烈攻击终于又被4连打退了。①

为了保住4连的阵地,营长陈仁洪决定派在营部的特派员赵培枫同志去代理4连连长一职。在上次保卫繁昌的战斗中,4连连长林枝坤牺牲后,指导员林昌杨改任连长兼指导员,不幸的是,林昌杨在这次战斗中英勇牺牲了。

临近中午,日军从三江口方向,利用黄浒河河道,派出第一批增援部队200余人,到达塘口坝附近,又开始进攻乌龟山。阵地上原有工事大部分已被摧毁,战士们只得利用弹坑和大石头来隐蔽身体。这时,营部的童景瑞带领猎户队三四十人送来了急需的子弹和手榴弹,他们还赶紧帮助部队抢修工事。战斗紧张地进行着,赵特派员一口气扔出4颗手榴弹,当他扔出第5颗手榴弹时,不幸中弹牺牲。

这时,4连阵地上已经剩下不多的人了,战斗仍然在激烈地进行。在短短的几个小时里,牺牲了2个连长,1排长在另一侧阵地上脱不开身。这时随同代理4连连长赵培枫来的通讯员,紧急之下大声地向活着的同志宣布:"同志们,请让我来代理阵地指挥员,同大家一起坚守阵地!"乌龟山西侧阵地,就这样在通讯员的指挥下,牢牢地掌握在我们的手里。

敌人在4连阵地上连连吃亏,便把主攻方向转向乌龟山右侧的6连阵地,4班长汤永言率领全班坚守在右侧小高地上,敌人几次冲锋,都被他们用手榴弹和机枪火力击退。日军尸体横七竖八地倒在阵地前的小山包上,三八式步枪零乱地丢在草丛间。

汤永言右腿负了重伤,而后左臂又被子弹击穿,但当他看到阵地上全班连他在内只剩下4个人时,坚决不让背他下去。战士们把他移到一块大石头旁,让他斜靠在那里,便于观察,指挥战斗。不一会儿,汤班长又被敌人打断了喉管,昏迷过去。6连组织力量阻击敌人,才把汤班长及4班撤换下来。

营长陈仁洪右臂负伤,仍坚持一线指挥。副营长马长炎带营预备队5连,与塘口坝南边的敌人紧张对峙着。

下午2时左右,日军见态势毫无进展,又从荻港方向,经黄浒向梅冲派出第二批增援部队400余人,向我右翼包围。此时,第3支队警卫排警戒三梁山之西侧,同时5团3营也由金丛山转移到三梁山上阻击,致使该敌被堵截,未能支援乌

---

① 陈仁洪:《繁昌保卫战》,中共繁昌县委党史资料征集小组办公室编,《繁昌党史资料通讯》,1985年第1期。

龟山。

战斗到黄昏时分,新四军老1团迟迟未到(后来得知,该团在增援途中,因解救铜陵东南之舒家店被日军劫掳的民众,没有及时到达战场),谭震林觉得必须要动用自己的最后一支生力军了,当即命令在三梁山后面待机的6团3营投入战斗。该团势如猛虎,迅速向乌龟山南侧出击包围敌人。日军疲惫不堪,猝不及防,一时伤亡很大,不能坚持,遂准备撤退,并电告133联队派部队增援接应。

傍晚7时,夜幕降临,日军第三批增援部队200余人到达黄浒镇,在黄浒以北之象山附近占领阵地。同时用汽艇在黄浒至塘口坝的河道里来回运伤兵和武器。午夜12时,日军全部秘密退出战场,我军向黄浒方向追击未果,战斗遂告结束。[①]

第二次战斗,几乎是14日一整天。敌人先后三次增援,投入兵力1200多人,死伤300多人,1名指挥官被击毙。我军负伤44人,阵亡22人,缴获了一批步枪、子弹。

图一三〇　第3支队战士在阵地上吃饭

[①] 朱晓明、蔡朋岑:《保卫繁昌——1939年11月新四军在皖南》,《党史博采》,2015年第5期。

为了抢救伤员,军部医院调来一批军医,包扎急救站设在中分村徐祖恒家。新四军在塘口坝浴血奋战,深深地感动了繁昌人民,人们纷纷参战支前,直接参战的猎户队员有500多人,从事战勤工作的有400多人。他们抬担架、送弹药、送茶饭,就连国民党繁昌县县长徐羊我也感动得亲自带人来抬担架。乡亲们送来了一担担饭菜(图一三〇),又冒着危险把伤员和牺牲的同志背下去。葛为富、俞成章、张文斗等从战场上将伤员背下来,然后送到无烟冲抢救,一连背几趟,忘记了饥饿和危险。农抗会员、猎户队员献出棺材和门板,将林昌杨、赵培枫、李志魁等13位烈士埋葬在后冲(新中国成立后迁县烈士墓)。

5. 再战繁昌城

日军8日、14日两次受到重创后,决心要报复。这次驻繁昌周边的日军,东西配合,联合行动。20日晚,日军驻荻港、桃冲铁矿山、三江口的石谷133联队和驻峨桥、三山、横山桥的川岛警备队步骑兵炮兵共2000多人,从孙村、枯竹岭、横山、三山、峨桥兵分五路,再犯繁昌。

谭震林副司令员立即召开干部会议,分析敌情。这次敌人动用兵力多并多方面配合行动,妄图与我正面决战。敌人五路推进,我若采取各个击破的办法,击其一路,敌人各路策应容易,我则转移困难,则必有被敌包围的危险。为了掌握战场上的主动,我军决定在繁昌城西北山地部署足够兵力,采取运动防御,拖累敌人;另以一路占领峨山头,控制城厢,主力相机出击,消灭敌人有生力量。支队司令部把5团1营部署在繁昌城西北山地,实施运动防御,使敌人疲劳;5团2营在繁昌城西南山地白马山附近,待机袭击敌人侧翼;5团3营在红花山、孙村之间,警戒侧翼;6团3营担任城防,扼守峨山头,阻击敌人。支队司令部推进到铁门闩附近。

21日早晨,五路日军向繁昌城压来。7时许,5团1营一部在马家坝附近与从枯竹岭、横山两路来的敌人接触,节节抵抗,阻击其前进,使之行动迟缓。孙村那一路日军主力行动非常狡猾和迅速,在我白马山5团2营尚未发觉之时,就经五里亭进至繁昌城西门附近。这路日军动作如此之快,出乎我军意料,以致担负城防任务的6团3营一时没有反应过来,日军就已经攻城了。3营寡不敌众,被迫放弃城防,退守峨山头。而此时其他各路日军,均采取稳扎稳打、步步为营的办法,向繁昌城推进。

下午3时,日军大部分进入繁昌城,集中兵力向6团3营峨山头阵地包围冲击。激战持续2小时,因敌众我寡,峨山头一度失守。后在我5团和1、3两团一部的配合下,6团3营从西面锥子山(官山)方向发起勇猛反攻,激战到黄昏,重新夺回了峨山头。

22日,敌人进占繁昌城后,即停止向南前进。5团1营、2营将繁昌城及其西、北地域内的据点重重包围,并不时冲击、袭扰城内之敌。当日,连续下雨之后又下起大雪,日军的粮食和弹药供应不上,加上不明真相,只得死守城里,不敢出击。

紧张的一夜过后,天气仍未好转。日军虽然占领了繁昌城,但并没有消灭新四军主力,且弹尽粮绝,恐慌异常。23日拂晓,日军企图突围。

进来容易,想走就没那么容易了。突围的日军,被我5团、6团两侧夹击,又退回城内。早晨7时,大股日军又向城东方向猛冲,被我峨山头守军火力压制。我又以5团2营为突击队,向敌突围部队袭击,敌伤亡甚重,残敌向马家坝方向溃逃。我军跟踪追击,敌人遂仓皇向三山、横山方向逃去。至此,繁昌城又被我军收复,战斗胜利结束。①

第三次战斗,历时三天两夜,新四军再次取得了保卫繁昌的胜利。这次战斗,日军共伤亡100多人,我军仅伤9人,牺牲2人,取得了以1比10的战绩。

6.繁昌保卫战的重大意义

繁昌保卫战的胜利,无论是对扩大新四军的影响、屏障皖南后方,还是对配合华中和华南两个战场对敌作战,都具有重大意义。

(1)打出了新四军军威,扩大了新四军影响

新四军进驻铜繁前线之时,日军已占领铜繁半壁江山,国民党守军纷纷败退,这里的人民已经陷入灾难深渊,惶恐不安。他们眼见新四军装备如此落后,加之国民党顽固派散布所谓的"新四军游而不击"等流言蜚语,不免产生疑虑:新四军真的能打日本鬼子吗?

要改变这种状况,对刚刚进驻铜繁前线的第3支队来说,必须用抗日游击战争的胜利,来建立新四军的军威,消除人们心头的疑虑,以鼓舞抗日军民的士气。

五次繁昌保卫战的重大胜利,充分证明了共产党领导的新四军,是一支真正坚持抗战、英勇杀敌的军队。新四军在面对拥有先进装备的日军多次进攻,不但没有被消灭、被赶跑,相反,在人民群众的支持下,有效利用皖南复杂的地形,采取运动防御战法,不但站稳了脚跟,而且狠狠地打击了敌人。繁昌保卫战的胜利,大灭了

---

① 朱晓明、蔡朋岑:《保卫繁昌——1939年11月新四军在皖南》,《党史博采》,2015年第5期。

日本侵略军的嚣张气焰。繁昌保卫战后,日本驻南京的派遣军总司令失望地哀鸣:"国民党军队乃手下败将,唯共产党军队才是'皇军'之大敌,看来要在共产党军队手中夺取繁昌城是不可能的。"[①]

对国民党顽固派来说,这一胜利,粉碎了他们"借刀杀人"的图谋,驳斥了他们对新四军的种种诬蔑之词。一位常驻第3支队专门监视新四军的第三战区特派联络官,在五次繁昌保卫战胜利之后,不得不在谭震林面前承认,"一年来随谭司令转战皖南,亲眼得见贵军志诚抗日,坚贞不渝,令人钦佩之至,社会上说贵军游而不击实属流言"。此人从此离去,一去不返。

(2)创建了铜南繁抗日根据地,推动了皖南抗日形势发展

铜南繁地区是皖南后方的前哨,在这一地区创建抗日根据地,既是第3支队本身开展游击战争、坚持持久战的需要,也是保卫皖南后方、发展皖南抗日力量的需要。铜南繁抗日游击根据地是在积极开展游击战争,尤其是在5次繁昌保卫战中给敌人以重大杀伤的前提下,给同时开展的民运工作创造了必要的条件。第3支队刚进驻铜繁之时,整个繁昌和南陵南四区并无群众基础。谭震林同志代表支队党委,宣布成立以张伟烈同志为书记的中共铜南繁中心县委,以便统一领导这一地区建党和抗日工作,县委领导成员都是上级派来的。在夺取第1、2、3次繁昌保卫战胜利的过程中,繁昌及南陵南四区从无到有,建立了党的组织。4月,铜繁两县便分开成立了县委,驻地各区和大部分乡、保都建立起区委、中心支部、支部;通过"抗日救亡训练班",培养出200多名地方军政干部;各种群众性的抗敌协会,在铜陵敌前敌后、繁昌的敌前西南山区和漳河沿线以及南陵南四区,纷纷建立起来。抗日民族统一战线也在这一期间建立了起来,一批地方士绅和民主人士,纷纷走了出来,为抗战出谋献力,可见这一地区的抗战局面已经打开。在这种形势下,第3支队司令部和政治机关,在4月间分别由原驻南陵县沙滩脚和铜陵燕子牧,移到繁昌西南山区的中分村,向前推进了约20里。5月,第3次繁昌保卫战胜利后,繁昌沿江日军连续5个多月都不敢轻易出兵。趁这个空隙,繁昌的民运工作由敌前推进到敌后,在大磕山、高安、大洲一带,开展建党、组织群众、建立武装等工作,游击区不断扩大,日伪控制区相应缩小。到第4、第5次繁昌保卫战取得重大胜利后的1939年底,铜南繁地区的党、军、群组织已经遍及敌前和敌后的中心地区。由此可

[①] 姚有志、李庆山:《新四军令人称奇的十大战役》,沈阳:白山出版社,2009年,第36页。

见每一次繁昌保卫战的胜利,都把抗日根据地建设向前推进一步。抗日根据地的形成,又为新四军战胜敌人、坚持抗战提供了坚实基础。

(3)维护了长江南北交通,使皖南与江北新四军的联系畅通

新四军第1、2、4支队在苏南、皖中等敌后地区实行战略展开之际,占领南京、芜湖、武汉的日军,在加紧对敌后新四军"扫荡"的同时,实行对长江的封锁,企图割断皖南新四军军部渡过长江与江北新四军部队的联系。在这种情况下,是否能建立起保持畅通的交通线和交通网,对于新四军向北发展,无疑是十分重要的。鉴于第3支队驻防的铜南繁地区地处沿江,既是皖南门户,又是长江南北来往的"跳板",更是敌人封锁长江交通线上的重要地区,因此这里交通网络的建立和畅通,在地理位置上显得特别重要。

当时中共中央东南局、皖南特委和新四军军部都设在皖南泾县境内,它们与皖中、江北地区党组织和新四军的联系,基本上要靠地下交通来完成。

正是因为5次繁昌保卫战的胜利,在建立铜南繁游击根据地的同时,又建立了党的地下交通线,打破了敌人的封锁。

1939年间,繁昌地下交通是以第3支队司令部和中共繁昌县委机关所在地中分村为中心,建立了北至江北无为地区、西至铜陵地区、东至南芜宣地区、南至军部和皖南特委所在地的4条交通线。

(4)屏障了皖南,策应了华中和华南两个战场对敌作战

日军占领南京后,就把它的反动统治中心设在南京,在军事、政治、经济、文化上实行全面伪化,妄图把华中地区变为它的"以华制华""以战养战"的"王道乐土",作为连接华北和华南的枢纽和实施"南进计划"的后方基地之一。1939年日军5次大规模进犯繁昌县城等地,正是它妄图从这里突破、威胁徽(州)屯(溪)后方,实施上述战略计划的组成部分。然而,5次繁昌保卫战的胜利,彻底粉碎了日军南进的企图,屏障了新四军军部和后方基地,使皖南的前线和后方成为配合华中敌后战场乃至华南正面战场对敌作战的一个重要支撑点。

第一,牵制和削弱了日军的一部分兵力。新四军东进后,日军在南京、芜湖、镇江一带由原两三个联队,增加到5个师团,其中安庆驻有敌第116师团(武内峻二郎),控制着湖口至芜湖的沿江各据点。1939年初,日军在增兵加紧对华中地区敌后"扫荡"的同时,又从南京调来第15师团(岩松)的52联队(高品),配合第116师团进犯繁昌,趁机南进。从那时起,日军常保持4个师团另3个旅团共10余万

的兵力在安庆以东驻扎,担负对长江下游两岸的国民党军和新四军作战任务。当时,整个华中有日军13个师团,3个独立旅团,其中长江沿线就占有三分之一的兵力,而且敌在长江下游这一部分兵力,又相当于当时日军在华南正面战场兵力配置数的总和。从日军南进的战略企图来看,新四军皖南部队至少牵制芜湖至安庆长江沿线敌军总数一半以上的兵力,并且在5次繁昌保卫战中给日军以很大杀伤,始终御敌于长江沿线一带。这对挺进华中敌后的新四军粉碎敌人"扫荡"和实施战略展开,解除对皖南后方的威胁、削弱华南地区正面战场的压力,都起到了一定的战略配合作用。

第二,吸收和培养了大批抗日骨干力量。5次繁昌保卫战的胜利,直接保卫了皖南后方新四军军部。特别是第3次繁昌保卫战挫败敌军南进之后,和第1、2、4支队在苏南、江北、皖东坚持积极的敌后游击战,牵制了日本华中派遣军的大量兵力,从而使皖南前线敌我双方处在相持阶段。在这一阶段,第3支队不断派出小部队分散出击,打击敌人的江防,袭扰其长江运输船队,随后又取得2次繁昌保卫战的胜利。这样,新四军军部得到了稳定的发展,云岭成了进步青年向往的地方,安徽、江苏、上海、浙江、江西等地青年工人、青年知识分子、青年学生,纷纷奔向皖南,投身革命熔炉,给新四军增加了新鲜血液。军部通过大力兴办教导队,组织干部和青年学政治、学军事、学文化,一批批革命青年在这里被培养成才,然后被源源不断地输送到华中各抗日前线。

第三,保证了军需品的转运和生活用品的生产。新四军的军需品主要是通过兵站运往华中各地,处于皖南后方的军部总兵站,对外隶属第三战区兵站分监部领导,对内直属军部领导。当时国共虽然合作抗战,但第三战区对新四军的供给总是尽量克扣,对军粮、军械和弹药的克扣更甚。军部为保证部队的给养,在向第三战区据理力争的同时,一靠战斗的缴获,二靠自力更生制造武器弹药,三靠国内外爱国人士的捐献。而所有这些军需物资的接送,都是在抵御了敌人南进皖南后方的条件下,由总兵站及其下属6个地区性兵站及相应的兵站线负责完成的。此外,1939年春夏之间,由上海爱国人士胡愈之、陈翰笙等,会同国际友人斯诺、艾黎等人建立中国工业合作协会,利用皖南山区的自然资源,在泾县茂林、小河口等地筹建了纱布厂、蜡烛厂、宣纸厂,并在屯溪设立"工合"浙皖办事处,后来还办了缝纫、制鞋、烧炭、雨具等十几个合作社,既解决了军部的军需品和生活用品需要,又为各地的民运工作提供了可靠的物质基础。①

1939年12月下旬的一天,第3支队在中分村隆重举行祝捷大会。为感谢第3支队指战员英勇杀敌,保卫繁昌,驻八分村的国民党繁昌县政府,号召全县各界人士慰劳抗敌有功的新四军,繁昌各界人士积极响应。

祝捷大会会场设在中分村栗树林里的广场上,广场上搭起了一座很大的主席台,主席台布置得庄严、隆重,台前挂一大红布横幅,上面写着"繁昌保卫战五战五捷庆祝大会"。参加祝捷大会的第3支队指战员个个武装整齐,高唱《繁昌之战》,踏着坚定整齐的步伐进入会场。新四军军部特派来军乐队,高奏凯歌,列队步入会场。接着县保安大队和民兵列着整齐的纵队,吹着军号,唱着抗日歌曲,进入会场。随后各界人民团体,农、商、青、妇的代表,还有中分村儿童团、马仁乡乡保甲人员和小学师生,地方群众等数千人,均在台下站列。会场上红旗招展,锣鼓喧天,欢呼声、鞭炮声、歌声响彻云霄。

第3支队副司令员谭震林、政治部主任胡荣等,新四军军部代表,地方党、政、群代表(有国民党繁昌县县长徐羊我,国民党县党部书记洪添铭、县动员委员会副主任俞少成、县财委会委员舒翼,士绅邢瑶圃、陈春圃、徐映堂等)在主席台就座。谭震林首先讲话,他阐述大会宗旨,介绍几次繁昌保卫战的辉煌战果,以及我军不怕牺牲,坚决保卫繁昌、保卫皖南等事迹。继有徐羊我、洪添铭、邢瑶圃分别致祝词,赞颂新四军英勇杀敌、保卫繁昌的丰功伟绩。军部代表也讲了话,他鼓励全体指战员再接再厉,戒骄戒躁,时刻警惕,紧握手中的枪,敢于消灭来犯之敌,争取更大胜利。接着献旗,徐羊我献上一块很大的红色绸横匾,中间是黑丝绒的"保障繁阳"4个大字。

当天晚上,新四军战地服务团配合第3支队政治部宣传队,在祝捷大会场地公演新编《繁昌之战》大型话剧,台下数千名群众无不称赞新四军英勇善战、保卫繁昌的战绩。

由新四军文艺战士曲再之、吴强作词,何士德谱曲的《繁昌之战》,随着那激越昂扬的旋律、铿锵有力的歌词,将繁昌保卫战的故事传遍大江南北,给全国的抗日军民以极大的鼓舞。

---

① 本节主要参阅了桑良谷同志的《试析五次繁昌保卫战的意义》,《繁昌党史资料》,1989年第2期。

皖南门户,
长江边上,
平静的繁昌,
成了烽火连天的战场。
无耻的日本强盗,
海陆空军一齐进攻,
五次大规模的侵犯,
遭受了五次重大的杀伤。
峨山头的搏斗,
塘口坝的血战,
我们用雪亮的刺刀,
暴烈的手榴弹,
火力猛烈的机关枪,
前仆后继地冲锋,
把敌人打下山岗,
发扬了我们的勇猛攻击,
无比的顽强。
我们艰苦奋斗,奋斗,
不怕凄风冷雨,
我们英勇牺牲,牺牲,
不怕饥寒,死伤!
我们顽强战斗,
粉碎敌人的"扫荡"!
谁说我们游而不击?
谁说我们不能打大仗?
五次伟大的胜利,
我们坚决地保卫了繁昌!
五次伟大的胜利,
我们坚决地保卫了繁昌!

（四）先遣渡江侦察

1949年4月，解放战争渡江战役前夕，中国人民解放军一支先遣渡江部队，突破国民党军长江防线，深入江南敌后进行侦察，将一份份重要情报发往江北总部，出色地完成了侦察任务，并接应大军渡江。

1952年，在上海市市长陈毅的提议下，著名剧作家沈默君根据先遣渡江大队的战斗经历，创作电影剧本《渡江侦察记》。1954年，上海电影制片厂将其摄制成故事影片，外景拍摄地就在当年先遣渡江大队活动的区域。电影上映后，先遣渡江侦察的故事在全国家喻户晓。

1. 接受任务

经过辽沈、淮海、平津三大战役，我军基本上将国民党的主力部队歼灭于江北。毛泽东主席发出号召：将革命进行到底！中国人民解放军第3野战军第9兵团第27军和其他兄弟部队一起挺进到了长江北岸，只等中央军委一声令下，打过长江去。此时，摸清国民党军江南防御的基本情况，特别是敌人的兵力部署、火力配置、工事构筑、炮兵阵地、指挥所位置，以及消除部队官兵对长江的恐惧心理，对中央军委和总前委首长下定决心，非常重要。

1949年3月中旬的一天，第27军第81师242团参谋长亚冰（后改名章尘），接到军部通知，要他和军侦察科科长慕思荣同志到无为县的临江坝军指挥所接受任务。在军指挥所作战室，军长聂凤智、政委刘浩天、参谋长李元等同志给他们交代了任务。军首长介绍了解放战争的形势，以及党中央、中央军委的决心——解放全中国。为实现这一计划，首先要摸清敌人的情况，因此，中央军委决定第27军组织一支先遣侦察部队，提前渡江，深入敌军后方，摸清情况，及时地向江北报告。接着宣布了军党委决定，由军侦察营1、2连及3连六〇炮班，第79、81师的3个侦察班，总计300余人，组成先遣渡江大队，由亚冰和慕思荣同志率领，先遣渡江，执行侦察任务。任命亚冰为先遣渡江大队大队长兼临时党委书记（图一三一），慕思荣为副大队长兼临时党委副书记（图一三二），军侦察营政治教导员车仁顺、副营长刘浩生以及2连政治指导员王德清为委员，组成临时党委。聂军长要求，这次侦察行动，只能成功，不能失败。后来亚冰得知，把他调到先遣渡江大队，是当时第27军第80师师长张铚秀推荐的，张师长知道亚冰是皖南歙县人，熟悉江南情况，就向军首长推荐了他。

先遣渡江大队很快组建起来，渡江前的各项准备工作迅速准确、有条不紊地展开。

图一三一　先遣渡江大队大队长、临时党委书记亚冰

图一三二　先遣渡江大队副大队长、临时党委副书记慕思荣

第一是思想动员，纪律教育。先遣渡江大队临时党委传达了党的七届二中全会及3野有关会议精神，针对部队思想状况，深入进行形势任务教育，通过对比诉苦、立功创模、渡江宣誓、邀请江南籍的地方干部介绍长江水情及江南情况，以及组织干部、战士轮番到江边观察演练等方式，使广大干部和战士提高了阶级觉悟和对渡江战役重大意义的认识，树立了"将革命进行到底"的决心。大队分析了先遣渡江的有利条件和困难因素，增强了指战员们先遣渡江的决心和信心，大家情绪高涨，纷纷上书请战，无不以先遣渡江为最大光荣。同时加强革命气节教育，大家下定了"死不当俘虏，活不缴枪不泄密"的决心。紧接着进行纪律教育，传达了大队临时党委会关于渡江纪律的决定和新区政策，以及与江南地方党组织和游击队会师的有关事项。

第二是筹集船只，训练水手。在军首长的关怀下，由各师突击队挑选出载重15至20担小船30多只，并挑出较好的水手。接着对船只和水手进行编组，对船工和水手突击训练，进行政治思想教育。还准备了必要的工具和抢修救生器材，如浮水竹筒、木筏子、划水木橹桨、支杆、棉花、黄泥（准备补船用）、绳子、稻草（准备铺船头减轻声响）等。将小皮带预先用油浸透，使其柔软，以防摇桨时发出响声。为了提高船工的阶级觉悟，解除他们的顾虑，大队指定专门干部对其进行艰苦细致的教育工作，以兄弟般热情，关心爱护他们，逐步建立了深厚的感情，使他们感受到人民军队的温暖;以各种生动活泼的方式,进行形势任务教育和阶级教育,使他们懂得大军渡江、打倒蒋介石、解放全中国的重大意义以及与他们切身利益的关系,并通过诉苦教育、立功运动、表扬先进事例等启发他们的革命荣誉感;协同地方党政机关,研究制定船工家属生活困难补助办法、船工伤亡优抚条例、船只损坏赔偿规定等,使船工的生活和个人财产有了可靠的保障;对船工进行必要的军事常识教育,通过军民同练解决协同配合问题。经过这些工作,船工们意气风发,纷纷表示:"誓把部队送过江去",争取"渡江第一船"的光荣称号。

第三是敌前练兵,掌握技能。渡江是背水作战,大队展开了以渡江登陆战斗为重点的战术、技术训练,主要内容是熟悉水性、学会划船、航渡组织、登陆突破以及射击、游泳、救护等。先遣大队大多是北方人,过去一直在平原、山区作战,不会游泳,在来长江边的行军路上,听人说"长江无风三尺浪,有风浪丈八""江无底,海无边,燕子飞过得三天",感到心里没底。针对这一情况,大队一方面对大家进行我军敢于斗争、敢于胜利的军史教育,使大家认识到蒋介石几百万大军都不在话下,一条江算得了什么,另一方面组织大家"看水",请人"讲水",接着带领大家"试水"。2连3班是第一个下水游泳的班,大家脱了棉衣就在小河里游泳。3月的河水,冰冷刺骨,冻得受不了了,就上岸喝口烧酒再下去练,或到火炉边烤烤火暖暖身子。练了两三天,有的战士得了感冒,有的皮肤裂开了口子。驻地热心的群众赶来了,有的跳到水中手把手地教战士们学游泳,战士们认真琢磨,反复苦练。划船也是循序渐进,先是在内河里划,再到江里划;先在江岸边划,再往南岸敌方划。经过一段时间的训练,有一部分战士初懂水性,掌握了乘船的注意事项,学会了撑篙掌舵、操舟划船的方法,明确了战斗队形和指挥位置。对船只伪装、航行队形、通讯联络、组织指挥,以及动作协同等都作了详尽的探讨和演练,从而迅速地掌握了要领。

第四是敌前侦察(图一三三),开展捕俘。长江天险横隔,要获敌沿江及其纵深情况,除了直接观察外,要取得真实准确的情况,必须开展抓"舌头"侦察活动。3月21日晚,2连1排3班冒着蒙蒙细雨,在班长张云鹏的带领下,划着一条小船,悄悄地驶向南岸荻港十里场,他们以敏捷的动作,登上敌岸,带回3个被强迫为敌人守夜的老百姓。同时,2连2排长修湘率4班、6班到太阳洲,俘敌10名,缴获机枪1挺、步枪8支。渡江捕俘的成功,轰动了军侦察营并给全体指战员以很大的鼓舞,各班纷纷要求渡江捕俘。3月23日晚,2连1排3班和3排8班分别划一条小船,冒着雨雾分头向对岸驶去。3班在班长张云鹏带领下,方向仍然是十里场,登陆后搭人梯,爬上悬崖,捉回敌1名排长。3排副排长尹荆山率8班班长肖玉林和4名侦察员,向铜陵县(现改为义安区)夹江口驶去,登岸后插入敌交通壕,捕获敌1名班长,并带回被强迫为敌人守夜的3名老百姓。渡江捕俘取得成功,得到军首长嘉奖,张云鹏记特等功一次,其他同志也分别记了功。渡江捕俘的胜利,不仅获取了敌沿江设防和部署的重要情报,而且查清了敌人兵力分布、工事构筑和沿岸地形情况。渡江捕俘掌握了水情及潮汛规律,为上级拟定渡江作战方案提供了可靠的依据,也大大增强了全军上下木船也能渡江的信心。

图一三三　先遣渡江大队侦察员们在无为江边(左二刘浩生、右一高锦堂)

第五是向导的准备。中共无为县委通过党组织,找到以前曾经在江南繁昌、南陵、泾县一带工作过,后来北撤到江北的干部、战士,他们熟悉江南的情况,便与当地的游击队及地下党组织联系,请他们做向导,跟随大队一起渡江。

此外,部队还进行化装,三分之二改穿国民党军服装,三分之一穿便衣,同时筹集银圆,制作干粮,携带电台1部,配备机要干部2名。

经过一系列紧张、有序的准备,大队制订了渡江方案,并精心选定了起渡点和登陆点。登陆点就选在对岸荻港十里场(现繁昌区荻港镇庆大村)至夹江口(金家渡)(现铜陵市义安区)间20余里,分成两路渡江。亚冰与车仁顺、王德清率2连及3连六〇炮班,带1部电台、2个机要员作为左路,从无为县叶家墩起渡,在荻港的庆大圩十里场、皇公庙地段登陆,以果敢勇猛的动作抢占坝埂,而后迅速穿插,直奔狮子山隐蔽。慕思荣、刘浩生率1连及第79师、81师3个班组成的一个排为右路，于无为县江心洲起渡，在坝埂头以西至夹江口（金家渡）地段登陆，抢占堤埂，而后直插叶山隐蔽。同时，确定了登陆后的会合地点，拟订了顺利与不顺利及可能遇到的复杂情况和如何处理的方案。①

上级很快批准了渡江方案，并指示渡江大队：立足偷渡，准备强渡。

2. 飞渡长江

4月4日，在无为县叶家墩举行隆重的誓师大会。

4月6日，军首长下达了实施先遣渡江的战斗命令。这天晚上，月亮分外明亮，照得江水像用油漆过似的一片灰白。20时，敌人巡逻艇结束巡江，按照预定方案，战士们熟练地作出发前的最后准备，把一艘艘木船从内河翻过堤坝，在江岸摆开，进行伪装，检查器材工具，各班悄无声息地登上了船，进入战斗状态。军首长来到江边，亲自为他们送行。

21时30分，亚冰下达出发的命令。亚冰率领的2连为左路军，从无为石板洲（今高沟镇）叶家墩东南侧的鲤鱼套，分乘8条船，成一字队形齐渡。2连指导员王德清、副连长刘以信率第1排2条船在左侧，1排排长范玉山率3班为突击船；2连副指导员徐万礼率第2排4条船居中（其中大队部及电台1条船），2排排长修湘率6班为突击船；2连连长高锦堂率第3排2条船在右侧，由3排排长刘善率8班为突击船。除本连9个侦察班外，还有炊事班、火箭筒班、六〇炮班、电台马达班及大队机关人员。每条船上配1名船工舵手，另外每条船还配有营部通信排的同志，任务是大队登陆后，把牺牲和负重伤的同志带回北岸。物资准备除原有武器装备外，每人携带2个基数的子弹、手榴弹4枚，每人背六〇炮弹或火箭筒弹2发。另外每人发给银圆15至30元，带熟给养4天，每人平均负重70多斤。

8条小船像箭一般驶向南岸，一切都很顺利。离敌岸只有300多米了，敌人碉堡铁丝网和木桩隐约可见，就在这时，第1排方向的对岸突然响起了枪声，接着2、3排方向也都打响了，如不尽快登岸，就有陷入背水作战的危险。亚冰命令："全速前进，强行登陆。"战士们拿起备用的铁锹当木桨，全力划水，飞速前进。敌人机关枪、小炮一齐开火，密集的子弹像爆黄豆似的在船的周围"噗噗"作响，炮弹像冰雹似

---

① 章尘：《先遣渡江的日日夜夜》，中共繁昌县委党史办公室编，《先遣渡江侦察纪实》，北京：中共党史资料出版社，1988年12月，第52～56页。

的向木船打来。由于是多船齐渡,船划得飞快,敌人炮弹没能击中我们的木船,但炮弹爆炸掀起的巨浪使船颠簸得很厉害。战士们有的用自己的身体掩护船工。船在敌人的炮火中飞快地向南岸靠近。距南岸还有200米时,敌人的各种火力封锁得更严密。1排3班的船被江岸敌防护工事的乱木桩夹住了,进退不得,敌人的机枪、小炮拼命地向船上打来,船上的机枪手王吉保和任陆臣2位同志,在船头用机枪顽强地向敌地堡射击。但因敌人火力太猛,王吉保、任陆臣2位同志光荣牺牲了,副射手叶茂昌等同志马上接过战友的机枪继续向敌人射击。3班班长张云鹏高喊:"同志们跟我来!"接着就奋不顾身跳下江去。侦察员谭春哲、靳丕有、王承保、祁学礼、宋稀文和1班班长王长仲也随着张云鹏跳进江中。由于水流湍急,装备又重,只有王长仲、宋希文游到江岸,张云鹏等5位同志均被急流冲走,英勇牺牲。1排排长范玉山急中生智,使劲地用船篙尖钩钩住木桩,这时胳膊负伤的指导员王德清高喊:"同志们冲啊! 上岸就是胜利!" 3班副班长荆云山、组长鞠增伦率领其余同志顺着篙竿登岸。副连长刘以信率2班的木船绕过木桩,在距岸10余米处跳入水中向敌人扑去。

  2排的同志,加上机关人员以及电台,人多船多,目标明显。敌人各种火力打来,小船四周被炮弹激起的水柱有几丈高,同志们的衣服都被巨浪打湿了。副指导员徐万礼高呼:"同志们! 掌握好方向,拼命划,登陆就是胜利。我们立功的时候到了,共产党员带头划啊,到岸上去消灭敌人!"当船离岸只有20多米时,徐万礼猛地站起来:"同志们! 准备登陆。"随即用冲锋枪猛射。6班班长吴子元在指挥船靠岸时中弹牺牲。突击组的于奎德、王旭先、于洪全,在机枪手老任的配合下,向敌人地堡扔出6颗手榴弹。随着手榴弹的爆炸声,他们像猛虎一样登上敌岸,向对我威胁最大的3个敌堡冲去……随着三声巨响,3个地堡先后被炸毁。2排排长修湘高喊着:"同志们,冲啊! 给6班班长报仇!"率领全排冲上敌岸,杀向敌人。接着大队长及机关、电台等全体人员顺利登岸。敌人第一道防线被突破。

  3排与敌人打响后,连长高锦堂左臂负伤。3排排长刘善与8班班长肖玉林沉着应战,组织火力向敌人反击。当船离敌岸还有几十米时,他们勇敢地下水上岸,并回身把船拉住,让船靠上岸,全排顺利登陆。

  经过20多分钟激战,打垮了守敌。部队越过江边前沿防线后,稍事整顿,各班清点人数,恢复建制,把负重伤、牺牲了的同志迅速抬上船,让船工带回北岸。大家来到三河口,在龚家渡渡过了内河,经望江垄绕道黄浒取道象山,一口气走了60多里,清晨到了铜(陵)繁(昌)交界处的狮子山下。此时,虽然大家又饿又累又冷,筋疲力尽,但相互帮助、相互鼓励着,经过1个多小时的努力,登上山顶,进入了清凉寺。

慕思荣率领的右路,分乘10余只船,于22时起渡,不到江心,就被敌人发现,也变偷渡为强渡,冒着敌人的炮火,把船划得飞快。22时25分,各路船只先后靠上敌岸,勇猛登陆,打掉地堡,击溃守敌,抢占了头道堤坝和交通壕。5班所乘的船被敌炮击沉,9名战士牺牲。因是夜间登陆作战,部队有的失去联系。24时左右,大部队到达三江口渡口,经过搜索没有发现敌情,却意外地发现河对岸有一条渡船,便派1名水性好的向导,协同战士渡河,将渡船拖了回来。而后,迅速组织部队用事先准备好的绳索和绑腿,牵着渡船的两端,往返拖渡船,大部队全部渡过了河。按预定路线,经沟傍宋、孙冲,过钟鸣至顺安的公路,上了叶山山脉的狗儿山。7日拂晓前下山到了迪龙冲的胡家村,隐蔽休息。被冲散的战士,后经地方党组织联络并护送找到了大部队。

3. 与敌周旋

狮子山山高林密,重峦叠嶂,气势雄伟。清凉寺坐落在山峰顶端,四周陡岩绝壁,只有南北两个隘口进出,很有"一夫当关,万夫莫开"之势。左路军从北面小路上了山后,就架起电台,向江北军首长报告渡江大队登陆情况。副营长刘浩生对清凉寺的和尚做了思想工作,向寺内的住持说明了来意,然后安排部队休息,大家吃干粮。大队长命令勘察地形,布置警戒,封锁消息。那时候正是皖南竹笋生长的季节,山下的老百姓经常上山挖竹笋。为了保证安全,大队规定,凡是上山挖笋的老百姓,只准进不准出,来一个扣一个,集中安置在寺里,请和尚做饭给他们吃,并做思想工作,告诉他们,过去的新四军回来了,请他们理解配合,等部队转移后,就放他们回去。

大队刚布置好警戒,就发现东面山头有敌人在架机关枪。经仔细观察,发现敌人穿的是灰军服,不是国民党正规部队,而我们侦察员穿的是黄军服,是响当当的"主力",便大胆地与敌人周旋。敌人向这边喊话,徐万礼指示6班副班长王春生给对方回话。王春生机智灵活地与敌人答话,语气带有国民党正规军的傲慢。敌人看到我方起来答话的人是个国民党军官打扮,说话口气很大而且带气,被唬住了,但还是不断地朝空中放冷枪壮胆。

上午约11时半,带哨的班长带来一个老百姓打扮的人,说是来送信的。原来送来的是一张名片,正面印着"繁昌县自卫团少校营长×××",反面写着一行字:"贵部是何部?往何处去?请奉告。"大队扣下了送信人。临时党委几个人紧急商量对策,这些敌人是地方部队,不是国民党正规军,敌人现在摸不清我们是解放军还是国民党部队,正好给敌人来个以假乱真,大家商量出一个"拖"的办法。部队赶紧请伙食房准备午饭。吃过午饭,大家休息,等养好精神,要打要走都行。

亚冰叫来写得一手漂亮行书的测绘员写了回信:"我们是88军149师师部搜索队,前往某山区执行特别任务,不便奉告。"并在"搜索队队长"下面,盖上2连副指导员徐万礼的印章。他那颗印章特别大,篆体字,扭来拐去的,不大容易辨认,很像颗官印。

部队继续不露声色,把排哨放在半山腰的山门处,哨兵横着枪,大模大样地摇来晃去。敌人虽然对我们有怀疑,但又怕冒犯了"正规军"担当不起,只是在山头上咋呼,偶尔打闷枪。这样,就把时间拖下来了。

为了摆脱敌人纠缠,15时左右,大队决定由2连连长高锦堂率领2排留在山上继续与敌人周旋,到黄昏的时候偷偷地撤退,沿预定的行军路线到塌里牧村集合。亚冰带主力部队,分散从南面隘口隐蔽下山,摆脱了敌人。高锦堂率领的2排一直坚持到18时左右,估计大部队已经安全下山,才分散撤离。临走前,向寺庙和尚付清了柴米钱,又对他们和上山挖竹笋的老百姓说明,部队一走,敌人可能就要上山,为了他们的安全,暂时把他们都锁在一间空屋子里,还把领头的给绑起来,他们连声称好。

部队转移到狮子山对面山冲的一个村里,就不走了,有意识地请老百姓给部队烧水,村庄的烟囱都冒着炊烟。这实际上是迷惑敌人,使敌人误以为部队会在村里住宿。天黑以后,在向导引领下,部队又静悄悄地离开村子,向下一个会合点疾进。他们不走大路,专走小路、草丛、翻山越岭。后面专门安排一个小组,把部队踩的痕迹消除,让敌人找不到他们的去向。

7日黄昏后,亚冰率领部队经铜陵县的狮子山脚、上高墈、下高墈、下山缪、上山缪、老虎坑、箬帽顶、石壁张,到达南陵县牧家亭东南约3里的塌里牧村,已是晚上10点多钟了。慕思荣率领的右路军,7日晨到迪龙冲胡家村隐蔽休息。吃过晚饭后,他们就出发了,经铜陵县舒家店、下山缪、山墈王、九榔庙,到达塌里牧村已是8日凌晨了。8日早上,先遣大队左右两支部队在塌里牧村会合,大家非常激动,互相握手拥抱,相互祝贺胜利渡江,说不尽的兴奋欢欣!临时党委布置,各连、排、班分别进行总结。大队临时党委开会,进行总结。会后亚冰草拟了一份电报,把大队渡江的情况、渡江中取得的经验和主力部队在渡江时需注意的事项等,发往江北。这个电报很长,因怕敌人侦察到大队的电台,就分两次发出。塌里牧村群众基础好,村民们杀了猪,慰劳大队指战员。

4. 亟待接头

渡江大队两路部队会合以后,如何站稳脚跟,是眼前最紧迫的问题。在这之前当地的地下党组织也接到了中共皖南地委的指示,得知解放军先遣大队渡江了,要接应和支援渡江大队。

4月8日晚,大队转移到了铜、南交界的张家山。9日和10日白天均在张家山隐蔽休息,补充粮食。由于大队一时未能同游击队取得联系,人生地疏,情报、粮食均无依靠,大家内心十分焦急。这时军部电令他们想方设法尽快与地方党组织和游击队取得联系。10日早饭后,大队长亚冰找来向导何道纯,了解周围的情况,要他想尽一切办法,尽快找到游击队,并派侦察连刘参谋和3个侦察员随何一起行动,并约定会合地点在南陵县戴公山老庙。何道纯是南陵县人,曾经在工山区一带打过游击,地熟人熟,9点多钟,他就带着侦察员出发了。他找到过去几个联络站及游击队常去的地方,都没有打听到游击队情况。下午3点多钟到了寺冲岭,此处是他过去打游击的老宿营地。何道纯找到了在家种田的老游击队员徐隆祥。徐隆祥告诉他:"杨首长(王安葆,化名杨鹏)不在这一带。近来国民党反动派经常有部队来骚扰,见有嫌疑的人就捉,见有猪鸡就逮,动不动就烧房掳物,环境十分险恶。地下老交通员、共产党员罗玉英也转移了,在高岭村的前山罗娘家打游击。你们没有可靠的地方同志带路,想找到游击队的去向是不容易的,就连我也未听到过他们在哪里的消息。"得知了罗玉英的消息,何道纯赶到前山罗,他让跟来的侦察员隐蔽起来,独自一人进了罗玉英的娘家。巧得很,他一进门便看见了罗玉英,但罗玉英怀有戒心,佯装不知情。经何道纯把分别后以及为先遣渡江大队当向导的情况详细说明,她激动得边流泪边说:"现在斗争太残酷,人的思想变化太大,不是我胆小怕事,敌人砍山并村,实行连环保。在政治欺骗、金钱收买下,有些人思想动摇,脱离革命;有的自首变节,为虎作伥,出卖同志,邀功请赏。我就是被叛徒出卖的,在家不能存身,被迫隐蔽到这里。"她得知了何道纯来意后,立即带领他们动身。她拎着竹篮子在前面走,何道纯他们在后面远远地跟着。如发现敌情,她就以扯下头巾为暗号。到了晓岭王村旁,罗玉英发现村中有几个背着枪的乡丁晃动,便取下头巾,并示意何道纯等人去不远处的马仁山,她也撇开村路上了山。大家屏住气,猫着腰,穿越荆棘丛,来到新村何,何道纯他们因只注意隐蔽,怕暴露目标,未能跟上罗玉英,焦急之时,却意外地看到正在田里干活的叶显金。叶与何过去曾在一起打过游击,何正准备上前打招呼,叶却溜上田埂,隐到家里去了。何随后跟去,叶装着不认识,待理不理。何一再说明情况,并把手枪交给他(因罗玉英说过叶未暴露,是自己人),他这才半信半疑地给何等人带路。出门后,叶显金告诉何道纯,游击队就在南陵县板石岭的俞冲。晚上八九点钟的时候,当何道纯一行翻过黄连山王村后面的山岗到达俞冲时,谨慎的叶显金并未完全放松警惕,叫何一行人在冲里的一座天主教堂内暂时休息,等他回话,不许何等人随他一道去。何等人只好听他安排,但大家思想非常紧张,都把枪机打开,以防万一,并放个暗哨注意他的去向和动静。不大一会儿,他和罗玉英一道来了,疑虑打消了。他俩把何道纯等人领到游击队驻地,见到了中共繁昌县委代理书记王佐(原名阮致中)及县委副书记、中国人民解放军皖南沿江支队南繁芜总队队长杨鹏(王安葆)。原来,罗玉英和何道纯等人走散后,就先赶到这里,向首长讲明情况,准备带人去接他们,没想到他们碰到了叶显金。大家见了面,就像久别重逢的亲人一样高兴,让座倒水,畅谈起来。

  繁昌曾是新四军的根据地,群众基础好,但目前他们处境十分困难、险恶。早在1948年4月,根据中共华东局指示精神,中共皖南地委提出:"我们的总任务是为了大军渡江的准备。"围绕这一总任务,皖南各级党组织将工作重点转入策应大军渡江。

  1948年4月底,中国人民解放军华东野战军南下大队到达无为,准备渡过长江,与中共皖南地委胡明所领导的游击队会合,以充实其力量,为将来策应大军渡江。南下大队党委书记马长炎、副书记高立中,通过无为地区的党组织送信通知中共南繁芜工委派人到无为南下大队队部,研究渡江事宜。中共南繁芜工委派南繁芜总队江边武工队负责人毛和贵等6人,于5月28日夜,从繁昌荻港附近的板子矶偷渡过江,到达无为南下大队队部,接受了为南下大队干部中队过江南下做向导的任务。7月5日凌晨2时,南下大队干部中队政委陈洪、队长陈木寿、副队长陈高全率领干部中队90多人,随向导毛和贵等人,由无为县白茆洲起渡过江。他们过江的任务是:由陈洪、杨鹏等组建中共铜(陵)繁(昌)工委,打开沿江铜、繁地区局面,为大军渡江准备"跳板"。3时,他们在繁昌保兴乡(后为保定乡,现属三山经济开发区)团洲登陆。渡过长江后,他们遭到国民党新编独立13旅和繁昌、南陵等地方武装的围追堵截,转战于繁昌、南陵、铜陵、青阳4县边境山区,寻找地方党组织和游击队。13日午后,他们在南陵桃园与杨鹏及其所率领的游击队会师。会师后,杨鹏派一个排的游击队配合他们在桃园、黄连山、板石岭等山区活动。由于敌人严密"围剿",陈高全、陈木寿先后于15、17日分别在太阳岭(位于南、繁交界处)、青山(属南陵县)突围时,壮烈牺牲。陈洪等在游击队的掩护下,冲出重围,辗转到了板石岭。随即杨鹏率部分游击队队员护送陈洪部18人,于28日安全地转移到上戴村(太平县樵村与杨溪沟之间)皖南地委委员孙宗溶处。

1948年8月,中共皖南地委决定成立中共皖南沿江工委,统一沿江地区的领导,以加强江边各地工作,迎接大军渡江。皖南地委委员孙宗溶兼任沿江工委书记、宣传部部长,皖南地委委员陈洪兼任工委副书记、军事部部长,陈爱曦为常委兼组织部部长,李友白为军事部副部长,许达抱、施月琴为委员。在军事上,沿江地区成立了中国人民解放军皖南沿江支队,孙宗溶任政委,陈洪任支队长,李友白任副支队长,统一指挥沿江支队的主力和各地武装力量。

1949年1月1日,毛泽东主席发表"将革命进行到底"的新年献词。1月8日,中共皖南地委发出了"紧急动员一切力量,准备迎接大军渡江"的指示,从政治动员、武装斗争、地方工作、经济任务四个方面作了部署,并着重强调"加强沿江工作",指出沿江地区"应善于争取各种社会力量,着重开展敌军情报、交通等工作,多建立秘密的渡江点,并准备好向导,等大军渡江,即刻主动取得联系"。中共皖南沿江工委随即于2月20日作出了《为紧急完成迎接大军渡江的任务的决议》,指出沿江地区当前的紧急斗争任务是"动员全党尽一切力量,做好各种有利于大军过江的一切准备工作"。确定应把江边、党群、武装斗争和财粮四个问题作为中心工作,并规定南繁芜地区的主要任务是:"切实掌握沿江敌情变化,直接进行迎接大军渡江的各种准备工作,采取隐蔽的精干活动方式,巩固与加强并尽量扩大现有工作基础"。决议中还明确规定江边工作以芜湖至大通(属铜陵市)段为主,芜湖至荻港段及芜当(当涂)方面由中共繁昌县委负责。与此同时,为了策应大军渡江的需要,沿江工委还作出了《沿江工委关于工委本身分工与各地组织机构调整的决定》,对下属五个工委作了变动。成立中共繁昌县委,由王佐为代理书记,王安葆为委员,滕良福为候补委员。此外,沿江工委所属各县建立行政办事处,王安葆任繁昌行政办事处主任。各县行政办事处主任兼县财粮局长。

3月,中共繁昌县委贯彻沿江工委的决议,并根据地委、工委的指示精神,立即开展各项工作。首先在芜湖、鲁港、螃蟹矶、三山、大小洲、油坊嘴、高安桥、旧县、箬帽山、荻港建立10个沿江工作站,并在荻港、旧县、笔架、高安、小洲、马坝建立6个情报站,负责收集该地区的情报,由交通员往返长江南北联系。后由于国民党军队封江,南北交通联系一度中断。

由于国民党军及地方保安团对南繁芜游击队的"清剿",加上国民党通讯局繁昌通讯室的特务进行暗杀,南繁芜游击队遭遇严重压力,活动极为困难。面对这种情况,中共繁昌县委根据沿江工委2月20日的决议精神,指示各地游击队不要冒险打仗,以保存革命力量,策应大军渡江。县委于3月14日至4月4日前,先后将两批部分武装人员及非战斗人员转移至泾县沿江工委处。同时,留下部分人员采取隐蔽的精干活动方式,进行策应大军渡江的准备工作。

4月6日夜,当先遣渡江大队渡江登陆而与国民党守军发生激战时,中共繁昌县委代理书记王佐和中国人民解放军皖南沿江支队南繁芜总队队长杨鹏,在南陵县黄连山山头隐约听到荻港方向传来的枪炮声,他们估计可能是江北部队偷渡过江,随即派人侦察联络。因先遣渡江大队指战员化了装,穿国民党军服,一直未能联络上。

这下,先遣渡江大队终于与江南地方党组织和游击队接上了头。见面后,中共繁昌县委负责人将所获情报,向先遣渡江大队来人作了介绍。为进一步将沿江一带的地形和敌情搞清楚,县委立即派南繁芜总队参谋、繁昌县江边武工队负责人毛和贵,迅速赶回到江边的荻港、旧县去,将那边一带的河流、水深及敌人的布防等情况搞清楚,向县委汇报,并通过渡江大队的电台报告江北。毛和贵等接受任务,即刻出发了。同时,又派南陵县工山区委负责人叶明山带着叶显金等,随何道纯以及2名侦察员,连夜冒雨赶往老庙。县委负责人要叶明山转告先遣渡江大队负责人,建议他们及早离开敌人重兵把守的沿江地区,去泾县山区,与沿江工委联系,以保存力量,进行侦察和策应大军主力渡江。

10日晚,先遣渡江大队原打算在张家山过夜,不料,有人偷偷溜出村子,亚冰等分析可能是敌人的谍报员。那时每个村子都有国民党的谍报员。为了防备万一,大队当即改变计划,半夜起床,冒雨急行军离开张家山,向老庙进发,11日凌晨到了老庙。没隔多久,何道纯带着叶明山和叶显金等也到了老庙。至此,渡江大队与地方党组织和游击队正式联系上了。亚冰与叶明山交谈了当前情势及大队活动和协同执行任务等问题,赞扬他们坚持敌后斗争的革命精神。先遣渡江大队的到来,使坚持3年之久的皖南游击战的同志们深信,我军横渡长江的日子就在眼前,他们的斗志更加旺盛了。

5. 老庙战斗

老庙是地处南陵县戴公山山麓深山冲里的一个和尚庙,这里群山环抱,地势险要,是隐蔽的良好场所。部队进庙前,首先由王德清指导员做和尚工作,让他们协助部队,不要外出,不接近来庙里的老乡。正、副大队长带一名连干部巡看老庙周围的地形,确定岗哨位置,并向哨兵强调绝对封锁消息。战士们上山砍柴竹,割藤草,铺在地上休息。大家的衣服被雨淋湿了,又湿又凉。没有被子盖,地上只有湿柴草。大家虽然困得难以支撑,但刚睡了一会儿,就被冻醒了。

上午10时左右,瞭望哨报告发现敌人,接着地方党组织也送来了情报。原来,拂晓时国民党繁昌县和南陵县的自卫(保安)团(大队)及桂镇等4个乡的地方武装,向张家山方向搜索。当敌南陵保安大队走到七炼桥时,听到敌情报员的报告,得知有部队驻在老庙,便转头向老庙扑来。11时许,敌人先头部队一个排占领了老庙西北侧的子圩山,控制了进退道路。此时部队处于四面环山的包围之中,地形对部队十分不利,如不先发制敌,后果十分严重。根据临时党委制定的"如果被迫而战,不打则已,要打则集中火力给敌以沉重打击,使敌人不敢轻易与我们作战"的原则,大队临时党委当机立断,命令2连连长高锦堂带3排分3路隐蔽接近敌人,乘敌立足未稳,迅速打垮敌人,夺取高地。

高连长带领3排沿着山沟,快速轻捷地接近敌人,冲在最前面的是7班,在距敌百来米时被敌人发现了,机枪、步枪一齐向这边扫来,部队被拦阻在山下。战士张桂芝建议,如果硬攻,必然遭受重大伤亡,不如原地不动,待敌人火力转移后,乘机猛扑上去,打他个措手不及。7班班长张增基采纳了他的建议。与此同时,8班、9班对敌佯攻。果然,敌人火力很快被吸引了过去,这时,7班班长带领3名战士悄悄地从左侧迂回到敌人右侧,运动到离敌四五十米处,突然向敌人猛烈开火,又扔出一排手榴弹,打死打伤八九个敌人。这一突如其来的打击,一下子把敌人打蒙了,乘敌人晕头转向之际,8班、9班也冲了上去,敌人狼狈逃窜,有的连枪都丢了,子圩山被我们占领了。

敌人虽然三面包围了大队,但他们互相观望,谁也不敢向前推进一步,敌我双方形成对峙状态。正巧,就在这时,侦察员抓住了一个送信的敌兵,截获了南陵县保安大队队长方佩玉写给繁昌县自卫团营长的信。从信中及俘虏口供得知,围攻大队的敌人是繁昌、南陵两个县的自卫(保安)团(大队)各一个营(中队)。被我们打下高地的是南陵县保安大队。信中写道:"共军厉害得很,部队遭到很大伤亡。"埋怨繁昌县自卫团只顾自己保存实力,推进缓慢。亚冰等分析,这些国民党地方武装,战斗力不强,且互相埋怨,不能协同作战,乃决定坚持到天黑突围,并将情况急电军部。军部回电,由于北平和谈拖延,大军渡江时间推迟。指示大队向南面泾县方向转移,与沿江支队联系,待命行动。敌南陵县保安大队遭到重创,加之繁昌县自卫团保存实力迟迟不来,天黑以后,便偷偷撤走了。

大队党委研究了向泾县方向转移的路线和活动地区。晚饭后,由叶明山和叶显金带路,在老庙附近的新庙前空地集合,冒雨一夜急行军,经南陵的晏公殿、刘店铺、福子岭(又名父子岭),于12日拂晓前到达了南陵与泾县交界处的紫元汤,跳出了国民党繁昌、南陵保安团的重重包围。

紫元汤是一个只有二三十口人家的小村子,部队到达时,天下着小雨,村民给部队烧开水,大家正准备休息,邻村一名地下党员来报告,国民党第192师的一个营正在泾县陈塘冲里抢粮,情况十分紧急。为不暴露部队的行踪,亚冰命令部队迅速撤离村子,分散隐蔽在附近的紫峰山等山头的竹林树丛里,并派出便衣伪装拾粪的农民巡逻警戒,监视敌人的动向,并作出可能发生情况的战斗部署。上山隐蔽前,请叶明山派了一名这个村里比较可靠的村民去找中共南陵县委委员王克祥。大约在10时,王克祥来到山上,与大队领导见了面。他介绍了当地的情况,并动员群众为大队做饭送饭。他还派出一些村民侦察敌情,下午3时许来报告说,敌人"扫荡"结束了,上午撤回章家渡。大队立即下山进入紫元汤及附近的李家和庄都村集结。

稍事休整后,在北贡乡地下党组织派来迎接的胡时英等人带领下,大队从紫元汤出发,经南陵县李家和泾县庄都、许村、李村、孙村,于12日黄昏时到达陈塘冲里的庄里村,在庄里村与中共皖南沿江工委副书记、沿江支队队长陈洪和中共南陵县委书记陈作霖等会合。16日下午五六点钟,大队又转移到陈塘冲里的墈上王。17日晚上,沿江工委书记、沿江支队政委孙宗溶等率支队主力由太(平)石(埭)地区赶到泾县梅村后,孙宗溶带少数部队来到墈上王与先遣渡江大队会合。在陈塘冲里,亚冰、慕思荣等和孙宗溶、陈洪、陈作霖等多次在一起,互相介绍情况,商谈了接应大军渡江及游击队配合协同等问题,全面部署开展江边及纵深敌情侦察活动。

6. 侦察接应

在陈塘冲,亚冰、慕思荣将先遣渡江大队转移情况和得到的情报电告江北军部。当晚就接到军部发来的电报,先遣大队渡江成功,军部、兵团和三野均已通报嘉奖,大家群情激奋,斗志高昂。

陈塘冲与原新四军军部所在地泾县云岭罗里村只有一山之隔,是革命老区,解放战争时期又是游击根据地。渡江大队同沿江支队会师后,一方面抓紧时机练兵,战士们练刺杀、练投弹、练爆破,掌握攻击敌堡的技能,向游击队学习江南水网地带的作战经验;另一方面在沿江支队的配合下,开展敌后侦察。沿江支队、中共繁昌县委和游击队帮助侦察江防敌军部署、编制装备、兵力调动、作战能力、指挥系统、炮兵阵地、舰艇活动、风情民俗等。

沿江工委对原有的联络组、情报组进行了调整,在荻港、旧县、高安等地设下耳目。这些同志冒着生命危险,千方百计将敌军驻防工事、兵力部署、武器配备等情况搞清楚,然后利用进山砍柴、挑竹器等由头将情报送给游击队。有时游击队员也混进民夫队,以修工事为名,摸清敌人的兵力部署等情况。4月17日,荻港镇地下党员姚家淑听到住在她家的敌军军官谈论调防情况,马上警觉起来,意识到这是一个重大情报。于是她找了个借口,跑到几里路外的一个山冲里,在磨子岭山头一个看山棚里找到江边武工队负责人毛和贵,汇报了情况。毛和贵立即布置各情报站注意,他自己下山到旧县一带摸江边守敌情况。傍晚摸清了沿江敌人确实在调防,就连夜将情报报告沿江工委和先遣渡江大队,大队派出侦察员核实情报,将敌调防情况通过电台报告江北。杨鹏等人还通过敌人营垒中想为自己留条后路的人搜集了大量情报。通过各路获取的众多情报,有的绘成图表,有的通过电台,源源不断地发往江北,为主力部队制定具体渡江登陆作战方案,提供了可靠的依据。

4月18日下午,渡江大队在墈上王接到军部电示:"我军定于20日发起渡江战斗。"并赋予渡江大队攻占龙门山、马鞍山(蚂蚁山),破坏敌通信联络,打乱指挥,策应主力部队渡江的任务。同时,还通过渡江大队转告沿江地下党组织和游击队,完成"三大任务":1.20日晚上战斗全面打响,做好迎接大军渡江的各项准备工作;2.20日晚上切断敌人电话线;3.在敌占区放火为号,指示炮兵射击目标。

接电后,大队和沿江支队领导同志立即召开紧急会议,传达电令,分析情况,研究贯彻上级命令的部署和措施,规定了协同配合等事项,决定:沿江支队主力在泾县、南陵一线接应大军渡江,堵击敌人溃逃部队;先遣大队立即北上,向江边疾进,策应大军渡江。

18日黄昏,先遣渡江大队由塥上王出发,经90里强行军,于19日拂晓前到达张家山,进入宿营地。当晚又经80里的急行军,于20日凌晨北移到板石岭,与南繁芜总队杨鹏部会合。大队领导根据军部命令,作了具体部署:第2连全部并附第1连一个排为主攻,选择马鞍山或龙门山一点攻击之。得手后,以一部分火力扼守,大部向长板冲发展,策应渡江大军(第80师方向)。第1连(欠一个排)对桃冲铁矿山、荻港方向实行积极钳制佯动,保障第2连攻击安全,并作第2连预备队。原79师侦察连之一个班,插入横山桥、旧县间,负责破坏国民党第313师师部通各团之电话线,进行袭扰,带领向导突至江防迎接第79师。原第81师侦察连之一个班,插入繁昌四周负责破坏国民党第88军军部通向各师之电话线,进行袭扰,并监视南、繁间纵深情况之变化。电台、伤病员留杨鹏处,并以第81师242团侦察排之一个班保护之。组织游击队破坏一切交通要道之干线。

中共繁昌县委也在板石岭召开了县委会议,研究策应大军渡江具体措施,火速派人向各级组织传达,指示各地党组织和游击队全部行动、出击。

20日18时30分,在南繁芜总队的配合下,先遣大队由板石岭出发,于21时左右搜索占领荻港寨山,没有发现敌人,估计敌人可能在我军全线攻击下溃退,就迅速向龙门山、马鞍山搜索前进,拂晓前于两山之间的高地与第80师238团2营胜利会师,见到了第80师师长张铚秀和第238团团长王挺,并通报纵深之敌已全线溃退。

疾进中,第1连的一个排与部队失去了联系,1连副指导员伯玉华和第79师侦察连副连长史大德,果断带领失散的队伍赶往大磕山,占领了大磕山靠近公路的3个山头。拂晓时发现山下的庙里有一个排敌人,便迅速迂回到敌人侧后,全歼敌人一个排,控制了公路。第79师侦察连一个班割断横山桥、三山街与江边之军用电话线,迅速进入矶头山与第79师会合,报告纵深敌情。第81师侦察连一个班,将繁昌县城附近敌88军前方指挥所通荻港、黄浒、三山街、横山桥等地的军用电话线全部破坏,使敌指挥中断。

与此同时,南繁芜总队也全部出击,策应大军渡江。他们有的隐蔽在敌后,打冷枪袭扰敌人,使敌人感到草木皆兵。有的破坏了盛桥长山头以北至繁昌竹丝塔以南的电话线,使敌人首尾不能相顾,陷入混乱。游击队还从油坊嘴、焦湾、孙滩到三山一线,凡有敌人的地方都烧了火堆,给江北炮兵指示射击目标,有力地杀伤了敌人。

21日3时许,第27军指挥所渡江,后到达旧县大礃山山脚下一个小村庄,聂凤智军长、刘浩天政委等首长亲切接见了先遣渡江大队和南繁芜游击队的负责人。他们握住亚冰、慕思荣等人的手,连声说:"打得好!打得好!你们完成了历史性的先遣渡江任务,你们辛苦了!"在当时那样困难的环境下,还搞了一顿丰盛的早餐,慰劳亚冰等人。聂军长说:"你们渡江成功了,还要继续前进,完成新的任务。"①

当天,亚冰、慕思荣等先遣渡江大队侦察员就回到了原部队。亚冰随部队经过8天追击,打到上海郊区,参加了解放上海的战役。

先遣渡江大队出色地完成了敌后侦察和接应大军渡江的任务,受到了第3野、第9兵团和第27军军部的嘉奖。第27军侦察营荣立集体一等功,侦察营1连荣立集体特等功,2连被第9兵团授予"先遣渡江英雄连"荣誉称号,第79师侦察连2排5班荣获"渡江英雄班"称号。亚冰、慕思荣分别荣立一等功。

这次先遣渡江虽然只是300多人的部队,但它所起的作用,远远超过了渡江本身。先遣渡江起到了三大作用:第一,侦察掌握了国民党的江防部署情况;第二,以先遣渡江的胜利打破了"木船不能渡江"的论调,对澄清思想认识、鼓舞士气起了很大的作用;第三,先遣渡江是军民协作的结果,没有人民群众的支持,就不可能有先遣渡江的胜利。

(五)百万雄师渡江第一船

经过辽沈、淮海、平津三大战役,国民党军的主力已被消灭,1949年3月初至4月初,中国人民解放军百万大军进抵长江北岸,准备渡江作战。此时,蒋介石一面玩弄和谈阴谋,一面加强长江防线,企图阻止我军渡江,以争得喘息时间,重整军备,划江而治。在与国民党政府谈判的同时,中国人民解放军根据毛泽东主席和中央军委的统一部署,开展渡江战役各项准备工作。

1.周密部署 备战渡江

渡江战役,亦称京沪杭战役,是在中央军委和渡江战役总前委领导下,中国人

---

① 章尘:《先遣渡江的日日夜夜》,中共繁昌县委党史办公室编,《先遣渡江侦察纪实》,北京:中共党史资料出版社,1988年12月,第68~76页。

民解放军第2、第3野战军和第4野战军一部,在长江中下游强渡长江,对国民党汤恩伯、白崇禧两个军事集团进行的战略性进攻战役。以邓小平同志为书记的渡江战役总前委,依据中央军委的指示和国民党军的部署以及长江中下游地理特点,制定了《京沪杭战役实施纲要》,采取宽正面、有重点的多路突击的战法,在东起江阴、西至九江东北之湖口的千里战线上,发起渡江战役,并预定将整个战役分为割裂包围、前出浙赣线和分别歼灭被包围之敌的三个作战阶段。战役部署是:以第3野战军第8、10兵团组成东突击集团,在江苏省江都县三江营至如皋县张黄港段实施渡江;以第3野战军第7、9兵团组成中突击集团,在安徽省裕溪口至枞阳镇(不含)段渡江;以第2野战军第3、4、5兵团组成西突击集团,在枞阳镇至望江段渡江。邓小平、陈毅坐镇位于合肥以南的瑶岗村总前委,统一指挥渡江作战。

为了更有力地策应东集团渡江和渡江后更有利于合围宁(南京)、镇(镇江)地区南逃之敌并加以围歼,4月17日,总前委决定中集团比东、西两集团提前一天渡江,待攻下黑沙洲、文兴洲、鲫鱼洲等江心洲后,于21日晚再实施全部渡江。4月17日晚,中集团第9兵团政治委员郭化若在临江坝前线检查工作,与师以上干部对作战方案反复研究,于4月18日15时,在给总前委的报告中建议,应于20日夜与打黑沙洲的同时全部渡江。因如果先一天打黑沙洲,则更容易引起敌人的注意,次日晚渡江更加不易取得突然性。也就是说,在先头部队拿下黑沙洲等江心洲的同时,后续部队即行跟上,不必等到第二天晚再渡江。4月18日19时,总前委复电郭化若并第2、3野和第7兵团:"你们提议20日夜与打黑沙洲同时全部渡江,对于这点只要有可能就可以这样做,总之整个战役从20日晚开始后一直打下去,能先过江就应先过江,不必等齐,因为全长一千余公里战线上完全等齐是不可能的,但你们仍应审慎考虑,防止下面轻敌。"[①]总前委的答复,为中集团提前一天渡江作了明确的指示,对整个渡江战役具有决定性的意义。据此,第7、9兵团决定,第21、24、25和27等4个军为渡江第一梯队,于4月20日晚先期渡江。毫无疑问,这场伟大的渡江战役中的"渡江第一船"就只能在这四个军中产生了(图一三四)。

沿江各部队都在抓紧时间,秣马厉兵,备战训练。广大指战员有针对性地研究练习渡江、登岸、建立滩头阵地和在河湖港汊、水网稻田地带作战的组织指挥及战

---

① 华东军区、第三野战军第三次国内革命战争战史资料选编:《渡江战役》,第2册,第321页。

图一三四　参加渡江战役的中国人民解放军

术、技术要领,同时做好船工的政治思想工作。在船工的帮助下,指战员们苦练乘船技能。

至1949年4月20日,国民党南京政府最后拒绝在《国内和平协定(最后修正案)》上签字,中央军委和渡江战役总前委命令,以第3野战军第7、9兵团组成的中集团,于当夜发起渡江战役。第9兵团的第27军预定登陆场地是繁昌荻港、马鞍山(蚂蚁山)、矶头山、油坊嘴一线。上级要求,立足强渡,不放弃偷渡的可能;渡江后要积极发展,抢占制高点,准备与敌第20、第88军等部作战,同时积极策应第7兵团作战。

第27军作为第9兵团主力,所属3个师奉命担负第一梯队突破敌江防任务。该军第79师所属的曾在济南战役中率先突破内城而被中央军委授予"济南第一团"荣誉称号的第235团,就当仁不让地成为"第一梯队"里的"第一梯队"了。而该团的第1营和第3营又受命为本团的第一梯队。曾多次荣立战功获得多个荣誉称号的1营3连和3营7连,原本就是团里的尖子连、铁拳头,因而在这次重大行动中也就受到全团的格外瞩目。[1]

4月20日早饭后,命令传达到235团:渡江战役今晚打响,全线统一行动在20

---

[1] 苏灿杰、王卿军、郝洪岩:《渡江第一船的由来》,《文史精华》,1999年第7期。

时30分渡江。上级要求:黄昏前将部队带到江边;19时20分将船拖进长江,部队上船;20时30分准时起渡。235团奉命在油坊嘴以东渡江,并夺取油坊嘴、矶头山。

渡江命令下达后,235团的广大指战员个个摩拳擦掌,跃跃欲试。战士们细心地擦拭武器,做好渡江前最后准备工作。干部们再次仔细观察本单位预定起渡点的对岸敌情是否有变化,督促检查各战斗组织的准备情况,特别是船上使用的各种工具。船工、水手经过思想教育和与部队的合练,对渡江胜利都抱有坚定的信心,他们主动检查船只,整理船上各种工具。

团政委邵英来到1营与营长董万华、政治教导员宋玉明同志研究渡江问题。太阳偏西了,3连全体指战员身着伪装,枪靠右肩,整整齐齐坐在村边的平地上。3连指导员姜呼万宣读动员令:"我们3连作为团里的第一梯队,任务艰巨而光荣,我们一定要完成上级赋予我们的任务,强渡长江,抢占滩头阵地,争当'渡江英雄连'。"

姜指导员的话音刚落,各班和船工、水手都有人站起来,抢着表决心。5班班长刘德翠抢着说:"我们5班的同志和船工、水手都有信心和决心在渡江作战中争当英雄班,为人民立功。保证做到遇到敌情沉着应战,轻伤坚持战斗,重伤不叫苦,只有前进,绝不后退,勇敢登岸,打下敌堡,剩下一人也要继续向前打,绝不给咱英雄连丢人!"连长王凤奎说:"我们全连每个战斗集体都要坚决彻底地完成各自的战斗任务,努力争当'渡江英雄连'和英雄个人。我作为连长一定带领大家奋勇向前,请同志们和团首长监督。"团政委邵英同志代表团党委讲话,他说:"同志们,今晚我们团就要打过长江去,你们1营1连、3连和3营7连、9连是渡江第一突击队,团党委预祝你们4个连队渡江胜利! 现在离渡江仅有几个小时了,希望同志们再仔细检查一遍准备工作,做到万无一失。"①

2. 误传口令 提前开船

江南的春天,常常细雨绵绵,但4月20日这天却是晴空万里,阳光温暖宜人,江面风平浪静。

晚7时一过,夜幕降临。团部下达命令,全团各营、连战斗组织按照预定位置进入江边,待命登船。船工和水手们熟练地将木船一只只地从沟渠拖出,顺着之前

---

① 王济生:《"渡江第一船"的光荣与缺憾》,《军事历史》,1999年第2期。

专门挖好的通往长江的河道拖进长江,一字儿排开。北岸的各种口径的火炮也卸去伪装,脱下炮衣,昂起炮口,直指江南。

今晚天公也作美,先是一阵强劲的东北风,江面上波浪滚滚,而后,万里无云,满天星斗,江面上又恢复了平静。北岸,虽然万军涌动,但十分安静,无任何声响和亮光;江对岸,也显得毫无动静,这反倒使人警觉起来。

团指挥所刚检查完第一梯队的船只到位情况,就接到师首长传来激动人心的消息:"毛主席今晚不睡觉了,等待着你们渡江成功的好消息!"团政委邵英立即用电话通知1、3营,并指示先传达给第一梯队各连,号召各连开展革命英雄主义大竞赛,哪个连队先渡过长江,就向毛主席报喜!消息很快传到全团,每个人都恨不得一步跨过长江,率先向毛主席报喜!大家因为不能高声说话、呼口号,只能互相用微笑、点头、握手,举起拳头指向江南,表达自己的决心。

按照作战命令,发起渡江作战"开船"的时间是当晚 8 时 30 分。晚 7 时 30 分,王景昆团长下达"上船"的命令。船工、水手们熟练地稳定船身,敏捷地掉转船头,各战斗班组按平时所练习的那样,后尾在前,一个组接一个组有条不紊地快速登船。按规定,每班登一只船,每船配置一个机枪组,加上连、排干部,船工、水手 6 人,计 20 余人。上船的指战员们一手握枪,一手拿着小木桨。船工站在舵旁,双手紧握舵秆。水手撑着篙竿,眼睛盯住江对岸。机枪手站在船头侧翼,梯子组、突击组都在各自位置上。

时针指向 8 时 15 分,王团长传令各部检查各自登船情况,听令开船。1 营 3 连连长王凤奎让通信员传令给各排:"掉好船头,待命开船。"此时,人们实在是太紧张、太激动了,通信员传令,竟然把"掉好船头,待命开船"中的"待命"两字丢掉了,传成了"掉好船头,开船"。3 连 2 排排长林显信闻令,当即指挥全排开船。这个排的 3 个班分别组成的 3 个战斗集体,驾驶的 3 只船霎时就像拉满弓的离弦之箭,一齐开动起来,直指长江南岸。3 营 7 连的船阵紧靠 1 营,见状哪甘落后,也随即下达了开船命令,驾船向长江南岸疾进。9 连见 7 连的船启动,也随即驾船直向江心飞去。在这个节骨眼上,谁肯落后?只要有一只船开动,附近的船只也就都跟着开动了,急驶江南!团领导试图把大家叫回来,可是,各船的官兵早就憋足了劲儿,只要船一动,就如离弦之箭,哪能叫得回来?王团长见状,只好拿起电话立即向师里报告。

第 79 师师长萧镜海(后改名刘静海)接到报告后,以其敏锐的思维和超强的应变能力,迅速作出了判断和决定:第235团第一梯队提前开船,已既成事实,此刻,如不下令全师开船,对全局取胜极为不利,因此,必须将错就错,全师立即渡江。于是,萧师长一面下令部队立即渡江,一面向上级报告。自此,一场气势磅礴、波澜壮阔的渡江战役,就这样戏剧性地展开了。

先行15分钟开船的3连2排因为在时间上抢了先,他们的船遥遥领先。5班班长刘德翠虽然看到全班人都在使劲地划,但仍然鼓动大家快划,首先登岸,争取"渡江第一船"。

3连5班的船如飞一般疾驶,第一个顺利通过江心,直到距离敌岸仅100余米时,守敌才发现解放军的船只,慌忙向已到眼前的我5班的船只开火。枪响时,团指挥所的船正行至江心,王景昆团长立即命令单文忠参谋长发出要求炮兵支援的信号。实际上,这边敌人枪炮一响,江北岸我军炮兵即按预定的作战方案立即向敌阵地展开轰击,敌人炮火也向江面和江北岸打来。①

3. 冒敌弹雨　勇猛登岸

船临江边,敌人的枪弹像刮风一样,3连5班那条船一直冲在前面。突然,船头一偏,紧接着顺流而下,班长刘德翠立即跑到船尾,见船工李老板右肘负伤,无力掌舵,他赶紧让李老板坐下包扎,自己亲自掌舵。共产党员李世松给李老板包扎好,李老板立即站起来,推开刘班长说:"班长,你去指挥部队,掌舵是我的事!"他忍着疼痛,尽全力把船头拨正。5班的船继续在弹雨中前进,密集的枪弹把船帮打穿了几个洞,刘班长命令战士赶快堵洞,将船迅速靠岸。

"下船!架梯!登岸!"刘班长大声命令着。

战士姜保崔第一个下船,迅速竖起梯子,靠在岸崖上,刘班长第一个登上梯子,"噌、噌、噌"几下就登上了3米多高的陡岸。

意外的情况发生了。梯子承重后两腿下陷,向泥沙中沉去……梯子不够高了,第二名战士悬在上面,登不上岸,无法对已经上岸的班长进行火力支援。

在这紧急时刻,李世松挺身而出,奋力用双手把梯子拔起,往肩上一扛,喊道:"快上!"战士小黄跑到梯子下面,与李世松共同扛住梯子,全船人员迅速登岸。

这时,岸上敌人的机枪、冲锋枪射击声和手榴弹的爆炸声响成一片。

李世松和小黄刚上岸,就看到从右侧冲过来几个敌人,想包抄刘班长带领的战

---

① 王济生:《"渡江第一船"的光荣与缺憾》,《军事历史》,1999年第2期。

斗组,李世松和小黄随即向敌人开火,迅速占领第一道壕沟,并与刘班长取得联系。刘班长指挥战士们向敌堡攻击,在基本站稳脚跟后,命令打信号弹:"快向毛主席报喜,我们过江了!"紧跟5班之后的2排及全连指战员登岸后,迅速向两侧攻击,巩固扩大阵地。

3道信号弹的红光划破长江南岸夜幕,235团3连5班率先突破国民党军长江防线,在繁昌县夏家湖以西庙下陈登岸,成为百万雄师渡江第一船!

王景昆团长看到1营胜利登岸的信号后,立即催促全团各船突击登岸,支援先登岸的部队,并令单文忠参谋长向师部发信号:"饭做熟了!饭做熟了!"这是早已约定的联络密语,意思是:"我团先头突击连已经登岸,向毛主席报喜!"王团长看了看表,时间是9时15分。不一会儿,3营方向也升起了登陆成功的信号,在时间上,7连与3连几乎同时登陆。

235团第一梯队主力登岸后,1营营长董万华指挥3连继续向敌人纵深发展,很快夺取南岸几个地堡和农居房屋,巩固与扩大滩头阵地;同时指挥1连积极向东发展,配合第25军部队登岸,共同夺取敌夏家湖阵地。3营长指挥7连巩固扩大阵地后,又指挥8、9连攻占油坊嘴,并与我第237团取得联系,歼敌一部。接着,235团又奉命攻占敌江南沿岸阵地,夺取矶头山等要点,扩大战果,保障大部队过江。

矶头山是我军渡江正面南岸的天然屏障,山虽然不高,但地势险要,山上敌人火力既可直接封锁江面,支援前沿阵地,又可控制通往繁昌县城的公路。敌第313师939团团长孙洪奎亲自指挥坚守。不打下此山,对后续部队过江和进歼繁昌之敌妨碍极大。235团立即命令2营、3营合力夺取矶头山。2营从正面攻击,3营绕至山东南侧后攻击,1营待师第二梯队登岸后随后跟进。4月21日黎明前,235团4连、9连指战员展开对矶头山之敌的攻击。战斗异常激烈,9连7班班长、共产党员宫义通同志牺牲在地堡前,有不少战士负伤。在侧翼助攻的5连连长常树春同志也光荣牺牲。攻击受挫后,9连决定改变打法,在以火力组封锁住敌人火力点后,战士们抓住敌火力还未来得及射击的间隙,迅速跃进,通过敌火力封锁线,逼近山顶古庙。这时,4连也从正面攻上了山顶。第236团1营一部也从西面攻上山顶。三部共同努力,将矶头山之敌歼灭,俘敌团长孙洪奎等。[①]

21日3时许,第27军指挥所渡过长江,后到达旧县大磕山山脚,军长聂凤智成

---

① 王济生:《"渡江第一船"的光荣与缺憾》,《军事历史》,1999年第2期。

为中国人民解放军第一个过江的军长。他一上岸就立即口述电报："我们已胜利踏上江南的土地。"向党中央、毛主席报捷。这份电报是聂军长军事生涯中拍发的最简洁、最富有诗意的一份电报。

1949年4月22日上午，毛泽东主席在北京欣闻解放军中路大军突破国民党军防线，率先渡过长江的消息，迅即为新华社撰写通讯稿："……我军万船齐放，直取对岸，不到二十四小时，三十万人民解放军即已突破敌阵，占领南岸广大地区，现正向繁昌、铜陵、青阳、荻港、鲁港诸城进击中……"短短的通讯稿，几处提到繁昌地名（图一三五）。

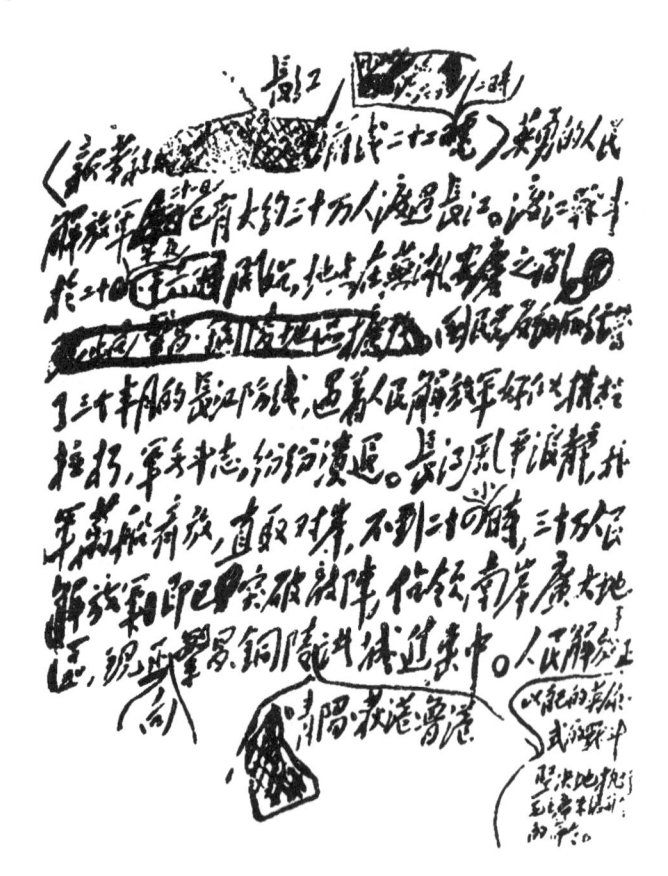

图一三五　毛泽东主席为新华社撰写的通讯稿

4. 渡江第一船　光荣与缺憾

渡过长江后，我军对溃逃的国民党军展开大追击。在这一阶段作战中，235团指战员连续急行军，以不怕疲劳、不怕牺牲的顽强斗志，追击逃敌，为解放上海、杭州创造了极为有利的条件。

1949年7月,上级颁发了嘉奖令。9兵团嘉奖本兵团4个连队为"渡江英雄连";军部授予4个班为"渡江英雄班",有3名个人被授予"渡江英雄"称号。但是,235团除3连5班李世松个人获"渡江英雄"称号外,各连各班在这一重大战役中没有获得任何奖励和英雄称号,这在235团历史上是没有过的。然而,奇怪的是5班及所在的3连自始至终也未受到任何纪律处分。原来,第27军对违反纪律提前开船而成为"第一船"的3连5班来了个将功补过,而且是只做不说、不解释、不发文电。

5班及3连没有获得荣誉称号,究其原因,主观上是该团的思想教育与纪律教育不扎实,个别干部急于求胜,通信人员误传口令;客观上,为了隐蔽接敌,面对敌岸登陆,连队登船位置很分散,命令传达不畅,出现失误,时间紧急,来不及纠正。这些主客观原因造成3连、7连没有按规定时间开船,而是提前15分钟起渡。

需要指出的是,当时参战的兵团以上机关并没有授予任何单位"渡江第一船"的荣誉称号,也没有在有关文电、总结或会议上予以明确或褒奖。因而,不仅后来人对真正的"渡江第一船"不了解,就连当时一起参加渡江战役的兄弟部队也对此知之甚少,以至许多人在此后有关渡江战役英雄人物事迹的宣传报道和回忆文章中,误把特定条件下或局部范围(各个军、师、团评选的)的"第一船",当作"渡江第一船"来引用,造成了多个"渡江第一船"的出现。

235团3连未按规定抢先开船渡江,取得渡江成功,事实上成为"渡江第一船",虽留下了说不尽的遗憾和无法弥补的历史缺陷,但更重要的是,这些英雄的人民解放军指战员留下了那种"勇争第一、敢打必胜"的精神,永远值得我们缅怀和发扬光大。

肆 人文华彩 胜迹遍境

千百年来,一代又一代的人在繁昌这片土地上创造了丰厚的物质文明和多彩的非物质文化,他们和他们所创造的或载入史册,或仍存在于我们当今的生活中。

一、人杰遗踪 丹青留名

悠久的历史,秀丽的山川,繁昌的土地上孕育出无数名贤俊杰,更有一代又一代显贵名流、高僧名士、诗文名家来到繁昌,或刻留履痕,或遗存情缘,或流传佳话。在繁昌辈出的英才中,有留下名言"功名事小,性命事大"的北宋科举状元焦蹈;北宋时互为师友、为文清丽,同为进士的徐遘、徐迪兄弟;严明尽职、死而后已的明朝南京都察院右佥都御史严升;明达果断的明朝都察院右副都御史吴琛;清代文才卓著,著有《尔雅补》《韵府金吾》的江舟;民国时期首都高等法院推事、南京审判战犯军事法庭法官,南京大屠杀主犯谷寿夫主审法官之一、审判汉奸周佛海的总指挥葛召棠;当代计算机系统结构专家、中国工程院院士孙凝晖等。与繁昌结下不解之缘的,有帝王:曹丕受禅代汉称帝,建立魏朝,新设立繁昌县;东晋初年司马睿在建康即皇帝位,于江南侨置繁昌县,以安置中原渡江而来的繁昌流民;南唐先祖李昪割南陵县五乡复置繁昌县;明英宗朱祁镇天顺元年重登皇位,决定繁昌县治迁址。有名将:曾任春谷长、名震三国的东吴名将黄盖、周瑜、周泰;明末在长江荻港板子矶下护佑南明弘光帝、力战清军而尽忠的抗清名将黄得功;抗日战争时期,率新四军第3支队进驻铜繁抗日前线,运筹帷幄,指挥著名的繁昌保卫战,取得五战五捷战绩的谭震林副司令员。有名士:南朝刘宋时高僧杯渡,来隐静山卓锡建寺,登坛参禅;唐代王羲之后裔王翀霄隐居马仁山,专心研究、传授学问;宋代高僧昙颖禅师,偕徒怀贤禅师卓锡隐静山普慧寺,先后主持寺务,接力修葺寺院,建造御书阁。有名流:北宋繁昌知县,后任右丞相,极力推行王安石变法的蔡确;历代文坛巨匠谢朓、刘孝绰、庾肩吾、李白、王维、杜牧、钱起、梅尧臣、陆游、杨万里、文天祥、萨都剌、解缙、王阳明、汤显祖、崔涓、刘大櫆、袁枚等皆钟情繁昌山水，留下了千古不朽的壮丽诗篇。

(一)何琦：孝子美名传千古

何琦(292～373年)，字万伦，祖籍庐江郡灊县(今安徽霍山县东北)，东晋著名史学家和大孝子，司空何充的堂兄。何琦的祖父何龛曾担任后将军，父亲何阜曾任淮南内史，他们世代居住在春谷县春谷乡。

何琦性情沉稳、思维敏捷，有见识，更有君子风度，喜欢研习典籍。何琦14岁丧父，他悲伤哀痛超过了应有的礼节。父亲过世后，小小年纪的他就担起了养家奉母的责任。他侍奉母亲勤勉不懈，为了使母亲有个好心情，他从早到晚都和颜悦色。他常常担心家里的食物不足以供养母亲，于是出任宣城郡主簿。何琦事亲至孝，廉能正直，不久被察举为孝廉，授予郎中的官职，后来他选补为宣城郡泾县县令。

何琦至诚的孝心及出众的品行，引得朝廷重臣的青睐。司徒王导举荐他做参军，为了照顾母亲，他没有去上任。母亲去世，他伤心地为母亲守孝，以致泣而吐血，虚弱到需要拄着拐杖才能站起身来。

居丧的一天，邻居家突遭火灾，火借风势向何家蔓延过来，眼看就要烧到停放何琦母亲棺材的堂屋，人们都去邻居家救火了，已没有人可使唤，实在没有办法，何琦匍匐在母亲的棺材上，用身子护着它，他又急又悲，号啕恸哭。不一会儿，风停火熄，察看四周，只有停放他母亲棺材的这间堂屋免于大火。人们都感到十分奇怪，说这是被何琦的至诚孝心打动了。

服完丧，何琦决定不再为官。他感慨叹息说："我以前之所以去做官，并不是说我有一点微末的才能以呈现智力，其实是图着那一点微薄的俸禄，来供养我的母亲等家人。如果我一旦孑然一身，成了孤独的人，不再有什么可以依靠，怎么还可用愚钝之身来玷污这个清明的朝代呢！"于是，他隐居在家，修身养性，不与外人交往，专心研习典籍，以弹琴读书自娱自乐。何琦也不谋求产业，生活节俭，节制自己的欲望，与乡邻同甘共苦，丰俭共持。

有一年，春谷乡遭遇动乱，与何琦相依为命的姐姐仓促中嫁了出去，何琦家只剩下一个婢女，何琦不愿羁留他人供自己驱使，于是替婢女解除契约，还以婢女自由之身。

何琦平日也不在小的方面推让,只要他自己有多余的,就会拿来分给他人。他任心做事,凭着心意去行动,不占卜求神,也没有什么渴求。

何琦长期隐居马仁山,不愿出仕为官,可朝廷一直惦念着他。司空陆完、大司马桓温召他为官,何琦都推辞不就职。朝廷征召他做博士,他也没有去。简文帝当时担任抚军,很钦佩他的名声和品行,又召他为参军,他称病坚辞。之后朝廷再次征召他为通直散骑侍郎、散骑常侍,他还是没有去上任。由此,当时的君子都仰慕他的德行,没有不诚服于他的。

桓温曾经登马仁山寻访何琦,他站在马仁山上感叹道:"这座山的南面居住着一位品德高尚的人,何公真是个知足知止的人啊!"

何琦生活简朴,他穿的是粗布衣服,吃的是糙粮五谷,终日以著书立说为事,他著有《三国评论》,一共撰写收录一百余篇文章,都流传于世。1914年的《南陵县志·艺文志》收录有他的《记祀典疏》一文。

何琦善于修养性情,虽年长而不衰老,活到了82岁,入乡贤祠。历代对何琦屡有封祀,宋代封为"灵泽王",元代封为"广惠王"。南陵县工山一带民间为其立祠,宣城郡为他立孝子祠。《晋书》有何琦传,清道光《繁昌县志》、民国《南陵县志》均收录有何琦传。

(二)桓温:筑城赭圻晋权臣

桓温(312~373年),字元子,谯国龙亢(今安徽怀远县龙亢镇)人,宣城内史桓彝之子,东晋政治家、军事家、权臣,曾在春谷县赭圻筑城驻军。桓温性情豪爽,姿貌甚伟,气度不凡,被选为晋明帝长女南康公主夫婿,拜为驸马都尉,袭父爵为万宁县男,授琅琊内史,后屡迁至徐州刺史。

晋穆帝永和元年(345年),拜桓温为都督等职,由此掌握了长江上游的兵权。永和二年(346年),桓温溯江而上,率兵西征,灭成汉国,收复蜀地,立下大功,升为征西大将军,封临贺郡公。桓温一举灭掉在蜀地建国五胡十六国之一的成汉政权,使他名声大振,在朝中势力大增,也引起朝廷对他权势的忌惮。会稽王司马昱征召殷浩入参朝政,以抗衡桓温权势,而殷浩因北伐告败,被桓温进谏贬为庶民,桓温遂权倾朝野。

此后桓温取代殷浩率兵北伐。永和十年(354年),桓温自江陵率步骑4万北伐,水陆并进,攻打前秦,连败苻健,大军长驱直入上洛,关中父老见晋朝官军收复失地,持牛酒夹道欢迎。苻健抵挡不住晋军,遂改变策略,坚壁清野,桓温终因粮草不济,不得不旋师而还。永和十二年(356年),桓温升征讨大都督,再次北伐,讨姚襄。大军直达伊水南岸,桓温披坚执锐,亲自上阵,姚襄大败,洛阳收复。穆帝为嘉其功,改封桓温为南郡公,后又加授为侍中、大司马、都督中外诸军事。

两次北伐,桓温权势再次增大,朝廷对他多加防范。兴宁二年(364年),桓温率水军进驻合肥,准备第三次北伐。五月,朝廷加授桓温为扬州牧、录尚书事,遣侍中颜旄宣旨,召其入参朝政,目的是牵制桓温。桓温上奏疏以中原尚未平定为由推辞入朝,坚持北伐。

然而,哀帝加强了对桓温的防范,下诏不允许他继续北伐,再次征召桓温入朝。桓温无奈,只得率军自荆州(今湖北江陵)顺江而下,赶往建康。当桓温行至春谷县江边赭圻时,皇上又派尚书车灌奉诏阻止他入京。皇上连续两次征召他入朝,今又忽然派大臣溯江而上奉诏阻止其入朝,表明朝廷对他疑惧已深。若他再次北伐,朝廷担心如获胜其声望势必进一步扩展;而他一旦入朝,又担心其势力影响朝政。皇上对他实在是放心不下,左右为难。桓温于是泊舟登岸,率军来到江边赭圻岭下,筑城屯军,在赭圻城驻扎下来。

站在赭圻岭,极目四野,其东南是覆釜山,山势高耸,乃天然屏障;西北侧板子矶兀立江流,驻军把守,可抵上游来兵,可御下游之敌。赭圻是长江军事要地,早在三国时期,吴国就置赭圻屯,在此屯兵。赭圻城背山面江,攻守皆宜。

赭圻虽是一处可攻可守的要地,但自筑赭圻城后,桓温日日夜夜总提心吊胆,惧怕朝廷派军来袭。一天夜里,赭圻山中的鸟突然受惊,顿时群鸟惊飞,慌乱噪鸣。更深夜静,群鸟惊噪,桓温大惊,以为有人来袭,哄自内起,一时乱不成军,落荒逃遁。待山林安静下来,乃知群鸟惊噪所致,实属虚惊一场,真可谓风声鹤唳,草木皆兵。

桓温上表辞去录尚书事一职,而遥领扬州牧。这时,鲜卑族前燕再次攻打洛阳,驻守洛阳的晋将陈祐出逃。当时会稽王司马昱辅政,邀桓温于洌州(今安徽和县长江边小岛)会面,商议征讨前燕事宜。朝廷命桓温移镇姑孰(今安徽当涂)。于是桓温率军离开赭圻。这时哀帝驾崩,征讨之事遂作罢。

之后桓温第三次北伐,然失败而归。桓温虽声望下跌,势力受挫,然而通过这几次北伐,桓温将荆、江、徐、豫四州抓在手中,把控了东晋政权。参军郗超向桓温建议效仿伊尹、霍光,废立皇帝,以重立威权。桓温遂废黜司马奕,立司马昱为帝,是为简文帝。简文帝咸安元年(371年),前秦苻坚攻晋,桓温自广陵(今扬州)率军御敌于洛涧,大破之。而后,桓温与郗超等谋废晋帝,自立王朝,事未及成就病死了。

(三)杯渡:卓锡五华名高僧

杯渡(生卒年不详),南朝刘宋时期(一说萧梁时代)的高僧,天竺国(古印度)人。南朝梁代释慧皎所著的《高僧传》说:"杯渡,没有人知道他的名字。他常乘一只木杯渡水,所以人们就称他为杯渡。"杯渡在京师建康(今江苏南京市)出现时,大约40岁的年纪。他衣衫褴褛,几乎衣不蔽体,而言谈行为,喜怒无常。有时他敲开厚厚的冰冻来洗浴,有时穿着木屐上山,有时又赤着脚走进闹市。他随身只有一个芦团子,没有其他东西。

杯渡初次到京师延贤寺法意道人那里时,法意道人只让他住在侧屋里。不久杯渡想从瓜步过江,他来到江边,欲乘船,有人告诉他,船主不肯载他。杯渡就将双脚叠起来,站到木杯中,一边来回看一边念念有词,像吟诗一样,木杯就漂到长江北岸。杯渡前往广陵(今扬州),走到一个村子,村里的李家正在进行八关斋戒。杯渡与这家人并不相识。他直接进入斋堂坐了下来,又把芦团放在客厅中间。众人都因为他的相貌丑陋,对他毫无恭敬之心。李某见芦团挡道,想把它移到墙边去,但好几个人都搬不动它。杯渡吃过饭,拿起芦团就走,又笑着说:"四天王在李家享福了!"这时,有一个人看见芦团里有四个小孩,只有几寸长,但面目端正,衣裳鲜亮洁净。于是李家的人就出来追寻杯渡,但已不知杯渡到哪里去了。杯渡一生传奇无数,在我国佛教史上影响甚远。

清道光《繁昌县志》说:"繁昌隐静寺是杯渡禅师的道场。"杯渡来到江南,到处云游,想找一个如意的地方做自己的道场。可是花了很长时间,也没有找到。当他云游到宣城永安寺(唐朝改名为开元寺)时,他用衣服裹着自己的锡杖向空中投掷,说此锡杖落在哪里,就在哪里做自己的道场。杯渡顺着锡杖飞去的方向,来到了隐静山。在隐静山东北大山上一口水井处,他见到了自己抛掷的锡杖。

他仔细察看隐静山地形山貌,但见五峰拱合之处,好像人工特意设置得恰到好处,真可谓鬼斧神工,确是一处佛家登坛参禅的好地方。于是他就把自己的道场定在这里,在山上广建庙宇,这就是隐静寺。

他往锡杖卓地(锡杖落地)来的时候,见到一个放牛的牧童,牧童说看见一只白鹤飞过。杯渡对牧童说:"我俩很有缘分,你当继承我的法道。"之后,这位牧童果然做了杯渡的弟子,他就是后来隐静寺的龙安法师。

杯渡知道,在这深山建造庙宇,材料运输是一件很困难的事。于是,他把化缘得来的物资,按照各自的种类,用佛法分门别类地潜化到五华山(隐静山又叫五华山)的各个水井中。在建造寺庙时,从水井里取出来就是,非常方便。寺庙建好了,水井里的物资也就自行消失了。如今,五华山还有名叫木、米、盐、酱池的水井。

为了纪念杯渡禅师建隐静寺,人们把杯渡当年锡杖落下的山峰叫作"行道峰",把附近这口水井叫作"卓锡泉",把旁边的凹坑叫作"落衣凼"。

隐静山上有桂花,花开得通红,与别处的桂花差异很大。相传每当有月亮的夜晚,杯渡禅师就趺坐在桂花树下,"桂月峰"便由此得名。

杯渡来五华山时,曾带来了一对神奇的鸟。鸟在山上飞翔,鸣叫的时候,发出"频迦、频迦"的声音,人们叫它"频迦鸟"。清朝人陈泰有诗咏诵频迦鸟。

杯渡在寺庙前种植了两棵从新罗国带来的五叶松,同时还种上了许多本地的松树。那五叶松长得虬枝劲节,在众多的松树中别具一格。后人称之为"杯渡松"。

南唐时,追谥杯渡为深慈妙用大师。宋徽宗大观元年(1107年),因为水旱,人们来寺院祈祷有回应,遂改赐为慧严禅师。

(四)王维:千里寄情覆釜山

王维(约701~761年),字摩诘,祖籍山西祁县,其父迁居河东蒲州(今山西运城)。唐玄宗开元九年(721年),20岁的王维考中进士。唐玄宗天宝年间,王维拜吏部郎中、给事中。安禄山叛军陷长安时曾受伪职,长安收复后,被责授太子中允。后官至尚书右丞,故亦称王右丞(图一三六)。

唐玄宗开元二十八年(740年),王维任殿中侍御史。这年冬,王维被委任选补使赴岭南桂州,次年春才返长安。王维由长安动身,经襄阳、鄂州、夏口,因使命在身,他快马加鞭,一路疾行。结束使命,他自岭南北归,选了另一条路。他从桂州出发,取道湘湖,入长江,抵九江,顺流东下,过江宁,至京口,再循着邗沟、汴水、黄河,回到京城。

去岭南时,因赶时间,取近道,主要走陆路。返回时,王维身心轻松下来了,便随了水路,山水相伴,且止且游,且赏且吟,且访且悟。

这天,风正帆悬,南岸是绵延的青山,山下水湄,俨然一个集镇。船到古春谷县了。王维舍舟登岸,朝集镇走去。集镇正是赭圻古城。三国时期,东吴曾在这里置屯设戍。东晋权臣桓温行军至此,见这里背山临江,地势险要,攻守兼备,便沿着赭圻岭筑城屯守,赭圻一时成为军事重镇。桓温之后,很长时期,赭圻都是长江上的重要枢纽。

图一三六　王维像①

隋文帝开皇九年(589年)灭陈朝,对南方区划进行调整,赭圻成为南陵县县治所在地。直至武则天长安四年(704年),南陵县城才移治今籍山镇,赭圻作为南陵县城长达115年。王维来赭圻时,南陵县治迁址才30多年,赭圻虽不做县城了,但依然繁盛。

赭圻岭东南是高高的覆釜山。王维从赭圻岭登上覆釜山,但见众山皆小,氤氲蒸腾,长江如带,滔滔东去。王维已年届中年,对人生另有一番感悟。他登临覆釜山,显然是要访古寺拜高僧,甚而论道说佛。这次出使岭南,归途时王维已去了庐

---

① 清刊本《古圣贤像传略》。

山辨觉寺,这之后他又去了江宁瓦官寺,并分别留有诗作,流露出皈依佛门的心迹。这次访覆釜山寺,王维与寺僧结下了情缘。

下得山来,王维继续顺江而行,到了京口(今镇江市),与赴任桂州刺史的友人邢济不期而遇。大体相同的路径,大体相同的山水,只是一个随水返回,一个因水前往,千里迢迢,王维有感而发,以诗《送邢桂州》赠别:"铙吹喧京口,风波下洞庭。赭圻将赤岸,击汰复扬舲。日落江湖白,潮来天地青。明珠归合浦,应逐使臣星。"诗人不忘向邢刺史推介赭圻城,他告诉邢刺史,在赭圻城看够了风景,重新登船,我们才扬帆奋楫,疾速前行,直到赤岸这个地方。诗人沿江停泊之处多多,赭圻最让人不能忘怀。

这是王维40岁至41岁之际完成的一次江南之行。这次长达数月的出行,不仅让他细致地领略了江南风光,而且促成了他人生观的一次深刻转变。

多年以后,青灯黄卷的王维,几乎不再与什么人来往了,却是那么急切地等待着如约来访的覆釜山僧,我们从他的诗中,可窥探出他的虔诚。

饭覆釜山僧
晚知清净理,日与人群疏。
将候远山僧,先期扫敝庐。
果从云峰里,顾我蓬蒿居。
藉草饭松屑,焚香看道书。
燃灯昼欲尽,鸣磬夜方初。
已悟寂为乐,此生闲有余。
思归何必深,身世犹空虚。

这是一首记事诗,记录了王维"饭僧"的过程。诗中一个"候"字和一个"扫"字,表达了诗人急切地想见到这位高僧的心情,也烘托出这位"远山僧"的道行高深,颇收先声夺人之效。"云峰"与前面的"远山"相映照,既状山之高远,又暗赞僧之超迈。王维从细节入手,"顾""藉""饭""焚""看""燃""鸣",一连串的动作,有高僧的,有王维的,有高僧和王维的,生动地写出了王维与高僧交往情形。"已悟寂为乐,此生闲有余。思归何必深,身世犹空虚。"与起首四句相辉映,且通过与这位高僧的倾谈,对"清净"佛理的领悟进入了更高的境界。有问,有答,有顿然而悟的欣悦。

当年王维在覆釜山居止了多长时间、与寺僧谈了多久,我们无从知晓。但王维的寻访,与高僧结下了很深的情谊,更坚定了诗人对佛法精神的追求,才有这次在京城长安约请千里之外的覆釜山僧吃饭,谈论"寂"与"乐","清净"与"空虚"。王维曾接待过众多名僧,也应不只请覆釜山僧吃饭,但请吃饭又写下诗作的,恐怕仅有这位覆釜山僧了。

(五)王翀霄:结庐讲学唐高士

王翀霄(生卒年不详),唐代南陵县(今繁昌)人。他性情高洁,志趣在山水林壑,不愿做官。唐德宗贞元年间,王翀霄隐居繁昌马仁山。与他一同隐居的,还有他的好友陈商和李晕。陈商是南朝陈宣帝陈顼的后裔,李晕是唐朝书法家、文字学家、当涂县令李阳冰的后代。他们三人在马仁山结庐讲学,日夜不辍,当时江南的许多文人雅士跟随他们治学。后来陈商被推荐考取进士,进入仕途,王翀霄非但没有为之动心,其隐逸的意志反而更加坚定。他迁至龙首峰西侧,闭门谢客,过着恬静安适的隐居生活。他的学以致远的操守,一直为后人所称道。相传王翀霄为晋代大书法家王羲之的后裔,书法很有造诣,深得其先祖王献之的旨趣,喜欢写《涅槃经》,字画俱佳。

马仁山麓的马仁寺,是唐德宗贞元十一年(795年)王翀霄所建。至今,马仁山下竹林深处诵经之声仍不绝于耳。马仁寺西侧的洗砚池,因王翀霄常在池里洗笔砚,至今池水墨黑。明朝进士、曾任淄川县令,后来辞官归乡的徐杰也隐居马仁山,作有《马仁山八首》,其中有《洗砚池》诗一首。明末清初著名画家萧云从著有画集《太平山水诗画》,其中有一幅马仁山《洗砚池图》,画面左上方题写徐杰的《洗砚池》诗。

(六)陈商:先隐马仁后入仕

陈商(生卒年不详),字述圣,唐代南陵县(今繁昌)人。南朝陈宣帝陈顼五世孙,左散骑常侍陈彝之子,祖籍湖州长城(今长兴县)。陈商与隐士王翀霄是好友,唐德宗贞元年间,他们一同筑室马仁山,研究和传授学问。但陈商所学是为了经世致用,后来被推荐考取进士,进入仕途。唐武宗会昌五年(845年),以谏议官身份被选至礼部权知贡举。会昌六年,任礼部侍郎。参与撰写《敬宗实录》。官至秘书省监,从三品。受封为许昌县男。

陈商曾写信向韩愈请教,韩愈称他的文章语高旨深。韩愈文集里有《答陈商书》。陈商与贾岛、李贺常有诗书往来。贾岛、李贺都写过《赠陈商》的诗作。清道光《繁昌县志·艺文志》收录有韩愈《答陈商书》和贾岛、李贺的《赠陈商》诗作。陈商著有《陈述圣文集》十七卷,流行于世。

(七)李晕:恬隐马仁终不仕

李晕(生卒年不详),当涂县人。清道光《繁昌县志》说他是唐代大诗人李白的后裔,而实际上,他是唐代书法家、文字学家、当涂县令李阳冰(李白的族叔)的后裔。繁阳东柳《李氏家谱》记载,今峨山东岛、柳塘李氏为李晕后人。唐德宗贞元年间,李晕与王翀霄、陈商结庐悟道于马仁山,并称"马仁三友"。陈商考取进士入仕后,李晕与王翀霄依然相守恬隐,终身不仕。李晕工诗,讲究性理之学。清道光《繁昌县志·人物志》收录有李晕的诗:"学道已曾忘世味,避人何用住山深。生平只有天相谅,笑揭灵台对马仁。"

(八)陈翥:马仁山麓著《桐谱》

陈翥(982~1061年),字凤翔,号虚斋、咸聱子、桐竹君。北宋时期池州府铜陵县贵上耆土桥(今铜陵市义安区钟鸣镇)人,是古代林业科学研究领域中成就很大的科学家。

陈翥出身于一个没落的世宦门第,"五岁知书,十岁入序"。青年时期曾有悬梁苦读跻身科举仕途的愿望,后因父亲早逝,兄弟不睦,加之其自身患病10余年,至40岁时方"志愿相畔,甘为布衣,乐道安贫",从此长期隐居繁昌、铜陵、南陵交界的马仁山麓,一面闭门苦读,埋头著述(时人称之为"闭门先生"),一面参与耕作[①]。平生著述颇丰,涉及天文、地理、儒、释、农、医等,共26部182卷,又绘有10图,是"里人称德,府县知贤"的学者。

在马仁山麓,陈翥在数亩山地栽植桐树(泡桐)数百株专门用来研究,除悉心钻研前人有关著作外,还"召山叟,访场师"。他注重实践,日夕观察,于宋仁宗皇祐年间撰成《桐谱》书稿,约1.6万字,除序文外,正文共一卷十篇:一叙源、二类属、

---

① 杨国宜、路有松:《陈翥生平事迹考》,《安徽师范大学学报》,1996年第1期。

三种植、四所宜、五所出、六采斫、七器用、八杂说、九记志、十诗赋。其中"种植""所宜""采斫""器用"等六篇,专论植桐技术,为全书精粹。《桐谱》一书最早见于宋人陈振孙《直斋书录解题》,《宋史·艺书志》亦载"陈翥《桐谱》一卷"(卷205),其后历代屡刊,有《说郛》《唐宋丛书》《适园丛书》《丛书集成初编》等版本传世。《桐谱》全面系统地总结了泡桐种植和利用的一整套经验,有不少深入的观察和精辟的论述,是中国历史上仅存的一部内容丰富的泡桐栽培专著,也是世界上最早的一部泡桐专著,至今对推广人工速生高干泡桐林仍有重要的参考价值。国外研究泡桐的学者,对这部专著也十分重视,美国《经济植物》杂志1961年第1期刊登的《经济植物·泡桐》一文,在研究泡桐的起源、在亚洲的分布、在引入欧洲和美洲的过程中,以及叙述泡桐的经济价值和材质利用时,都曾利用了陈翥《桐谱》一书。可见《桐谱》一书的价值和影响。1981年农业出版社出版了潘法连的《桐谱校注》,1983年又出版《桐谱选译》。①

(九)昙颖:临危受命修寺宇

昙颖(989～1060年),宋代高僧。俗姓丘,字达观,人称达观禅师,钱塘(今浙江杭州)人。昙颖13岁出家于龙兴寺,得法于谷隐禅师。宋仁宗庆历年间,昙颖携徒怀贤卓锡繁昌隐静山普惠寺②。

普惠寺曾是南朝刘宋时期(时名隐静寺)高僧杯渡禅师的道场。宋太宗、真宗、仁宗三朝皇帝赏赐其御书(书法作品)共120轴给繁昌普惠寺,这在有宋一代的寺院中是极少见的,对普惠寺来说更是莫大的荣耀。仁宗庆历年间,繁昌知县夏希道陪同太平州前知州刁约在参观普惠寺时,发现寺院十分破败,陈放三朝皇帝御书的舍宇,已难以遮风避雨,御书岌岌可危,他们对寺院漠视皇帝御书的行为感到震惊和愤慨,遂将寺院住持关进监狱,以示惩戒,后任命昙颖为寺院住持。昙颖主持寺务后,立即筹划,大修寺宇,兴建御书阁,来收藏保护皇帝御书。可御书阁未及完工,昙颖就因病离开了隐静山。

昙颖于书无所不读,通儒释道百家,能诗文,与欧阳修、苏东坡等时有诗文唱和,与梅尧臣更是挚友。

---

① 芜湖市政协学习和文史资料委员会、芜湖市地方志编纂委员会办公室:《芜湖通史(古近代部分)》,黄山书社,2011年12月,第129页。
② 普惠寺最初名为隐静寺,宋真宗大中祥符年间改名为普惠寺,明朝洪武初年,普惠寺恢复隐静寺名。

昙颖性情直率坦诚,讲经说法就像是拉家常一样通俗易懂,还时常用一些诙谐的话语和有趣的故事来解说深奥的佛理。昙颖曾经因为一件事斥骂了一个和尚,在做法事或讲经说法的时候,每每想起来,还是斥骂不休。遇到有批评自己的,哪怕是跑到居室里来质问的,昙颖也都是默默地听着,从来不反驳一句。批评昙颖的人反而都因此获得了启示,明白了许多道理。由此可见,昙颖对禅机的把握和运用是多么不可思议。昙颖貌似愚迂,实则聪慧。

昙颖历住金山、灵隐、隐静、雪窦诸寺。宋仁宗嘉祐五年(1060年)正月初一,示寂于润州(今江苏镇江市)金山龙游寺。

(十)梅尧臣:诗作多咏隐静山

梅尧臣(1002～1060年),北宋官员、诗人。字圣谕,宣城(今安徽省宣城市)人。宣城古名宛陵,故世称梅宛陵。少时屡应进士不第,后因叔父梅询荫入仕,做过几任主簿、知县,始终穷困不得志。皇祐三年(1051年),49岁时才得宋仁宗赐同进士出身,授国子监直讲,因此又被称为梅直讲,官至尚书都官员外郎。

北宋时,被誉为"江东第二禅林"的繁昌隐静山普惠寺已闻名遐迩,其时,达观和怀贤师徒相携卓锡隐静山。师徒俩是高僧,也是诗人,与欧阳修、苏东坡等都有诗文唱和,和梅尧臣更是挚友。

两位禅师一来隐静山,诗人便与此山结缘。隐静山常见猕猴出入,达观禅师到来之后,这些猕猴却消散了。有谣言说新来的禅师嫌弃猕猴。禅师观察发现,满山枇杷黄熟的时节,猕猴总是集群而来,枇杷落尽,猕猴们便一时星散。为了消除人们的误解,以免影响普惠寺的声誉,达观禅师便请老友梅尧臣作诗以辟谣。诗人欣然应诺,即以完整的事件为题赋诗一首:

> 达观禅师昙颖住隐静兰若或言自此猕猴散走不来
> 颖尝哂曰吾知是山枇杷为多始至也未实故其去将实也必群集
> 后果然颖恶乎俗之好异恐传以为人惑欲予咏而播之
> 隐静山中寺,猕猴往往过。
> 导师归以去,卢橘熟还多。
> 禅地宁求悌,居人切莫讹。
> 未尝嫌此物,任挂古松柯。

这首诗的标题可能是梅尧臣所有诗作中最长的,人们一眼便能看清事情的原委。

仁宗皇祐元年(1049年)正月,父亲梅让在老家宣城亡故。远在陈州任上的梅尧臣,匆匆南归奔丧。伤逝居家,不免心情忧郁。这年梅尧臣已经47岁了,年岁已经老大。达观放心不下这位老友。隐静山碧霄峰上的新茶刚刚采下来,达观便封存一份带上,赶往宣城看望丁忧在家的梅尧臣。老友来访,给处在丧父之痛中的梅尧臣以极大的安慰。梅尧臣有诗一首:

颖公遗碧霄峰茗
到山春已晚,何更有新茶。
峰顶应多雨,天寒始发芽。
采时林狖静,蒸处石泉嘉。
持作衣囊秘,分来五柳家。

初夏来临,隐静山的枇杷又要熟了。达观师徒漫步山中,满目青黄,满山果香,此时此景,便又惦念起宣城的老友。怀贤禅师带着师父的嘱咐,特意去宣城,送上尚未完全成熟的枇杷。[①] 品尝略带酸涩的枇杷,诗人不禁想起隐静山那群顽皮的狖猴,随即吟诗一首:

隐静遗枇杷
五月枇杷实,青青味尚酸。
狖猴定撩乱,欲待熟应难。

这年的秋天,达观禅师再次来到宣城看望老友,两人谈起在洛阳初见,又在南徐州重逢的情景,已是20多年前的事了,感叹岁月不饶人!梅尧臣特作诗两首:

---

① 吴黎明:《梅尧臣的繁昌诗缘》。

送达观禅师归隐静寺古律二首
其一
初逢洛阳陌,再见南徐州。
所历几何时,倏去二十秋。
今复振霜屦,还山远莫留。
我咏阮公诗,物靡必沈浮。
谁云西海鱼,夜飞东海头。
世人嗟识昧,岂是滞林丘。
其二
栗林霜下熟,归摘御穷冬。
带月涉溪水,过山闻寺钟。
未嫌云衲湿,已喜野人逢。
且莫似杯渡,沧波无去踪。

达观要回隐静山了,两人依依惜别,老友叮嘱禅师,你我分别,可要时常联系,不要像杯渡禅师那样,一去而久无音信。

梅尧臣对隐静山一直心存向往,可一直未能成行。诗人有《寄达观禅师》一首,道尽了心中的曲折:"身在大梁尘土中,心思隐静云山里。忽闻乘杯江上归,月下碧鸡啼不已。"

仁宗至和元年(1054年),在宣城居嫡母丧的第二年,梅尧臣终于得闲来到隐静山,此时,老友达观禅师已离山他游,继任的住持怀贤禅师此时也不在山上,但诗人还是游览了隐静山,山门、长松、五峰、石泉、菖蒲等一一融入诗中:

游隐静山
心存名山久,积岁未及游。
将过值风雨,路不通马牛。
丁壮四五人,篮舆时更休。
转谷逢烟火,下隰多田畴。
偃穗黄压亩,刈麻东盈丘。
始觉山门深,长松如腾虬。

直上百余尺,苍髯叶修修。
五峰迎人来,冷逼台殿秋。
石泉出云中,引入舍下流。
缘源至岩口,岩底鱼可钩。
天昏碧溪去,果熟青猿偷。
草树不尽识,自起诗人羞。
溅溅涧水浅,苒苒菖蒲稠。
菖蒲花已晚,菖蒲茸尚柔。
灵根采九节,试共野僧求。
逡巡能致之,衰疾无甚忧。
昔闻有释子,渡江用杯浮。
栖心向兹地,埋骨在林陬。
驳阴漏斜光,徒欲穷巅幽。
夜还南陵郭,几落猛虎喉。

无缘与故友相见,诗人终究有些失落。于是他在《隐静山访怀贤上人不遇》中难免付诸轻轻的一叹:"松上垂青蔓,蒲根泻碧泉。高僧来不见,却返五峰前。"

这年的腊月,或许是对梅尧臣访山不遇的回拜,隐静山僧特地赠送十二棵榧树、十四棵柏树给梅尧臣。梅尧臣仔细斟酌,把这些来自佛门的珍贵树木栽在新垒的祖坟四周。多年后,他特地赋诗记下了这件事:"榧柏移皆活,风霜不变青。"

诗人与达观禅师于遥远的洛阳相识,继尔与隐静山结缘,留下了吟咏隐静山的诗作和故事。

(十一)怀贤:继任修建御书阁

怀贤(1016～1082年),宋代高僧。俗姓何,字潜道,赐号圆通大师,永嘉(今浙江温州)人。史书记载怀贤禅师聪慧明睿,通晓内外。怀贤与师父达观禅师(即昙颖)曾一同驻锡繁昌隐静山普惠寺,达观禅师因病离开寺院后,怀贤继之为住持。怀贤担当起修建御书阁的重任,他竭尽全力,募集善款,用了七八年时间,于宋仁宗嘉祐三年(1058年)建成御书阁,收藏保护宋太宗、真宗、仁宗三朝皇帝的120轴御书。

因为御书阁的特殊性,御书阁的建造比较讲究。御书阁在设计上特别突出其高大的形象,从而方显天子威严。其建筑用材及做工也非常讲究,所以普惠寺御书阁"择材之美,至于瓦甓漆雕之工,无不求尽其妙"。御书阁共36间,总用钱130万。宋英宗治平三年(1066年),也就是御书阁建成后的第8年,太平州当涂县进士郭祥正作《繁昌建御书阁记》。该记收录于清道光《繁昌县志·艺文志》。

怀贤多才多艺,诗书独树一帜。真宗闻之,召他入京,与之交谈,甚合其意,遂诏令他驻锡相国寺,而怀贤坚定地请求让他回去,于是皇上赐给他紫服及师号,听任其便。

怀贤初得法于昙颖,从颖游,卓锡雪窦寺、普惠寺等名寺。迨昙颖圆寂于金山龙游寺,遂继师席。神宗元丰五年(1082年)九月,怀贤圆寂于润州(今江苏镇江)金牛山精舍。怀贤有《诗颂文集》(5卷)及自撰其出处的事迹传世。

(十二)徐遘、徐迪:进士兄弟诗文美

徐遘、徐迪是两同胞兄弟,生卒年均不详,宋代繁昌县人。兄徐遘是宋神宗熙宁九年(1076年)进士,弟徐迪为宋哲宗绍圣元年(1094年)进士。

徐遘、徐迪兄弟俩感情深厚,互为师友,勤于学习钻研,文章清丽,尤擅长诗赋,当时人们把他俩与西晋时期同为著名文学家的陆机、陆云兄弟俩相比。徐遘任大理寺推事时,曾作诗激励徐迪:

寄弟迪
杜云姜被每相思,物换星移又一期。
知汝再寻鹦鹉赋,起予深念鹡鸰诗。
山寒久厌猿啼苦,水阔那堪雁到迟。
好约春风共携手,玉壶沽酒系青丝。

宋神宗熙宁年间,蔡确任繁昌知县,他将县衙后面的荒山坡建成园,名曰北园。政务之余,曾邀徐迪来北园赋诗为乐。蔡确在北园所赋之诗不见流传下来,而徐迪追和的一首五言诗《北园载酒》收录在《繁昌县志·艺文志》中:

北园载酒

檐影荫游鱼,江声颤崖竹。
云帆天外去,龙刹空中矗。
霞明晚渡红,草暖晴沙绿。
澄波见归鸟,纷霭迷飞鹜。
有时雪浪吹,玉马争追逐。
青霄皓月满,琉璃莹极目。
谢傅昔出宰,天葩动惊俗。
一读梁间诗,清风感佳木。

明末清初著名画家、于湖(今安徽当涂)人萧云从的《太平山水诗画》,绘有13幅繁昌山水画作,其中有《北园载酒图》。

(十三)焦蹈:惜人性命宋状元

焦蹈(生卒年不详),字悦道,宋代繁昌县人。焦蹈年少就出游乡学,精通经史百家,以文才出名。在乡试中考得第一,多次参加礼部会试却均未考中,但他毫不气馁,而是更加奋发读书。宋神宗元丰八年(1085年),焦蹈第四次参加礼部会试,当他赶到考场的时候,考试已经临近结束。焦蹈正准备回乡时,没承想考院失火,当日的考试不得不延期,考试地点也由南宫改到别院。焦蹈这才侥幸赶上考试,并在诸多考生中名列魁首。

不久,宋哲宗赵煦召焦蹈入殿应对,哲宗因父皇神宗去世而居丧,没有循例出策考试,特赐礼部所奏进士四百六十人,焦蹈名列第一。焦蹈以乡试第一被举荐,礼部会试又为第一,皇帝亲定为进士第一,三级考试都获第一,解元、会元、状元三元皆中,故焦蹈有"三元"之称。哲宗召见后第6天,正准备授以官职时,焦蹈却不幸病故。哲宗怜惜焦蹈,赐钱20万作为丧葬费。

焦蹈的故事,至今仍为繁昌等地民间所津津乐道。据南宋洪迈《夷坚志》,焦蹈赴京赶考的那天早晨,路过京郊的一条街道时,楼上突然倒下一盆水,水溅街面,铿然有声。书童好奇俯身拾起,竟是一枚灿然耀眼的金指环。书童揣入怀中,把玩二日后,才告诉焦蹈。焦蹈听后担心地说:"这可是童婢的过失啊,主人找不到金指环,还不知道怎么鞭打童婢呢。性命攸关,万不可迟延。"他急欲返程,将金指环交与失主。书童急切相劝,考期迫近,不能耽误。焦蹈却说:"功名事小,性命事大。"他们把金指环还与失主,赶到京城时,考试已经临近结束。事有凑巧,没承想考院一场大火,考期正延至焦蹈赶到京城的日子。故而当时京城有谚语曰:"不得场屋烧,哪得状元焦。"

清道光《繁昌县志》记载:"焦状元宅,在狮子山东麓。宅外有焦家井。""状元焦蹈墓,在县三十里赤沙滩。""状元坊,在东门大街,为宋状元焦蹈立。"

(十四)杨万里:履迹繁昌留诗篇

杨万里(1127～1206年),字廷秀,号诚斋,吉州吉水(今江西省吉水县)人。南宋诗人。绍兴二十四年(1154年)进士。杨万里长期担任地方官,又入朝为国子监博士,历任太子侍读、秘书监等职,后弃官回乡,授至宝谟阁学士,与尤袤、范成大、陆游齐名,号称"南宋四大家"。南宋一朝的诗歌,以杨万里的成就最著。政治上主张抗金。因宋光宗曾为其亲书"诚斋"二字,故其诗号称"诚斋体"。

光宗绍熙元年(1190年)十一月,杨万里出任江东转运副使,是为江南转运司的主官,代理总管淮西和江东军马钱粮,任所在建康。他曾两次巡行所辖各地,创作了多首纪行诗。皖南一带的山水风光、民情风俗都映入他的诗中,其中相当一部分是他的精品。第二年八月,杨万里第一次"行部"(视察属地),他从建康城出发,经秣陵(今属南京市)、溧水、建平(今安徽郎溪县),入宣州界。在宣州过了中秋节,流连数日后,又取道青阳去池州,然后自秋浦登舟入大江,返回建康。

返程并非一帆风顺,船在江上行了七天,到太平州繁昌县荻港时遇大风,遂离船上岸,走陆路,行小河,至繁昌县治延载(今繁昌新港镇),经高安、峨桥、石硊,再至芜湖。

杨万里是诗人,这次巡行,也是一次诗歌创作之旅。凤凰山峙立荻港江边,上有延禧观,原名清华观,乃宋代炼士赵自然隐居之处。相传赵自然本名王九,繁昌荻港人,年少时病重,其父把他抱到凤凰山清华观,许为道士。后来,在梦中有人引他登上高山,拿出青柏枝让他吃,醒来后,他就不再吃什么东西了,每闻到烧熟的食物气味就呕吐,只吃生果喝清水而已。一年后,他又梦见一老人教他数百个篆体字,梦醒后他写给人看,人们都不认识。有人说这不是篆体字,而是道家符字。他曾作《元道歌》,详述修炼的要领。宋太宗召见他,赐道士服,改名赵自然,赏钱30万,一个月后返回,住清华观。大中祥符二年(1009年),真宗召见赵自然,赐紫衣,

改清华观为延禧观。杨万里慕名登上凤凰山,游览延禧观,感慨赵自然的故事,乃作《延禧观》诗一首:

> 延禧观
> 昔有赵真人,高明达圣君。
> 梦回终绝粒,恩许困眠云。
> 天授飞仙术,神传古篆文。
> 至今灵迹在,松桧七枝分。

荻港滨江,河汊纵横,船在河汊里绕来绕去,岸边的红蓼花、藤蔓上的匏瓠、农家院里的柴薪、菜园里的荻芦柳树等,宁静、祥和,充满生机,眼前的景色一一映入杨万里的诗行:

> 从丁家洲避风行小港出荻港大江
> 其一
> 蓼岸藤湾隔尽人,大江小汊绕成轮。
> 围蔬放荻不争地,种柳坚堤非买春。
> 匏瓠故教俱上屋,渔樵相倚尽成邻。
> 夜来更下西风雪,荞麦梢头万玉尘。
> 其二
> 荻篱萧洒织来新,茅屋横斜画不真。
> 干地种禾那用水,湿芦经火自成薪。
> 岛居莫笑三百里,菜把活它千万人。
> 白浪打天风动地,何曾惊著一微尘?
> 其三
> 芦挥尘尾话清秋,柳弄腰支舞绿洲。
> 引得江风颠入骨,戏抛波浪过于楼。
> 十程拟作一程快,一日翻成十日留。
> 未到大江愁未到,大江到了更添愁。

杨万里繁昌行的最后一站是峨桥,他作了诗《宿峨桥化城寺》:

其一

一溪秋水一横桥,近路人家却作遥。

柳绕溪桥荷绕屋,何须更着酒旗招。

其二

忽从平地上高城,乃是圩塘堤上行。

厚赛柳神销底物,长腰云子阔腰菱。

诗人看到柳桥荷屋,酒旗飘扬;本来是距离很近的人家,但为秋水横桥隔断,反而变成曲折有致的远路。诗人行走在圩田的大堤上,远望村歌社舞、迎神赛会。这年风调雨顺,秋天喜获丰收,人们认为系神所赐,所以要谢神祭祀,叫作报赛。时有歌舞赛会,是乡农们辛苦一年,庆祝丰收的欢乐时节。人们载歌载舞,欢庆丰收,在这片家乡的故土上,创造了自己的艺术形式。

漳河自峨桥下游至澛港称鲁明江,鲁明江于长江入口为澛港。澛港南为繁昌,北为芜湖。杨万里最后作《过石硊渡》一首:

峨桥小渡十里长,石硊小渡五里强。

斜风细雨寒芦里,下有深潭黑无底。

这首诗通俗易懂,接近民歌。民国《芜湖县志》卷四说:"石硊潭在县南三十五里石硊镇,中有河道,当过渡处,水独清且深,其下有潭,严冬时鱼多聚藏其中,善泅水者能取得焉。据称河底多石室,内容颇宽敞,但径口较小,石齿锋利,出入极形危险。相传明解缙经此,吟有'下有深潭黑无底'之句,盖得之于土人所言也。"显然,方志编撰者误将杨万里当成解缙了。明人解缙写有《石硊渡》,是一首五言律,而不是七言律。"下有深潭黑无底",得之于土人云云,这正是白话诗人杨万里汲取民间营养的风格。[①]

杨万里这次出巡是考察政务和官员,繁昌知县鲍信叔给杨万里留下了极好的

---

① 芜湖市政协学习和文史资料委员会、芜湖市地方志编纂委员会办公室:《芜湖通史(古近代部分)》,合肥:黄山书社,2011年12月,第134～135页。

印象。杨万里回到建康任所，便向朝廷发奏荐举状《荐举吴师尹、廖俣、徐文若、毛宓、鲍信叔政绩奏状》。杨万里走过江东那么多地方，"所部九部，官吏至众"，只荐举5人，唯有鲍信叔1人为知县身份。

（十五）赵孟坚：繁昌知县留法帖

赵孟坚（1199～1264年），字子固，号彝斋，浙江人。宋太祖第十一世孙，赵孟頫从兄。宋理宗宝庆二年（1226年）登进士，授集贤殿修撰。历任湖州掾、转运司幕、诸暨知县、提辖左帑、严州知府。宋理宗淳祐四年（1244年）赵孟坚任繁昌知县。景定初（1260年），迁翰林学士承旨，不久罢归。宋亡入元，不乐仕进，隐居海盐广陈（今浙江嘉兴平湖市广陈镇）。其卒年历来有争议。

赵孟坚是南宋末年兼具贵族、士大夫、文人三重身份的著名画家。风雅博识，工诗文、善书法，擅水墨梅兰竹石。为人生性耿直，常以梅兰竹等高洁之物表现其人品。其书师王献之、李邕，气度潇爽，以行草见长，时人比之米芾。画作以墨兰、白描水仙为精，笔致细劲挺秀，花叶纷披而具条理，繁而不冗，工而不巧，给人以"清而不凡，秀而雅淡"之感。传世作品有《白描水仙图卷》《岁寒三友图》《墨兰图卷》《自书诗稿》《梅谱》等。著有《彝斋文编》4卷。

赵孟坚任繁昌知县不久，就来到学宫祭拜。学宫建有三贤祠，祭祀曾巩、王安石和蔡确。赵孟坚走进三贤祠，便严词斥责王安石和蔡确：天子诏书说王安石是用歪曲事实的说教，以谋求进身的小人，肇祸误国，排斥异己，谁还敢保留他？蔡确阴险奸诈，罪恶极大，诬蔑宣仁圣烈太后，清除正直的人，招致外敌入侵之灾难。接着，他赞扬曾巩：只有先生有很高的名望，诗文清新俊雅，是人们敬重的模范；在元祐及建中靖国年间，积极辅佐天子，决不做不忠于朝廷的事。

赵孟坚要求，把王安石和蔡确从三贤祠里移除，把三贤祠改为南丰祠堂①。为此，在祭祀南丰先生时，赵孟坚写了一篇祭文《繁昌县学南丰祠堂祝文》，记述三贤祠改为南丰祠堂的始末。祝文言辞直切，显示出赵孟坚孤高自洁的性格特征。

宝祐二年（1254年）十一月二十八日，赵孟坚午睡醒来，有人带着宣纸来访。赵孟坚见有好纸，一时豪兴顿起，取出吴昇玉簪笔、唐端石执砚，磨墨展纸，一口气写下自己的旧作《送上马娇图与贾秋壑》《鼠叹》《墙头花》《繁昌官舍竹》《惜补之

---

① 曾巩，字子固，建昌军南丰（今江西抚州南丰县）人，世称南丰先生。

梅于君谟弟》5首诗,构成一幅完整的《自书诗稿》长卷。此卷间架紧密,纵横雄逸,气韵淳古。卷后有赵孟頫及元苏大年等跋。曾经明吴帧、清梁清标、安歧、清内府等收藏,《大观录》《墨缘汇现》《辛丑销夏记》等书著录。现藏上海博物馆。

  繁昌官舍竹(图一三七)
  南墙墙下梅边竹,今岁行根始入来。
  双笋并生成干立,一梢斜娜对窗开。
  知吾欲画如呈样,问汝无言只举杯。
  此去更应多长旺,后人端合事栽培。

图一三七 《繁昌官舍竹》

如今,赵孟坚的《自书诗稿》长卷已成为书法的法帖,受到书法爱好者喜爱。

赵孟坚卒于海盐广陈,今浙江嘉兴平湖市广陈镇。赵孟坚宅原址后有雪花井,赵孟坚墓也在广陈镇。

(十六)萨都剌:澹港和诗留佳话

萨都剌(约1280~约1346年),字天锡,号直斋。元代著名的少数民族诗人、画家。西域答失蛮氏。"答失蛮"是元史特有的词,指信仰伊斯兰教的人。萨都剌的祖父思兰不花、父亲阿鲁赤曾镇守云、代两州。萨都剌出生于代州雁门(今山西代县西北)。早年家境清贫,但萨都剌聪慧灵敏。泰定四年(1327年),萨都剌取中进士,次年七月,任镇江路录事司达鲁化赤一职,后长期做中下级官吏。晚年寓居杭州。因宦游南北,故胸中包纳万里名胜风情;又以北人气质,涵融前代各家之长而不蹈袭前人。诗作诸体皆备,文辞雄健俊逸,号称"元诗冠冕"。至顺三年(1332年),萨都剌(图一三八)调任江南行御史台掾史。这年他有两次池州之行。诗《过鲁港驿和贯酸斋题壁》大约写于此时。

过鲁港驿和贯酸斋题壁
吴姬水调新腔改,马上郎君好风采。
王孙一去春草深,漫有狂名满江海。
歌诗呼酒江上亭,墨花飞雨江不晴。
江风吹破蛾眉月,我亦东西南北征。

图一三八　萨都剌像[①]

① 《元代史料丛刊》编委会:《元代史料丛刊续编·元代诗词集(上卷)》,合肥:黄山书社,2019年5月。

荻港,位于繁昌长江与漳河的交汇处。漳河为界河,河北为芜湖县,河南为繁昌县。荻港自古为江南的泊船港口,元代设有馆驿,接待过往官员。明清时期有荻港镇。元代名臣许有壬吟咏《夜至荻港》:"听语渔樵近,连航水驿通。不才惭传食,虾菜足为供。"荻港水驿的状况,可以想见。酸斋是贯云石的号。贯云石(1286~1324年),本名小云石海涯,元代文学史上重要的诗文家、散曲家。贯云石的祖父阿里海涯是蒙古攻灭南宋的三个主要将领之一。后来久握湖广行省的军政大权,被封江陵王。诗中"王孙"即指贯云石。从年辈上说,贯云石与萨都剌大致同时。萨、贯两人,共同点颇多,他们都是出身将门,又都是来自西域的色目人。更重要的是,萨都剌的诗"宗唐",在总体风格上与贯云石颇为接近。这首题壁诗为七言古体,追和贯云石的诗,反映出萨都剌对诗人贯云石的向往和追慕。总之,元代两位著名文学家在荻港题壁唱和,实为元代文苑佳话。①

　　萨都剌还有一首诗《次繁昌邑宰梅双溪韵》:"矍铄繁昌宰,曾充观国宾。儒冠犹破帽,礼服尚垂绅。淡泊心无愧,清癯目有神。老随朱绂贵,惊见白头新。抚字三年政,歌谣百里民。"查清道光《繁昌县志》卷十《职官志》,元代繁昌县尹仅记有两人,一为任元恺,一为韦继远。这位"梅双溪"县尹可补上。

(十七)严升:严明尽职死而已

　　严升(?~1430年),字仲升,明代太平府繁昌县人。严升生而颖敏,博览群书,尤擅长《易经》。洪武三十一年(1398年),以乡试第二名的成绩被举荐。建文二年(1400年)考中进士,被授予四川眉州青神县知县,任上,他勤勉谨慎有操守,解决问题果断明快,深受当地老百姓拥戴。父亲去世服丧期满后,严升再入川转任巫山县知县。青神县和巫山县位于距京城数千里外的岷山和峨眉山,都是很偏僻的地方,政令常遭到阻挠得不到执行。严升到任以后,以一颗至诚之心治县。

　　明成祖下诏求贤,以充实给事中和谏议大夫。推举严升的公文通过驿站很快到了京城,吏部得知严升的才能,前后共经过七次经义考试,诸如论策、序记、碑铭、诗赋等,他都能立刻完成,文采出众,于是被提拔为江西提刑按察使司佥事。到任伊始,严升就查寻当地的大奸大恶,查访到数人,全都依法处置,从此江西境内社会

---

① 芜湖市政协学习和文史资料委员会、芜湖市地方志编纂委员会办公室:《芜湖通史(古近代部分)》,合肥:黄山书社,2011年12月,第134页。

秩序安定平稳。

后来严升因受蒙蔽而犯了错,被贬为四川顺庆府同知。不久改任南京吏部考功司郎中,在职六年,澹静自守勤于所职。明仁宗即位后,吏部尚书蹇义一向了解严升之才,举荐严升任大理寺右少卿,皇上还给予他丝绸衣物等特别的赏赐。严升执法不徇私情,以公正严明著称,又受命清理苏州诸地军政。后来严升升任南京都察院右佥都御史,整肃风纪,他作《神羊赋》以明志。

在御史任上,严升尤以兴除仓库利弊向皇上进言,皇上看到严升上的奏章,对他奏章上的建议称赞了很久,诏令主管部门以此为法令施行。朝廷召集有关部门推举严升为礼部尚书,任命下来的时候,严升已经在任上去世了,时间是宣德五年(1430年)十二月。闰十二月初一,皇帝派遣礼部员外郎程中带着皇上的祭文前往祭祀。

(十八)吴琛:总督两广安岭南

吴琛(1425~1475年),字舆璧,号愚庵,明代太平府繁昌人。吴琛的祖上原为歙县人,到他的先祖吴繁,才迁来繁昌。吴琛年少时就聪明过人,14岁进入县学,每天背诵数千言,提笔写文章立等即成。

明代宗景泰二年(1451年)吴琛登进士。他按例回到家乡成婚,吴琛早就与章氏有婚约,大概是不登进士不结婚吧,这年吴琛已26岁了。景泰四年(1453年),吴琛授都察院云南道监察御史,被派往甘肃犒军。景泰六年(1455年),他巡按四川,所到之处,罢黜贪官污吏,平反冤案,处理长期积压的疑案,其明达果断的作风,给四川百姓留下极深的印象。

天顺元年(1457年),闲居的太上皇朱祁镇,在大将石亨等发动的政变中,重新复位,是为"夺门之变",石亨被封为忠国公。石亨自恃功高,专横跋扈。吴琛与同僚一起弹劾石亨,可英宗朱祁镇非但不纠察石亨,反而将吴琛贬为河北迁安知县。谁承想英宗的谪迁令下达后,老天竟然连续五天下雨雹。英宗认为是老天在警示他,于是又令吴琛回都察院复任原职。在都察院,吴琛与王越、马文升、高明共同执掌十三道御史文案,凡需审判定罪的案件,都依照吴琛等人的意见办理。

天顺五年(1461年),吴琛升任大理寺丞。一年后,又升任都察院右佥都御史、甘肃巡抚。距庄浪卫(今甘肃永登县)400里有一个叫速罕的地方,其地深入边境戎狄,本不宜屯田,而之前检田的人没有察明情况,虚报屯田所纳赋税五千七百余石,这些赋税显然征收不上来,迫于征收屯田赋税的压力,每年军士多有逃亡。吴琛了解情况后,随即向朝廷奏免该项赋税。西番扒沙巴哇等族连年侵犯边境,吴琛会同甘肃总兵、宣城伯卫颖出师征讨,斩首1300多人,缴获马、驼、牛、羊无数。吴琛因平贼有功加俸二级。这年,朝廷推恩,加封吴琛父亲为都御史,母亲蒋氏为恭人。

成化元年(1465年),明宪宗朱见深即位,吴琛被召回到都察院。八月,直隶、淮安、扬州、凤阳等地阴雨连绵,田禾无收,人民缺粮,不能安生。朝廷命吴琛前往赈灾抚恤。吴琛赶到灾区,忧心苦思。吴琛奏免直隶凤阳、庐州、扬州三府粮草。凡有利于消除灾荒的举措,都不拘陈规,简化施行。这就得罪了权贵,灾民得到了赈济,而吴琛却受到诽谤。第二年春,吴琛被召回京。言官参奏吴琛,并罗织罪名,企图法办吴琛。吴琛多次上书辩诬,虽未获罪,但被调任南京都察院。右副都御史林聪接替吴琛继续赈灾,林聪到灾区后,了解到实际情况,认为吴琛赈灾措施没有不当之处,对之前吴琛所做的事,无一更改。他说:"吴琛的做法确有益于灾民,而无害于国家,我当坚持下去。"于是,对吴琛所有诬告不实之词,便越来越大白于天下。不久,吴琛的母亲去世,随后父亲又去世了,朝廷两次遣官至吴家祭拜。

服丧期满,皇帝的诏书便到吴家,命他巡抚两广。没到半年,又命他巡抚湖广。巡抚湖广五年,吴琛访贫问苦,偏僻穷荒之地,无所不至。他恩威并施,治理有方,军民无不感其政德。这时宁夏花马池贼寇侵犯边境,兵部认为吴琛曾守卫边防熟知军务,拟奏请吴琛巡抚陕西。而湖广镇守三司遵从民众的愿望,两次奏请吴琛留任湖广。朝廷遂下旨吴琛留任,并升他为右副都御史。其时,两广总督、都察院右都御史韩雍退休,朝廷正在物色接替韩雍的人选,廷臣都说非吴琛不可,于是朝廷任命吴琛总督两广军务兼理两广巡抚。离开湖广那天,当地父老乡亲扶携相送,一路号啕大哭。吴琛也非常感动,不能自已。

到了两广,吴琛抚慰百姓,安定地方,这些做法与在湖广时没什么不同,所不同的是吴琛更加注重训练兵卒,盖因岭南地区贼寇掠夺民众已成大患,非其他地方可比。英德流民罗英、郭琼等人,聚众劫掠财物,吴琛派兵将他们捉拿归案。新会新兴交界的地方,常有悍贼聚集,他们在附近的村落流窜行劫十多年,吴琛一天之内就抓获了其首领,割去耳朵,剿灭其党羽600多人。柳庆等州是贼寇的巢穴,吴琛亲自来到这里,发布檄文征召贼寇,许诺给予他们改过自新的机会,每天都有前来军营门前俯首听命的贼寇。吴琛告诉他们继续为非作歹与改过为善的不同后果,贼寇们都表示要改过为善。当时有些有见识的人说,两广地区的贼寇顽固不化,只可以威慑,而不可以向他们说道理;向他们说道理而使他们改过为善的,也只有吴琛做到了。

成化十一年(1475年),吴琛卒于两广总督任上,时年50岁。

吴琛热心文化事业,在位期间,曾主持修葺南岳大庙、黄鹤楼、岳阳楼等著名建筑。吴琛热爱家乡,关心家乡,帮助家乡向朝廷力陈原委,使得朝廷决定将繁昌县治由长江岸边迁至内地。吴琛善诗文,有《八峰山八首》《清凉八景》《繁昌县学进士题名碑》《芜湖吉祥寺记》等诗文传世。

(十九)汪宗礼:廉俭自持品行高

汪宗礼(1440～?),字敬夫,明代太平府繁昌县人,名御史。出于繁昌平铺汪氏,为唐代越国公汪华后裔。幼年与弟汪宗器随做官的父亲汪润在浙江读书[①]。后归乡,进入县学读书。明成化元年(1465年)通过乡试。成化十四年(1478年)登进士第,被授予浚县知县,为官廉洁宽厚。当时,浚县逃避赋税的现象比较严重,汪宗礼一到任,便采取一系列切实可行的措施,加强赋税征收,不到一个月便完成了赋税征收任务。在任期间,不扰民,兴利除弊,浚县官吏和百姓都敬服他。在上级对他的任期考核中,汪宗礼成绩优异,被提拔为广东道监察御史。在监察御史任上,汪宗礼整顿风纪,对在押的囚犯复核审录,平反了许多冤假错案,声望远播。汪宗礼的刚正不阿,触犯了权贵,被贬为浙江严州府寿昌知县。在寿昌县,汪宗礼更加惕厉清勤,门无私谒,俭朴自持,夫人和孩子吃粗粮穿布衣,一家人生活清淡自在。

汪宗礼在寿昌知县任上去世,所积存的俸资只够安葬费,寿昌士民深受感动。

(二十)汪宗器:治事公勤显廉威

汪宗器(1445～1509年),字鼎夫,号西庄,繁昌县人,名御史。出于繁昌平铺汪氏,是汪宗礼的弟弟,为唐代越国公汪华后裔。明成化二十年(1484年)登进士第。初授行人之职,后升任监察御史。京城遭遇大灾,汪宗器上疏朝廷,言辞十分恳切。皇上认为汪宗器的上疏切实可行,便授命他巡视京城粮仓兼督察东城区域。

[①] 汪润,明成化年间任浙江绍兴河泊所官,后升任奉政大夫。见《平铺镇志》,2005年12月,第201页。

他兢兢业业,以清廉威严著称。在巡按楚地时,汪宗器积极举荐贤能之人,罢免贪腐的官吏,不避权势。后提任南京大理寺丞,凡是难以断定的案子,到他这里,只审讯一次就立即弄清楚了。在巡按楚地时,正逢乡试,与学政焦芳不和。后来焦芳入朝任吏部侍郎,汪宗器在南京大理寺丞的位子上八年不得升迁,直到焦芳离任,他才升任北京大理寺少卿。不久,汪宗器以母亲年事已高需要奉养请求回乡。吏部尚书许进在给皇帝的上疏中说,"宗器为人清静,办事公道勤勉,人才难得,切勿匆忙放他回乡"。皇上看到许进的上疏,得知宗器的母亲年事已高,悲喜交集,答应了他的请求,特意提拔汪宗器为光禄卿,在光禄卿位置上让他退休回家。当时人们都说汪宗器忠孝两全。不久,汪宗器在家病逝。

汪宗礼与弟汪宗器同为御史,品行高尚,号为一门双御史,坊间至今传为美谈。清道光《繁昌县志》记载,县治东门外有兄弟绣衣坊,是为旌表汪宗礼、汪宗器兄弟御史而立。

(二十一)徐杰:挂官归隐马仁山

徐杰(生卒年不详),字元定,号太极山人,后更名兴之,繁昌县人。明代进士,隐士。出于繁昌汪桥徐氏,其先祖于宋绍兴年间自浙江淳安迁居繁昌。明成化二十年(1484年)登进士第。

徐杰文采飞扬,颇富才气,被选为翰林。一天,徐杰经过翰林院,指着院门说:"这只不过是一座空翰林罢了。"徐杰因此获罪,被贬为山东济南府淄川县令。徐杰到任不久,朝廷派来的巡查官员巡行来到淄川。在谒见巡查官时,徐杰只是行揖让礼,并不下跪。巡查官十分惊讶地说:"你难道是陶渊明在世,不肯为五斗米折腰吗?"徐杰从容地答道:"我的膝盖已经很长时间不向人下跪了。破鞋子一样的官职有什么值得留恋的呢?"于是,徐杰便辞去官职,回到家乡繁昌。从此结庐马仁山,竹杖芒鞋,日夕啸咏,诗酒自娱。

徐杰在书法艺术方面也有很深的造诣,有魏晋之风,时人购得他的片牍只字都当作宝贝一样地珍藏起来。徐杰在金陵游历的时候,魏国公尊他为贵宾。在魏国公家,徐杰高谈雄辩,不可一世,在座的客人都对徐杰的才华感到十分震惊。

徐杰著述宏富,可惜在他文集将要编成的时候,突发心脏病去世。清道光《繁昌县志·艺文志》收录有他的多首诗作。

(二十二)徐贡元：为官多地一身清

徐贡元(1511～1574年)，字孔赐，号紫岩，明代繁昌县人。与海瑞、夏言、邓元标合称"四君子"。明世宗嘉靖二十年(1541年)进士，由刑部江西司署郎中事主事，出任湖广德安府知府[1]，政绩优异。当时有太监受命迎接寿王的棺材，沿途倾轧骚扰地方。当他们来到德安地界时，徐贡元非但不逢迎，反而当庭以礼相抗，太监自知失理只得收敛。在为景王建造府第时，总钱数达数千万，资金来往频繁，徐贡元毫不染指。他还在德安时，带头捐俸，倡议捐建了两座文庙，一时人才蔚兴。

楚地发生干旱，百姓流离到德安，徐贡元立即建议筑堤蓄水以备来年之旱，计工发粮，使数万饥民赖以活命。德安时有矿盗作乱，官府发布讨伐的布告，然而盗采的现象越演越烈，徐贡元亲自带领人马前往征讨，盗贼望风而逃，聚集的团伙就此解散。在朝廷考核时，德安治安政绩名列第一。

不久，他调任潼关兵备副使，正值潼关发生地震，坏人乘机作乱，徐贡元多方缉拿凶犯，稳定了社会秩序。潼关士民念其恩德，立祠纪念他。他父亲去世后，他服丧期满回到京城，等候朝廷的委任。当时正值权臣严嵩执掌朝政，需向其近侍行贿才能得到引见。徐贡元耻于行贿，因而得罪了严嵩的近侍，也触犯了严嵩。为此，徐贡元不得不在京城苦等了一年，才被补缺兰州。接着又是母亲去世，服完母丧后，补缺大名府按察副使，不久升任河南布政使司左参政，他将全省的赋税兑换成钱币足额上缴国库，而赋税之外的盈余，全部兑换成钱币作为公款上缴。

一年后，他转任浙江按察使，不久又调任广西布政使司右布政使，接着又被朝廷召为光禄卿，提拔为顺天府尹。顺天府乃京畿之地，太监多有滋扰，徐贡元从不与太监交往，更是拒绝他们的请托，弄得太监怏怏不快。他也在顺天府尹任上不久就转任南京大理寺卿。两年后任南京户部右侍郎，代行户部事务[2]。因为他任浙江按察使时，按例铸造国币，可是上缴的国币不足，而侍从皇帝的宦官常需国币，他们指责验币人员失职，徐贡元遂被贬职归乡。

神宗万历二年(1574年)徐贡元在家中病逝，享年63岁。去世时，徐家竟无钱安葬，几个儿子只得变卖祖产，才得以办完丧事。家乡人对徐贡元十分景仰，视其

---

[1] 繁昌《紫岚徐氏宗谱》。
[2] 同上。

如泰山北斗。乡里有名望的人举荐徐贡元入乡贤祠。

徐贡元有真才实学,他不喜欢博取虚名,著有《省身日记》。他为人刚强正直,不做苟且取悦别人的事。他历任众多重要官职,但一贯衣着朴素,看上去像个寒微之人。

(二十三)李万化:为政为文两从容

李万化(1552～1623年),字君一,号襄城,繁昌县人。出于繁昌东岛李氏,为唐代学者李阳冰后裔。万历三十二年(1604年)考取进士。初授礼仪官,出使闽楚等地,杜绝一切馈赠。后升任南京吏部稽勋司郎中,他谢绝所有的拜谒迎送。闲下来的时候,李万化邀约两三个文人雅士,登临南京燕子矶、牛首山等名胜,诗酒唱和,颇有魏晋遗风。

李万化曾担任会试阅卷官,很多被录取的人后来身居要职,但李万化看到这些人就像没有这回事一样,并告诫自己的儿子不可去走这些人的门路。后李万化历任四川布政使司右参政、山东廉访使,任上都卓有政绩。

李万化博学多才,写得一手好文章,尤其擅长吟咏。退休归乡之后,府县碑志一类的文字,多出自他的手笔。有《闽游》《楚游》等诗文集问世。清道光《繁昌县志·艺文志》收录有他的多首诗作。

(二十四)陈一简:行事果敢有胆识

陈一简(生卒年不详),字上敬,号可斋,繁昌县人。明万历十一年(1583年)进士。开始被授予户部陕西司主事,其间被派往徐州督办军饷,完成任务后回到原职。

陈一简父亲去世,服完丧,补任户部贵州司主事,不久升任郎中,办理蓟州密云军饷。陈一简行事公正严明,使得那里一些潜藏的弊政得以革除。

当时朝鲜正遭受倭寇袭扰,陈一简向皇上呈上奏章,提出他的对策和主张,皇上赞赏并采纳了他的意见,提拔他为昌平金事。昌平境内的横岭上坐落有九座帝陵,可一些奸诈的官员妄议开采横岭一带的山岭,上级来人督办开采这件事,陈一简严正告诉来人:"横岭往内,靠近帝陵;横岭往外,接近敌营。横岭一旦开采,不但毁坏了帝陵的龙脉,还会让敌人生贼心,我死也不敢奉诏!"由于陈一简的坚决反对,有关横岭开采的议论就此停息。

横岭有一个名叫张经的人,在昌平有些势力,常为非作歹,他杀了人,可是没有人敢动他。陈一简亲手写奏疏,请求依法惩处。皇帝的诏书下来了,张经被处以死刑。陈一简行事果敢,有胆有识。

帝陵在昌平,那些往来帝陵办事的人,都要途经昌平,因路途较远,夜晚常借宿路旁的居民家,很不方便。陈一简捐出自己的俸禄,在数个地方建造了可供投宿的公署,方便了这些往来之人。这些公署一直沿用到清代。

陈一简的官职虽然只是监司级,但是他的声望一天天地增高,那些开府大臣都十分器重他,愿意接受他的建议。

万历二十六年(1598年),陈一简升任河南按察司副使兼密云兵备。朝廷正准备授予陈一简蓟州镇总兵一职,镇守蓟州,可陈一简因日久操劳,终积劳成疾,病逝在任上了,人们无不为之惋惜。

(二十五)李一公:为政治史终其生

李一公(1569～1632年),字閤生,号心石,繁昌县人,史学家。出于繁昌东岛李氏,为唐代学者李阳冰后裔。李一公年少时才思敏捷,喜欢与名人交往。爱好读书,寒暑都不间断,当时有见识的人都很看重他。

明万历三十八年(1610年)李一公登进士第,被授予礼仪官。万历四十年(1612年),李一公监北京乡试,当朝首辅叶向高的一个门生参加考试,叶让他的女婿嘱咐这位门生,这位门生转而嘱托李一公,而李一公没有答应他的请求。首辅的这位门生因此对李一公记恨在心,唆使与他亲近的当权者,将李一公贬到旴江郡任僚属。吏部知道李一公并没有什么过错,因而将他补任南京应天府武学,任职期满后,改到刑部任职。

李一公办案公正,使得奉诏治狱的案件中的很多人得以活命。那时正当崔呈秀和魏忠贤擅权,他们滥用刑律,加上"梃击""红丸""移宫"三案接连发生,受株连遭逮捕的,几乎不能得以生还。李一公感到非常吃惊:"哪能有身为刑部官员,做杀人以献媚他人的事啊?"李一公按例应转任他职,因他平日不顺从皇帝宠臣的意愿,乃调任成都知府。其时,成都奢崇明叛乱刚刚过去,成都到处是一派残破景象,潜藏的寇贼令人担忧,他们随时都可能做垂死挣扎。李一公到任后,召回流落在外的邑民,训练士卒,修缮城池,收集图簿、户口簿,战乱的创伤很快得到了恢复,朝廷来考核,考绩为上等,他因此被提拔为西川副使。崇祯元年(1628年),李一公被提拔为山东布政使司参政,不久在家乡逝世,入乡贤祠。

为政之暇,李一公潜心于学问,著有《二十一史撮奇》、《华阳图志》各若干卷、《通鉴纂要》九十七卷流行于世。

(二十六)李虎岑:公车上书皖首领

李虎岑(1859～1912年),字伯恭,繁昌县旧县镇(今新港镇)磕山村人。出身耕读世家,7岁读书,19岁中秀才,后补禀席。

清光绪十九年(1893年)秋,李虎岑赴南京应试,中举人。光绪二十一年(1895年)春,赴北京应会试,适值康有为、梁启超等联络十八省会试举人,向光绪皇帝上万言书,即"公车上书"。李虎岑积极响应,奔走于皖籍应试举人间,为皖籍举人倡议首领。[1] 光绪二十四年(1898年),戊戌变法失败。李虎岑目睹百日维新落幕,深感变法图强之不易。他倦归故里,服务桑梓。

李虎岑热心家乡教育事业,积极创办新式学堂。光绪三十二年(1906年),李虎岑于繁昌县城创建春谷高等小学堂,自任堂长。次年,又在旧县镇创办吁俊初等小学堂,捐出旧县荷花圩30亩私田作学田,补充教育经费。光绪三十四年(1908年),赴京师,任盐业使,受赏戴花翎。后出任浙江省仁和知县。在任多年,事必躬亲,对簿书钞谷之事,必亲检之,不假胥吏之手。李虎岑积劳成疾,但仍视事不辍,每与士绅曰:"我俸我禄、民脂民膏,当为珍惜。我为地方一日之官,必为地方尽一日之心,必使下情能达,上德能宣,然后吾责尽矣!"[2]

宣统三年(1911年)春,李虎岑回家乡扫墓,旧疾复发,难以治愈,于次年10月逝世,年仅53岁。李虎岑生前著有《山房诗文集》二卷、《皖江诗稿》十卷,现均已亡佚。[3]

(二十七)张世英:一生只为办女学

张世英(1871～1943年),繁昌荻港镇人,出身于清朝一个没落的官宦人家。受家庭诗书熏陶,张世英从小就喜欢读书,爱好书画,崇拜古代花木兰、梁红玉等巾

---

[1] 《安徽历史名人词典》编辑委员会:《安徽历史名人词典》,合肥:安徽教育出版社,2008年8月,第418页。
[2] 繁昌《磕山李氏宗谱》。
[3] 繁昌县地方志编纂委员会:《繁昌县志》,南京:南京大学出版社,1993年10月,第448页。

帼英雄。

1887年，16岁的张世英嫁与县城富户闵中咸为妻，生育一女。29岁时，张世英丧夫。因膝下无子，闵氏近亲争相立嗣，以继其家业，被张世英拒绝。贪心的族人岂肯甘休，他们威逼利诱，百般施压，乃至欺辱。一个宗亲竟在除夕之夜，把大粪泼入她家厅堂。张世英悲愤万分，一气之下，只身来到省城安庆求学，终于圆了她少年时读书求学的梦想。

34岁的张世英从安庆毕业了。民国元年，张世英来到省女子协济会，募捐助饷。接着奉派回到繁昌创办女子协济分会，刚组织就绪，又接到省里通知改协济会为女子教育研究会。繁昌女子教育研究会正在筹备中，再次接到省里通知：中国女子教育尚在萌芽，不如先办女学，认真教授。张世英从自己的亲身经历体会到，女子要自立，必须要读书；女童要读书，必须上学校。为此，她决心自己办一所女学，用知识改变她们的命运。经过多方奔走，她的办学计划得到省里批准，省里破例在烟酒税中下拨开办费100元，常年经费200元。省都督府给县里批示："查该校以私立，小学而受国税之补助，系属特殊之事。"令繁昌县知事察看成效后执行。虽然得到省里的特别资助，但区区几百元，无济于事。张世英捐出地租、煤矿等部分财产，以自家住宅为校舍，平了花园做操场。终于，在民国元年的秋天，一所新式学校——私立肇兴女子小学开学了，张世英自任校长。这是繁昌有史以来最早的女子小学。

除了筹措经费，张世英还要与地方封建势力抗争。为筹措学校开办经费，张世英常奔波于省、专区、县之间，招致地方封建势力的诬蔑和诽谤。以本地豪绅汤绍侯为首的一拨人，对她施以人身攻击，骂她"寡妇抛头露面，不守妇道，伤风败俗"，说她用家产办学是"败家子"，一时满城流言蜚语。张世英没有被这些舆论压倒，她收集证据，书以万言，向县及专区法院控告。法庭上，张世英义正词严，证据充分，汤绍侯等无言以辩。法院判决："汤绍侯等肆意攻讦，侵犯人权，应追究刑事责任。"汤绍侯惧怕了，他托人从中斡旋，请求调解。协商结果，办酒十桌，放鞭炮一万响，向张世英赔礼道歉。官司胜诉，谁也不敢再来干涉、诽谤张世英了。

除了经费，生源也是个大问题。当时私塾盛行，可读书的多是男童，女童入私塾是凤毛麟角。而对所谓"洋学堂"，也少有人光顾。对此，张世英并不灰心，她挨门挨户到适龄女童家，宣传女子读书学文化的好处。在她的努力下，陆续有一些人家为女童报名入学。虽然仅一个班，十来个学生，但学校能开学了。

学生来了,师资也是个问题。刚开始学生少,张世英延请有文化的亲属任教,并无薪资报酬。后来聘请几位本地有名望的文人,需付以较高的薪资。再后来,她从本校毕业生中,择优选聘担任见习教师,他们半义务、半薪资。

临近学校的城北城垣内,有一片荒地和一座废古堡,张世英开垦这片荒地,种上桑树、柿子树、槐树和紫竹等。把废古堡改建成一座亭子,红柱飞檐,覆以黄色琉璃瓦,题名"课桑亭"。四周设置石桌、石凳,供师生休息、游览。

从1912年到1938年,私立肇兴女子小学由一个班十来名学生发展到六个班两百多名学生。学校还新建了一座三层的教学楼,这在当时的繁昌县城是绝无仅有的建筑。20多年间,有近千名女生毕业。张世英把她的全部心血都付诸学校和学生,她曾获安徽省政府嘉奖,获教育部金色三等褒章。

在办学的同时,张世英还积极参加社会活动。1927年,北伐军进驻繁昌,繁昌县妇女协会成立,张世英被选为主席。她经常带领学生走上街头,游行演说,高唱"打倒列强,除军阀,革命胜利齐欢唱"等革命歌曲。她提倡妇女放大脚,剪短发;呼吁男女平权,婚姻自主;反对神权,破除迷信。

1931年长江发大水,繁昌沿江一带遭受洪水灾害。张世英组织学生上街开展募捐活动,并举办义演。1936年,县长卓衡之改城隍庙办县农业中学,得到张世英积极支持。

1937年,抗日军兴,张世英带领学生走上街头,张贴标语,宣传抗日。她教唱抗日救亡歌曲,演出街头剧《放下你的鞭子》,唤起人们抗日救亡。

1938年,日军陆续侵占繁昌三山、峨桥、横山、荻港等地,日军飞机经常轰炸繁昌县城,私立肇兴女子小学被日机炸毁,学校停办。张世英随逃难的人群来到县城西南山区的中分村,寄居一徐姓人家。

1943年,72岁的张世英重病在床,她没等到抗战胜利,没等到私立肇兴女子小学重建复课。临终前,她命诸孙辈至床前,谆谆叮嘱:"余一生致力教育,死后谁能继承办学,余之家业即归其有。"嘱咐过后,便溘然长逝。

(二十八)胡振球:碧血丹心铸忠魂

胡振球(1904～1945年),原名胡德寿,祖籍安徽桐城。幼年随父亲逃荒来到繁昌县便兴洲(今属芜湖市三山经济开发区),其父租种几亩薄田维持全家生计。少长得到叔父的资助,就读于私塾。后因经济不支而辍学务农。1924年,胡振球自办乡塾,教授乡民子弟。

  1929年6月,中共芜湖特别支部建立,即派高鹏起①来繁昌沿江地区秘密开展革命活动,发展党员。不久高鹏起与便兴洲青年胡振球、陈笑波②等建立了联系,利用他们的社会影响,落脚在他俩家。高鹏起给他们讲穷人翻身解放的道理,介绍俄国十月革命和布尔什维克主义,宣传五四爱国运动,讲述中国共产党的性质、主张等,并将带来的进步书刊送给他俩阅读。这些从未听过的道理和从未读过的书刊,使两位青年耳目一新,十分兴奋和向往。在革命思想熏陶下,他们进步很快,这年秋天,胡振球、陈笑波加入了中国共产党,成为繁昌沿江地区首批发展的农村党员。

  在陈笑波、胡振球等人的掩护、资助和配合下,高鹏起装扮成卖货郎挑着担子走村串户,进行革命宣传活动。入党后的陈笑波、胡振球政治思想觉悟有了很大的提高。他们在胡振球办的乡塾基础上,办起一所以讲授新文化、灌输新思想为主要教育内容的新式学校,取名为"晨光小学",聘请高鹏起为兼职教员。后来晨光小学搬到陈笑波家的堂屋。学校开设国文、算术、唱歌、体操等课程。学校经常教唱苏维埃歌曲和革命歌曲,其中有一首《工农要解放》,歌词是:

    青的山,绿的水,灿烂的山河。
    谁的力?谁的功?劳动的成果。
    我们创造食和衣,
    不做事的还把我们欺。
    起来!起来!

---

 ① 高鹏起,淮北市人,原在无为县白茆洲教书,是繁昌县党组织创建人之一。1928年前后,以卖货郎或行医作掩护,直接同中共芜湖中心县委联系,在繁昌大小洲和沿江一带从事建党、宣传活动。抗日战争时期在安庆遭日军袭炸身亡。见中共繁昌县委政策和党史研究室编:《中国共产党繁昌历史》(第一卷),香港:香港天马出版有限公司,2008年10月,第39页。

 ② 陈笑波,又名陈良元。1895年8月出生,祖籍无为县,民国初年随父亲来繁昌便兴洲鸭棚村定居。父亲开荒佃种,节衣缩食,家境渐为富裕,少小就读私塾。稍长,即半耕半读,兼之行医。1929年秋,由高鹏起发展为中共党员。1931年5月,因国民党特务在晨光小学搜查出《工农要解放》歌曲,被逮捕入狱,次年得亲友钱财疏通,方得释放,遂与党组织失去联系。1939年秋,他投入抗日民族统一战线工作。抗战胜利后,新四军奉命北撤,国民党多次"清剿",他便隐蔽在南京附近的八卦洲。形势好转后,复回保定以种地、行医为生。1954年,参加繁昌县卫生工作者协会。1956年当选为繁昌县第二届人民代表大会代表。1962年逝世。见中共繁昌县委政策和党史研究室编:《中国共产党繁昌历史》(第一卷),香港:香港天马出版有限公司,2008年10月,第40页。

同心协力,巩固团体,努力革命,最后胜利是我们的。①

他们还利用办图书馆和乡村医疗诊所名义,联络附近村庄的青年农民。他们一面向学生宣传革命思想,一面以学校为掩护,进行革命活动。晨光小学成为繁昌县革命活动最早的发源地之一。

经过高鹏起、金式城②以及陈笑波、胡振球等人一系列的建党活动,到1929年下半年,繁昌沿江地区的便兴洲、义合一带,先后发展了严维选、王辑让、严颂贤③等一批共产党员,随即成立了便兴洲、严村宕两个党支部,胡振球为便兴洲党支部负责人,严颂贤为严村宕党支部负责人。

便兴洲党支部党员有陈笑波、胡师翰、胡三姑、古克耀等,在胡振球的领导下,积极开展党的工作。党支部经常在极其偏僻的滚水坝召开秘密会议,组织群众开展反对国民党黑暗统治、抗租抗粮、反对苛捐杂税的斗争。发展党员都是秘密进行的,常以"挑兰谱""结金兰"为名,用"把兄弟"来遮人耳目。每名党员都用代号,单线联系。在极其困难的情况下,胡振球利用与刘顺成的姻亲关系,在驻头棚刘顺成的民团里发展了3名党员。④

1930年7月,共产主义青年团繁昌旧县支部成立。不久青年团义合支部、保定支部相继成立,严颂贤兼任义合支部书记,胡振球兼任保定支部书记。1930年冬,中共芜湖特委派张浮桂(又名张富桂、张馥桂)来到繁昌沿江地区,召集旧县、义合

---

① 胡期藩、胡启芳:《先父胡振球烈士战斗的一生》,政协繁昌县文史资料委员会,《繁昌文史集粹》。
② 金式城,曾用名胡德智、朱晓村,出生年代不详,广东人。1929年春夏,受中共芜湖中心县委指派,与高鹏起等人在繁昌沿江一带秘密进行建党活动。下半年,在沿江地区的便兴洲、义合村等地发展了一批党员。1931年3月,全总(中华全国总工会)专派金式城到荻港做矿运工作,并由中共安徽省委记王步文介绍,与当时的中共繁昌县委书记黄革非接上组织关系。8月7日,金式城以胡德智的名义就荻港矿运情形向全总进行了书面报告。9月,因其领导矿山斗争失败被捕。后脱险离开荻港到芜湖。11月去徽州工作。见中共繁昌县委政策和党史研究室编:《中国共产党繁昌历史》(第一卷),香港:香港天马出版有限公司,2008年10月,第39页。
③ 严颂贤,繁昌县高安慕英乡严村宕人,出生年月不详。1929年下半年,受高鹏起、金式城等人建党活动的影响加入中国共产党,先后担任中共严村宕支部书记、共青团义合支部书记,以教书作为掩护进行地下革命活动。1932年2月,发动和领导三十五都农民反抗劣绅捐缴税办民团的斗争,之后被捕入狱,叛变投敌,当上了国民党中统特务区分部书记。皖南事变前夕任国民党慕英乡乡长,大肆迫害革命力量。皖南事变后,在锄奸斗争中被处决。见中共繁昌县委政策和党史研究室编:《中国共产党繁昌历史》(第一卷),香港:香港天马出版有限公司,2008年10月,第41页。
④ 中共繁昌县委政策和党史研究室编:《中国共产党繁昌历史》(第一卷),香港:香港天马出版有限公司,2008年10月,第42页。

和保定3个团支部负责人联席会议,决定发动和组织群众开展抗捐斗争,对盘剥农民,巧立名目附加捐税的民团、土豪劣绅予以有力打击。

繁昌县北乡(今属芜湖市三山经济开发区)三十五都都董汪昌先,不仅是北乡的大地主,也是泥埠桥街上的恶霸,为人阴险狡诈,心狠手毒,三十五都地盘内的一切买卖,都容不得他人插手。他利用都董职权之便,网罗10多名游手好闲的地痞流氓,以防盗、防匪、维护治安为幌子,成立了"自卫团",由劣绅滕少镛任团总,其弟汪昌兴任副团总。"自卫团"在泥埠桥街后面的三台山灵芝庵内。"自卫团"的军饷、制服、枪支弹药等所需费用,全由三十五都农民负担,按田亩征收。有的农民交不起,只得采取软拖的办法。汪昌先命令"自卫团"荷枪实弹,下乡挨家挨户催逼,违抗者轻则吊打,重则押送牢房,民众敢怒不敢言。中共繁昌县委决定,对三十五都"自卫团"催租逼债、敲诈勒索的罪恶行径给予彻底揭露,发动群众开展针锋相对的斗争。中共便兴洲、严村宕支部以及旧县、义合和保定3个共青团支部联合召开会议,决定以三十五都乡雇工会员为主要力量,其他乡农民给予支援配合,全面发动三十五都广大群众,开展抗捐斗争。会后分头深入群众,进行宣传发动。1930年底,胡振球主持召开大小洲群众会议,布置声援三十五都抗捐斗争工作。1931年2月初的一天,沿江地方党团组织以三十五都乡雇工会员为主要骨干力量,进行示威游行,要求解散团防,取消附加捐税。沿途不断有群众自发加入游行队伍,由出发时的200多人,到泥埠桥狮子山时人数已达800多人。游行队伍高呼口号,震天撼地。汪昌先、滕少镛及其团丁惧怕游行队伍人多势众,龟缩在屋内,不敢露面。游行队伍行进到县城,已有千人之众。国民党县长见众怒难犯,不得不答应接受请愿群众的要求,减轻附加捐税,缩小团防编制,群众的抗捐斗争取得了初步胜利。

1931年6月至9月,长江发大水,繁昌沿江一带哀鸿遍野,民不聊生,而地主豪绅趁机封仓抬价,牟取暴利。在金式城、严颂贤、胡振球、胡师翰等人的领导下,采取革命的手段开展"借粮"斗争,后被民众称为平粮运动。大小洲、高安圩、保大圩、丰裕圩等地灾民,几天内就打开了100多座地主家的粮仓,夺取了大量粮食,一时民心大振,大快人心。中共地方党团组织的政治影响也随之扩大。

由于组织民众游行示威、请愿、平粮等斗争,暴露了目标,敌人千方百计地进行镇压,全县各地有数十名革命者惨遭杀害。同时,不久前由于叛徒告密,驻芜湖的中共安徽省委机关被破坏,省委书记王步文等十余人被捕,繁昌党组织也遭到破坏,胡振球与上级党组织失去了联系。

抗日战争全面爆发后,胡振球想寻找新四军抗日游击队。1938年初秋的一个清晨,他只身一人去江北寻找游击队。行至江边营防嘴(又称油坊嘴),被溃退下来的国民党军队查获。后经高安乡八庄保保长牧惠通保释出来,他过江来到无为县白茆洲,找到江北游击纵队沿江支队,担任沿江支队连指导员,执行对敌经济封锁任务。

皖南事变后,遵照组织决定,胡振球由无为回到繁昌便兴洲,在中共繁昌县委领导下,组织发动群众参加抗日斗争,建立抗日民主根据地和抗日民主政权。1941年3月,繁昌最早的抗日民主政府在保兴、江坝两乡成立,胡振球先后担任保兴、磕山等乡乡长。

1943年4月,在反"扫荡"中胡振球被三山日伪军抓获入狱,经党组织多方营救获释。出狱后,胡振球(图一三九)在三山以开店为名,搜集日伪情报,并有意识地与日伪军队长赵子兴及其下属联络,宣传抗日,并与吴益坤、陈笑波等策反赵子兴率部投诚。

图一三九　胡振球烈士

1943年秋,胡振球任繁昌行政督导处民政督导员,改名胡畏,表示要继续发扬无所畏惧的革命精神。1943年下半年,由邹亚平[①]等同志介绍,胡振球重新加入中国共产党。1944年,胡振球任繁二区(高安)抗日民主政府区员。1945年春高安区划分为高安、保定两个区,胡振球任保定区抗日民主政府区长。曾先后用胡德生、侯少华、周道等名字,深入敌后,开展抗日活动。

1945年抗战胜利后,按照党中央指示,新四军撤出皖南地区。胡振球妥善安置群众,做好北撤准备和北撤后的工作。这时国民党繁昌县政府从泾县章家渡搬回繁昌,三山镇的汉奸摇身一变,成为国民党的先遣队,受国民党驱使,

---

① 邹亚平,男,繁昌县保定乡人。1923年出生,1940年参加革命,同年加入中国共产党。新中国成立后曾任广东省司法厅副厅长。

捕杀共产党人。9月23日,胡振球在保定姜家墩子召开全区干部扩大会议部署北撤任务时,突遭敌军包围。原来,焦家湾内奸管成雨(新中国成立后被镇压),为了向新主子讨功,溜到三山告密,国民党驻军包围了姜家墩子。

在这紧急关头,胡振球当机立断,命与会人员迅速从村西玉米地里突围,为了掩护同志们安全脱险,他自己向村北跑去,敌人随后紧追,突然,前面的水塘拦住了去路,他纵身跳下水塘,正要游过水塘,敌人的子弹击中了他的小腿。他咬紧牙关,拖着受伤的腿,划到岸边,爬上塘埂,翻进玉米地里。敌人绕过水塘,堵住胡振球,砍下了他的头颅,胡振球壮烈牺牲。敌人将他的头颅带到三山,悬挂在街边的电线杆上"示众"。第三天晚上,当地的人们冒着生命危险,偷偷地将他的头颅取下来,连同遗体一起安葬了。

(二十九)葛召棠:主审战犯伸正义

葛召棠(1908～1960年),谱名希栋,斋号苎南楼,出身于繁昌县城南门外一个中药世家。6岁入私塾启蒙,8岁入县模范小学读书,14岁入任图南经馆(在原繁昌县峨桥镇)读经史,后入芜湖新民中学读初中,再入南京五卅中学读高中。

1928年,葛召棠入上海法政大学附属中学高三年级就读,担任校学生会秘书。第二年考入上海法政大学法律系(同年上海法政大学更名为上海法政学院)。在上海法政学院,葛召棠展现出他的组织才能。他发起组织同声社,以弘扬法治精神。同声社经常组织辩论会,葛召棠富于辩才,表现出众。1931年九一八事变爆发,国难当头,上海法政学院学生迅速成立上海法政学院抗日救国会,葛召棠担任救国会《法政周刊·抗日特刊》总编辑,他满怀激情,撰写发刊词,并以自己的宿舍作为特刊收稿处。救国会组织赴南京请愿团,葛召棠担任请愿团总纠察。在上海的皖籍学生也积极行动起来,成立抗日救国会,葛召棠被选为干事团成员。经过抗日运动的洗礼,葛召棠心中渐渐树立起爱国、救国、为国的信念。[1]

在上海法政学院求学期间,葛召棠得到了沈钧儒、史良、李达、周新民等法学名家的指导,日渐显露出专业才华,陆续撰写发表多篇法律学术研究文章,出版《中国古代法家思想》专著。于右任先生为《中国古代法家思想》题签,高一涵、许世英两位先生题字,朱文黼、赵韵逸、江镇三位先生作序。受诸多名师人格的熏陶,葛召棠

---

[1] 吴黎明:《讼雪国耻 文脉流芳——葛召棠先生专题纪念展》。

形成了刚正不阿、疾恶如仇的品性,坚定了他法治救国的理想。

1932年,葛召棠从上海法政学院毕业。1933年,获民国政府司法行政部律师资格证书。完成了学业,他回到家乡,参与创办《繁昌导报》,任主笔。翌年,葛召棠受聘繁昌县中心小学任训育主任。

1935年,葛召棠受聘到南京女子法政讲习所任讲师,兼任重辉商业专科学校法律教授。1936年秋通过司法官考试。1937年后,抗战全面爆发,时局动荡,葛召棠回到安徽,先后任太和、六安、霍邱、临泉县司法处审判官,及庐江县地方法院推事兼巡回审判官。他一身正气,秉公执法,不徇私情,深得民众尊敬,当地百姓多次向他敬献"万民伞"。1944年,葛召棠调任安徽巡回审判官。

抗战胜利后,中国人民乃至世界各国人民强烈要求严惩日本战犯。1946年1月19日《远东国际军事法庭宪章》颁布,于日本东京成立远东国际军事法庭。同时,中国南京、上海、北平、汉口、广州、沈阳、徐州、济南、太原、台北10处,成立审判战犯军事法庭,分别审理各地区侵华日军战犯。1946年2月15日,南京国防部审判战犯军事法庭成立,主要审理制造南京大屠杀惨案的日本战犯和其他日本战犯。葛召棠当年的老师赵琛任南京首都高等法院院长,老师深知葛召棠的人品和能力,将其调入南京首都高等法院任推事、书记官,兼任民国政府国防部审判战犯军事法庭上校审判官。

图一四〇 葛召棠等主审南京大屠杀主犯谷寿夫的五名审判官(左起第四为葛召棠)

自 1946 年 8 月，南京大屠杀战犯谷寿夫、田中军吉、野田毅、向井敏明等先后被引渡到南京受审。葛召棠与石美瑜、宋书同、李元庆、叶在增五人为国防部审判战犯军事法庭审判官，主审南京大屠杀主犯谷寿夫（图一四〇）。从调查取证到公审，在短短的三个月时间内，开了 20 多个调查庭，询问了 1000 多名南京大屠杀目击者、受害者和幸存者，找到了 400 多名证人，并多次开挖大屠杀现场，取得最直接的证据。1947 年 2 月 6 日，军事法庭开庭。日本虽然战败，但审判并非一帆风顺。谷寿夫是原日军第六师团中将师团长，1937 年 12 月日军攻占南京后，命令所部在南京进行了 40 余天的大屠杀，是南京大屠杀主犯。法庭上，谷寿夫百般抵赖其犯下的滔天罪行，法庭用一桩桩铁一般的事实，使曾经不可一世的谷寿夫不得不低头认罪。1947 年 3 月 10 日，法庭宣判："谷寿夫在作战期间，共同纵兵屠杀俘虏及非战斗人员，并强奸、抢劫、破坏财产，处死刑。"（图一四一）全场听众的热泪和掌声令葛召棠感动不已，他感到自己和同事们的心血没有白费，更没有辜负南京大屠杀死难同胞家属的期望。也正是在这份判决书中，确定了日军在南京屠杀 30 万同胞这一数字。4 月 26 日，谷寿夫被押赴雨花台刑场枪决。葛召棠是监刑法官，亲眼

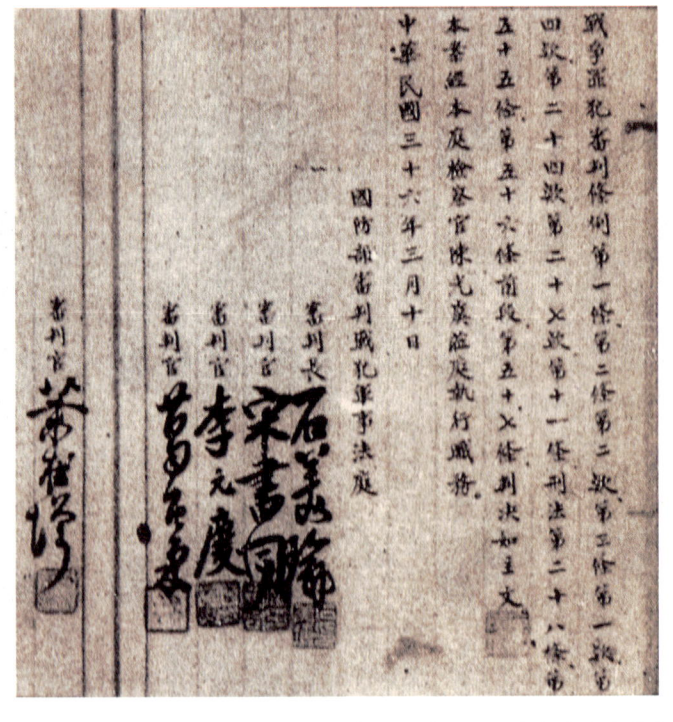

图一四一　葛召棠等五名审判官在审判南京大屠杀主犯谷寿夫的判决书上的签名

见证了这位双手沾满中国人民鲜血的战犯的可耻下场。

1947年12月18日,国防部审判战犯军事法庭再次宣判,判处战犯野田毅、向井敏明、田中军吉死刑,在南京执行枪决。

今天,南京江东门侵华日军南京大屠杀遇难同胞纪念馆挂着葛召棠先生的半身照片。

葛召棠还主持或参与了南京首都高等法院对温宗尧、林柏生、丁默邨、罗君强、王荫泰、殷汝耕、汪时璟、周作人等诸多汉奸的审判,并任审判汉奸周佛海的总指挥。

葛召棠先生于书法艺术用心甚殷,碑帖兼写,四体皆擅。早在上海法政学院读书期间,他即与书法大家于右任先生结下缘分。参加工作后,讼事之余,他勤于砚耕,书法作品曾与沈尹默、郭沫若、于右任、张大千、齐白石、马公愚、徐悲鸿诸贤联袂出展,备受国人推崇。江苏教育出版社出版的《民国书法史》赞其为碑帖兼写。葛召棠曾为南京灵谷寺书写一副嵌名楹联:"灵气所钟,结为佛缔;谷声响应,遍布法音。"

新中国成立后,葛召棠携眷定居芜湖,后被分配至皖南人民法院任民事审判员等职。1952年7月,任皖南科学馆馆员。1953年4月,调安徽省博物馆筹备处工作。新中国百废待兴,葛召棠以极大的热情,投身到国家的文化建设事业。

1954年5月,葛召棠参加安徽省博物馆皖南历史文物调查、征集活动。葛家世居繁昌城南门外,繁昌窑遗址近在咫尺,给他留下了深刻的记忆。坊间流传的龙窑故事,让他坚信野竹杂树之下掩藏着一个光辉的陶瓷文明。在皖南调查期间,葛召棠率队来到家乡繁昌,在城南的柯家冲,经过现场调查和试掘,终于发现繁昌古窑址,揭开了沉寂千年之久的繁昌窑神秘面纱。葛召棠是发现繁昌窑遗址"第一人",为繁昌窑发掘、研究的开端。葛召棠将发现繁昌窑遗址等情况写成工作简讯,发表于当年国家文物局第12期的《文物参考资料》上。

1956年11月,安徽省博物馆成立,葛召棠任馆员,负责古今字画鉴定和编审工作。

1958年,葛召棠因历史和言论问题,被合肥市人民法院判处有期徒刑15年。1960年,葛召棠因劳动事故,受到严重伤害辞世。1987年5月12日,安徽省高级人民法院终审判决,撤销原判,改定无罪,恢复名誉。

1995年,葛召棠魂归故里,他的衣冠冢位于家乡繁昌城南峨山北麓。

（三十）邓晶瑜：舞台美术谱新篇

邓晶瑜（1911～1985年），原名邓家瑜，繁昌县三山镇人。7岁丧父，这年入学读小学。14岁因家里经济不支辍学。15岁时，邓晶瑜来到三山"姚恒大"布店当学徒，常受店老板欺凌。1927年3月，北伐军来到三山，店老板一家外出躲避，被锁在店内阁楼上的邓晶瑜看到北伐军宣传国民革命思想，便设法脱身，随手在店铺门上画了一幅老板欺压徒工的漫画，然后赶往芜湖准备参加北伐军，因年龄小没能如愿。他又步行三天，来到南京学兵学校招募站报考军校，正值蒋介石发动"四·一二"反革命政变前夕，政局动荡，学校停止招生，他参军的愿望再次落空。

参军不成，他决定去上海投靠大哥邓格非。他从南京徒步走到镇江爬上火车，辗转找到了大哥邓格非。邓格非早年在上海开办"格非画室"，已有点名气。邓晶瑜跟着大哥学绘画，凭着勤奋和悟性，他能把人物肖像画得准确传神，很快成为大哥的得力助手。

20世纪20年代末，西方油画、水彩画逐渐进入上海，邓晶瑜常去观摩国外各种流派的画展，临摹名家作品，领悟大师技法，将所见所悟融入自己的画作，集东西方技法于一体，形成大众喜爱的绘画风格。此时的上海演出市场，随着西方戏剧的抢滩，中国传统戏剧演出竞争更加激烈。为争夺票房收入，各剧团、剧院都在舞台布景、服装道具上加大投入。上海演剧界一些知名人士看到邓晶瑜的画作新颖入时，便请他设计、绘制舞台美术布景。邓晶瑜将其掌握的西方绘画技法运用到中国传统戏剧舞台美术设计上，创造性地绘制远、中、近景来呈现舞台的立体空间，使上海多家剧团、剧院舞台布景焕然一新，改变了中国传统舞台绘景单一的状况。

正当邓晶瑜舞台绘景事业蒸蒸日上之际，侵华日军将战火烧到了上海。邓晶瑜携家返回故乡，专绘人物肖像，以维持生计。不久，日寇的铁蹄又踏上繁昌的土地。1939年4月，邓晶瑜参军抗日，先后在国民党29军58师、148师任中尉、上尉、少校艺术干事，随军演戏、绘画。其间创作《阎海文空军壮举》《日寇在广德的暴行》《文天祥正气歌》等宣传画，展现抗日英雄壮举，揭露日军残酷暴行，激发人们的抗战热情。1945年8月，日本投降，邓晶瑜前往南昌绘制了一组五幅大型油画《南昌受降图》。

抗战胜利后，邓晶瑜退伍回到家乡。后在芜湖中二街开设"晶瑜画馆"，任芜湖大华电影院广告员。

芜湖解放时，解放军及时找到邓晶瑜，请他绘制庆祝芜湖解放的宣传画和宣传标语。他带领一群青年，精心绘制出几幅大型宣传画，营造芜湖解放的喜庆氛围。

新中国成立后，邓晶瑜先后担任皖南文联常委、芜湖市青年美联主任委员、芜湖市美术工厂绘画股长等职，并成为省美术家协会会员。1951年，邓晶瑜代表安徽美术界出席了华东地区美术作品展观摩筹委会扩大会议。1953年至1961年，邓晶瑜受聘为安徽省艺术学校讲授美术课。他专长于舞台绘景，先后为省文工团、省歌舞团、省黄梅戏剧团、省庐剧团等演出单位设计舞美。1956年，安徽省第一届戏剧观摩演出大会，邓晶瑜为《天仙配》《女驸马》《双丝带》制作的布景，均荣获舞台美术设计一等奖。

邓晶瑜执着于舞台美术设计，坚持不断创新。1964年，他创作用纱布代绸、代呢、代布制作现代戏服装。次年10月，他制作的现代戏纱布服装160件在北京展出，受到文化部和文艺界专家的重视和赞赏。此后，安徽省在合肥和芜湖分别举办邓晶瑜舞台美术改革成果展，推荐他参加现代戏革新项目——全国现代戏舞台美术革新成果展览，得到文化部领导的高度评价，被誉为"艰苦奋斗、勤俭办事业的典范"。文化部领导接见了邓晶瑜，并选派他参加新中国成立十五周年国庆观礼。1965年，《戏剧报》第9期刊登了邓晶瑜的文章《用纱布制作现代戏服装的尝试》。

1956年至1964年，邓晶瑜创作的年画《有心学习不怕老》《胖娃娃》《毛主席接见龙冬花》和油画《东河抢险》《春到茶山》等相继正式出版发行。其中《胖娃娃》《毛主席接见龙冬花》先后再版4次，总印数超过100万张。"文革"期间，他绘制的近10幅毛主席大型油画像，都悬挂在城市最醒目的地方。

此后，邓晶瑜将兴趣转向国画，创作山水画。1982年，其部分国画作品被日本文部省购买。1983年创作的国画《天都颂》在首都美术馆展出。晚年的他多次游览黄山，创作了国画《黄山秋雾》《山水》等作品。

1985年12月26日，一代杰出的中国舞台美术奠基人、安徽著名画家邓晶瑜因突发脑溢血与世长辞，享年74岁。

二、梵钟刹影　佛教圣境

汉明帝永平年间,佛教开始传入中国①。京都洛阳的白马寺是佛教传入中国后营建的第一座宫外寺院,它是中国早期佛教的传播活动中心,佛教渐渐在全国传播开来。

江南的佛教发展,源自三国时期。本大月氏人支谦,随其祖父移居中国。三国时期,支谦来到江南的吴都建业(今江苏南京),他学富才高,深得吴主孙权礼遇,拜为博士。支谦专以译经为务,所译典籍广涉大小乘经律,共88部,118卷,现存51部,69卷。②

继支谦之后来江南的是西域康居国的康僧会。他在吴大帝赤乌十年(247年)到达吴都建业,建造草棚,供奉佛像,弘扬佛法。不久受到孙权的信敬,并为他建佛塔、造佛寺。康僧会还翻译了《六度经集》9卷等,他用"佛教的菩萨行,发挥了儒家的仁义说",把佛教和儒教思想作了协调,为中国佛教的发展,开辟了另一蹊径。

东晋时,传播佛教的名僧和谈论佛经的名士越来越多。皇室贵族竞相建寺,居然成了时尚,以致东晋各代皇帝无不信佛。孝武帝太元三年(378年)名僧慧远带着弟子数千人南下,定居在庐山,弘扬佛教,广泛介绍佛教经典,甚至不惜"失本(佛教的本来经意)",把佛教纳入民间习俗。于是,佛教与我国的传统文化并入一个轨道。他还大力提倡"神不灭"论,奠定了佛教"三世因果"学说的基础。

在支谦、康僧会以及慧远等人的努力下,以建业为中心的南传佛教,迅速地向周边地区拓展开来,寺庙也随即四处建立起来。东晋(317～420年)时期,江南已有1678所寺院,僧尼24000多人;宋(420～479年)有寺庙1913所,僧尼36000人;齐(479～502年)有寺庙2015所,僧尼32000人;梁(502～557年)有寺庙2846所,僧尼82700人;陈(557～589年)有寺庙1232所,僧尼32000人。③ 梁朝在建康(今江苏南京)就有大寺700余所,僧尼信众常有万人。唐朝杜牧的诗"南朝四百八十寺,多少楼台烟雨中"说的只是个概数,或许只是指建康城里的寺庙。

---

① 赵朴初:《中国佛教》,北京:中国大百科全书出版社,2013年1月第1版,第4页。
② 同上,第9页。
③ [梁]释慧皎著,朱恒夫、王学钧、赵益注释:《高僧传》,西安:陕西人民出版社,2010年5月第1版,第2页。

早年繁昌县芦南乡和横山镇出土的文物中,发现东汉至三国时期戴船形帽的胡僧陶像。史料记载,东晋时,已有僧人来我县布道。到明代,县内有寺庙100多座。清末时,全县计有庙庵200余座,僧尼400余人,并设有僧官进行管理。

繁昌县古寺庙大多毁于天灾、战火,新中国成立后已所剩不多,加上"文革"中的破坏,更是存之寥寥。改革开放后,隐静禅林、马仁寺、宝莲寺、林云禅寺、云居寺等先后得以修复或重建,并有一批精通经律、矢志弘法的年轻法师担任住持。至2022年底,繁昌区依法登记发证的寺庙有22座。现将繁昌主要寺庙介绍如下。

(一)隐静寺

隐静寺(图一四二)又称隐静禅林,坐落于繁昌东南的平铺镇五华山,始建于东晋。五华山古称隐静山、五峰山,有碧霄、桂月、鸣馨、紫气、行道五座山峰。山中有金鱼、喷云、卓锡三泉,分别在碧霄峰、桂月峰、行道峰下。卓锡泉旁有宿猿洞。清道光《繁昌县志》云:"寺当五峰之会,巘屼拱合,右瞰西庵,左顾降福殿,钟磬鞳鞳,从松涛竹浪中出。"五峰拱合,林木幽奇,古涧清泉,正是佛家登坛参禅的好地方。"隐静禅林"是明清时期繁昌十景之一。

图一四二 隐静寺

相传晋代禅师朗公曾来五华山传法，并亲植橘树，后人称"朗公橘"。南朝宋元嘉初年（一说南朝梁代），古印度天竺国高僧杯渡禅师来五华山布道，隐静寺成为杯渡禅师的道场。"距寺三里许，有双松对峙，势若虬蟉，为杯渡手植①"，后人称"杯渡松"。宋真宗大中祥符年间隐静寺改名为普惠禅寺。宋仁宗嘉祐三年，圆通禅师怀贤募集善款建御书阁。元代散曲家、太平路总管薛昂夫题写了"江东第二禅林"匾额。明朝洪武初年，普惠寺恢复隐静寺名。明朝末期，隐静寺渐渐荒废。崇祯七年（1634年），僧人真融与孙祖达重建。

宋代皇帝大多喜好书法，皇帝书法常被称作"御书"。太宗常以书法作为政务之余的雅玩乐事，以树立符合文治气质的帝王形象。太宗还把御书作为赏赐的物品，赏赐的范围颇广，从宰辅近臣到地方官员，从"玉堂""秘阁"等中央机构到书院学校等地方机构，从佛寺、道观到地方孝义世家。自太宗以后宋廷一直推行赏赐御书和收藏御书的政策，不仅让受赐的寺观感受御书带来的荣耀感，还给予他们实实在在的优待。宋代皇帝花费如此大的精力赏赐寺观御书，其目的也是让寺观能够保存御书，使其能够流芳百世。同时，也希望借助御书宣扬皇权，将皇权不断向地方社会渗透。

隐静寺是南朝时期高僧杯渡的道场，唐代大诗人李白赋诗赞其山水奇妙，这种名寺身份和诗仙李白的加持，使得该寺获得了宋廷青睐，也因此受到太宗、真宗和仁宗赏赐的御书，由此形成了三朝皇帝御书于一寺的景象。②《繁昌建御书阁记》说："观太平州隐静山普惠寺所藏，百有二十轴。"普惠寺受赐的御书达120轴，数目较大，而当时很多寺观收藏的御书也仅有几十轴而已，如四川阆中的积庆院就只受到20轴的赏赐，杭州著名的灵山教寺也只有仁宗"飞白御书六轴、飞白御书扇子等"。而一些寺观虽然也受到百轴赏赐，但也仅仅是收藏一朝皇帝的御书。普惠寺集齐了太宗、真宗和仁宗三朝皇帝的御书实为不易，可见朝廷对它的重视。③

仁宗庆历年间，繁昌知县夏希道陪同太平州前知州刁约来普惠寺参观时，发现寺院十分破败，他们对寺院漠视皇帝御书的行为感到震惊和愤慨，遂将寺院住持关进监狱，以示惩戒，任命达观禅师昙颖为住持。昙颖主持寺务后，立即筹划，大修舍

---

① 清道光《繁昌县志》，合肥：黄山书社，2010年10月，第31页。
② 宋晓希：《从宋代寺观御书阁看皇权向地方的渗透——以普惠寺建阁崇奉为中心》，《北京社会科学》，2022年第4期。
③ 同上。

宇。可御书阁尚未建成，昙颖就因病离开隐静寺，转由他的弟子圆通大师怀贤主持营建。清道光《繁昌县志》记载："嘉祐三年，圆通大师怀贤募，里民杨绪建阁，藏三朝御书。"圆通大师怀贤募集到善款，当地"大姓"杨氏担当起"属工课督"的工作，用了七八年时间，于宋仁宗嘉祐三年（1058年），御书阁才建造完工。

因为御书阁的特殊性，寺院对御书阁的建造比较讲究。普惠寺"御书之阁，尤甲于诸屋"。御书阁在设计上特别突出其高大的形象，从而方显天子威严。其建筑用材及做工也非常讲究，"择材之美，至于瓦甓漆雕之工，无不求尽其妙"。新落成的御书阁共三十六间，"总用钱一百三十万"。普惠寺御书阁耗资不菲，颇为华丽。御书阁建成八年后，杨绪于宋英宗治平三年（1066年）请同属太平州的当涂人进士郭祥正（1035～1113年）作《繁昌建御书阁记》。

南宋时，历经100多年的风雨侵蚀，御书阁已经残破不堪。淳熙十六年（1189年）冬至绍熙元年（1190年）春，普惠寺妙义大师对御书阁进行翻修，还在御书阁后修建了一座毗卢阁，来安放遮那佛像，并且在御书阁的东西两侧建左右飞阁，以增重御书阁的气势，南宋词人韩元吉作记。左右飞阁两侧塑有浮雕，呈现出千佛涌壁的壮观景象。后来，妙义大师还于佛殿前建单传阁，阁内列供三十五代佛祖塑像，南宋诗人何麒作记。

杯渡禅师行踪神秘，佛法高深，在佛教史上有相当高的地位，加之隐静寺具有较大的规模，因此其在佛教中的名声和地位闻名遐迩。只是到了唐代中期，九华山金地藏在肃宗（756～762年在位）皇帝的拥戴下，声名鹊起，隐静寺才次于九华山，被称为"江东第二禅林"。

孝宗乾道八年（1172年）四月，南宋政治家、文学家周必大慕名来到普惠寺，他在《南归录》中描述：

> 庚申，早，隐静人至，挈家行十里至寺。五峰不高，而形式环抱，本梁朝杯渡禅师道场。禅师谥慧严，寺名普惠，邃廊杰阁，江东之巨刹，隶太平州繁昌县。寺后三百步碧霄峰下有泉出石中，流入寺，瀺瀺有声，且给烹煮灌溉。长老行机，台州人，颇为僧徒所推，有众三百。饭罢，瀹茗泉上。闻登山则见岩洞之胜，初暑不果往。归寺登单传阁，遍历寮舍。再饭讫，出寺观卓锡泉。夹道林中，王孙累累然。行近里许至梦堂前，上蓝长老彦岑在焉。又半里至杯渡塔，乃升车由南陵路行十里，落路过赵家步，已见星矣。

从周必大的描述中可以看出,当年的普惠寺深廊高阁,寺众三百,且有王孙修行,规模宏大,不愧为"江东之巨刹"。诗人何麒也说"太平州隐静寺实杯渡尊者道场,江左大迦蓝也"。韩元吉说"栋宇宏丽,佛事焕列"[①]。这些记载,都彰显出隐静寺当时凸显的地位。

山川秀美,佛教兴盛,五华山吸引了历代文人墨客游历,留下了大量的诗词华章。最著名的是李白的《送通禅师还南陵隐静寺》:"我闻隐静寺,山水多奇踪。岩种朗公橘,门深杯渡松。道人制猛虎,振锡还孤峰。他日南陵下,相期谷口逢。"明末清初画家萧云从常和诗友游隐静山,有画作《五峰图》传世。

千余年间,隐静禅林因战火、天灾几经兴废,到20世纪70年代末,仅存几间破旧僧房。2003年,年轻的观圆法师驻锡五华山,筹集善款,发愿率众僧重建隐静寺,继地藏王殿2010年落成后,十王殿、天王殿、三圣殿均已建成。

(二)马仁寺

马仁寺(图一四三)坐落于繁昌西南孙村镇的马仁山,寺以山为名。清道光《繁昌县志》说,马仁山原名马人山,山势纵横交错,高耸陡峭,其形像人又似马。唐德宗时,因石马妖鸣,遂断其首,马人山改名为马仁山。奇峰、异石、绝壁、灵洞,使马仁山闻名遐迩。据县志和前人诗文,马仁山著名的奇峰有韬玉峰、龙首峰、马人峰、罗汉峰、双桂峰、嫦娥峰、漏月峰。山上怪石嶙峋,自然天成,别有洞天。"马仁石壁"为明清时期繁昌十景之一。

马仁寺在龙首峰下,为唐德宗贞元十一年(795年)高士王翃霄隐居马仁山时所建。宋仁宗嘉祐八年(1063年),改名为莲社院。宋英宗治平至神宗熙宁年间,僧人绍聪重修。后废,僧人道瑛再建。元朝时衰败荒废。明天顺年间,山下有个叫徐斌的年长者重建,仍名莲社院。清乾隆十四年(1749年),徐氏后代重修,复名马仁寺,繁昌知县王熊飞为其作《重修马仁寺碑记》。

与王翃霄一同隐居马仁山的,还有陈商、李晕等人,他们研究和传授古代学问,日夜不辍,当时江南的许多文人雅士跟随他们治学。王翃霄传为王羲之后裔,雅志林壑,不乐仕进,过着清贫安乐的隐居生活。王翃霄书法很有造诣,深得乃祖王献

---

① 《南涧甲乙稿·隐静山新建御书毗卢二阁记》。

图一四三　马仁寺

之的旨趣。陈商,南朝陈宣帝五世孙,左散骑常侍嗣子。李晕,唐朝大书法家、文字学家李阳冰的后裔。

马仁寺西侧山谷中有一水池,圆形,直径约1米,水深0.5米,为一下降泉,一年四季不干。相传王翀霄经常在池中清洗笔砚,池水遂渐呈墨色,至今颜色不变,水池被称为洗砚池。

自然山水与佛教文化、中华传统文化融为一体,使山林增辉,奇峰添彩,马仁山成为江南名山。历代文人雅士,喜游马仁山,寻访高士遗迹,欣赏石壁风光。清道光《繁昌县志·艺文志》中收录历代文人雅士吟咏马仁山的诗词近30首,散佚的诗文或更多。

新中国成立后,马仁寺仅存砖木结构的民居式大殿一座,上下两层。1966年,马仁寺被改建为繁昌县麻风病医院。1994年恢复重建马仁寺。"马仁寺"匾额,系中国佛教协会原会长赵朴初先生题写。寺前建有铁铸千佛塔一座。院内立有汉白玉露天观音一尊;寺中新建大雄宝殿一座,飞檐翘角,气势恢宏。殿后山坡上,左右分别建有关帝庙和仙姑祠,内设5米高铸铁大宝鼎一尊。

(三)铜山寺

铜山寺(图一四四)坐落于繁昌县东新淮乡(今属芜湖三山经济开发区峨桥镇)铜山。铜山因富藏铜矿而得名,唐代冶铜设铜官,后置铜官乡。清道光《繁昌县志》云:"惟是铜山,巍峨青碧,高耸峻峭……西拓浮邱山,若抚天心;北截长江,如浴银海,足使吴楚地势雄壮也。"唐代大诗人李白来到铜山,题写绝句:"我爱铜官乐,千年未拟还。"

寺在山坳,原为山下张氏之家庙,建于唐朝初年。寺前一棵古银杏,雄姿伟岸,翠盖如云,需四人方能合抱过来。一侧粗壮的树枝上长出一棵桐子树,人称"怀中抱子"。寺的后岩壁下有一泓泉水,清澈甘甜,无论旱涝,四季不绝,名曰"涌珠泉"。明代太平府推官胡永顺在《铜山寺涌珠泉记》中写道:"有泉一泓,脉从地沸,历历如明珠,石蟹鱼虾,如钱如粒,绣草珍瑰相绮错,信福地也,因创名其泉曰涌珠。"

图一四四 铜山寺

五代后唐明宗时,登州刺史孙元游历铜山寺作《兴建铜山兰若记》,叙述了铜山寺的由来。唐代宗大历十一年(776年)十一月,有一个叫信行的禅师来到铜山。信行俗姓王,京兆府周至县人,很早就在云居寺出家,持戒奉佛,终于修成得道高僧。他见铜山钟灵毓秀,便在山间的一块石头上打坐参悟。附近一位山民进山砍柴,见到石头上坐着一个大和尚,大为惊异,扔下柴刀,纳头便拜,十分恭敬。唐德宗贞元十三年(797年)的春天,观察使兼御史中丞在府幕郎判官的陪同下,到繁昌来巡查。观察使姓崔名衎,博陵人,府幕郎判官姓李名臻。他们是来巡查户籍人口的,也担负着封闭这一带山岭的职责,而废除寺庙活动照例是巡查的内容。于是,封闭山岭的文告便在当地家喻户晓,同时让人们不要惊扰了法师参禅。到唐宪宗元和年间,姚县令笃信佛法,对县内佛教活动多加保护。他听到有人假借公家名义侵害寺庙利益,砍伐寺庙附近的树木,就以官府的名义出具公文,对寺庙财产给予保护。元和四年(809年),时逢大旱,庄稼绝收,路上时见饿死的人。在这民不聊生的艰难之际,信行禅师走出大山,走进疾苦的人间。当时有两位居士敬仰禅师的大德高行,便皈依到信行的门下,一时四面八方的人纷纷前来投拜。天上祥云缥缈,地上甘泉珠涌,僧俗弟子会集,草木欣欣向荣。两位居士于是对大家说:"禅师弘扬佛法已经很久了,导引众生走出迷执,打开了觉悟的门径,让人们明白了生死的道理,如今我们不建造道场,怎么能报答禅师的大德呢?"于是,大家都纷纷响应,谋划兴建寺庙。寺庙终于建成,四方信众有了皈依的一方净土。

20世纪50年代,古寺被毁。至20世纪末,重建的铜山寺,其规模虽不如前,但有僧尼住寺,千年银杏、涌珠泉得以保全,是为幸事。现住寺比丘尼为张晓华(俗名)。

(四)圆炤寺

圆炤寺(图一四五),又名圆照庵、圆照寺、无梁寺,在繁昌城西北七里的繁阳镇华阳村阴山。曾为唐代信行禅师驻锡之地。何年建置无考,元废,明朝僧人明空重建。寺有讲经亭、攀桂堂及浮图石佛。2005年释心慈法师募资重建大殿及寮房,2009年竣工。

(五)佛光寺

佛光寺(图一四六)坐落于孙村镇红花山山巅,原为元帝观。清乾隆《太平府

图一四五　圆炤寺

志》说红花山顶有元帝观,建于唐僖宗乾符年间。清道光《繁昌县志·舆地志·山川》记载:"山顶有元帝观,有祷即应。"清末改称红兴寺。

红花山山势雄壮,登高一览,众山皆小。因比周边群山高,每当夕阳西下,落霞映照,红光盈岭,形成一幅天然"红花晚照"图景。明清时期繁昌十景之"红花晚照"即在这里。

红花山正顶,有平地四五亩,红兴寺即建于其上。寺有殿宇三进,中有两天井,寺东西两旁各建抱宅数十间。正殿供地藏王像,中殿供玄天大帝铜像,后殿供三尊大佛。抱宅为僧人宿舍、厨房,还有为香客、游客备用的客房、餐厅。

红兴寺有对联云:"红紫花三月,兴衰梦一场。"是邑人汪学洋先生所撰。上联描写阳春三月红花山红、紫两色杜鹃花盛开的美景;下联是对世人的劝诫,要学会放下。

红花山山岩陡峭,红兴寺正殿前方,曾有八十一级石阶,为住持释金华依照九华山月身殿前石阶所建。

1939年5月20日,驻荻港日军700多人,分两路进攻繁昌城,当行至桃冲铁矿山与孙村乌金岭之间时,遭到新四军三支队5团6连的阻击,6连将敌人击退。交战中,日军多次炮击红兴寺,红兴寺毁于日军炮火。青年僧人戒明见寺庙已毁,无处安身,日寇入侵,国无净土,乃弃缁衣换戎装,参加新四军抗日,至今传为佳话。

2000年前后,红花山周边信众在红花山山顶红兴寺原址重建寺院,改称"佛光寺"。

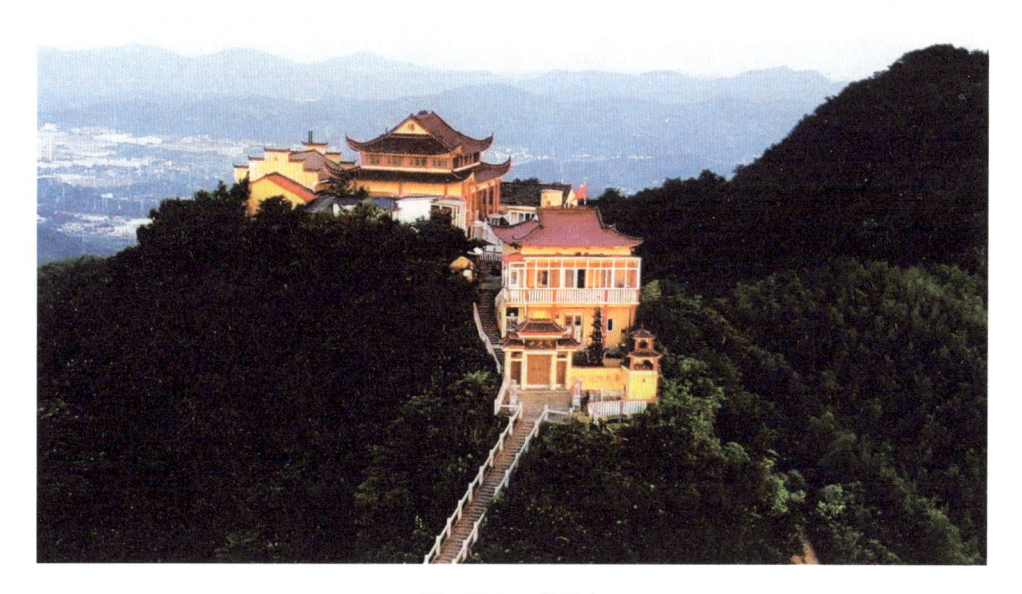

图一四六 佛光寺

(六)林云禅寺

林云禅寺,《繁昌县志》称金龙四大王庙,又称大王庙。始建于唐代,一说建于南宋。它位于荻港镇凤凰山,濒临长江,钟声佛号,隔岸可闻。身栖寺中,昼观波光帆影,夜枕拍岸涛声。该寺1997年重建,易名为林云禅寺(图一四七),建有大雄宝殿、弥勒殿、念佛堂等,建筑面积1200平方米。现住持僧释传僧。[1]

---

[1] 张宏树:《繁昌的佛教渊源及传承》。

图一四七　林云禅寺

（七）云居寺

云居寺（图一四八），《繁昌县志》称云居院，坐落于繁阳镇库山村豹子山麓。宋嘉祐八年（1063年）建，废于元朝。明英宗正统初年，道高和尚重建。清康熙八年（1669年），僧人道珠在此开堂讲经。后屡废屡建。2001年，应信众要求，当地居士缪运谱、杨万凤牵头筹建。2004年，宁国籍僧人驻锡该寺，同年大雄宝殿奠基，翌年建成。大殿三层，建筑面积408平方米。2010年僧房、藏经阁、念佛堂相继建成，总建筑面积5405平方米，占地面积27333平方米。

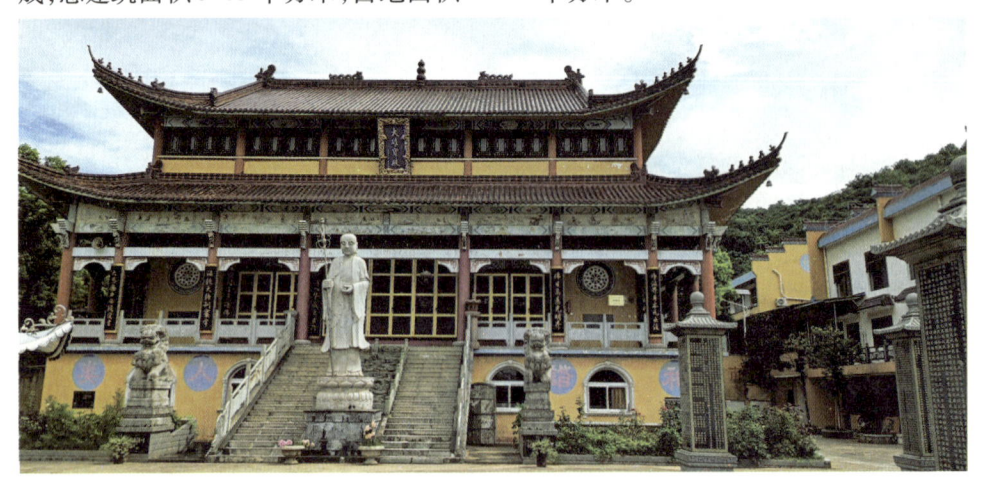

图一四八　云居寺

云居寺三面环山,古木森森,山花烂漫,莺啼鸟啭,环境清幽,实为念佛诵经,修身养性之妙地。

(八)宝莲寺

宝莲寺(图一四九)原名宝定庵,坐落于繁昌西南孙村镇与铜陵市义安区交界的狮子山麓(《繁昌县志》称黄山冲)。明永乐年间,山下村民王、谢、郑三姓人共建。庵址有一深沟,但见水竹幽渺,两侧山花如丹,山峰青翠欲滴。抗日战争时,新四军临江团曾驻此寺。1958年为县药材种植场场址,"文革"中被拆毁。1995年,僧人释法明募化在旧址附近重建,易名宝莲寺,翌年大雄宝殿、弥勒韦驮殿、山门、斋堂等相继建成。2013年住持僧释果胜在原址重建大殿。现寺院总建筑面积1049平方米,占地面积6600平方米。

图一四九　宝莲寺

宝莲寺身处群山环抱之中。狮子山绵亘铜、南、繁三地。全山宛若雄狮蹲伏,主峰更酷似巨狮之首。山上苍松翠柏,茂林修竹,郁郁葱葱,汩汩清泉,终年不息;山下水库清澈如镜,青山白云,倒映其间,风光旖旎,实为禅修避暑之胜地。

(九)泰平禅寺

泰平禅寺(图一五〇)原名太平庵,始建于明朝正德年间,坐落于峨山镇东岛村五山之一的随山脚下古驿道旁,坐西朝东,面向万罗山,与徐岭头芭蕉寺相呼应。1958年,原庙宇被拆用于兴建峨山中学。

相传泰平禅寺原为东岛李氏家庙，明崇祯五年（1632年）增建天官书院。明末清初李氏请来並宽、並麟、通一禅师在此弘法。清康熙年间，世传寿昌正派第十四世广性铨公和尚及弟子地培将其改建成佛教道场。民国年间，合肥李鸿章堂妹来寺扩建并改称太平庵，李师太通禅理，工真草书，画亦入妙，旁及琴棋，无不精熟，106岁圆寂。今寺院旁有历代僧人石塔7座，墓碑5块，现有出土清朝年间铁铸八叶钟一口。

图一五〇　泰平禅寺

2001年当地信众会同诸信士发心恢复重建观音殿。2003年冬请来了法明法师，率弟子图净重建道场，2005年重建大雄宝殿，2007年改名为泰平禅寺，2009年重建天王殿、寮房等。如今的泰平禅寺，古风重振，法炬复燃，释音续传，香烟缭绕。

（十）玉笥禅寺

玉笥禅寺原名玉笥庵，位于繁昌城东北的峨山镇千军村千军岭。元朝末年，岭下一从姓人士倡议在山岭上结寨练兵，故后人相沿称这个山岭为千军岭。明万历二十五年（1597年），离千军岭不远的浮邱山浮邱寺圆升法师来千军岭募地建庵，开始是茅屋，而后才渐渐改为瓦房，并在岭上筑一茶亭，往来游历的行人享受到了它的阴凉，感受它带来的便利，人们都对老僧的功德啧啧称赏。

从姓后人从吾给庵取名为玉笥庵，并作《玉笥庵记》。记中说，这个庵建了很久还没有名字，他不忍此岭此庵湮灭于历史烟尘中。这个岭不远处的隐玉山（浮邱山又称隐玉山)诸峰高耸兀立,好似群玉列阵,像是要从千军岭一侧腾跃而起,宛若玉要从盛玉的竹箱子里跳出来,而千军岭就像盛玉的竹箱。翻阅地理志,世上有像如玉从竹箱里跳出来的胜境,如天目山和雁荡山,从吾就把千军岭比作盛玉的竹箱——筥,他想这样可以与浮邱山相媲美了,就像传说中的王、郭二仙在浮邱山炼丹留下的炉灶和水井,历经无数灾难而至今不毁灭,况且有繁昌教谕严允谐先生赞美浮邱山的优美诗句"三十六峰如削玉"。查考了久远的和新近的事,恍惚间千军岭真有玉筥的样子,于是他就把玉筥作为此庵的名字。

后来,种种原因,使得玉筥庵建筑几乎毁坏殆尽,院内仅存有一口清光绪十六年(1890年)的大钟(图一五一)。2017年,释心德法师来此驻锡,玉筥庵也改名为玉筥禅寺,玉筥禅寺渐渐得以改建,恢复生机。

图一五一　玉筥禅寺清光绪年间的大钟

(十一)三华寺

三华寺原名三华禅院,位于繁昌县东北三山镇(今属芜湖市三山经济开发区)三华山,始建于清初。清道光《繁昌县志》云,相传山上有巨石,夜晚发出奇异的光彩,当地居民感到惊异,遂将巨石移到山脚,可第二天清晨,巨石又回到了原来的地方。巨石有灵验,来祷告的人必有回应。

清顺治六年(1649年),知县赵应祯为巨石建起了不大的屋子,仅能遮挡风雨,并给巨石取名叫"灵石"。因为巨石灵异,所以僧人山若来这里驻锡。山若是湖南永州人,以进士身份隐居山寺当和尚。山若之后,是道培和尚,他募集善款,建造佛寺,初步奠定了规模,并改名为三华禅院。至清道光年间,经祖昆和他徒弟先达苦心经营,禅院端庄整洁而有威严,在繁昌地区已居首位。寺里的这块灵石,历经数次劫火而没有毁灭,至清道光时仍供奉于殿庑中。

抗战时期,三华禅院连遭劫难,先是遭日机轰炸,后又被盗挖牡丹,乃至墙倾垣圮,禅院凋零。

新中国成立后,芜专炼铜厂曾搬到寺内,后又改作三华山中学。"文革"结束后,在原址旁建寺,改名为三华寺。

(十二)萝庵

萝庵(图一五二),又名绿萝庵,位于繁昌城南峨山北麓,占地面积约9.3亩。清顺治年间僧李宣募建。清代邑人郝一枢游萝庵曾赋七律诗《携侣游萝庵喜逢方外老友》:"邀友何期友半闲,出城同洗市朝颜。道旁一勺泉流璧,云际双飞鸟过山。偶拾野花簪老髦,恰逢仙侣出深关。相看一笑冠缨绝,君是何年发也斑。"

咸丰初年,萝庵毁于兵燹。同治六年(1867年)腊月初八,本邑高姓三兄弟将祖遗田产十亩另三分施给庙里作香资。僧人本蕴来庙住持,募化集资,重建晏公殿

图一五二 萝庵

屋数间。后住持秋云在庙外立地界碑一块。时隔不久,金、孙二和尚来绿萝庵,复募化集资,于晏公殿后增建了大雄宝殿一座。后金和尚远去普陀,孙和尚圆寂,绿萝庵由他们的徒弟宏觉、常能接替住持。常能率弟子心义、心印、心田,四方化缘,于1924年挖平山坡,增建三间高大宽敞的观音阁,至此绿萝庵成为繁昌较为有名的庙宇。庙内供奉着高大的观音、阿难、迦叶、晏公等佛像及形态各异的十八罗汉像。常年香火不断,钟磬声喧,颇为兴盛。

全面抗战爆发后,繁昌城遭敌机轰炸,绿萝庵附近亦中弹,庵墙被震裂。迨叛贼李志千祸繁时,绿萝庵受害更重。后经僧人释印泉历尽千辛万苦,方将庙宇重新修建。

三、非遗传承　地方奇葩

非物质文化遗产是各族人民世代相传的、与人们生产生活密切相关的传统文化表现形式和文化空间。繁昌人文历史久远，文化蕴藏丰厚，非物质文化资源十分丰富。繁昌非物质文化遗产品类多样，特色鲜明，区域气息浓郁，是中国传统文化重要的组成部分，也是繁昌人民世代绵绵繁衍的精神依据和面向未来谋求更大发展的精神动力。

随着历史的演进，时代的发展，人们生产和生活时空的变化，原来与生产和生活息息相关的非物质文化遗产正不断地消失。为了保护我们的先人留下的这笔宝贵财富，从20世纪50年代开始，繁昌就做了一些相关工作。虽然当时还没有非物质文化遗产的概念，但对繁昌民间文学、民间音乐、戏曲等的搜集、整理和传承工作是卓有成效的。1955～1956年汇编了《繁昌民歌集》，1959年选择刊印了《繁昌民歌》第一集，多首繁昌民歌在省内外杂志上发表或被选入有关书籍并在各级文艺会演舞台上演唱。20世纪70年代末，中国进入改革开放新时期，非物质文化遗产保护工作也迎来了生机勃发的春天。繁昌县民间文学集成编辑委员会在广泛征集资料的基础上，主持编印了《繁昌民间歌谣选编》《繁昌民间故事选编》《繁昌民间谚语选编》[①]。繁昌县政协文史资料委员会编印了多期《繁昌文史资料》，其中汇集了大量非物质文化遗产资料。繁昌县地方志编纂委员会分别于1993年10月和2010年10月两次编纂出版《繁昌县志》，1993年3月繁昌县地名委员会办公室编印了《繁昌地名掌故》，都收录了多种多项繁昌非物质文化遗产。

非物质文化遗产真正得到系统化、规范化、科学化的保护是在进入21世纪之后。2004年8月，中国加入联合国教科文组织《保护非物质文化遗产公约》。繁昌非物质文化遗产保护工作也在新世纪进入了全新的时期，逐步开创出了崭新的局面。2007年和2009年，繁昌先后开展了一系列非物质文化遗产普查工作，基本摸清了我县非物质文化遗产资源及分布情况，建立了繁昌县非物质文化遗产项目数据库，确定了一批县级非物质文化遗产项目，分别申报并获批了一批省级和市级非

---

① 《繁昌文化丛书》编辑委员会：《繁昌文化丛书·非遗卷》，合肥：黄山书社，2011年10月第1版，第1页。

物质文化遗产项目,确定了一批项目代表性传承人。2011年10月《繁昌文化丛书》编辑委员会编辑出版了《繁昌文化丛书·非遗卷》。每逢节庆日,区、镇经常举办民俗文化表演和民歌演唱专场,起到了很好的宣传、推介和传承作用。

目前,繁昌共有民间文学、民间美术、民间音乐、民间舞蹈、戏曲、民间手工技艺、消费习俗、人生礼俗、民间信仰、岁时节令、民间知识、游艺、传统体育与竞技等大类计151个项目进入非物质文化遗产普查项目清单。繁昌民歌、中分村徐姓祭祖习俗、九连麒麟灯会、群龙朝神山、荻港香菜制作技艺相继列入安徽省非物质文化遗产名录,12个非物质文化遗产列入芜湖市非物质文化遗产名录,一批非物质文化遗产列入繁昌区非物质文化遗产名录。

在开展非物质文化遗产普查时,又发现了一些新的繁昌民歌资料,不仅充实了繁昌民歌资源,而且为繁昌民歌申报国家级非物质文化遗产名录提供了有力的依据。经过整理汇编,《清韵流芳——繁昌民歌选》于2011年由安徽文艺出版社出版,并于2012年录制了首张繁昌民歌CD《清韵流芳——繁昌民歌经典》,为繁昌民歌的传承留下了宝贵资料。

非物质文化遗产与人们的生产生活密切相关,与岁时节令庆典娱乐、生产和生活习俗、宗教信仰相伴。繁昌非物质文化遗产分布范围极其广泛,带有浓厚的地方特色和乡土气息。普查收集到的10个民间舞蹈类非物质文化遗产项目滚龙灯、大头娃娃、荻港旱地行舟、平镇马灯、九连村麒麟灯会、黄浒旱地行舟、群龙朝神山、铃箫、峨桥十节藕灯、八分村板龙灯,充分表达了繁昌人民对和谐、平安、富裕、丰收等美好生活的强烈向往。这些民间舞蹈,也是对生产和生活的模仿和转化,比如:我县水乡出产莲藕,水乡人就玩十节藕灯;山区出产木材,山里人便玩炭篓灯。十节藕灯和炭篓灯其实都是龙灯在不同地域的变体。比如旱地行舟,则是对行船的一种模仿和民间的艺术再现。

长期生活在繁昌这块土地上,独特的地域风貌,造就了繁昌民间衣、食、住、行等方面别具特色的消费习俗,构成繁昌独具魅力的文化风情。服饰习俗方面,比如,从衣服的色彩和款式上,都有男、女、老、幼的区别;比如男女新婚时,吉服和床上被褥等物品的准备;比如,小孩出生须由外婆家准备"毛衣",在孩子出生后将"毛衣"送往女儿家;比如,家族里长辈去世了,死者所穿特殊制备的"老衣",子、媳和女、婿等穿着"孝服"。在饮食习俗方面,除了普查中汇总所列的香菜制作、水萝卜腌制、腌辣椒、臭菜豆腐、鲥鱼烹饪、清真板鸭等之外,繁昌民间尚有新年和喜宴上不能吃"看鱼"的习俗,三月三吃小蒜粑粑的习俗,端午包粽子吃绿豆糕、中秋赏月吃月饼的习俗,立秋晚上"摸秋"的习俗,晒制霉干菜、笋干、干豇豆等的习俗,山芋窖藏技艺的习俗,立冬之际吃"鸡药"进补的习俗,病人吃中药时的一系列禁忌等等。在居住习俗方面,比如,在盖新房方面,繁昌民间普遍流行"上梁"习俗,十分考究房屋朝向等;比如,繁昌民间曾经非常普遍的稻草夯土墙房屋的建造;比如,在房屋功能上,有堂屋、卧室、厨房等的区别;比如,建房开工和上梁日子的选择和忌讳,房屋所处位置及正门朝向的选择、忌讳和改化等。在交通习俗方面,比如,"腰子盆"的制作和乘划"腰子盆"的技术,峨溪河上的义渡,等等。

目前,我区共搜集到衣食住行消费类习俗的非物质文化遗产项目6个:香菜制作、水萝卜腌制、腌辣椒、臭菜豆腐、鲫鱼烹饪、清真板鸭。人生礼俗类的非物质文化遗产项目2个:退轿神和丧葬习俗。

下面介绍繁昌非物质文化遗产代表性项目。

(一) 繁昌石雕

繁昌石雕工艺在全区各处均有,以孙村镇戴亭村和繁阳镇戴店村规模较大,为其代表。

横亘于繁昌和铜陵两县交界处的狮子山,不仅风光秀丽,而且盛产适宜于制作石雕产品的红、白麻石。孙村镇戴亭村就坐落在狮子山脚下,村民们依靠狮子山出产的麻石,创造了闻名遐迩的戴亭石雕。戴亭村因石雕之誉又被称为"石家泊"。戴亭石雕历史悠久,但究竟始于哪个朝代却不见经传。据民间相传,有的说始于汉代,有的说始于唐朝。老一辈石雕手艺人说,手艺是祖祖辈辈传下来的,山上的一口水石塘就是前辈们开山凿石后形成的。水石塘至今犹存,面积约1000平方米,塘口约100平方米。从石塘上沿到水面约深50米,水深大约也有50米,塘壁布满了历代工匠采石的錾痕。20世纪60年代初,开山石上还遗留着戴亭村周姓先人当初采石时刻下的文字,可惜的是,在20世纪六七十年代,被一些石匠放炮炸毁了。如此巨大的石塘,仅靠手工开采,没有千百年的积累是难以形成的。

说起在狮子山采石还有一段神奇的传说。据传在很早以前,戴亭村的石匠们都到狮子山上开采石料,迫于生计开山不止。随着时间的推移,山上被开挖出一个大天坑。这让山神非常恐慌,如此下去那还得了?于是,山神使法,让开采石料处突然间山水猛涨。当时天空阳光灿烂,没下一滴雨。正在开采石料的石匠们不知道水是从哪里来的,吓得四处逃窜。此后,一连好几天石匠们都不敢上山开采石料。由于狮子山上的石料又多又好,一些大胆的石匠还是忍不住跑上山去,发现水不再涨了,于是,扛来水车,以便抽干水后继续采石。奇怪的是,石匠们一抽水,天上就下雨;抽多少水,天上就下多少雨。反复多次,石匠们就不在这个石场开山采石了。

戴亭石雕产品种类繁多,有人物(图一五三)、石狮子(图一五四)、各类雕像、栏杆、浮雕装饰、牌坊、碑刻等,但其中最有名的还是石狮子。戴亭石狮子,有重达数吨的庞然大物,也有小到拳拳一握者,或立或卧,技艺精湛,形象生动。工匠们的石雕技艺主要靠师徒口耳相传,没有图纸,就凭一双眼睛、一柄锤子、一把凿子,把石块凿成形态各异的石狮子。

图一五三　孙村镇戴亭人物石雕

繁阳镇戴店村旧时又名戴家店,位于峨溪河畔,峨溪河经漳河通长江。境内多山,山上盛产制作石雕产品的优质石料。据当地民间相传,早在清康熙年间,当地石匠就上山开采石料制作石雕产品。戴店石雕早期规模小、技艺粗陋落后、产品粗糙,只有几户人家从事石料加工手艺,产品大部分是农家用的石碓、石臼、石碌碡和农民用来盖房的石磙、门框、门槛以及架桥的石板、石条、石槽等。到清道光年间，戴店石雕有了较大的发展,产品增加到石狮、石凳、石桌、壁画等精件的加工制作。

图一五四　孙村镇戴亭石雕工匠加工石狮

随着生产力的发展和科学技术的进步,同时为了适应市场竞争的需要,以戴亭和戴店为代表的繁昌石雕在继承传统的基础上有了新的发展,融入了许多现代元素,创制了现代石雕工艺操作规程。在取材上,已经由本地原材料扩大到外地青石、大理石、汉白玉花岗岩等各类石材;在制作工艺上,已经由传统手工制作,引入电脑、大小型切割机、抛光机等现代化设备;在石雕产品上,已经由传统的石狮、石碑、石刻、石牌坊等产品发展到园林装饰、古今人物肖像、建筑装潢等几乎所有石加工工艺产品。

繁昌石雕流传极其广远。在上海、南京、合肥、深圳、苏州等都市里都有繁昌石雕那精美的倩影,在黄山、九华山、雨花台、琅琊山、皖南新四军烈士陵园等旅游胜地也有繁昌石雕构成的美丽风景。

(二)繁昌民歌

民歌即民间歌曲,是劳动人民在日常生活中为表达思想情感而集体创作、世代口头传唱的一种民间文学艺术形式。中华民族的民歌历史悠久,《诗经》与《楚辞》便记录着先秦时期的民歌雏形,映射着先民们的生活。

繁昌素有"民歌之乡"的美誉。繁昌民歌滥觞于明清时期,至今已有四百余年的历史了。明清时期,商品经济进一步发展,社会生活相对稳定,人口繁衍不断增多,民歌创作进入了一个活跃期。"歌咦歌,歌咦歌,三千七百八稻箩。大船装到池州府,小船装到三汊河。隔壁大姐来拎水,学了一肚子好山歌。家去床上睡一夜,肚脐眼里都是歌。"[1]原繁昌县教育局刘西霖先生搜集的这首《肚脐眼里都是歌》,充分体现了民歌在繁昌人民生活中的广泛传播。明万历年间繁昌知县宋棠的诗"九月将临衣未授,千家砧杵动吴歌"[2],清康熙年间繁昌知县梁延年的诗"此处白云岩岫好,采樵人唱夕阳归"[3],都是当时繁昌民歌盛行的生动写照。

繁昌民歌没有文字和曲谱记载,是人们发自心声的口耳相传的歌谣,流行区域为繁昌长江沿江江南的洲区、圩区和山区,演唱主体民族为汉族,演唱主要群体是当地乡农。

繁昌处于皖南和长江衔接地带,历史上繁昌地域先后属吴、越、楚,后来又发生多次中原文化大规模南迁,使吴、越、楚、中原等多种文化在此融合,加之山区、洲区、圩区交错的地形地貌,形成个性鲜明、风格独特的地域文化,孕育着丰富多彩的民间歌谣。

繁昌民歌题材广泛,涉及人们生产生活的方方面面,大致可分为四类。一、生产劳动类。以号子、秧歌等体裁出现。主要曲目有《打夯号子》《车水号子》《舂米号子》《打碾号子》《放牛歌》《划龙船》《小星出山一盏灯》等。号子有两种功用意义,一是实用性功用意义:鼓舞干劲、调节呼吸、振奋精神、统一步伐等。二是表现性功用意义:劳动者力量的自我表现,劳动者劳动态度和情绪的真实表现,劳动者生活态度和情趣的生动反映。[4] 秧歌,繁昌又叫作耘田歌,是人们在从事耘田劳动时,为缓解疲劳,激发劳动激情所唱的歌谣。《小星出山一盏灯》是耘田歌的代表作品。二、日常生活类。包括对大自然的敬畏与膜拜,对祖先业绩的讴歌与崇敬,

---

[1] 张雪丽、鲍莉莉:《民俗文化实践中构建民歌活体传承体系——以繁昌民歌个案调查为例》,《黄河之声》,2013年第2期。
[2] 宋棠:《善利寺三首》,清道光《繁昌县志》,合肥:黄山书社,2010年10月,第599页。
[3] 梁延年:《繁昌十景十首》,清道光《繁昌县志》,合肥:黄山书社,2010年10月,第579页。
[4] 李丝雨:《繁昌民歌研究》,《艺术科技》,2015年第10期。

对未来幸福生活的向往。有小调、门歌、歌舞等体裁,形式多样,曲调丰富,多在闲暇之余娱乐而歌。比较有名的有小洲、保定乡的《送晚茶》,新港的《莲花落》,沿江一带的《逃水荒》,圩区的《养媳妇》,以及流行全县的《劝郎》《闹元宵》等百余种。三、情歌类。有的直抒情怀,有的互诉衷肠,有的哀叹不幸,有的斥责对方绝情。如反映男女纯真爱情的《风筝误》《梁山伯与祝英台》等长篇叙事歌,有待字闺中的少女直抒情怀的《望郎》《姐在房中长相望》《十把扇子》《十条手巾绣起来》等。四、颂歌类。这类民歌大多产生于新中国成立以后,如《水乡三月插秧忙》《买个老马不吃草》《我老奶活了七十五,又唱歌来又跳舞》等,反映人民翻身后,在党的领导下战胜灾害夺丰收的英雄气概和乐观精神,以及人民对幸福生活的赞颂。①

此外,还有儿歌,知识性、趣味性较强,说唱古今故事类的繁昌民歌。如《天上星》《拍拍扇子到夏天》《打把剪刀送姐节》《十二月花名》《廿四节》《十二月绣荷包》等,这些全是繁昌民歌的重要组成部分。

繁昌民歌语言朴实生动、简洁易懂,近似口语而毫无匠气,方言演唱自然贴切、意趣盎然;演唱旋律清新流畅、淡雅无饰,近于随口曲子自来腔。

新中国成立初期,繁昌民歌经历了一个兴盛时期。20世纪50年代,民歌作为民间艺术,受到党和国家的高度重视。从1952年起,我县文化工作者对繁昌民歌进行了收集、整理、挖掘工作。一时间,演唱民歌、创作民歌蔚然成风。到20世纪50年代末期,繁昌民歌的发展进入了一个鼎盛时期。专业人员的介入,使得原本口耳相传的繁昌民歌在唱词、曲调上都得到了较为详细、准确的记载,演唱技巧方面也在保留原始、淳朴风格的同时有了很大的改进和提高。

艺术品位的提升,使繁昌民歌由乡间田野唱入了音乐殿堂。1955～1956年县文化部门汇编成册《繁昌民歌集》。《民间文艺选辑》《安徽歌谣选》《安徽民间音乐(第三集)》《中国民间歌曲集成(安徽卷第一册)》《战地新歌(第五集)》等出版物均辑选了繁昌民歌(图一五五)。20世纪80年代,中央歌舞团、中央音乐学院、南京军区前线歌舞团的著名作曲家瞿希贤、巩志传、张卓娅和歌唱家叶佩英、陆青霜、刘秉义、姜幼梅、姜志等,都曾来繁昌创作采风,收集并演唱繁昌民歌。1983年,中国唱片社制作安徽民歌专辑唱片,发行至东南亚等国家和地区,由著名歌唱家朱逢

---

① 繁昌县文化体育旅游局:《繁昌县申报第一批省级非物质文化遗产代表作项目书——繁昌民歌》,2006年8月。

博演唱的根据《小星出山一盏灯》改编的《隔山隔水心连心》入选该专辑,且该专辑唱片即以这首繁昌民歌为名。2003年8月,韩国江陵大学人文学院教授姜腾鹤一行7人,在安徽省音乐家协会专家的陪同下专程来繁采集繁昌民歌,聆听了当地民歌手现场演唱的几十首繁昌民歌,他们被优美的旋律、浓厚的乡土气息深深感染。《耘田新歌》曾在中央人民广播电台《每周一歌》栏目被教唱过,并入选《战地新歌》(第五集)。《小星出山一盏灯》经省群艺馆沈仁浪老师改编,曾作为安徽人民广播电台、安徽电视台的开播曲。

图一五五　辑录繁昌民歌的音乐歌曲书目

2006年,繁昌民歌入选安徽省第一批非物质文化遗产保护名录。为保护、传承这一优秀文化遗产,繁昌文化部门对繁昌民歌加强收集和整理,录制《清韵流芳·繁昌民歌经典》CD两张,由安徽音像出版社出版发行;安徽文艺出版社出版了《清韵流芳——繁昌民歌选》两辑。同时加强繁昌民歌传唱和推广。《舂米号子》入选全国师范院校音乐教材。繁昌还被安徽师范大学音乐学院选为实习创作基地。

图一五六　省级非遗代表性传承人汪邦云参加央视《激情广场大家唱》栏目演唱繁昌民歌

图一五七　省级非遗代表性传承人鲍莉莉演唱繁昌民歌

繁昌区经常组织开展繁昌民歌演唱活动,文艺演出中都有繁昌民歌曲目,还举办了"清韵流芳"——繁昌民歌演唱会、"大地欢歌　清韵流芳"——繁昌民歌会。汪邦云(图一五六)、鲍莉莉(图一五七)为繁昌民歌省级非遗代表性传承人。

小星出山一盏灯(耘田歌)
小星出山一盏灯,十八岁恋姐到如今。
走过多少黑夜路,摸了多少冷墙根。
头碰多少蜘蛛网,脚踩多少牛屎墩!
芭茅棵里走成路,刺藜棵里走成坑。
手拍蚊虫有四两,脚踩蚂蚁有半斤。
走到前山狗在叫,走到山后虎在哼,
虎叫三声我不怕,狗叫三声吓一惊。
吓一惊来惊二惊,失脚掉在阴沟心。
湿了白袜犹小可,脏了鞋子靠何人,
走一步来恨一声,爹娘生我穷光棍。
心急不觉走得快,姐家门前拍掌心,
轻拍三声郎在外,重拍三声郎进门。
妹挽郎手房中坐,不点蜡烛月当灯。
不是小妹人算小,只怕爹娘他知情,
爹娘打骂我不怕,要防外人嚼舌根。
外人要嚼随他嚼,点他鼻子问一声:
你家女儿可留到老,你家女儿可成亲?
皇姑也要招驸马,哪家女大不配婚!
有情不怕天地老,赛过牛郎织女星。

(三)群龙朝神山

群龙朝神山属于民间舞蹈,是一项玩灯活动。群龙朝神山始于元末明初,直至"文革"时庙毁而中断,"文革"后又得以恢复。群龙朝神山已入选安徽省非物质文化遗产名录。

繁阳镇横山境内有一座神圣山,简称神山,独立于平野之上,山顶平坦如砥,仿佛是一个巨大的天然表演场。传说当地有一位高姓姑娘(一说繁昌芦南乡高屋基人),已许配芦南万家,待字闺中时,受仙人点化,在神圣山娘娘庙坐化成仙,号称"大花娘娘"。"大花娘娘"能驱邪消灾,佑人生子,受到当地百姓崇信。于是,当地百姓每年正月都要请戏班在神圣山上唱戏祭奉。因戏文中带有插科打诨、打情骂俏等词语，"大花娘娘"不悦，故托梦给庙中住持："不想看戏想看龙灯。"于是，四方百姓便纷纷扎制龙灯到神圣山表演。"群龙朝神山"的景象自此形成。据说，周边龙灯不先来神山朝拜便四处游玩，会有龙灯断腰、掉头或折尾等不吉利的事情发生。

每年正月，神圣山周边四乡八镇的龙灯，乃至远及南陵县、芜湖县、铜陵县、无为县的龙灯，都纷纷前来神山祭祀（图一五八）。朝山过程中还有一个沿袭至今的规矩：无论你是哪里来的龙灯，也不管你的龙灯有多长、多大，只要遇到繁昌县芦南万姓的龙灯，必须对其礼让三分，因为芦南万姓是"大花娘娘"许配的夫家。

图一五八　神山上飞舞的龙灯

据传，民国二十三年（1934年）繁昌大旱，当地乡民将"大花娘娘"的金身请出祈雨，绕长兴圩一周，结果天降甘霖，旱情得以化解。当地人们还说，抗日战争时期，侵华日军曾想用炮火摧毁神圣山上的庙宇，可是不但毁庙不成，反而遭到报应，日军人疯马狂，吓得赶紧到神圣山庙里跪拜请罪。

"群龙朝神山"的主体道具是龙灯。龙灯的特点是体轻、灵便，宜于舞动，富于变化,常见的舞蹈动作有:二龙戏珠、蛟龙出水、云海盘龙、苍龙入海等。

(四)滚龙灯

滚龙灯也属民间舞蹈,为荻港镇百姓在节日和庙会时所玩。

滚龙灯历史悠久。《荻港镇志》记载,中华人民共和国成立前,荻港有"六龙会",每逢正月十五元宵节,由"六龙会"举办灯会,全镇龙灯以庙宇为单位,都天庙曰都天灯,城隍庙曰城隍灯,祖师庙曰祖师灯,大王庙曰大王灯,关帝庙曰五显灯。每年正月初七开始筹备,全镇各玩灯户扎灯、画灯,争奇斗艳,五彩纷呈。正月十三,六条老龙(灯)和多条滚龙及儿童玩的子龙(即小型的龙灯)首次上街,谓之试灯。傍晚时分,即有人上街鸣锣,谓之"催灯"。华灯初上时,龙灯上街,上下穿行,或在广场上盘旋游动。这时各家各户都高悬门灯,在门前焚香、放鞭炮。有的人家门首还有一对高照。接着,滚龙、花篮、故事灯、走马灯、鳌鱼灯、狮子灯、兔子灯、蝴蝶扑金瓜灯都上了街。荻港街道是一条直长街,站在街头一望,街道两侧,家家悬的门灯,连成一线,恰似两串明珠,又像两条火龙,加上川流不息的龙灯及各色各样的彩灯,形成一个灯的海洋,十分绚丽,灿烂辉煌。其时万人空巷,一直要闹到三更以后,方才收灯(图一五九)。

每年灯会为期4天。正月十三日为试灯,十四日为起灯,十五日为正灯,十六日为圆灯。

农历二月初二,荻港街道附近的农村还玩花灯,每有花灯上街,镇上商店、住户挂红接灯,又形成一个欢乐的高潮。

滚龙灯分龙头、龙尾和龙身若干段,系由竹篾、火麻扎制成25米长的龙骨架,然后套上五彩绸缎的龙衣,一条栩栩如生的龙灯便做成了。弯曲的部分都用铁丝扎成。

随着岁月的变迁,"六龙会"已经不复存在。现在上街出场的一般是两条滚龙灯:黄色的称为金龙,是雄龙;蓝色或绿色的称为青龙,是雌龙。两条滚龙分别由12名男子和12名女子持撑舞动,时而在地上翻滚扭摆,时而凌空腾飞。同时,烟火闪烁,鞭炮和三眼铳齐轰,唢呐和锣鼓吹吹打打,热闹自是不同一般。

(五)板龙灯

孙村镇八分村徐姓族人所玩的龙灯,系板龙灯,在繁昌众多的龙灯中具有典型

图一五九　荻港滚龙灯表演

意义(图一六〇)。

徐姓族人,聚族居于马仁山北麓已逾数百年。八分村徐姓玩龙灯,一玩必须连玩3年,然后至少间隔3年以上才能再玩。

八分村徐姓玩龙灯,有开工、开光、玩灯、圆灯几个过程。开工前,由玩灯牵头人组成本次玩灯领导组织,负责玩灯所有事宜的组织和协调工作。开工是指请出上次玩过后收藏起来的龙灯头、龙灯尾和灯板,请纸扎匠重新进行扎制纸裱。扎灯的地方称"灯堂"。八分龙灯共有25板,一板一节,串联起来组成一条飞舞自如的龙。4位纸扎匠要花一个多月的时间才能扎制完成。八分龙灯以传统戏剧为题材在灯板的一侧扎制成台阁,一板一台阁一本戏,这种形式的龙灯又称半边台阁。

龙灯扎好后,选择吉日,在夜深人静时用香火烧通龙头咽喉处原来封住的红布,是为"接喉",之后再择吉日举行开光仪式。开光本应在徐氏宗祠进行,但八分村徐氏祠堂早已不复存在。族人公议选取村中一处开阔地为龙灯开光之地,此地称为"代门",取代替祠堂之意。开光仪式由礼请的道士操办。第一,"点光",以新

肆　人文华彩　胜迹遍境　　　　　　　　357

图一六〇　孙村镇八分村板龙灯表演

毛笔蘸取鸡冠血,依次对龙眼、鼻、舌、角、耳、发、尾、珠等进行点光。第二,杀鸡取毛,抛入龙口,并依次在灯板上淋血。第三,由开光主持者宣告本次玩灯的情况,包括缘起、发起人等。第四,由徐姓族长敬香,灯堂负责人依次敬香。

开光之后,龙灯要到村里的土地庙、古井、首棵被砍伐做灯板的树桩、祖坟、徐氏祠堂遗址等处拜谒。

八分龙灯有两班响器,俗称两班锣鼓。当夜幕降临,点亮每节灯板里的蜡烛,整条龙灯便如彩虹般在宁静的原野上飞动。

正月十六圆灯也是在"代门"前的场地上进行。圆灯,取圆满之意,表示本年玩灯活动圆满结束。在拆散灯板之后,每个玩灯者都会扛着自家的灯板尽快往家里跑。据说,谁最先跑回家,今年的好运将属于谁。八分龙灯的灯板必须在第二天送到指定的地方,与龙头、龙尾存放在一起。龙灯板拆散后,牵头人还要吹打着乐器,把从龙尾上取下来的麒麟、从龙头上取下的双绒和文武状元送给本村有关人家。麒麟多送给结婚而久未生育子女的人家,取意麒麟送子;双绒和文武状元可送至一家,也可送至两家。[1]

(六)平铺马灯

平铺马灯已有一百多年历史了。据传,平铺马灯是从江苏溧阳传来的。为了祈福消灾、喜庆丰收(图一六一),每到春节期间,马灯队就出发了,行走邻乡近村,给一年一度的佳节增添了浓浓的喜庆气氛。

图一六一　平铺马灯表演

马灯在春秋战国时期就有了。史料记载,当时发生瘟疫,无良药可治,百姓为驱邪避灾,送走瘟神,便扎纸人纸马,扮成各路神灵,嘴里念念有词,跳出各种阵法,以祈福消灾。

平铺所玩的马灯,据传出自昭君出塞的故事,参与的角色主要有报马、凤阳婆、崇王卒、公马、女马等,道具有牌灯、马灯、马叉、火阵星、大刀等。玩的时候,把竹扎成的马头和马尾系在演员身上,演员身穿戏剧巾袍,演唱曲牌,用锣鼓、笛子等伴

---

[1] 《繁昌文化丛书》编辑委员会:《繁昌文化丛书·非遗卷》,合肥:黄山书社,2011 年 10 月第 1 版,第 174 页。

奏。表演方式有"朝门头""跳团场"两种。"朝门头"系马灯队由报马带头,逐户朝拜,吸引观众观赏"跳团场"。"跳团场"在广场上表演,先有火阵星开场,再有抛马叉舞大刀表演。接下来,马阵出动,先跳单马,再跳双马,凤阳婆上场时与崇王卒插科打诨,逗人发笑:"停了锣鼓歇了马,明代崇王老娘家,讲他几句发笑话……"[①]最后是马灯表演的重头戏——穿阵。随着召军急促的长奏,大锣大鼓敲出震撼人心的套曲,在节奏极强的铿锵声里,马灯队伍在会旗的率领下全部登场,头尾相接绕场一圈。再在令旗的指挥下忽左忽右、忽东忽西,剪刀阵、梅花阵、龙门阵、荷花阵等十余套阵势穿梭上演,50多名演员在跑动中变换阵势,衔接自如,配合默契,时而游龙翻舞,时而群马奔腾,在锣鼓喧天中满场灯火,满场喝彩,演出达到高潮。

(七)黄浒旱地行舟

孙村镇黄浒旱地行舟,又称车篮轿。

相传秦始皇有一次乘船到江南巡视,船在行走时突然遇到一处沼泽地,既不能向前行驶又无法靠岸。秦始皇一看大怒,痛斥手下的大臣无能,还说要杀掉他们。情急之中,随行的大臣想出了一个办法,他们找来十个年轻力壮的男子轮流背着秦始皇,在10名年轻貌美的女子引导下,费了九牛二虎之力才把秦始皇背上了岸。从此,民间戏称这种过沼泽地的方式为"旱地行舟"。

黄浒旱地行舟的传统,可以追溯到明朝末年。其时,黄浒河上每年都要举办赛龙舟。为营造喜庆的氛围,黄浒人依据"旱地行舟"这一民间传说,用编制竹篮的方法,制作了外形酷似一条船的道具,在旱地上演示水中行舟的动作。由于这个船形道具远看像一顶轿子,于是人们就给它取了一个好听的名字"车篮轿"。黄浒旱地行舟经过三百多年的世代相传,逐渐形成了一套完整的表演形式,深受当地老百姓喜爱。

黄浒旱地行舟,由一顶车篮轿、一个"河蚌精"、一支锣鼓队三个部分组成。车篮轿长度为2米,宽度为1.5米,厚度为0.3米左右,用竹子按照编制篮子的方法制作一个船形轮廓的架子,四周缝上红绸布。车篮轿的船头、船尾四个角上各挂一盏红灯笼。车篮轿中心部位挖一个口,口的深度要垂直洞穿车篮轿的船底中心部

[①] 《繁昌文化丛书》编辑委员会:《繁昌文化丛书·非遗卷》,合肥:黄山书社,2011年10月第1版,第176页。

位,口的大小以一般女子的腰围为标准。口的四个角上竖立四根柱子,支撑起一个用绸布做成的顶棚。河蚌精用竹子和绸布制作成一个河蚌壳,里面藏着一位女子,女子和着锣鼓声翩翩起舞。与"河蚌精"一起表演的还有一个丑角,丑角由一名男子装扮,手里拿着一副渔网,做一些打捞"河蚌精"的动作。站在车篮轿中的女子叫"花旦",表演时,"花旦"两手握住车篮轿两边的扶手,将车篮轿轻轻拎起,伴随着乐曲的节奏跳起民间舞蹈,嘴里唱着《十八相送》等民间歌曲(图一六二)。与"花旦"一起表演的还有两个"叫花子",手里各拿着一把纸扇,一个由一名女子装扮成老奶奶在车篮轿船头引导"花旦"表演,另一个由一名男子装扮成老头子跟在船后。"河蚌精"表演时,一会儿打开河蚌,展示女子柔美的身段,一会儿关闭河蚌壳,把身子隐藏在河蚌壳里。

图一六二　孙村黄浒旱地行舟

黄浒旱地行舟多在春节和端午节期间表演,表演前都要举行隆重的祭拜仪式。

(八)九连麒麟灯会

孙村镇九连村麒麟灯会,又称卧龙墩古狮表演,是孙村镇九连村俞姓族人的一项节庆活动,已入选安徽省非物质文化遗产名录。

九连麒麟灯会由来已久。明朝末年,官腐民反,战事频发,民不聊生。居住在徽州婺源的俞姓先人为躲避战乱,迁徙逃难。他们流落到繁昌时,发现孙村九连卧龙墩形似卧龙,山清水秀,非常适宜居住,便停下脚步,在此居住了下来。长途迁徙,俞姓先人一路千辛万苦,却始终带着一只长约3米、直径近1米、重达40斤的古狮,他们不舍不弃,小心保护。俞姓族人在孙村卧龙墩繁衍生息三百余年,舞狮玩灯的习俗也流传了三百余年。

在古代典籍中,麒麟与龙、凤、龟合称为四灵,是祥瑞神兽,主太平、长寿。九连村麒麟灯会的古狮,是俞姓先人根据传说中麒麟的模样结合狮子形态扎制而成,外形古拙奇特,富于想象。俞姓后人称为麒麟灯。卧龙墩麒麟灯由竹篾编制而成,周身饰以五色彩纸条,缀以丝绸花布,有形有架,有别于传统狮子"南软北硬"的制作方法。当地人又称其为"四不像"。制作完成后,摆放在收藏麒麟灯堂屋的正中间,择黄道吉日,由德高望重的俞姓族人"开光点睛"。

九连麒麟灯会表演形式丰富多彩,场面壮观(图一六三)。表演者共有46人,表演时排着一路纵队,按照领队、高杆灯队、云牌队、花篮队、锣鼓队、麒麟的顺序依次进入表演场地。领队手持一盏灯笼在前面进行引导,灯罩上嵌入一个红色的宋

图一六三 麒麟灯表演

体"俞"字。高杆灯队由三对13～16岁的男童组成,第一对每人手持两把展扇,第二对每人手持两柄玉伞,第三对每人手持两个引路牌(上书"回避""肃静"字样)。云牌队由十名13～16岁的女童组成,每名女童双手各持一朵云彩,表演时二十朵五颜六色的云彩上下左右舞动,摆出各种造型。花篮队由十名10～13岁的女童组成,每名女童肩挑一担鲜艳的花朵。锣鼓队由十名精通乐器的村民组成,伴随着麒麟舞动的动作吹打出美妙的乐曲。麒麟则由两名身强体壮的中青年男人舞动,一人舞麒麟头,一人舞麒麟尾。另有一青年男子舞绣球。共由九人分3班组成,每隔十五分钟换班一次。

表演开始,锣鼓、唢呐声响起,在喧闹的鼓乐催促下,云牌队女童按照编排的动作,舞动手中的二十朵云彩,先后摆出"天、下、太、平"四个字的造型,寓意着麒麟驾着祥云巡游人间。云牌队的表演,有一个诗意的名字叫"玩云"。花篮队的女童挑着花篮,嘴里唱着吉祥的歌曲,围着表演场地来往穿梭,气氛热闹祥和,寓意用人间最美好的鲜花迎接麒麟的到来。这时,麒麟在六根高杆灯的簇拥下,来到表演场地中央。武士打扮者手持绣球在前引导,先绕场一周打拳、踢腿,引诱麒麟起舞。舞麒麟的两人将麒麟道具披在身上,舞头者从里面双手持握麒麟道具头部,舞尾者躬身,双手扶住舞头者腰部,两人相互配合,前后左右腾挪,舞动麒麟,模仿舔毛、擦脚、搔头、洗耳等动作,并向东南西北四方一一朝拜。

麒麟灯会一般在春节期间出演,祈盼天下太平、人民安康,带来了欢声笑语,增添了浓浓的节日氛围。

(九)荻港香菜

荻港滨江,因江水冲刷,带来大量泥沙,沉淤堆积,形成独特的滨江潮土。这种潮土含沙量大,通透性好,加上日照充足,雨量适中,无霜期长,所以这里种出的白菜颀长清秀,人们称之为高秆白。

白菜鲜嫩,不易贮藏。人们把它做成香菜,可以从入冬一直吃到来年开春。

图一六四　荻港香菜

香菜又名"五香菜""芝麻香菜"。荻港香菜制作由来已久，可上溯到清代中叶，几百年来，一直延续不断。

荻港香菜的制作，一般在深秋、初冬时节，这时的白菜脆嫩而又绵软，最适宜制作香菜。选取梗长、叶短、棵壮、白嫩的高秆白菜，清洗、切丝、脱水、揉软，配以适量的细盐、糖、五香粉、碎蒜瓣、姜末、胡椒粉、炒熟的黑芝麻、熟菜油，再通过调味、密封等传统工艺精制而成。经过这样的工序制作而成的香菜，鲜香嫩脆、爽口开胃，是当地人们招待客人必备的小菜（图一六四）。

荻港香菜以脱水、揉菜丝等技艺最为独特。脱水有日晒法和物理挤压控水法两种。物理挤压控水是将菜坯装入透气的棉布口袋封口，上面压以规则石块，逐渐增加石块重量以自然脱水。揉菜丝更是一绝：此时菜坯脆弱，既不能揉断菜丝，又要揉至极软，需缓缓发力，轻重适宜。不同脱水法制作的香菜口感不同，清脆、柔韧各尽其妙。

荻港香菜因技艺精湛、风味独特，广泛流布于皖南地区。目前，荻港有100余家香菜作坊，其中以"老许香菜""甘氏香菜""老夏香菜"最为有名。目前借用电商平台，进行线上销售，小香菜已成为大产业。许成华老人的"老许香菜"品牌，先后荣获"芜湖市知名商标""2017年CCTV展播品牌"。

2022年，"荻港香菜制作技艺"入选安徽省非物质文化遗产名录。荻港香菜被芜湖市餐饮（烹饪）协会、芜湖市旅游协会评为"游芜湖不得不吃的小吃"。

2022年12月，在荻港镇首届香菜文化节上，繁昌区荻港香菜产业研究中心正式揭牌。荻港香菜将以更好的品质，更丰富的品类，走上更多人家的餐桌。

（十）新港茶干

新港古镇，因曾是繁昌县治所在地，又称"旧县"。说起新港古镇，人们自然会联想到享誉大江南北的新港茶干（图一六五）。

新港茶干与一个人有关。这个人名叫刘子青，原籍安徽合肥，曾经在民国时期做过河南省财政厅厅长，后来在新港经营同和祥锅坊。当时，锅坊有300多名工人，需要消费大量的豆腐、豆腐干子。每天早晨，锅坊须派人徒步去相邻的横山镇街上购买。刘子青觉得这样做既不合算，又不方便，便自己开了一个水作坊，从横山请来一位师傅，制作豆腐、豆腐干子，以供工人食用。可那位师傅比较保守，总是半夜起来，独自一人进行配料。刘子青对豆腐干子制作技艺肯钻研，他半夜起来，留心观察,向师傅请教,要求师傅每次配料都要送给他看。刘子青对配料用心琢磨,他尝试着向配料里加一点冰糖粉末及西茴等。等到改制配方的产品出来后,工人们觉得比横山香干还好吃,都夸师傅手艺高,却不知是老板调整了配方。

新港茶干就这样制成了,一时成了抢手货。为了满足市场需求,刘老板对水作坊进行改造、扩大,并开始对外出售产品。

新中国成立后,刘子青将水作坊改名为同和祥酱坊,开始生产酱油、米醋等酱制品,并对茶干制做工艺做了进一步的改进,将每块茶干放三只虾米,制成虾米茶干,上面还印有"同和"二字。这种虾米茶干味鲜香甜,名噪一时,深受广大消费者欢迎。1956年,国家对资本主义工商业实

图一六五 新港茶干

行社会主义改造时,该酱坊正式定名为公私合营同和祥酱园,自主经营,独立核算,自负盈亏。后因虾米茶干成本高,便改用多种作料配制,原质酱油、西茴、丁香、桂皮、冰糖、味精、精细食盐等,同时选择优质黄豆,师傅严格掌握工艺流程。凭着好的配方和精湛的手艺制作出的茶干,毫不逊色于原来的虾米茶干。[①]

新港茶干的制作过程,主要有磨浆、成形、制作、卤制、包装5个环节。磨浆:精选优质黄豆洗净放在清水里浸泡4~5个小时捞起,放进机器磨成粉料状,再用过浆袋将豆浆里面的豆汁挤出。成形:把豆汁煮开,加入规定的石膏水,5~10分钟后即成水豆腐,再将水豆腐用白纱袋滤去部分水分,使水豆腐成块,用手能抓起即可。制作:用方块棉布将成块的豆腐包起来放在木板上,用千斤顶榨干后将布拆开就得到了白干子。卤制:用100℃的水将白干子浸泡15~20分钟取出,晾干后放入备好了的糖色水(糖色水即放入香料、冰糖、味精、盐、莲蓬壳等作料的专用水)里再煮10小时左右,茶干便制成了。包装:卤制好的成品干子经真空包装、消毒,常温下可保存9个月不变质。

[①] 《繁昌文化丛书》编辑委员会:《繁昌文化丛书·非遗卷》,合肥:黄山书社,2011年10月第1版,第203页。

新港茶干已构成本地饮食文化不可或缺的一部分,喝早茶、吃早点、端酒盅、馈赠亲友,都少不了它。

(十一)横山回民牛脯

繁阳镇横山,原是一个古老的集镇。横山集镇西侧的西街村,是一个回民聚居百年的村落。

西街村回民依然保持着喜食牛肉的习惯,在牛肉的烹制上颇有独到之处。他们制作出来的牛脯,色、香、味俱佳,备受人们青睐。

横山回民牛脯制作技艺已有百年历史。其制作过程大致有取材、腌制、水洗、水煮、卤制等几道工序。取材:选用新鲜上好牛肉,以黄牛肉最佳。腌制:把牛肉放进陶缸,加硝粉、盐水进行腌制,腌制过程中需不时翻动牛肉,察看牛肉的颜色,根据气温确定腌制时间。水洗:牛肉腌制好后,用清水洗净待用。水煮:把洗净的牛肉进行水煮,使其收缩排出血水。卤制:把水煮后的牛肉加入八角、尖椒、盐、姜、桂皮、丁香、味精等配料烧熟,牛脯即制作完成了。

(十二)繁昌蜜枣

繁昌多山地丘陵,适宜长枣生长。繁昌长枣,皮薄、肉细、核小、味甜,位列我国八大名枣之一。长枣的生产、加工主要集中在繁阳镇横山、马坝境内的枣园、新合、三元、库山等村。

繁昌长枣加工制作的蜜枣,色泽如琥珀,形状似田黄,晶莹透亮,从外可看见细细的枣核,实为枣中上品(图一六六)。史料记载,早在明朝万历年间,繁阳镇梅里加工的蜜枣就已成为当时的地方贡品。繁昌的蜜枣加工业已有300多年的历史,村中现存的百年大枣树,每年单株尚能挂果200～300斤。繁昌蜜枣加工工序有清洗、剖皮、糖煮、饮浆冷却、沥浆冷却、初烘脱水、成形、烘干等。清洗:以清水将长枣洗净备用。剖皮:一手拿刀片,一手拿枣,一刀一刀地在枣坯上划缝。划缝必须掌握好深浅,太深枣易煮烂,太浅糖不入味。糖煮:按比例将白砂糖和水熬成糖浆状,将长枣放入其中进行熬煮。饮浆冷却:长枣熬到一定成色、香度时,立即起锅盛放在铁制的容器内冷却。沥浆冷却:将冷却的长枣倒入笊篱中,进行沥浆。初烘脱水:把青冈栎烧制而成的优质木炭放入瓮中,再把盛满长枣的竹篓置于瓮上烘焙,时间多长、火温多高、何时翻动枣身,全凭操作者的经验。成形:乘枣将干未干时,用手将其一个一个地捏平,从外部能看见枣的细核。烘干:所用材料与初烘脱水相同,只是在火温的掌控上技术含量更高。火温太高易使枣焦皮,糖外溢,很不清爽;火温太低则蜜枣不显糖霜,外观成色不好看。①

图一六六　繁昌蜜枣

繁昌长枣营养丰富,是传统的滋补食品,常食有滋肾、健脾、益气、壮阳之功效,但鲜果不宜久存,只有将其加工成干果方可长期存放。

(十三)中分村徐姓祭祖习俗

孙村镇中分村地处马仁山北麓,自然风光优美,人文蕴藏丰厚。整个村落坐北朝南,四面环山。两条溪水分别从东西山里流出,映带青山田畴,汇合于村南。

中分村因徐姓族人聚居,又称中分徐。徐姓由浙江严州(今衢州)淳安县梓桐乡虞坑里迁入繁昌汪桥,约在南宋绍兴年间,迁居中分,约在明永乐末年,因西峰寺池洛法师素与中分徐姓始祖徐鉴交好,乃为之卜居。当时,汪桥和八分之间的这一块地方,遍生荒茅、篁竹,土名"竹丝塌",自徐鉴入居后"界于汪桥、八分之间,故曰中分",中分名称始立。徐姓迁居中分村600余年来,家族不断发展壮大,如今已经形成数千人的大族,族人遍及各地,有远迁台湾等地者。

---

① 《繁昌文化丛书》编辑委员会:《繁昌文化丛书·非遗卷》,合肥:黄山书社,2011年10月第1版,第205页。

中分徐姓在数百年绵延发展中,无论行走多远,始终不忘祖德,逐渐形成了独具特色的扫墓祭祖习俗,积累了内涵极其丰富的文化遗产。

中分徐姓墓葬类别繁多,多至六种形制:在大蛇形山,生前择地、石穴一棺的徐鉴墓;在大虎形山,父子同葬、一穴多棺的徐环、徐瓘等合葬墓;在梳妆形山,婆媳合墓、宗妇同圹的徐鉴夫人吴老孺人等合葬墓;在小虎形山,宗亲合穴、辈分昭穆的浙子渡十、汴子冲九合葬墓;在眠犬形山,夫妇合葬、同穴皎日的徐执中夫妻的合葬墓;在象形山,嫡亲同地、母子共山的徐桢妻陈氏等合葬墓。

1938年底,谭震林副司令员率领新四军三支队司令部移驻中分村。谭副司令在这里运筹帷幄,指挥了著名的"繁昌五次保卫战",取得重大胜利,有力地打击了日本侵略者,保卫了皖南云岭新四军军部。新四军指战员吴宽德、李志坤等在战斗中献出了宝贵的生命,埋骨中分青山。谭司令和三支队在中分村留下了许多红色记忆,已经成为中分文化不可或缺的一部分。

中分徐姓祭祖,有除夕祭祖贺年、清明祭、中元祭和六十年一遇的祭祖"大会戏"。在清明和中元祭祖活动中,有"未祭祖宗,先祭和尚"的传统,是为祭拜对中分徐姓发展作出重大贡献的池洛法师。自20世纪50年代以后,中分徐姓祭祖活动又加入了祭扫新四军阵亡烈士墓的内容。

20世纪中后期,中分徐姓祖祠和万年台(戏楼)等建筑被毁,但徐姓后人敬宗怀祖的信仰从未淡忘。自2000年起,中分徐姓祭祖逐渐恢复,远及台湾的宗亲都不远千里赶回来参加祭祖活动。

中分村徐姓家族所遗存的墓葬群,是中国几千年墓葬文化的典型遗存物;而中分徐姓族人的祭祖习俗,则是汉民族庶民祭祀文化中难以寻觅的"活态"标本。同时,中分徐姓族人把祭祀革命先烈与祭祖同等对待,又使中分徐姓祭祖习俗呈现出随时而变、顺乎人情物态的特色。中分徐姓祭祖习俗现已列入安徽省非物质文化遗产名录。

1. 除夕祭祖。自除夕至正月十六日,每天早、中、晚公堂放铳召集族人陆续入祠,烧香敬祖。因除夕夜的祭祖为主要祭祀活动,故这期间的祭祖称为"除夕祭祖"。徐氏族人年夜饭过后,合家团聚,围聚火塘,吃桌盒、拿香蛋、喝年茶等,辞旧迎新。等到子时,公堂响锣,大锣"咣——咣——"声起,族人和他姓友邻代表聚集祠堂,在族长的带领下,进入享堂,按辈分大小有序地向历代祖宗神位叩头贺年,祈求祖先赐丰佑安。礼毕各人返家守岁,老人则侧耳倾听屋外何种声音先起,先闻何声,则谓发声之物"接年",以物预测来年景况。

祖祠遭毁后,祭祖则在祖祠遗址上搭棚设牌位进行。具体祭祀过程如下:敬献猪头、公鸡、鱼、窖包、米糕、茶点等祭品,敬献花篮,敬献花烛,族长燃烛、敬香,各房房长共同敬香,合族按辈分敬香,行三跪九叩礼,他姓友邻敬贺上香,宣读祭文,分发糖糕,烧化纸帛和燃放烟花爆竹。

2. 清明节祭祖。清明节祭祖俗谓"做清明"。是日上午,以扫墓为主。族人齐集祠堂,随族长进享堂向祖宗牌位焚香礼拜,然后抬着猪、羊、花篮、香供等赴祖墓祭扫。在唢呐鼓乐声中,按如下祭祖路线逐一进行:先至新四军三支队阵亡烈士墓祭扫,再至大蛇形山祭扫徐鉴墓,再至梳妆形山祭扫徐鉴妻吴老孺人等合葬墓,再至大虎形山祭扫徐环、徐瑾等合葬墓,再至西峰寺遗址,遥祭池洛法师先灵。祭扫完毕,全体返村。下午入宗祠举行正祭:响鼓奏乐,主祭就位,执事各司其事,族人于享堂内向祖宗灵位行跪拜礼,绕堂、献牲、呼礼,合族行献物礼。礼毕,族人离祠回家。晚间设席于祠堂内(中元祭则设席于稻场),席前向祖先焚化纸帛,然后族人按尊卑长幼依次入席。席间,忆祖恩德,念祖高情,尽醉方归。

清明时节,中分徐姓尚有"支腊祭"的习俗。此祭不设祭祖仪礼,只在各坟山祖先墓前供酒馔。中元祭祖与清明祭形制略同。现中元祭已经略去。旧时,中分徐姓尚有"赐胙肉"的习俗,即将清明、中元两祭后的牺牲(猪、羊肉)分发给族中具备条件者。年龄六十岁以上,不分性别可分得肉一斤,俗谓"寿肉",每增十岁则增一斤,百岁老人可得"寿肉"六斤。凡入学取得一定学历者,可获得"学肉奖",有一斤、二斤、三斤、四斤不等。这一习俗延续至抗日战争时期,因公堂负担日增,无力承应而中断。

清明祭祖结束后的当天晚上,徐姓族人还会请来民间庐剧班子,在村里搭台连唱七夜戏。

3. 六十年会戏。中分徐姓每隔六十年,有"超度祖行亡灵,祈求福泽"的会戏。会戏前大约半年,即请纸扎师傅在公厅和万年台址扎制戏台悬挂的各式灯匾、灯对、灯花和灯物。所扎匾对和飞禽走兽、戏剧人物,均能插蜡亮烛。

会戏相隔长达六十年,且传戏台为搭建在一棵大树上的"独脚莲花台",分为上、中、下三层,起东风向西转,起西风向东转等。1933年的会戏竟把南京、上海、武汉、宣城、徽州、巢湖、合肥等地的看客、商贩、杂耍班子吸引过来,小小的中分村一时竟聚集了十万余人。

会戏演出的是皖南祭祖"目连戏",由几个目连班挑选演员共同完成演出任务。一般连演三天三夜,场面十分宏大。

中分村自1933年大会戏后,因时事变迁,直到2007年元月,时逢新四军三支队司令部纪念馆建成,徐姓族人又举行了一次会戏。这次会戏,请来了入选国家级非物质文化遗产名录祁门县历溪目连戏班、芜湖市艺术剧院所属越剧团和黄梅戏团、芜湖市知音老年合唱团连演两天两夜,演出了目连戏、传统戏曲和革命歌曲等。抗日名将谭震林、戴安澜后人等也亲临演出现场。[①]

[①]《繁昌文化丛书》编辑委员会:《繁昌文化丛书·非遗卷》,合肥:黄山书社,2011年10月第1版,第233～237页。

四、小镇风情　古韵新颜

古镇是历史上形成的文化内涵丰富、地方特色鲜明的集镇。它们历经朝代更替,见证了历史兴衰和岁月变迁,是地方文化的重要载体,是中华文明的宝贵财富。

我们走进繁昌,走进小镇,仿佛走进历史的深处。这些小镇植根于文化底蕴深厚的沃土,一草一石,一砖一瓦,悠远绵长的小巷,蜿蜒曲折的清流,都是历史变迁、人文情怀的见证。岁月不居,时节如流,历史走进新时代,古镇展现新容颜。

清道光《繁昌县志》记载,繁昌历史上有荻港、旧县、横山桥、峨桥、黄浒、三山、澛港7个大镇,它们滨江临河,历史悠久。进入21世纪,经乡镇和县区区划调整,及撤乡设镇等变迁,繁昌现有繁阳、荻港、孙村、平铺、新港、峨山6个镇,其历史、人文各具特色。

(一)繁阳镇

繁阳镇位于繁昌中部,峨溪河畔。繁阳镇是繁昌区委、区政府所在地,是全区政治、经济、文化中心,也是芜湖市副中心城区。

繁昌城北枕大信山,南拱金峨山,峨溪河由西向东穿城而过。"峨溪匹练"是明清时期繁昌十景之一。清代邑人杨巘赋七言诗《峨溪匹练》:"千家淑景漾青畦,两岸春深绿满堤。杨柳风和渔浪阔,桃花日暖鸟声齐。横拖练色浮银带,浅映岚光出玉溪。试看遥峰连翠巘,云程一路接丹梯。"描绘出一幅桃红柳绿、溪水如练的春日峨溪河美景。古往今来,峨溪河见证了这座城的变迁和成长。

繁阳镇原名城关镇,1954年3月前为城厢镇。明代繁阳镇属金峨上乡,明英宗天顺元年(1457年),繁昌县治由长江南岸延载乡迁至今址,为建镇之始。2003年12月,繁昌县进行乡镇区划调整,合并城关镇等乡镇成立繁阳镇。

繁阳,原指中原颍川郡颍阴县繁阳亭。曹丕在此登坛受禅代汉称帝后,于繁阳亭新设立繁昌县。东晋初年于江南侨置繁昌县,隋开皇九年(589年)撤销繁昌县,南唐升元年间复置繁昌县。

20世纪80年代初,在城东汤家山发现一座西周时期墓葬。安徽省考古专家对墓葬进行清理,出土鼎、盘、簠、盂、甗、钟、鸠杖等17件青铜器。繁昌及相邻南陵县境内分布着数以千计的土墩墓群,汤家山西周墓是皖南土墩墓群中规模最大、等级最高的墓葬。① 繁昌在西周至春秋时期属吴国,进一步的研究表明,汤家山西周墓的墓主或为西周晚期的一代吴王。②

在繁昌南郊和西郊,分别发现柯冲窑遗址和骆冲窑遗址,考古发掘研究表明,这里是五代十国时期南唐至北宋时期烧制青白瓷的窑业遗址,曾烧制出碗、碟、钵、壶、粉盒、炉、罐等青白瓷,其造型简约、光亮莹润、类玉似冰。繁昌窑青白瓷通过山下的峨溪河进入漳河,再进入长江,流入沿江州府,进而参与海上丝绸之路。2022年,繁昌窑国家考古遗址公园获国家文物局批准立项。目前已建成繁昌窑遗址保护展示馆,人们来此参观考察,可探究1000多年前烧制青白瓷的奥秘。

峨溪河畔有一座红墙黄瓦的古建筑,这就是繁昌夫子庙大成殿。明英宗天顺元年(1457年),夫子庙及学宫随县治迁址,后又历经几番搬迁至今址。清光绪三十二年(1906年),在夫子庙首创官立春谷高等小学堂,是繁昌最早的新式学堂。民国元年(1912年),改名为"繁昌县立第一高级小学校"。这里原有一组古建筑群,"文革"时遭到破坏,目前仅存大成殿,为繁昌城唯一明代木结构建筑遗存。

繁昌四中东南角院外有一口古井,名叫察院井(图一六七)。明神宗万历八年(1580年),知县高汝梅改前公馆为察院。察院掘井一口,即为察院井。公馆为明英宗天顺元年县治迁址时知县王珣所建。明武宗正德十六年(1521年),知县王士和迁学宫于此。世宗嘉靖四十五年(1566年),代

图一六七　察院井

---

① 张敏:《鸠兹新证——兼论西周春秋时期吴国都城的性质》,《东南文化》,2014年第5期。
② 张小帆:《繁昌汤家山西周墓的再认识》,《南方文物》,2014年第1期。

理县事的太平府推官邱渐将学宫迁至今夫子庙址。实际上,学宫迁址后,高汝梅改学宫为察院。清道光《繁昌县志》记载,之所以说改前公馆为察院,而不说改学宫为察院,是因为尊崇先圣先师孔子。清乾隆初年,知县柯可栋于察院旧址改建大有粮仓,清道光《繁昌县志》说察院井"在县治东大有仓左"。察院井系一方口井,是繁昌城现存仍能使用的最古老的水井。

新中国成立前的繁阳镇,仅有沿峨溪河北岸几条街。新中国成立后,市政建设快速改善,各项社会事业蓬勃发展。

坐落在迎春路上的繁昌大戏院,是一座端庄大气的建筑。大戏院于1960年国庆节竣工,其正面外墙上方"繁昌大戏院"五个红色大字,是集鲁迅字而成。繁昌大戏院规格进入国家甲级剧场行列,是全省一流的县级剧场,也是繁昌标志性建筑。大戏院接待过众多国家级和省市的剧团、艺团演出,县里大型文化文艺活动也多在这里举行,曾是全县文化文艺活动中心(图一六八)。

图一六八　繁昌大戏院

改革开放以后,市政建设提速,功能日臻完善,城市面貌日新月异。20世纪80年代,县委、县政府在城南峨山兴建繁昌烈士陵园和城南公园。革命烈士纪念碑巍然屹立,城南公园松柏苍翠,芳草萋萋。进入新世纪以来,峨溪河两岸建成中滩公园、峨溪公园、峨溪春早公园、峨山公园。城区见山见水,山随水转,城倒映在水中,亭台楼阁,水榭长廊,韵味悠长(图一六九)。

图一六九　今日峨溪河畔

（二）荻港镇

荻港镇位于繁昌西部,长江东岸,与无为市隔江相望。2003年12月,繁昌县实行乡镇区划调整,将原荻港镇和芦南乡成建制合并成立新的荻港镇。

荻港江岸遍生芦荻,又是一处天然港湾,故名荻港。黄浒河在这里与长江交汇,江岸兼葭苍苍,芦荻摇曳,当夕阳西下,渔舟归港,帆影点点,江天一色。"荻浦归帆"是明清时期繁昌十景之一。

繁昌这块土地上,西汉时设立春谷县,东汉末年东吴名将黄盖、周瑜、周泰都曾担任过春谷长。汉春谷城址位于荻港境内。1984年夏,繁昌县文物工作者在荻港镇苏村(现属杨湾村)方家山调查发掘,发现汉春谷城遗址。城址位于长江南岸黄浒河东岸,发掘出土板瓦、筒瓦、瓦当、汉砖和汉陶罐等汉代文化遗存。

今荻港境内还有一座古城遗址——赭圻城遗址。赭圻城遗址位于荻港镇笔架村赭圻冲,是一处群山合抱的带状冲地,濒临长江,地势险要。三国时吴国即在此置赭圻屯。东晋兴宁二年(364年),权臣桓温在此筑城。《通鉴纪事本末·桓温废立》载,晋哀帝征桓温入朝,桓温自荆州还朝,至赭圻时,又诏令止之,桓温遂筑赭圻城屯军。梁武帝天监元年(502年)置南陵郡,郡治在赭圻城。隋文帝开皇九年(589年),废南陵郡,置南陵县,县治仍在赭圻城。直到周武则天长安四年(704

年),南陵县治迁至今南陵县籍山镇,赭圻作为郡、县治所长达202年。

镇北约1.5公里,有一石矶兀立江边,石矶四面环水,这就是古今闻名的板子矶。荻港这段长江又称鹊江,明万历年间知县邓一儒以其滨鹊江,改名为"鹊起矶"。板子矶风光秀丽,胜迹甚多。著名的繁昌十景之一的"鹊屿江光"就在这里。矶之前后皆有石阶,拾级而上,但见怪石嶙峋,江浪鼓峒,老竹新篁,古木参天。至半山,有一古阁立于崖边,名"黄公阁",斗拱卷门,古朴凝重,乃清代荻港名士洪占鳌为纪念黄得功所建。阁之左侧有一株千年银杏,鳞体虬枝,摩天覆地。古树两旁有明代建造的鹊起庵、百子寺和历代修建的石栏碑记。登上矶巅,一座古塔雄踞其上,古塔挑檐斗拱,

图一七〇 仅存二级的明代板子矶塔

六面四门三额,为明代万历年间知县邓一儒所建。额上有邓一儒题书,一曰"砥柱大观",一曰"天峰耸秀",一曰"学海回澜"。字迹铁画银钩,气势不凡。塔已半毁,仅存两级,愈显沧桑壮观(图一七〇)。

板子矶有"长江二十四矶之首"的美誉,其地势险要,战略位置十分重要,有"吴楚关锁"之称,历来为兵家必争之地。春秋时期,吴楚两国鹊岸之战就发生在这一带,"吴人败诸鹊岸";晋泰始二年(266年),晋安王刘子勋在浔阳(今九江)称帝,欲取京城建康(今南京),举兵东进,与宋明帝大战于鹊岸,刘子勋兵败被斩;南宋末年,金兵欲南渡,南宋靖南侯黄干于板子矶筑城置戍,金军不敢进兵;明代抗清名将、靖国公黄得功,护佑南明弘光帝,战死板子矶江中。1949年4月20日夜,中国人民解放军百万雄师发起渡江战役,中路军率先在繁昌保定夏家湖、荻港板子矶登陆,一举突破长江天险。板子矶是一本厚重的历史书,它记录了历史兴衰和朝代更迭。板子矶更是一座巍巍丰碑,它见证了中国人民解放军百万雄师横渡长江,揭

开了新中国诞生的序幕。板子矶已成为繁昌的一处旅游胜地,人们来这里饱览江矶风光,回望历史烟云,凭吊渡江先烈。

荻港矿藏资源丰富,20世纪早期就开始开采。1913年,广东米商霍守华在桃冲创办"裕繁铁矿股份有限公司",开采铁矿。1918年10月,建成桃冲铁矿至荻港运矿窄轨铁路和江边码头,桃冲铁矿开始输往日本。1924年,开采铁矿34万余吨,占当年全国铁矿产量的三分之一。

荻港区位优越,得长江之地利,商贾云集,贸易繁荣,成镇较早。清道光《繁昌县志》收录的《重修荻港镇德远桥碑记》云"荻港镇濒临大江,仕宦商旅,浮江上下者,舳舻毕集,盖吴楚江滨一大镇也"[①]。现有明清一条街(图一七一),古韵悠长。

图一七一 荻港老街

[①] 清道光《繁昌县志》,合肥:黄山书社,2010年10月,第547页。

荻港民俗文化丰富多彩，独具一格。最出名的是滚龙灯，由金色和青色两条滚龙成对游玩。金色和青色两条滚龙分别由12名男子和12名女子持撑舞动。每年正月新春，滚龙上街游玩，锣鼓喧天，鞭炮齐鸣，人山人海，好不热闹。除滚龙灯外，还有旱地行舟、大头娃娃舞等民俗演出活动，深受人们喜爱。

食在荻港也很有特色。地处长江之滨的荻港，物产丰富。长江特产鲥鱼、刀鱼、螃蟹被誉为荻港"三鲜"，闻名遐迩。荻港有制作香菜的习俗，采用传统工艺制作的香菜，鲜香嫩脆、爽口开胃、风味独特。荻港香菜制作技艺已列入安徽省非物质文化遗产名录。传统技艺，新时香菜，荻港香菜已进入网络，线上销售，让更多的人能品尝到荻港香菜。

新中国成立后，荻港镇大力加强市政工程建设，不断改善人居环境，修建渡江广场、九曲桥公园。荻港常遭受水患，近年来修建了防洪堤，兴建滨江公园，江边码头等（图一七二）。现在荻港不再有水患侵害之虞，人们来江边欣赏江景，休闲健身。

图一七二　荻港江边码头

（三）孙村镇

孙村镇位于繁昌西部，以黄浒河与铜陵市为界。2003年12月，原黄浒镇、孙村镇、赤沙乡合并成新的孙村镇。

孙村地名源自南宋驸马孙世安。当地《孙氏宗谱》记载,孙氏第五十四世后裔孙尧相的第二个儿子孙世安,字国泰,生于宋徽宗崇宁三年(1104年)。南宋高宗绍兴二年(1132年),孙世安被招为帝婿,娶高宗洵川公主为妻,成为驸马。孙世安的先祖,曾出任过通判。孙氏第五十世后裔孙万謩,曾于唐乾符间任眉州通判,后迁居万金乡。第五十一世后裔孙熙任于五代贞明间任海州通判。为躲避兵乱,孙熙任迁居五代时的江南吴地。南宋时,高宗为避金兵,由扬州南渡金陵(今南京市)。孙世安夫妇随高宗渡江,并转道姑熟(今马鞍山市当涂县)。高宗去杭州,孙世安夫妇未能相随,选定离姑熟不远的繁阳(后世泛指繁昌)春谷乡龙华暂居避难。孙世安夫妇见"繁阳龙华春谷乡,山则有红花映秀,水则有丹桂流芬,因于钳口之地家焉"。孙世安来到春谷乡,从最初因避难权宜居住,到后来无奈定居。其悲愤、忧伤、无奈的心情,在他的《随驾自韵》诗中,表达得淋漓尽致:"自从随驾到南洲,金甲缠身夜不休。满目沙尘方洗净,一江血水已清流。建功不愿封三代,安置惟期土一丘。但愿儿孙继姓氏,安宁世守度春秋。"孙世安为"春谷龙华肇基之祖"。孙世安的子孙后代分居在春谷乡官庄湖前、中、后三村,后人就统以孙村之名称之。清道光《繁昌县志》载,孙村龙华山曾有龙华寺,为孙世安创建。

孙村在古人类活动史上是一个非常重要的地方,镇西北2公里癞痢山人字洞遗址的发现,揭开了欧亚大陆古人类活动的神秘面纱。1995年5月以来,中国科学院古脊椎动物和古人类研究所的专家们对人字洞遗址进行了13轮考古发掘,已发现人工石制品、骨制品200多件,发现包括灵长类在内的70多个属种的脊椎动物化石标本8000多件。已发现哺乳类动物化石主要有:原黄狒、大熊猫小种、锯齿虎、桑氏硕鬣狗、乳齿象、三门马、黄昏爪兽、山原貘、最后祖鹿、矮鹿、狍后鹿、低冠竹鼠、模鼠、貂鼬、巨颏虎、真马等。人字洞遗址的地质年代为早更新世早期,是迄今发现的220万年至256万年前欧亚大陆最早的古人类活动遗存。2006年6月,人字洞遗址由国务院公布为第六批全国重点文物保护单位。目前人字洞遗址已建成考古遗址公园,成为普及人类起源及古生物知识难得的场所和文化旅游好去处。

20世纪80年代,孙村镇犁山村发现矿冶遗址,该遗址年代为春秋战国时期。遗址可见大量铜、铁等金属炼渣,堆积有1米多厚,炼渣从山坡一直流淌至犁山河,可见当年冶炼规模之大,延续时间之长。犁山,也因古代这里铸造农具铁犁而得名。繁昌文物工作者曾在这一带征集到很多春秋战国时期的铁锭,这些铁锭与青铜礼器、兵器都出自墓葬。

孙村章家祠堂坐落在万里村,为清代中期建筑,是省级文物保护单位。祠堂坐北朝南,由门厅、天井、廊庑及后厅四个部分组成,面阔五间,进深十三间。祠堂的梁架结构总体上依据功能而设置,局部装饰有雕饰纹样,给人一种修长挺拔、艺术装点的美感(图一七三)。

孙村是一块红色土地。1938年底,谭震林副司令员率新四军第三支队进驻铜(陵)繁(昌)抗日前线。三支队司令部驻地在孙村镇中分村,三支队五团三营驻扎孙村梅冲、枫墩等地。繁昌保卫战中著名的"塘口坝血战"就发生在孙村镇梅冲村塘口坝。现在,中分村已建起新四军三支队司令部旧址纪念馆,成为省级爱国主义教育基地,吸引本地及周边地区党政机关、企事业单位党员、干部、群众、中小学生等来这里参观、开展党团活动。原中分小学校长徐孝旺老人十几年如一日,为人们讲述繁昌保卫战的故事、三支队干部战士与中分村群众鱼水情深的故事。徐孝旺老人被评为"中国好人",受到中央文明办的表彰。

图一七三　孙村章家祠堂

位于孙村镇东南与南陵、铜陵三县交界的马仁山,是国家森林公园、国家地质公园和国家AAAA级风景区。马仁山峰石俊秀,得之于大自然的鬼斧神工。亿万年来,风雨如刀,雕刻出马仁山梦幻的幽谷、绝壁、奇峰、怪石、灵洞;岁月似水,洗尽浮华和杂芜,显露出马仁山特有的秀巧、清逸、宁静。"马仁石壁"为繁昌古十景之一。马仁山清逸、宁静、自然、绝俗的气象,契合了古代文人的情怀和志趣。历代文化名人如何琦、王翀霄、陈商、李晕、徐杰等都曾筑室马仁山麓,养真蘅芜,啸咏山水,构成马仁山亮丽的人文风景。20世纪90年代,马仁奇峰景区开发,马仁山旅游事业起步,随着人祖山文化园、"天下第一福鼎"、红色收藏馆、马仁山庄等一批旅游项目的建成和基础设施的完备,马仁山已成为周边乃至华东地区旅游胜地。

2003年区划调整并入孙村镇的原黄浒镇,是濒临黄浒河的一座古老集镇,宋代称为黄火镇,后因镇位于溪水之畔,称为黄浒镇,现为孙村镇黄浒社区。起源于明代的黄浒龙舟赛已有400多年历史,是市级非物质文化遗产名录项目。当端午节来临,粽叶飘香,黄浒河上的龙舟赛如约而至,吸引了四面八方的乡邻,一睹龙舟竞渡的盛况(图一七四)。

图一七四 孙村镇黄浒龙舟赛

孙村镇民俗文化活动丰富多彩,除黄浒龙舟赛,主要还有九连村麒麟灯会、八分村板龙灯、黄浒旱地行舟等,都在春节期间出游出演,受到人们喜爱。

位于长寺村钳口水库旁的原居春谷民宿,原是寺冲村民组闲置的农家房屋,经过精心改造,调整布局,从而别有洞天(图一七五)。这里小径清幽、阳光斑驳、树影婆娑。紧邻树林的公共客厅,全透明玻璃窗户,屋子敞亮,清新自然,可享受阳光,可静听鸟鸣,夜晚可数星星。原居春谷民宿已成为一处恬静、安心、亲近自然的

图一七五　孙村原居春谷民宿

好地方。

(四)平铺镇

平铺镇位于繁昌东南部,东濒漳河与南陵县许镇镇隔水相望,南与南陵县家发镇为邻,西北与峨山镇相接,北与芜湖三山经济开发区相连。2003年12月,繁昌乡镇区划调整,将原平铺镇与新林乡合并成立新的平铺镇。全镇总面积90平方公里,辖13个村委会1个社区。

平铺,原名平沟铺。平铺镇原名平沟乡,1949年4月,改平沟乡为平铺乡。2000年3月,撤平铺乡设平铺镇。

铺,是古代邮传驿站,五里一亭,十里一铺。明清时期,途经平沟铺的铺道是驿道,称为县南大路。县境设5铺:平沟铺、新林铺、陶冲铺、蔡家铺、石硊铺。每铺有铺司1名,铺兵3名。[①] 县南大路是芜湖乃至南京通往皖南及江西景德镇的驿道,往来官差、邮差、商客在此休息、饮马、住宿。[②] 平沟铺下至新林铺、陶冲铺、蔡家铺、石硊铺,至芜湖县阳塘铺;上至南陵县箭塘铺,再延伸至徽州。当时平沟铺有七省通衢之称,清末民初为繁昌南乡首镇。清咸丰三年(1853年)2月,太平军沿平沟铺、新林铺古驿道东下,在古驿道沿线与清军激烈交战,新林、平铺一带青年踊跃参

[①] 清道光《繁昌县志》,合肥:黄山书社,2010年10月,第248页。
[②] 《平镇镇志》,2005年12月,第46页。

加太平军,致使这一带的人民遭受清军赶尽杀绝之灾,以致古驿道沿线一时人烟灭迹,土地荒芜。而后,李鸿章下令迁移湖北、湖南及安徽安庆等地百姓来此开荒定居,而尤以湖北移民为多,故而今天这一带民间仍延续着湖北的民风民俗。

平铺南自与南陵县家发镇交界的千峰山,至北眠牛山一线岗丘坡地上,分布着连片的土墩墓,当地人称为"万牛墩"。土墩墓平地掩埋、堆土垒冢,一般高出地面2～4米,直径为15～30米。经考古发掘和文物征集,墓内出土印纹陶罐、矮足豆、陶纺轮和鼎、铃、匜等青铜器,为西周至春秋时期吴越国墓葬群,是吴越国重要的文化遗存。据县文物部门调查,平铺境内有土墩墓3000多座,与南陵境内的土墩墓一起定名为皖南土墩墓群。2001年6月,皖南土墩墓群被国务院公布为全国重点文物保护单位。

平铺的岱湖濒临漳河,相传东汉时东吴名将周瑜兼任春谷长时,曾在岱湖演练水军。当地群众说曾在岱湖一带捡到当年周瑜水军使用过的腰牌。现在岱湖滩建起了三国文化园(图一七六)。

平铺五华山是九华山姊妹山。五华山是佛教圣地,山中的隐静禅林为南朝刘宋时天竺国高僧杯渡禅师卓锡的道场。唐代诗人李白题诗:"我闻隐静寺,山水多奇踪。"高僧卓锡,李白赋诗,使隐静寺在佛教界有着崇高的地位。宋太宗、真宗、仁宗三朝皇帝将他们的书法作品120轴赏赐给隐静寺,更使隐静寺名闻天下。

图一七六　平铺岱湖滩三国文化园

近些年，一度消失的五华山庙会得以恢复。五华庙会包括地藏会和观音会。地藏会是每年农历七月三十，为纪念地藏王生日而设立的。庙会当日，朝山敬香者，每8～16人为一班，边走边喊佛号。更有虔诚者，三步一拜，九步一跪。路上敬香礼佛者人来人往，盛况空前。观音会每年共有农历二月十九、六月十九、九月十九三次。庙会的前一天晚上，虔诚信徒须在寺内"守香灯"（为佛灯添油，给菩萨敬香），次日在主持者带领下，"喊佛"（呼唤菩萨的名字），结束语为"南无阿弥陀佛"。① 五华山庙会集市贸、文化娱乐、祭祀活动为一体，内容丰富多彩。

图一七七　平铺新牌村"恩荣"牌坊石构件

清道光《繁昌县志》和平铺新牌《汪氏宗谱》记载，平铺新牌村汪氏第89世孙汪润之子汪宗礼、汪宗器成化年间皆考中进士，后来兄弟俩又分别升任监察御史，号为一门双御史，坊间传为美谈。皇上下旨，为他兄弟俩建御史绣衣牌坊（图一七七）。目前，新牌村已修建御史文化广场，详述本地乡贤故事，开展廉政文化教育。

平铺镇民俗文化活动丰富多彩，出名的有马灯、炭篓灯（图一七八）、十样锦、罗汉灯、十二生肖灯。其中炭篓灯和十样锦都源自湖北。太平天国运动后，湖北随州、应山、孝感、黄石等地大量移民举家迁入平铺一带，移民也将家乡的民俗文化带入平铺，一代又一代地流传至今，近几年多次参加繁昌民俗文化演出。十样锦是由十种乐器组合在一起的民间吹打乐，在锣鼓的基础上加入了四支曲笛、一面马锣及三钟。奇特的是马锣和三钟。马锣乐手不仅要击打出响亮的铿锵之音，还要每隔四五秒敲出一个强音之后，将锣快速向上抛向空中，随即又稳稳地接回到手中，且还要落在音乐的节点上。三钟是由一口铃、两只手锣上下连缀组成，轮番击打发出

---

① 《繁昌文化丛书》编辑委员会：《繁昌文化丛书》，合肥：黄山书社，2010年10月，第239页。

肆　人文华彩　胜迹遍境　383

图一七八　平铺炭篓灯表演

"叮当锵,叮当锵"三种不同乐音。

炭篓灯的九节提架和龙珠都由竹篾编成,外面蒙上红色绸布,拱与拱之间,则由两根两米多长的绸带相连,形态古朴可爱,灯柄短小,易于上下穿腾,更多了灵活柔软的特点。耍灯人都由青壮年担任,固其不仅担任体力活,更重要的是身手敏捷,跳跃腾挪之间,反应稍有迟慢绸带会缠绕打结,无法进行玩耍。

平铺山林资源丰富,近年来大力发展经果林带动乡村旅游。每当春天来临,新林村三牌村民组的桃花开满山岭,镇里都要举办桃花旅游节,"游山水平铺,看盛世花开"。在山峦环绕的"桃花源",桃花热情绽放,游人穿梭如织,赏桃花、看景点、祈福愿,打卡拍照、拍视频……徜徉十里花海,享受烂漫春光。

(五)新港镇

新港镇位于繁昌西北端,濒临长江(图一七九)。南唐升元年间,复置繁昌县,县治在江边的延载乡,即现在的新港镇,为今繁昌境内第三处城址。明英宗天顺元年(1457年),县治迁至金峨上乡(今繁阳镇),原县城改称为旧县镇。新港作为繁

图一七九　新港江面上繁忙的运输船只

昌县治500多年,历经多个朝代。1958年旧县镇改名为新港镇。

在镇北江边坡地上,20世纪90年代,曾发掘出土明代砖窑遗址,这些砖窑曾为南京城烧造城墙砖。当时主持繁昌烧造城墙砖的,是刘权父子。刘权是"繁昌县提调官主簿"。清道光《繁昌县志》记载,刘权的父亲刘赓原任宛平县主簿,洪武初年受命来繁昌烧造城墙砖。刘赓去世后,刘权受命继任父亲的职位,继续烧造城墙砖。刘氏父子在繁主持烧造城墙砖期间体恤民情,对百姓的坟茔地脉倍加保护,受到当地百姓爱戴。后来,朝廷不再烧造城墙砖了,当地百姓恳请刘氏后人留在繁昌。

新港老城区不大,时间虽过去了500多年,但仍保留了老县城的基本格局。老城的主体是老街(图一八〇),原名正大街。新港所在这段长江古称鹊江,唐代新港名为鹊江镇,新中国成立后正大街改名为鹊江路。老街现在仍有几十栋古民居,这些民居大多是明清建筑,两层,砖木结构。

在老街的东侧,有一条城隍庙巷,巷内有城隍庙遗址。出正大街的一个巷子往北,紧靠长江有一个叫"县基顶"的地方,这就是历经几个朝代的繁昌古县衙所在

肆　人文华彩　胜迹遍境

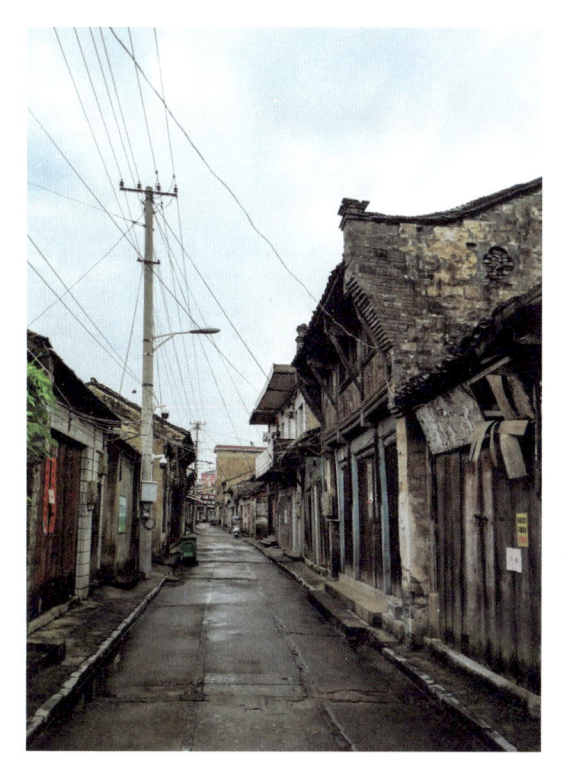

图一八〇　新港老街

地,地势比老街明显高一些。老街的东南尚有残存的两段古城墙基和三段护城河。

明朝景泰年间,因城临长江,难以修筑,加之往来官船如梭,应接不暇,费用太大,县小莫支。为减轻人民负担计,知县李庆向朝廷请求改迁县治。他的建议得到繁昌籍御史吴琛的赞同。但直到天顺元年,英宗朱祁镇再次登基为皇帝,才同意繁昌县治改迁,时任知县王珣将县治迁到今繁阳镇。

新港境内最著名的山是寨山。寨山曾名覆釜山,位于新港与荻港两镇交界地,主峰高477米,为繁昌境内最高峰。覆釜山顶如人的手掌面,山形像一倒扣的巨釜。晴朗的早晨,清丽的阳光落入苍翠的峰壑,氤氲起柔纱般的轻岚。"覆釜晴岚"是繁昌古十景之一。

唐代诗人王维曾受朝廷派遣,出使岭南。返京行水路,过湘湖,抵大江,顺江东下,驻足赭圻城,登临城外的覆釜山,拜访山中古寺,与古寺高僧结下情缘。多年后,王维在京城长安接待这位来自繁昌覆釜山的高僧,并请高僧吃饭。之后,王维作《饭覆釜山僧》诗一首,收录于清道光《繁昌县志·艺文志》。

图一八一　新港全民健身广场

在对老街进行保护的同时,新港镇不断开辟新区,改善人居环境。新建的全民健身广场(图一八一),是人们休闲、健身、娱乐的好去处。今天的新港,古城与新区相映,历史与现代相融。

(六)峨山镇

峨山镇位于繁昌南部,西与繁阳镇接壤。2006年9月,撤销峨山乡,设立峨山镇,是繁昌最年轻的镇。全镇总面积76平方公里,辖8个村委会1个社区。

峨山镇多山,境内群峰耸翠,山峦逶迤,形态各异,有形似动物雄姿的虎形山、象形山、马形山、牛形山,有别具特色的磨子山、锥子山、箬帽山,更有巍然耸立的随山、峨山、百家山等。峨山又名金峨山,坐落于镇北,因山形嵯峨,故名。峨山南为峨山镇,山北为繁昌城区,峨山镇名即由峨山而来。

金峨山南有金峨洞,俗名仙人洞,有明代宣州人尤皓石刻,洞口外刻有尤皓题写的"金峨洞"三个字(图一八二);洞内石刻云"金峨洞,昔一比邱(丘)尼开创,就洞而栖,披败叶而食芝,念阿弥而成佛,余游此间,详勒石以记"(图一八三)。明代崇祯年间进士、户部主事、江南上元人黄周星游金峨洞赋五言诗《金峨洞》:"未必神仙住,如斯洞亦佳。危崖疑华岳,怪石可萧斋。李白游难到,刘伶醉欲埋。桃花遮道笑,此客本天涯。"

图一八二　金峨洞口外石刻　　　　　　图一八三　金峨洞内石刻

峨山是一方古老的土地，早在新石器时期，峨山境内就有人类繁衍、生息。峨山沈弄村峨溪河东岸的缪墩遗址，是皖南地区迄今发现时代最早的新石器文化遗址，年代与河姆渡、马家浜遗址相当，距今7000至6000年。发掘出土的生活、生产用具有陶器、石器和骨器等，特别是精美的压印纹白衣陶，最具地方特色。遗址有干栏式建筑遗存和熊、野猪、鹿、牛、龟、鳖等动物和鱼类骨骼。这里曾生活着一支古老的江南人类族群。

峨山东岛村是一个有着千年历史的古村落（图一八四），居民以李姓为主。清道光《繁昌县志》和《李氏宗谱》记载，东岛李氏为唐代当涂县令李阳冰后裔（李阳冰是唐代大诗人李白的族叔）。南宋初年，李阳冰第十三世孙李儒因战乱举家迁至峨山东岛，李氏"晴耕雨读"的祖训相沿成俗。李儒子李明五绍兴年间科考屡试未中,遂潜心教子。李明五子李继于宋孝宗淳熙十一年(1184年)考中进士。明清之际,东岛李氏又出了李万化、李一公、李一献、李其醇等进士和李懿、李鼐、李琪、李威远、李其俨、李成驷等多名举人。新中国成立以来,在耕读传家的浓厚氛围熏陶下,东岛一批又一批青年学子脱颖而出,目前已有100多名大学生,8名硕士和8名博士。如今村里建起了耕读文化馆、农耕农具馆和村史馆等,还组织起民俗文化队、舞蹈队、腰鼓队等文艺团队,经常开展文艺演出、民歌表演、舞蹈比赛、读书会等丰富多彩的群众活动,丰富了村民的精神文化生活。

图一八四　峨山镇千年古村落东岛村

峨山之巅,也即繁昌人常说的峨山头,依稀可见抗战时期繁昌保卫战战壕遗址,著名的"峨山头搏斗"就发生在这里。如今,建起了峨山公园,登山步道通往山顶,山顶有"峨山头搏斗"雕塑。人们登山游览,凭吊抗日先烈,一览城区风光。

峨山镇属山区,林业资源丰富,有竹林3万余亩,1998年被省林业厅授予"安徽竹乡"称号。峨山各地的产品便带有明显的山区特色,如:城山的竹垫,沈弄的西瓜,接官的扫把,童坝的竹篮,湾店的竹制品,东岛、象形的桃子。

在峨山的东侧,过去常响起隆隆的炮声,这里曾开山炸石,20世纪80年代建立的4座水泥厂和矿山,一天天蚕食着坚硬的山体,暴露出的山岩被人们戏称为"地球伤疤"。20世纪以来,人们的生态环保意识逐渐增强,修复了山体,"地球伤疤"重新披上了绿装。水泥厂也拆除了,建起了繁昌体育公园,有儿童、青年和老年活动区,运动设施齐全,有树屋、圆形廊架、健身步道、足球场、篮球场、网球场、羽毛球场等,是一处以运动为主、兼具休闲娱乐的体育运动场地。健身设施实现智能化,兼顾老、青、童三代群体的不同需求。繁昌体育公园已成了一处网红打卡地(图一八五)。

图一八五　原来的水泥厂建成了体育公园

后　　记

　　繁昌是我的家乡,除在外求学几年,我便一直工作、生活在繁昌。

　　20世纪90年代中期,我由镇上中学调至县机关,或许是因我从事宣传工作的敏感,渐渐地我发现,家乡的县名是形容词,而大多数县名是名词。由此,我对家乡县名的由来及家乡的历史产生了兴趣,进而想探究她的历史过往。

　　原繁昌县委招待所有两幢小楼,一幢曰繁阳楼,一幢曰春谷楼。听说两幢楼名都与繁昌历史有关。我找来清代编纂的《繁昌县志》和《太平府志》,然而这些方志对这段历史的记载过于简略,有些重要史实甚至没有记载。我又查阅《史记》《汉书》《三国志》《晋书》《宋书》《南齐书》《南唐书》《明史》等历史典籍,再借助近现代专家学者的研究成果,繁昌那遥远、零碎、模糊的过去,变得亲近、完整、清晰起来。

　　繁昌这片土地上最早设置的是春谷县,春谷县名最早出现于史籍是汉武帝时期。繁昌原是侨置县。东汉末年,曹丕在颍川郡颍阴县繁阳亭接受汉献帝禅让登上皇位,建立曹魏新朝,即以受禅地繁阳亭置繁昌县,以昭示天下"人神并和,繁荣昌盛",由此开启了繁昌的历史。后来,历经在江南春谷县侨置繁昌县,繁昌县省并他县、复又重置繁昌县等一系列变迁。

　　繁昌县的设置和变迁都伴随中国历史上发生的重大历史事件而出现,她见证了中国古代朝代的更迭和重大社会变迁。繁昌历史跌宕起伏,走在古代王朝更迭的时间节点上,我们仿佛听到历史滚滚向前的雷声。繁昌的历史是一部厚重的书。我想,如果有一部介绍繁昌历史的专著,对想了解繁昌历史的人来说,无疑方便多了,至少无须像我那样费时费力地在浩如烟海的历史典籍里查寻。

　　有幸的是,2012年2月,我调至县文化广电新闻出版局工作,且一干就是五年,使我有机会对繁昌的历史和文化有更深入全面的了解。繁昌这并不太大的地域内,更是有着百万年的人字洞古人类活动遗址,有7000多年的缪墩新石器遗址,有近3000年的万牛墩土墩墓文化遗存。我经常到我县的大遗址发掘现场,亲眼见证许多重要考古发现,深切地感受到繁昌历史的厚重与久远。

繁昌地处皖南与长江的交汇地带,又是长江上下游的重要通道,历史上是几次大移民的重要聚居地,多重文化在这里碰撞、融汇,显示出丰富多彩的文化面貌。

在县文广新局工作期间,我曾琢磨,将来闲下来时,要对繁昌重大历史事件进行梳理,对多彩的繁昌地域文化进行探究,努力写一部关于繁昌历史与文化方面的书,为人们了解繁昌历史文化提供帮助与参考,为更深入研究繁昌历史文化的人们提供相关资料。

2021年4月我"退居二线",怀揣着当年的梦想,便开始着手写这么一部书,书名为《千秋繁昌》。2024年元月完成全书撰稿工作。全书共四个部分,第一部分"区位沿革 山水江南",介绍繁昌区位形势,历史沿革和山水风情。第二部分"天地造化 开启史册",介绍200多万年前的人字洞遗址、7000多年的缪墩遗址、3000多年的万牛墩土墩墓文化遗存及先秦时期其他文化遗存。第三部分"春谷肇始 繁昌长歌",从汉代至民国时期,共七章内容,介绍繁昌历史上发生的重大事件和社会变迁,串联起繁昌历史演进脉络。第四部分"人文华彩 胜迹遍境",共四章内容,介绍繁昌重要历史人物、佛教寺院、非物质文化遗产、古镇新城风貌。

本书的写作坚持以历史唯物主义和辩证唯物主义为指导,本着对历史敬畏和高度负责的精神,书中重要历史事件、人物生平等都依据历代《繁昌县志》和重要历史典籍;对历史事件的叙述,力求客观准确,不刻意讲究生动;对有争议的历史事件发生的时间,进行多方求证,不盲从,力求回到历史事件的本源,努力使全书具有史料性、可信性、实用性。

我曾去河南省漯河市临颍县繁城镇,考察受禅台遗址;我去了芜湖市湾沚区陶辛镇白沙村,寻找东晋初年繁昌县侨置地遗址;我走访了几十处繁昌境内的遗址,拜访当地知情的年长者。为了弄清有关史实,除常去繁昌图书馆查阅资料,我还去了上海图书馆、上海市档案馆、中国第二历史档案馆、南京图书馆、安徽省档案馆、安徽省图书馆等单位查阅资料。撰稿过程中,得到金昌柱、罗虎、吴黎明、徐繁、汪发志同志的指导帮助,周小龙、肖本祥、程建国、崔炜、胡平、刘喜富、田园、程健、杨才星、张渊、夏成道、王家才、江桥、李克文、管国胜、郭小文、邢朝明、龚仁友、卢峰、郭在权、章健、谷碧松等同志帮助拍摄照片或提供了图片资料,对他们的支持帮助表示衷心的感谢!本书在成稿过程中,还参考了诸多前贤和当代学人的研究成果,在此表示诚挚的谢意!

因本人的能力和水平有限，书中错误和不当之处在所难免，敬请方家和各界人士批评指正！

沈大龙

2024 年 2 月 28 日于繁昌富鑫园